Lern- und Arbeitstechniken für das Studium

Friedrich Rost

Lern- und Arbeitstechniken für das Studium

8., vollständig überarbeitete und aktualisierte Auflage

Springer VS

Friedrich Rost
Berlin, Deutschland

ISBN 978-3-658-17625-9 ISBN 978-3-658-17626-6 (eBook)
DOI 10.1007/978-3-658-17626-6

Die Deutsche Nationalbibliothek verzeichnet diese Publikation in der Deutschen Nationalbibliografie; detaillierte bibliografische Daten sind im Internet über http://dnb.d-nb.de abrufbar.

Springer VS

Gedruckt auf säurefreiem und chlorfrei gebleichtem Papier.

Springer VS ist Teil von Springer Nature
Die eingetragene Gesellschaft ist Springer Fachmedien Wiesbaden GmbH
Die Anschrift der Gesellschaft ist: Abraham-Lincoln-Str. 46, 65189 Wiesbaden, Germany

Vorwort zur 8. Auflage

Wissenschaftliche Entwicklungen schreiten voran, sodass Lehrbücher und Arbeitshilfen nach einiger Zeit gründlich überarbeitet und aktualisiert werden sollten. Nun sind erneut alle Kapitel grundlegend revidiert worden. Dazu fünf Hinweise:

1. Mittlerweile sind über 90 % der Studiengänge in der Bundesrepublik Deutschland auf die international übliche Bachelor- und Masterstruktur umgestellt. Man kann davon halten, was man will: Die Umstellung des Hochschulsystems auf Module und studienbegleitende Prüfungsleistungen hat auch Auswirkungen auf das studentische Lernen und die dazu notwendigen Arbeitstechniken: Statt Muße sind nun die Effizienz fördernde Planung und zielorientiertes Arbeiten in noch viel höherem Maße erforderlich.
2. Durch die Umstellung auf die Bachelor- und Master-Studiengänge gibt es auch neue schriftliche Leistungsanforderungen wie den „Essay" oder das „Portfolio", denen eigene Abschnitte gewidmet sind.
3. Inzwischen haben fast sämtliche jungen Erwachsenen ein Smartphone und einen eigenen PC (bzw. Zugang zu einem), sodass all die Techniken wissenschaftlichen Arbeitens, bei denen der Einsatz eines Computers hilfreich ist, noch einmal deutlich stärker berücksichtigt werden. Durch den Ausbau der elektronischen Angebote für die wissenschaftliche Arbeit sind nun vorrangig Suchstrategien und die Techniken der Datenbankrecherche zu vermitteln anstelle des konventionellen Bibliografierens. Angesichts vieler kritisch einzuschätzender (Falsch-)Informationen wird die kompetente Bewertung von Rechercheergebnissen immer wichtiger.
4. Da erfreulicherweise Kapitel dieses Buches in zahlreichen Lehrveranstaltungen zum Thema „wissenschaftliches Arbeiten" als Lehrtexte eingesetzt werden, finden Sie nun am Ende jedes Kapitels Lektüre-Empfehlungen zur Vertiefung sowie ein Literaturverzeichnis der verwendeten Quellen. Dadurch entfällt zwar ein komplettes Literaturverzeichnis am Schluss des Buches.

5. Die Vorgängerauflagen orientierten sich bei mustergültigen Literaturangaben an der Norm DIN 1505, die 2013 durch die international abgestimmte Norm DIN ISO 690 ersetzt wurde. Diese Internationalisierung ist generell zu begrüßen; allerdings haben die neuen Regeln ihre Tücken und hohen Auslegungsspielraum. Wie in den vorigen Auflagen werden Abweichungen von der neuen Norm bzw. bestimmte Entscheidungen argumentativ begründet.

Zu guter Letzt gilt es vielfältigen Dank abzustatten: Erst einmal denjenigen, die die Vorgängerauflagen überaus positiv rezensiert und damit zur Beachtung des Werks beigetragen haben. Aber die besten Rezensionen helfen nur bedingt, wenn nicht die Leser(innen) das Buch für nützlich halten. Zahlreiche Zuschriften und Internetbewertungen zeugen davon, dass insbesondere Studierende untereinander die Vorgängerversionen zum Kauf weiterempfohlen haben. Darüber hinaus haben die älteren Auflagen große Zustimmung bei den Dozentinnen und Dozenten gefunden, indem sie jene in Einführungsveranstaltungen oder in Hinweisen für Erstsemester zur Anschaffung vorgeschlagen haben. Ich hoffe, auch mit der vorliegenden Auflage das große Vertrauen rechtfertigen zu können.

Dafür, dass die 8. Auflage in dieser Form erscheint, danke ich auch dem Team des Springer-Verlags, ganz besonders „meiner" Lektorin Stefanie Laux, und all denjenigen, die durch aktive Mithilfe, beispielsweise durch den Neusatz, durch Anregungen, Hinweise, Korrekturlesen etc., zur hohen Qualität beigetragen haben. Verbliebene Schwächen und Fehler sind allein mir anzulasten. Falls Sie solche entdecken bzw. Verbesserungsvorschläge haben, erbitte ich Ihre Hinweise an: friedrich.rost@fu-berlin.de. Vielen Dank!

Berlin, im August 2017 Dr. Friedrich Rost

Inhaltsverzeichnis

1 Erfolgreich studieren – die neuen Lernchancen nutzen

► Dozentinnen und Dozenten an Ihrer Hochschule erwarten, dass Sie in kurzer Zeit wissenschaftlich denken und arbeiten können. Sie wiederum erwarten, dass sich die Lehrveranstaltungen vom Schulunterricht unterscheiden. Dieses Buch wird Sie dabei unterstützen, zielorientiert zu studieren und effektiv wissenschaftlich zu arbeiten. Studierfähigkeit entwickelt sich jedoch nicht von allein und Studienerfolg hängt von einigen Faktoren ab, die in diesem Kapitel zur Sprache kommen.

1.1 Die Bachelor- und Master-Studiengänge

Sie haben es hoffentlich in einen Studiengang Ihrer bevorzugten Wahl geschafft und sind nun mit dessen Bachelor- bzw. Master-Struktur konfrontiert. Ähnlich wie im Kurssystem der gymnasialen Oberstufe sind die Wahl der Veranstaltungen und damit die der Lehrenden stark eingeschränkt.

Zu unterscheiden ist der Mono-Bachelor mit dem Studium *eines* Faches vom Kombinations-Bachelor mit einem Kernfach sowie ein oder zwei Nebenfächern. Je nach Umfang dauern Bachelor-Studiengänge sechs bis acht Semester. Daneben gibt es noch auslaufende Studiengänge mit dem Staatsexamen, dem Diplom oder Magister als Abschluss.

Bei den Master-Studiengängen werden konsekutive und weiterbildende Studiengänge unterschieden. Letztere werden nicht unmittelbar im Anschluss an den Bachelor-Abschluss studiert, sondern nach einigen Jahren berufspraktischer Tätigkeit aufgenommen. Konsekutive Master-Studiengänge vertiefen die im Bachelor erworbenen Kenntnisse und Kompetenzen meist direkt im Anschluss an den Bachelor-Abschluss. Master-Studiengänge erfordern eine Studienzeit von zwei bis vier Semestern. Erst nach Abschluss eines Master-Studiengangs verfügen Sie über eine vollakademische Ausbildung.

F. Rost, *Lern- und Arbeitstechniken für das Studium*,
DOI 10.1007/978-3-658-17626-6_1

Ein Studiengang besteht aus einer Vielzahl von *Modulen*, die aufeinander aufbauen. So beginnt es meist mit einer *Vorlesung*, die in ein Themengebiet einführt und deren Inhalte durch ein oder mehrere *Seminare* (bzw. Übungen oder Tutorien) vertieft werden. Jedes Modul wird mit einer Prüfung abgeschlossen, deren Bestehen manchmal Voraussetzung ist für ein darauf aufbauendes weiteres Modul.

Die Bachelor-Studiengänge sind wesentlich „verschulter" als die auslaufenden Diplom- und Magister-Studiengänge, was der Mehrheit der Neuimmaktrikulierten entgegen kommt: Es werden die Anforderungen und Lernziele der einzelnen Module klar benannt; ebenso die sogenannte *workload*, also der durchschnittliche Zeitaufwand, der für die Bewältigung des Arbeitspensums einzuplanen ist, und wann bzw. in welcher Form die *Modulprüfung* (z. B. Klausur oder Hausarbeit) stattfindet. Der geschätzte Zeitaufwand ergibt sich aus der Angabe der zu erwerbenden *Leistungspunkte* in der Modulbeschreibung. Pro Leistungspunkt (oder international: *credit point* = CP) sind 30 Arbeitsstunden vorgesehen für die Anwesenheit in der Lehrveranstaltung, Vor- und Nachbereitung der Sitzungen, mögliche Hausaufgaben sowie die Prüfungsleistung.

Beispiel

Sind in der Modulbeschreibung 3 CP für eine Lehrveranstaltung ausgewiesen, so gehen die Verantwortlichen davon aus, dass 90 h ausreichen. Hat das Wintersemester 15 Veranstaltungstermine à 90 min, bleiben nur noch 7 1/2 h für die restlichen Aufgaben einschließlich Prüfung.

Die Leistungspunkte werden erst gutgeschrieben, wenn die Modulprüfung bestanden ist. Insofern kann sich der Zeitaufwand erhöhen, wenn die Prüfung wiederholt werden muss. Da manche Prüfungsleistungen wie Hausarbeiten in der vorlesungsfreien Zeit zu erbringen sind, ist die Semesterferienzeit sehr begrenzt, zumal für diejenigen, die arbeiten oder jobben müssen.

Wer nur in Teilzeit studieren kann (vgl. Maschwitz und Brinkmann 2015), gerät durch die jetzige Studienstruktur nicht nur in Zeitnot. Durch das Baukastensystem ist die Studienorganisation wenig flexibel. Auf der anderen Seite hat sich für Vollzeitstudierende die Situation insofern gebessert, als sich durch die studienbegleitenden Prüfungen nicht nur die Abbrecher-Quote, sondern auch die Zeit bis zum ersten Abschluss deutlich verringert hat. Durch die „Verschulung" mithilfe des Jahrgangsprinzips kommt es in den Seminaren zu Lerngruppen von ca. 30 Personen. Wenn es die Lehrenden verstehen, eine sozial verträgliche Lernkultur durch kooperative Lernformen zu initiieren, dann lernen Sie Ihre Mitstudierenden recht schnell kennen und somit in Gruppenaufgaben auch deren Stärken und Schwächen. Das Jahrgangsprinzip wirkt sich meist positiv auf die Lernatmosphäre aus, weil alle eine längere Zeit mit- und voneinander lernen.

Aufgrund der Vielzahl der Bachelor- und Master-Studiengänge ist das Studienangebot inhaltlich noch reichhaltiger, aber auch verwirrender als zu den Zeiten der Magister- und Diplom-Studiengänge. Deshalb ist es so wichtig, sich intensiv zu informieren, was mithilfe des Internets gut möglich ist.

► **Tipp** Wer nicht den gewünschten Studienplatz ergattern konnte oder wer mit seiner Studienwahl hadert, nutze im Internet kostenlose Informationsseiten, Self-Assessment-Angebote, Orientierungstests bzw. Studium-Interessentests. Sie finden solche z. B. unter „abi.de", „hochschulkompass.de" oder „studienwahl.de". Auf der Seite „hochschulstart.de" für zulassungsbeschränkte Fächer finden Sie ganz unten über verlinkte Landeswappen Informationen zum Studium in den einzelnen Ländern der Bundesrepublik Deutschland. Nutzen Sie im Zweifel auch Beratung vor Ort an den Hochschulen oder bei der Arbeitsagentur. Hilfreich hinsichtlich des Arbeitsmarktes ist das Internetangebot „Informationssystem Studienwahl und Arbeitsmarkt".

Menschen, die ihr Studium abgebrochen haben, klagen über praxisferne Inhalte, wenig anschaulichen Unterricht, eigene Motivationsprobleme, zu hohe Studien- bzw. Prüfungsanforderungen sowie Distanz zum akademischen Habitus. Durch die Bachelor-Studienstruktur „fremdeln" jedoch nicht mehr so viele Studierende mit der Hochschule. Das Einleben am neuen Lernort ist eine der wichtigsten Bedingungen für ein erfolgreiches Studium.

► **Tipp** Nehmen Sie von sich aus Kontakt zu Mitstudierenden aus Ihrem Studiengang auf. Werden Sie aktiv an Ihrer Hochschule und hinterfragen Sie ruhig die dortigen Lern- und Arbeitsbedingungen. Sollten Sie Schwierigkeiten mit den Voraussetzungen bzw. Anforderungen haben, thematisieren sie diese und suchen sich Hilfe.

1.2 Studieren ist vor allem Denk- und Lernarbeit

Viele Fragen scheinen – nach dem jeweiligen Stand der Wissenschaft – beantwortet, manche Probleme gelöst. Studierende müssen die für ihren Studiengang wichtigsten Erkenntnisse erst einmal im Rahmen von Lehrveranstaltungen und durch Lektüre zur Kenntnis nehmen und sich allmählich einen Überblick verschaffen. Übersicht zu gewinnen ist wichtig für das weitere Nachdenken und Lernen.

Studieren bedeutet zunächst mitdenken, nachdenken und selbstständig denken, sich auseinandersetzen mit Gehörtem, Gelesenen, selbst Geschriebenem. Das impliziert anfangs mehr zu rezipieren und zu reproduzieren als selbstständig wissenschaftlich zu arbeiten. Sie werden im Studium mit theoretischen Denkweisen vertraut gemacht, die in „Ihrem" Studiengang üblich sind. Sie lernen die Anwendung von Methoden und die kritische Reflexion Ihres Denkens und Handelns. *Glauben Sie auf keinen Fall alles, was Sie so hören oder lesen!* Begleiten Sie das Handeln und die Äußerungen anderer rational und kritisch. Denken Sie nicht nur mit, sondern denken Sie eigenständig. Was dies genau heißt, formuliert Sesink (2012, S. 12) wie folgt:

> „Sich seine eigenen Gedanken zu machen", heißt zunächst einmal, nicht einfach die Gedanken anderer zu übernehmen und wiederzukäuen. Es heißt zum zweiten, diese Gedanken als „Eigenes" zu betrachten und zu behandeln, also sich nicht zu ihnen wie zu einer Sache zu verhalten, derer man sich nach Belieben bemächtigen oder entledigen kann. Es heißt zum dritten, Gedanken aus eigener Kraft und eigenem Vermögen hervorzubringen und ihrer Bildung Aufmerksamkeit und Anstrengung zu widmen.

Knüpfen Sie an Ihre eigenen Erfahrungen an, machen Sie diese aber nicht zu einem generellen Maßstab. Seien Sie bereit, Ihr Wissen und Denken infrage zu stellen, es zu vertiefen und eventuell zu modifizieren. Bewahren Sie skeptische Distanz und prüfen Sie die Behauptungen anderer. (Wie Sie dabei vorgehen können, lesen Sie in den Kap. 7–9.)

Doch nur ein kleiner Teil eigener Gedanken ist potenzieller Wissenschaftsstoff, und zwar derjenige mit sogenanntem *Objektivitätsanspruch*: Wissenschaftlerinnen und Wissenschaftler überprüfen ihre Gedanken systematisch auf deren objektive Geltung, indem sie jene zu den Erfahrungsinhalten und Gedanken anderer in Beziehung setzen. In der Konfrontation zwischen eigenen und fremden Gedanken durchdenken und prüfen sie ihre individuelle Theoriebildung mehrfach (vgl. Sesink 2012, S. 14).

Ein Studium soll zur differenzierten Theoriebildung und -kritik befähigen, was allerdings den Mut erfordert, eigene Gedanken zu bilden, diese zu äußern und argumentativ zu vertreten. Dies gelingt zu zweit oder in einer Arbeitsgruppe leichter als in einer Vorlesung.

Lernen kann prägnant umrissen werden als Vorgang der Aneignung bzw. Änderung von Verhaltensweisen und kognitiven Strukturen. Das Ergebnis dieses dynamischen Geschehens aus Wahrnehmen, Erkennen, Bewerten, Entscheiden, Verhaltens- und Handlungssteuerung plus Wirkungsspeicherung (vgl. Klix 1993) wird als immer erneuerte Erfahrung im Gedächtnis gespeichert. Insofern ist Lernen das Ergebnis des Auseinandersetzungsprozesses eines denkenden, handelnden und erkennenden Menschen mit der äußeren Welt, wobei dieser Mensch seine inneren Vorstellungen von der „Welt" entwickelt, an der „Wirklichkeit" erprobt und eventuell seine kognitiven Schemata, sein Verhalten und/oder seine Umwelt verändert. Auf das Studium bezogen heißt dies

- Aufmerksamkeit und Neugier aufzubringen und zu steigern,
- die eigene Wahrnehmung zu schärfen,
- Fragen zu stellen und nach Antworten zu suchen,
- Problembewusstsein zu entwickeln, d. h. Probleme zu erkennen, sich über mögliche Problemlösungen, deren Implikationen und mögliche Nebenwirkungen den Kopf zu zerbrechen,
- Sachverhalte genauer und systematischer zu beobachten sowie differenziert zu beschreiben,
- Bezüge zwischen eigenen und fremden Gedanken bzw. Erfahrungen herzustellen,
- Veröffentlichungen kritisch zu lesen, über die darin gemachten Aussagen, Argumente und Implikationen nachzudenken; Fakten zur Kenntnis zu nehmen, aber auch zu prüfen; Zusammenhänge zu erkennen; Begriffe aufzugreifen oder zu bilden; Relationen zwischen ihnen zu konstruieren,
- Hypothesen in Aussagesätzen zu formulieren und kritisch zu prüfen,
- Wichtiges schriftlich zu fixieren und Gelerntes durch Übung, Wiederholung und Anwendung vor dem Vergessen zu bewahren sowie
- die eigene wissenschaftliche und soziale Kompetenzentwicklung zu fördern.

1.3 Studienerfolg und Studierfähigkeit

Untersuchungen und Indikatoren zum Studienerfolg fokussieren sowohl auf die Institution Hochschule als auch auf die Studierenden: „Abiturdurchschnittsnote", „Erreichen eines Studienabschlusses", „Studienzeitüberschreitung" oder „durchschnittliche Examensnote" sind solche Kriterien, die sich empirisch schnell verarbeiten lassen. Dabei kommt z. B. heraus, dass Studierende in Studiengängen an Fachhochschulen mit wenigen Studierenden und guter Bibliotheksausstattung bessere Noten erzielen und die Regelstudienzeit selten überschreiten. Durch kleine Anfängerkohorten, geringere Anonymität sowie Mentoren-Programme der Hochschulen kann Studienerfolg demnach gesteigert werden (vgl. Krempkow 2008).

► **Tipp** Informieren Sie sich z. B. über die oben erwähnten Internet-Quellen oder „studifinder.de", „was-studiere-ich.de" bzw. zeit.de/che nicht nur über die möglichen Studiengänge, sondern mittels weiterführenden Links bzw. Recherchen über die anbietenden Institutionen und jeweiligen Modulinhalte. Schauen Sie dann, welche Studiengänge wo angeboten werden und wie die Zulassungsbedingungen aussehen. Gibt es Zulassungsbeschränkungen, müssen Sie sich über „hochschulstart.de" bewerben. Schauen Sie sich den jeweiligen Studienverlaufsplan an und lesen Sie die Studien- und Prüfungsordnung. In den sozialen Medien finden Sie Kontakte zu Menschen, die diese Studiengänge kennen und weitere Informationen. Noch besser: Verschaffen Sie sich vor Ort einen persönlichen Eindruck von den Lehrveranstaltungen und Menschen! Versäumen Sie auf keinen Fall die Orientierungswoche für Ihren Studiengang, die *vor* Semesterbeginn stattfindet.

Studierfähigkeit setzt bei der qualitativen Frage an, welche Eigenschaften Studierende mitbringen bzw. im Laufe des Studiums an Kompetenzen entwickeln müssen, um die neuen Lernchancen zu nutzen und ein Studium erfolgreich abzuschließen.

Die Berücksichtigung der persönlichen Interessengebiete und Neigungen sind immer wieder als wichtiges Kriterium identifiziert worden. Wer durch seine Wissbegierde und seine Vorlieben für bestimmte Wissensbereiche Spaß am Studieren findet, hat weniger Probleme, sich zu motivieren und zu konzentrieren. Persönliche Eigenschaften oder Charakterzüge wie Neugier, Zielstrebigkeit, Fleiß, Ausdauer und Sorgfalt scheinen für einen Studienerfolg wichtiger zu sein als eine hohe Intelligenz, wobei Studierfähigkeit den Studienerfolg nicht determiniert (vgl. Jirjahn 2007; Krempkow 2008).

In erster Linie ist es Ihre Aufgabe, folgendes Verhalten bzw. die dazu notwendigen Kompetenzen zu entwickeln:

- *Verbesserung von Arbeitstechniken und Arbeitsverhalten.* Dazu gehören Fähigkeiten wie z. B. Prioritäten setzen, selbstständige Problemanalyse, reflektierte Entscheidungsfindung und eigenständige Zielsetzung; das Planen, Ausführen und Kontrollieren eigener Arbeiten; die Entwicklung von Strategien, wie z. B. die Befähigung zur Informationsbeschaffung und Informationsverarbeitung; die Fähigkeit, in den Arbeitsprozessen zielgerichtet, ausdauernd und konzentriert arbeiten zu können. Handlungsorientierung, Zuverlässigkeit, Gewissenhaftigkeit und Flexibilität sind Faktoren der Dimension *Arbeitsverhalten.*

- *Weiterentwicklung von Persönlichkeitseigenschaften.* Hierzu sind im Rahmen der postadoleszenten Identitätsbildung Eigenschaften wie emotionale Stabilität, Belastbarkeit und Selbstbewusstsein gefragt. Ebenso wichtig sind: *Frustrationstoleranz*, mithin die Fähigkeit, Fehlschläge zu verkraften; *Ambiguitätstoleranz*, d. h., zu lernen, komplexe, widersprüchliche und unübersichtliche Situationen auszuhalten; *Feldunabhängigkeit*, d. h., situativ erregte Affekte kontrollieren zu können und sich nicht von ihnen leiten zu lassen; Offenheit für neue Gedanken und Wege; Mut und Reflexivität; den Willen zur Selbstbestimmung und somit das Bestreben, sich des eigenen Verstandes zu bedienen.
- *Weiterentwicklung von berufsbezogenen Motivationen,* etwa in Bezug auf Leistung, Gestaltung und Führung im Kontext der Teamarbeit in Lerngruppen. Langfristige Motivationen erfordern Anstrengung, Ausdauer und Zielorientierung. Soziabilität, Teamorientierung und Sensitivität, aber auch Konfliktfähigkeit und argumentgestütztes Durchsetzungsvermögen sind Dimensionen, auf die es im Berufsleben ankommt.
- *Verbesserung der sozialen Kompetenzen,* vor allem der kommunikativen und kooperativen Fähigkeiten. Hierzu gehören auch die Einbindung des eigenen Handelns in ein ethisch fundiertes Bewusstsein sozialer Verantwortung; die Fähigkeit, andere zu respektieren und sie als Mitmenschen zu akzeptieren sowie der Wille, für andere solidarisch einzutreten und eventuell altruistisch zu handeln.
- *Ausbau der (inter-)kulturellen Kompetenzen.* Der Blick über den eigenen Tellerrand wird in einer globalisierten Welt immer wichtiger. Es lohnt, sich umfassend zu bilden und die vielfältigen Lernchancen des Lernorts Hochschule zu nutzen. Erweitern Sie Ihr Sach- und Fachwissen!

Welche Voraussetzungen müssen gegeben sein, um die eben genannten Kompetenzen im Studium entwickeln zu können? Hans-Werner Rückert (2002, S. 100 f.; Auslassung F. R.) nennt folgende Eignungsmerkmale:

- „Intelligenz,
- die Fähigkeit, sich differenziert auszudrücken,
- Leistungsbereitschaft,
- Fähigkeit zu sachlicher, begründeter Kritik,
- Fähigkeit zu angemessener Selbsteinschätzung,
- Interesse an allgemeiner und fachlicher Bildung,
- Interesse an politischen und gesellschaftlichen Fragen,
- Interesse an wissenschaftlichen Vorgehensweisen und Themen [...]
- Fähigkeit zur eigenständigen Organisation des Studiums,

- Originalität und Kreativität im Denken,
- Bereitschaft, sich hohe Ziele zu setzen und anspruchsvolle Aufgaben anzustreben,
- Fleiß und Ausdauer beim Erbringen von Leistungen,
- positive Erfahrungen mit Prüfungen,
- hohe Belastbarkeit."

Keine Bange: Sie haben in Ihrer Schullaufbahn schon Vieles gelernt, planen, organisieren und bewältigen müssen. Selbstverständlich steigert sich das Niveau der Ausbildung, Sie wachsen mit Ihren Aufgaben. Nehmen Sie sich für den Anfang nicht zu viel vor, aber gehen Sie daran,

- Ihre Arbeitsweisen zu beobachten und zu hinterfragen,
- neue Arbeitstechniken kennenzulernen, diese eine längere Zeit auszuprobieren und bei Erfolg beizubehalten.

Dazu ist Geduld mit sich selbst erforderlich. Manches braucht Zeit und will eingeübt werden. Wer allerdings Gelerntes nicht wiederholt, es nicht in Beziehung setzt zu früher Angeeignetem sowie neu Gelerntes nicht anwendet, vergeudet die vorherige Lernanstrengung: Das neu Gelernte, Gehörte, Gedachte wird vergessen. Deshalb sollten Sie sich intensiv mit den Themen Lernen, Vergessen und Behalten beschäftigen (s. Kap. 3).

► **Tipp** Wenn Sie sich für „Ihr" Fach mehr als für andere(s) interessieren und nach einer Anlaufzeit mit den Anforderungen klarkommen, dann sollten Sie sich keine großen Sorgen machen, sondern Ihr Studium als ein Privileg begreifen, Ihren Horizont zu erweitern und Ihren Lerninteressen nachzugehen. *Zeitweise* Zweifel an der Studien(fach)entscheidung lassen sich aktiv überwinden, z. B. durch Ehrenamt, Praktika oder Jobs im anvisierten Berufsfeld.

1.4 Studiengangwechsel und Studienabbruch sind keine Katastrophen

Das Abitur berechtigt zum Studium, doch von allen Studienberechtigten, deren Schulbesuch im Jahr 2006 endete, entschieden sich bis Anfang 2010 23 % *gegen* ein Studium (vgl. Spangenberg et al. 2011, S. 31). Zirka drei Viertel der Abiturientinnen und Abiturienten eines Jahrgangs beginnen ein Studium. Dass sich bis heute ein abgeschlossenes Studium lohnt, lässt sich empirisch belegen. Allerdings sind die Zeiten vorbei, in denen akademische Abschlüsse einen der Ausbildung entsprechenden sicheren Arbeitsplatz und ein überdurchschnittliches Gehalt garantierten.

Im Jahr 2012 haben 28 % der Bachelorstudierenden aller Fachrichtungen und Hochschularten ihr Studium vor dem Abschluss abgebrochen (vgl. Heublein et al. 2014, S. 3) und – über alle Fachrichtungen betrachtet – wechselten aus der Jahrgangskohorte 2006 acht Prozent den von ihnen gewählten grundständigen Studiengang (vgl. Spangenberg et al. 2011, S. 77, Abb. 5.9).

Sollten Sie sich in den ersten zwei Semestern Ihres Bachelor-Studiums mit dem Gedanken tragen, das Studienfach zu wechseln, zögern Sie diesen Wechsel nicht länger hinaus, zumal wenn Sie BAföG beziehen. Sollten Sie merken, dass Ihnen das Studieren überhaupt nicht liegt, dann brechen Sie Ihr Studium ab. Wenn Sie sich dazu nicht erst nach vielen Semestern entschließen, wird Ihnen dies bei Bewerbungen auf eine Lehrstelle oder eine andere Ausbildung keine Probleme bereiten. Elf von zwölf Studienabbrechern haben nach einem halben Jahr eine Arbeit, einen Ausbildungsvertrag oder Praktikumsplatz, überwiegend im Handel oder Dienstleistungssektor.

Zusammenfassung

Je informierter Sie durch aktuelle und seriöse Informationsquellen über die Studienbedingungen sind, desto weniger werden Sie enttäuscht sein. Die verschulte Studienstruktur kommt den meisten Studierenden entgegen, schafft aber auch Probleme für Menschen, die Geld für ihren Unterhalt hinzuverdienen müssen. Zwar werden vermehrt Teilzeit- und Fernstudiengänge angeboten; dennoch brechen immer noch viele ihr Studium ab oder wechseln den Studiengang, was keine Katastrophe ist, da Studienabbrecher auf dem Arbeitsmarkt gute Chancen haben.

Zuhören, Lesen, Denken und Lernen sind die vorrangigen Tätigkeiten im Studium. Darüber hinaus sind die mitzubringenden Eignungsmerkmale und die zu erwerbenden Kompetenzen dargestellt. Kriterien der Studierfähigkeit und des Studienerfolgs sind benannt und kritisch hinterfragt worden.

Vielleicht helfen Ihnen die folgenden Fragen, sich über einige Faktoren des Studieneinstiegs klar zu werden:

- Was wollen und können Sie leisten, wofür sind Sie Ihres Erachtens besonders geeignet und motiviert?
- Inwiefern entspricht der von Ihnen gewählte Studiengang Ihren Neigungen und Eignungen? Interessieren Sie sich wirklich für die Inhalte Ihres Studiums?

- Haben Sie sich mit dem Studienverlaufsplan, der Studien- und Prüfungsordnung Ihres Studiengangs intensiv beschäftigt und die Informationen verstanden?
- Sind Sie eher praxisorientiert oder theoriebegeistert? Inwieweit passt Ihre Orientierung/Erwartung zu dem gewählten Studiengang und dessen Lehr-/Lerninhalten?
- Sind Sie willens und fähig, mehrere Stunden am Tag konzentriert zu lernen und das nicht nur vor Prüfungen?
- Nehmen Sie Herausforderungen aktiv und optimistisch an oder neigen Sie eher dazu, jene zu meiden?

Literatur

Literatur zur Vertiefung

Rückert, H.-W. (2002). *Studieneinstieg, aber richtig! Das müssen Sie wissen: Fachwahl, Studienort, Finanzierung, Studienplanung*. Frankfurt am Main: Campus. Der Autor leitet die Studienberatung der Freien Universität Berlin und hat einen überaus hilfreichen Ratgeber zum Studieneinstieg verfasst. Worum es inhaltlich geht, sagt der Untertitel.

Literaturverzeichnis

Heublein, U., Richter, J., Schmelzer, R., & Sommer, D. (2014). *Die Entwicklung der Studienabbruchquoten an den deutschen Hochschulen. Statistische Berechnungen auf der Basis des Absolventenjahrgangs 2012*. Hannover: Dt. Zentrum für Hochsch.- und Wiss.-Forschung (info/1053548435/04). http://www.dzhw.eu/pdf/pub_fh/fh-201404.pdf. Zugegriffen: 01.08.2017.

Jirjahn, U. (2007). Welche Faktoren beeinflussen den Erfolg im wirtschaftswissenschaftlichen Studium? *Schmalenbachs Zeitschrift für betriebswirtschaftliche Forschung*, *59*(3), 286–313.

Klix, F. (1993). *Erwachendes Denken. Geistige Leistungen aus evolutionspsychologischer Sicht*. Heidelberg: Spektrum Akad. Verl.

Krempkow, R. (2008). Studienerfolg, Studienqualität und Studierfähigkeit. Eine Analyse zu Determinanten des Studienerfolgs in 150 sächsischen Studiengängen. *Die Hochschule*, *17*(1), 91–107. http://ids.hof.uni-halle.de/documents/t1767.pdf. Zugegriffen: 03.08.2017.

Maschwitz, A., & Brinkmann, K. (2015). Das Teilzeitstudium – ein zeitgemäßes Studienmodell? *Beiträge zur Hochschulforschung*, *37*(1), 52–69. http://www.bzh.bayern.de/uploads/media/1-2015-Maschwitz-Brinkmann.pdf. Zugegriffen: 15.07.2017.

Rückert, H.-W. (2002). *Studieneinstieg, aber richtig! Das müssen Sie wissen: Fachwahl, Studienort, Finanzierung, Studienplanung*. Frankfurt am Main: Campus.

Sesink, W. (2012). *Einführung in das wissenschaftliche Arbeiten. Inklusive E-Learning, Web-Recherche, digitale Präsentation u.a.* (9. Aufl.). München: Oldenbourg.

Spangenberg, H., Beuße, M., & Heine, C. (2011). *Nachschulische Werdegänge des Studienberechtigtenjahrgangs 2006. Dritte Befragung der studienberechtigten Schulabgänger/innen 2006. 3 1/2 Jahre nach Schulabschluss im Zeitvergleich.* Hannover: HIS. http://www.dzhw.eu/pdf/pub_fh/fh-201118.pdf. Zugegriffen: 23.07.2017.

2 Was ist Wissenschaft? – Was ist wissenschaftliches Arbeiten?

► In diesem Kapitel geht es um die Frage, was Wissenschaft ausmacht und was wissenschaftliche Arbeit von anderen Arbeitsformen unterscheidet. Durch Verallgemeinerung schaffen wir uns ein Problem, weil über mögliche letzte Gemeinsamkeiten aller Wissenschaften – wie „Objektivität", „Intersubjektivität", „Rationalität" und „Wahrheit" – keine Einigkeit mehr in den Wissenschaften herrscht. Dennoch wird überall Forschung betrieben und die Forschungsergebnisse werden schriftlich fixiert.
Obwohl die Wissenschaftsskepsis zuzunehmen scheint, wäre es gesellschaftlich fatal, wichtige Erkenntnisse und Forschungsergebnisse zu ignorieren. Weil nach Popper (1995) all unser Wissen „Vermutungswissen" ist, kann es keine letzte Gewissheit geben. Aber wir können unsere „Theorien" kritisch überprüfen, Fehler finden und aus eigenen und fremden Irrtümern lernen.
Jugendliche, die am Wettbewerb „Jugend forscht" teilnehmen, zeigen, dass man nicht studiert haben muss, um forschen zu können. Neugier und Ehrlichkeit scheinen jedoch Voraussetzungen im Forschungsprozess zu sein. Wie Forschende die Beantwortung von Fragen bzw. die Lösung von Problemen systematisch und methodisch betreiben, wird in diesem Kapitel dargestellt.

2.1 Gesellschaftlicher Stellenwert und die Funktion der Wissenschaften und des Wissens

Was ist Wissenschaft? – Darüber streiten die Gelehrten. Einige versuchen, argumentativ einen Minimalkonsens zur Einheit der Wissenschaft herzustellen, ande-

F. Rost, *Lern- und Arbeitstechniken für das Studium*,
DOI 10.1007/978-3-658-17626-6_2

re widersprechen mit stichfesten Argumenten: Während beispielsweise Elisabeth Ströker (1994, S. 423) die These vertritt, dass es „ein bestimmtes, für alle Wissenschaftler prinzipiell zustimmungsfähiges Konzept von Rationalität" gibt, zu dem „die Suche nach Wahrheit als grundlegende Bedingung wissenschaftlichen Forschens" ebenso gehört wie „der Anspruch, Erkenntnis durch rationale, intersubjektiv explizierbare Methoden zu erreichen", stellt Hans Westmeyer (1994, S. 475) diesen von Ströker „geltend gemachten Grundkonsens in Frage". Er weist darauf hin, dass „die zentralen Begriffe der Wahrheit, Objektivität, Kohärenz, Konsistenz, kritisch-rationalen Prüfung usw. in unterschiedlichen wissenschaftstheoretischen Ansätzen unterschiedlich bestimmt werden" (ebd.) und bezweifelt, ob „die Suche nach Wahrheit tatsächlich ‚grundlegende Bedingung wissenschaftlichen Forschens'" (ebd.) ist. Diese zwei konträren Positionen einer vielstimmigen Diskussion in der Zeitschrift „Ethik und Sozialwissenschaften" soll exemplarisch aufzeigen, dass selbst unter Insidern keine Übereinstimmung besteht, ob es noch etwas Gemeinsames, die Einzeldisziplinen Verbindendes, gibt oder nicht. *Fazit*: Wir werden uns wahrscheinlich daran gewöhnen müssen, dass es *verschiedene* Wissenschaftskonzeptionen gibt (vgl. Schülein und Reitze 2016).

Letzteres geht über die einfache Unterscheidung von Natur-, Geistes- und Sozialwissenschaften hinaus bis in die Fachkulturen von Einzelwissenschaften. In den Erziehungswissenschaften beispielsweise gibt es neben geisteswissenschaftlich orientierten auch erfahrungswissenschaftlich arbeitende Wissenschaftlerinnen und Wissenschaftler, die quantitative wie qualitative empirische Forschung betreiben. Daneben werden phänomenologische, psychoanalytische, strukturalistische, systemtheoretische u. a. Theorie- und Methodenkonzeptionen angewendet.

Diese denkerische und methodische Vielfalt lenkt ab von der (erkenntnistheoretischen) Grundsatzfrage, *was* Menschen überhaupt wissen können. Zudem gibt es ganz unterschiedliche Wissensarten. Dazu hat Helmut F. Spinner (2002) ein facettenreiches modulares Wissenskonzept mit 16 Wissensprofilen (S. 26) vorgestellt. Wissenschaftliches Wissen wird noch immer mit einem besonderen Geltungsanspruch verbunden, der auf Überlegungen des griechischen Philosophen Platon zurückgeht. Bei Platon ist Wissen – im Unterschied zum bloßen Vermuten oder Zweifeln – ein *Zustand subjektiver Sicherheit*, ein Überzeugtsein, ein „Ich weiß". In verallgemeinerter Form lautet Platons Behauptung: „X (jemand) weiß, dass p (>p< steht für einen ganzen Satz)." Das reicht aber nicht aus, denn X könnte sich irren. Es muss somit eine zweite Bedingung zutreffen: „p muss auch noch ‚wahr' sein." Diese Ergänzung ist noch immer nicht hinreichend, denn p könnte zufällig „wahr" sein, d. h. X hat auf gut Glück geraten, dass p „wahr" ist. Die dritte Bedingung fordert deshalb: X muss Gründe angeben können, die ihn berechtigen, davon überzeugt zu sein, dass p „wahr" ist (vgl. Schnädelbach 2002, S. 32–37). *Wissen ist nach Platon – und in dessen Abgrenzung von Meinen oder Glauben – wahre, gerechtfertigte Überzeugung.*

Dieses Wissen kann durch eigene Erfahrungen individuell erkannt oder gelernt sein. Das Besondere am menschlichen Wissen besteht darin, dass es weitergegeben und kumuliert werden kann: Da Menschen ihre Erkenntnisse und Erfahrungen sprachlich vermitteln können, beruht das meiste Wissen, das vorhanden ist und das wir uns lernend aneignen können, auf der *Übernahme von Fremderfahrungen.* Schule und Hochschule sind solche Institutionen, in denen gesellschaftlich für relevant gehaltenes Wissen systematisch vermittelt wird. Wenn wir einmal vom Vermittlungsprozess absehen, dann kann Wissen, das in Bibliotheken und an anderen Orten (z. B. im Internet) aufbewahrt und bereitgehalten wird, auch als kulturell kumuliertes Potenzial betrachtet werden. Je nach seiner Relevanz kann Wissen als Faktor für individuelle und/oder gesellschaftliche Vorteile geheim gehalten bzw. patentiert werden oder frei verfügbar sein.

Wissenschaftliches Wissen als Wissen mit besonders geprüfter Geltung gilt als wichtige Ressource und Wettbewerbsvorteil von Volkswirtschaften. Bildungsökonomen stellten in den 1960er-Jahren die These auf, dass die Ausgabenhöhe für Bildung und Wissenschaft in einem direkten Zusammenhang stehe mit der volkswirtschaftlichen Entwicklung des entsprechenden Landes. So strebten in der Bundesrepublik Deutschland von 1965 bis ca. 1975 Politik und Wissenschaft gemeinsam eine Bildungsreform an, wonach keine wissenschaftlich unhaltbaren Dinge mehr im Unterricht gelehrt werden sollten. Hierzu wurden neben der Lehrerbildung auch andere Ausbildungsgänge „verwissenschaftlicht". So umfasst die Bäcker/in-Ausbildung in der Berufsschule Grundlagen der Backchemie auf theoretisch anspruchsvollem Niveau. Ein weiteres Ziel der Bildungsreform war es, Begabungsreserven in der Bevölkerung zu mobilisieren und das mit Erfolg: Zum Wintersemester 2015/16 begannen über 503.000 Personen in der Bundesrepublik Deutschland ein Studium (vgl. Statistisches Bundesamt, Schnellmeldeergebnisse der Hochschulstatistik vom 25.11.2015); auf der Grundlage der Angaben des Zensus von 2011 lassen sich statistisch über 10,38 Mio. Bundesbürger mit Fachhochschul- bzw. Hochschulabschluss errechnen (vgl. Statistisches Bundesamt, Zensus Kompakt Endgültige Ergebnisse 2011, Tab. 5.3 und 5.4).

Ein höherer Bevölkerungsanteil als je zuvor hat somit eine Innenansicht der Institution Hochschule gewonnen, wissenschaftliche Arbeitsweisen kennengelernt und müsste deren Ergebnisse zu interpretieren wissen. Vor allem dieser Personenkreis trägt dazu bei, kritische Distanz und Skepsis gegenüber Wissenschaft zu verbreiten; denn er hat erfahren, dass auch Wissenschaftler(innen) ganz normale Menschen mit Stärken und Schwächen sind. Nicht nur, dass es wissenschaftliche Irrtümer und Fälschungen gibt (vgl. z. B. Di Trocchio 2003); abgesehen von spektakulären Fällen (wie bspw. im Fall des Klonforschers Hwang, des Physikers Schön oder des ehemaligen Ministers zu Guttenberg), die auch durch die Tagespresse gingen, funktionieren interne Kontroll- und Kritikmechanismen des Wissenschaftsbetriebs nicht immer bzw. zu spät. Auch das hat mehrere Ursachen: Zum einen herrscht ein hoher Arbeitsdruck in Lehre und Forschung, sodass nicht genügend Zeit für kritische Prüfung bleibt. Zudem sind (junge) Wissenschaftlerinnen und Wissenschaftler einem enormen Anpassungsdruck ausgesetzt, wenn sie Karriere machen wollen. Sie müssen einerseits in kurzer Zeit originäre eigene Forschungsleistungen erbringen und sich dabei der Kontrolle und Kritik der *scientific community* stellen; andererseits tun sie gut daran, ihre machtvollen Vorgesetzten nicht öffentlich bloßzustellen, indem sie etwa deren Forschungsergebnisse anzweifeln. Im Gegensatz zu Wolf Wagner (2007), der darin eine Besonderheit des Hochschulsystems sieht, lässt sich m. E. konstatieren, dass Anpassungsdruck (zumindest in Zeiten hoher Arbeitslosigkeit und zunehmend globaler Konkurrenz) auch in anderen Betrieben herrscht. Bewerber und neue Mitarbeiter werden wohl fast überall daraufhin taxiert, ob sie in das vorhandene Arbeitsteam „passen". Eigensinnige Abweichler haben es da – selbst mit herausragenden Qualifikationen – schwer. Für den Wissenschaftsbetrieb (wie für jeden kreativen Beruf) bleibt festzuhalten, dass dies *keine* guten Voraussetzungen sind für Angstfreiheit, unbefangenes Fragen und spielerische Kreativität bei Problemlösungen. Da Professor(inn)en auf ihrem Karriereweg i. d. R. selbst den Konkurrenzdruck erfahren haben, gibt es, neben der Anpassung an die karriereentscheidenden Personen, eine egozentrische Konzentration auf die eigene wissenschaftliche Arbeit (und Karriere) (vgl. Bär 2002).

Forschung findet immer mehr in Netzwerken statt. Dennoch bleibt die Befürchtung, dass andere dasselbe Thema bearbeiten bzw. Problem zu lösen suchen und mit ihren Ergebnissen früher aufwarten könnten. Dieser Wettbewerb ist mittlerweile ein internationaler. Weltweit kommen immer mehr Kolleg(inn)en hinzu, mit denen über Kongresse, Publikationen und das Internet ein Austausch erfolgt. Ein gemeinsames Kennzeichen wissenschaftlichen Wissens ist, dass es schriftlich kommuniziert wird (sog. Publikationsgebot) und von der *scientific community* geprüft werden kann. Doch *keinem* wissenschaftlich Tätigen gelingt es mehr, die Publikationsflut der eigenen Subdisziplin zu bewältigen, geschweige denn die des Faches. Das hat u. a. zur Folge, dass auch eine Vielzahl von Ergebnissen publiziert wird, die marginal sind oder wissenschaftlichen Standards nicht entsprechen. Darüber hinaus können selbst ordentlich publizierte Forschungsergebnisse nur noch punktuell und indirekt überprüft werden, z. B., wenn andere in demselben Bereich forschen oder jemand beauftragt wird, die Arbeit in einem Gegenstandsbereich oder die eines bestimmten Teams zu evaluieren. Vieles von dem bisher Geschilderten hängt also – national wie international – mit der Größe und Hektik des

Wissenschaftsbetriebs zusammen, mit seiner Ausdifferenzierung in immer mehr Spezialgebiete und Fachrichtungen (208 zählt die Deutsche Forschungsgemeinschaft, eine Selbstverwaltungsorganisation der Wissenschaft in der Bundesrepublik Deutschland). Die Wissenschaften als Segment der Gesellschaft haben sich einerseits mit ihrer Spezialisierung stark verselbstständigt, u. a. durch eine gesellschaftlich gewollte Unabhängigkeit des Wissenschaftssektors (Grundgesetzgarantie der Freiheit von Wissenschaft, Lehre und Forschung). Andererseits besteht jedoch eine erhebliche Abhängigkeit der Lehr- und Forschungseinrichtungen von öffentlichen und – stark vermehrt – von eingeworbenen „Dritt"-Mitteln, die Firmen, Mäzene, Stiftungen u. a. zur Verfügung stellen.

Weil es so vielfältige Gegenstandsbereiche in den Wissenschaften gibt, differenzieren sich Schwerpunkte, Inhalte und methodische Zugangsweisen immer weiter aus. Das hat Vorteile, weil neue Gegenstände erforscht und Methoden verbessert werden, aber auch Nachteile, weil Themen teilweise wenig systematisch besetzt und wieder fallen gelassen werden, bevor ein tieferes Verständnis und Wissen erzeugt wurde, welches eine längere Beschäftigung mit dem Gegenstandsbereich erfordert hätte. Durch die Geldknappheit sind Wissenschaftler(innen) gezwungen, ihre Forschungsprojekte durch sogenannte Drittmitteleinwerbungen zu finanzieren. Das beschränkt nicht nur die Freiheit der Forschung, sondern führt zu einem harten Wettbewerb, bei dem hinsichtlich Beantragung und Projektabschlussbericht nicht immer mit sauberen Mitteln gearbeitet wird, denn Folgeprojekte könnten gefährdet sein, von denen wiederum die zeitlich befristete Weiterbeschäftigung von wissenschaftlichem Personal abhängt.

Insgesamt begegnet der Staat dem Teilsystem Wissenschaft durchaus noch mit Hochachtung, versucht allerdings über Leistungsvergleiche (Rankings) eine Markt- und Wettbewerbssituation zu erzeugen, die z. T. aberwitzige Formen annimmt. Da kommt es oft nicht mehr darauf an, wie qualitätvoll die Forschung ist, sondern wie viele Aufsätze mit wie vielen Zeichen pro Seite in welchen Zeitschriften publiziert wurden. Weil kaum jemand jedes Jahr ein neues Buch schreiben kann, werden Teilaspekte der eigenen Forschung häppchenweise auf mehrere Aufsätze verteilt.

Oder es werden zur Feststellung der sogenannten Leistungsträger(innen) Zitationen ausgewertet: Ausgehend von der Auffassung, dass relevante wissenschaftliche Veröffentlichungen allenthalben zitiert werden und die Zahl der Namensnennungen *ein* Maß für die „Reputation" eines Wissenschaftlers bzw. einer Wissenschaftlerin darstellt, wird z. T. nachgezählt, wer wo wie oft zitiert wurde. Die Idee ist an sich nicht schlecht, insbesondere diejenige, die Ausbreitung von Forschungsergebnissen zu betrachten; doch manche Resultate, vor allem solche, die von der „herrschenden Lehre" abweichen, brauchen u. U. lange, bis sie sich durchsetzen.

Außerdem kann der Ansatz, Zitationen zu zählen, strategisch konterkariert werden: Schließen sich einige Personen, wie dies besonders in der Psychologie üblich ist, für ganze Aufsatzserien zusammen und zitieren sich auch noch fleißig gegenseitig (sog. „Zitierkartell"), so kann man es schon auf etliche Publikationen *und* Zitationen bringen. Kein Vorwurf an diese Wissenschaftler(innen): Die neuen Spielregeln kommen nur teilweise aus den Hochschulen selbst, sondern jene sind von den Wissenschaftsverwaltungen aus den USA übernommen worden, um Steuergelder nicht mehr „per Gießkanne", sondern nach angeblich „objektiven" Maßstäben zu verteilen. Damit sollen Anreize zu erhöhter Forschungsleistung geschaffen werden.

Forschen braucht Zeit. Darüber gerät manchmal die Lehre ins Hintertreffen, was sich in schlechterer Ausbildungsqualität und längeren Studienzeiten niederschlagen kann. Dann werden politisch einige Finanzmittel für besonders gute Lehre ausgelobt und vergeben. Kurz: Es geht auch im Wissenschaftsbereich um Einfluss und Macht, Hierarchien (Ranking), (verweigerte) Anerkennung und (verletzte) Eitelkeiten, Karriere und Geld. Doch mittlerweile ist Letzteres für die Geistes- und Sozialwissenschaften so knapp, dass vielerorts Zeitschriften abbestellt und neue Bücher kaum mehr angeschafft werden. Auch bei der Einstellung von Personal wird gespart, was die Betreuungsrelation zwischen Lehrenden und Studierenden schmälert.

In der Hoffnung, Anerkennung zu finden oder gar „groß herauszukommen" und eventuell mehr Geld und Personal für die eigene Forschung zu erhalten, verbreiten Wissenschaftler(innen) ihre Auffassungen und Forschungsergebnisse nicht nur über Fachzeitschriftenaufsätze, sondern auch über Massenmedien. Dabei werden Sachverhalte oft unzulässig vereinfacht, wichtige andere Aspekte, die aber nicht Gegenstand der Untersuchung waren oder nicht in die Meldung oder den kurzen Beitrag passen, ausgelassen und somit komplexe Zusammenhänge verkürzt, verfälscht bzw. missverständlich dargestellt. Durch Zeitdruck bei der Vorbereitung von Artikeln oder Sendungen, durch unpräzise und am Thema vorbeigehende Fragen der Interviewer, durch Aufgeregtheit der Interviewten, durch schlechte, z. B. auf Sensation schielende Kürzung von Pressemitteilungen etc. werden Wissenschaftsergebnisse verfälscht. Natürlich gibt es auch mustergültige Beispiele von Wissenschaftsjournalismus, doch die sind eher die Ausnahme. Abgesehen davon, dass die Informationen, die die Zielgruppen erreichen, oft so nicht stimmen, wie sie massenmedial verbreitet werden, haben nicht nur Laien Schwierigkeiten, wissenschaftliche Ergebnisse richtig zu interpretieren. Denn selbst Akademiker(innen) kennen sich meist nur in dem Bereich aus, den sie einmal studiert haben. So schwanken nicht nur Normalbürger zwischen Wissenschaftsgläubigkeit und Wissenschaftsskeptizismus – oft je nachdem, ob ihnen bestimmte wissenschaftliche Ergebnisse „in den Kram passen" oder nicht.

Die Arbeitsweisen und Denkansätze anderer Disziplinen bleiben ihnen und auch den meisten Abiturientinnen und Abiturienten fremd – trotz des wissenschaftspropädeutischen Anspruchs des Gymnasiums und der wissenschaftlichen Ausbildung der dort unterrichtenden Lehrkräfte. Forderungen nach neuem Denken in Form von rationalitätskritischen Ansätzen (vgl. Vester 2015), die sich am Erhalt des artenreichen Lebens auf diesem Planeten als oberstem Ziel orientieren, Forderungen nach interdisziplinärer Lösung globaler Problemlagen und einer neuen Ethik werden zwar in Festreden beschworen, doch die Forschungspraxis sieht meist anders aus. Haben die Wissenschaften früher den Glauben genährt, eines Tages die Welt insgesamt wissenschaftlich erklären zu können, so sind sie heute wesentlich bescheidener geworden: Die Wissenschaften *allein* können das menschliche Bedürfnis nicht befriedigen, die Welt im Ganzen verstehen zu wollen. Die „Orientierungskrise" (Ströker 1994) der Wissenschaft(en) hängt auch damit zusammen, dass sich aus der Vielzahl von Forschungsergebnissen, die durch Konzentration auf kleine Ausschnitte von „Wirklichkeit" und damit durch Ausgrenzung aus anderen Zusammenhängen zustande gekommen sind, kein widerspruchsfreies „wissenschaftliches" Weltbild ergibt bzw. herstellen lässt.

> Selbst ein [. . .] Forscher lebt nicht allein aus seinen wissenschaftlichen Überzeugungen oder lediglich dem, was ihm die Wissenschaften als Struktur und Geschehen der Welt zu erkennen geben. Auch abgesehen davon, daß es die fortgetriebene Spezialisierung der modernen Wissenschaften zunehmend schwieriger und wohl auch unergiebiger machen dürfte, deren Erträge zu „Weltbildern" zu synthetisieren, existieren wir Menschenwesen, und zwar theoretisch wie praktisch, generell aus Sinnbezügen – und ihren Gefährdungen –, für die uns Fragen und Antworten nicht erst aus der Wissenschaft kommen (Ströker 1994, S. 429; Auslassung: F. R.).

Einerseits: Wissenschaften haben Weltbilder, Religionen und Ideologien *nicht* überflüssig gemacht. Andererseits: Aus der Aussage, dass das menschliche Bedürfnis nach ganzheitlichem Weltverstehen nicht durch die Wissenschaften befriedigt werden kann, darf nicht im Umkehrschluss angenommen werden, dass nichtwissenschaftliche Deutungsmuster überlegen seien. Angesichts der Orientierungskrise von Wissenschaften besteht durchaus die Gefahr, dass dogmatische Fundamentalismen wieder stärkeren Einfluss gewinnen als das rationale Denken und ein verbreiteter Wissenschaftsskeptizismus in antirationales oder gar irrationales Denken und Verhalten umschlägt; denn Wissenschaften verursachen *auch* Verunsicherung und Desorientierung, weil sie letztendlich (aber ebenso wie andere Wissensarten!) keine Gewissheit und damit auch keine Sicherheit vermitteln können. *Selbst das von den Wissenschaften erzeugte Wissen bleibt „Vermutungswissen"* (Popper 1995)*, d. h., es kann sich trotz aller Sorgfalt und Prüfung* *späterhin als falsch erweisen.* Dennoch sind mir wissenschaftliche Ergebnisse lieber als irgendwelche ungeprüften Spekulationen, Meinungen, Glaubenssätze oder Vorurteile.

► **Tipp** Da die Bachelor-/Master-Struktur in den meisten Studiengängen erkenntnis- und wissenschaftstheoretische Voraussetzungen vernachlässigt, sollten Sie sich zusätzlich mit diesen Themen auseinandersetzen und obendrein ein wenig in andere Fachrichtungen hineinschnuppern: (Ring-)Vorlesungen, aber auch öffentliche Einzelvorträge, sind eine passende Gelegenheit, die Standpunkte und Denkweisen anderer Wissenschaftler(innen) kennenzulernen. Darüber hinaus kann man sich in Zeitschriften wie z. B. „Universitas", „Bild der Wissenschaft", „Spektrum der Wissenschaft", „Nature" oder „Science", die in Bibliotheken verfügbar sind, über Themen und Entwicklungen in den Disziplinen informieren. „[W] wie Wissen" (ARD), „Nano" (ZDF/3sat), „Quarks & Co." (WDR) und andere TV- wie Hörfunkprogramme (z. B. WDR 5) bieten ebenso anspruchsvolle wie erhellende Einblicke in Wissenschaftsbereiche.

2.2 Wer ist Wissenschaftler(in) und worin unterscheidet sich wissenschaftliche von anderer Arbeit?

„Wissenschaftler ist, wer wie ein Wissenschaftler handelt", behauptet der Nobelpreisträger Sir Peter B. Medawar (1984, S. 15). Gleiches gilt selbstverständlich ebenso für Frauen. Auch Walter Krämer hat recht, der am Beispiel des Wettbewerbs „Jugend forscht" aufzeigt, dass keineswegs eine wissenschaftliche Ausbildung erforderlich ist, um wissenschaftlich zu arbeiten. Ehrlichkeit und Neugier genügen, wenn nicht gleich der Nobelpreis errungen werden soll (vgl. Krämer 2009). – Wie das, werden Sie sich jetzt vielleicht fragen: Gibt es doch etwas, was allen Wissenschaften gemeinsam ist? Wissenschaftler(innen) sind auch nur normale Menschen mit Stärken und Schwächen. Sie unterscheiden sich von anderen Personen am ehesten vielleicht dadurch, dass sie *Dingen auf den Grund gehen wollen.* Da unterschiedliche Auffassungen darüber bestehen, *was* eigentlich Wissenschaft sei, gibt es – völlig abgesehen vom Fachgebiet – auch nicht *den* Wissenschaftler oder *die* Wissenschaftlerin. Je nach der Weise, wie sie ihre Arbeit verrichten, nennt Medawar (1984, S. 17) sie Sammler, Klassifizierer, Detektive, Forschungsreisende, Künstler, Handwerker, Poeten, Philosophen, Mystiker – oder auch Schwindler. So gibt es beispielsweise in den Erziehungswissenschaften geisteswissenschaftlich arbeitende Forscher(innen), die ihren Forschungsgegenstand „verstehen" wollen und mit hermeneutischen Methoden der Interpretation von Texten und anderen Quellen arbeiten (vgl. Rittelmeyer und Parmentier 2007). Andere führen Interviews, lassen diese transkribieren und werten die Interview-Texte dann mithilfe eines PCs und spezieller Software (z. B. MAXQDA) aus (Qualitative Inhaltsanalyse – vgl. Kuckartz 2010). Wieder andere wollen durch Experimente oder quantitativ empirische Untersuchungen Zusammenhänge und Wirkungen „erklären" und folgen dem deduktiven Prinzip der Naturwissenschaften, wollen also „Gesetzmäßigkeiten" herausfinden. Letzteres bereitet allerdings in den Sozialwissenschaften erhebliche Schwierigkeiten, weil sich Menschen in sozialen Situationen höchst unterschiedlich verhalten bzw. handeln und daher keine festen Voraussagen gemacht werden können, wie Menschen künftig reagieren werden. Manches, was Wissenschaftlerinnen und Wissenschaftler im Einzelnen tun, ließe sich besser nachvollziehen, wenn man ihnen bei der Arbeit zusehen oder sie dabei filmen dürfte. Doch auch dies hilft wenig: Was in den Köpfen der Forscher(innen) vor sich geht, kann niemand sehen und ist meist das Entscheidende. Hilfreich sind manchmal Selbstdarstellungen oder Interviews mit Wissenschaftler(inne)n zu ihren Arbeitsweisen und ihrem Denken. In ihren Publikationen bekommen Sie – wie in den Lehrveranstaltungen auch – Ergebnisse vorgesetzt und erhalten keinen Einblick in die Forscher-Werkstatt.

► **Tipp** Suchen Sie selbst aktiv Gesprächskontakte zu Wissenschaftler(inne)n und fragen Sie sie bei passender Gelegenheit. Die meisten fühlen sich – trotz Zeitproblemen – bei echtem Interesse Ihrerseits geschmeichelt und erzählen, womit sie sich beschäftigen. Manchmal werden auch Forschungskolloquien angeboten, sodass Studierende in Forschungsprozesse theoretisch wie praktisch einbezogen werden können. An manchen Instituten werden auch bezahlte studentische Hilfskraft-Stellen angeboten. Letztere sind gute Möglichkeiten, in Forschungsaktivitäten einbezogen zu werden.

Zwischenfazit: Wissenschaftliches Arbeiten wird der Vorgang genannt, bei dem eine Frage oder ein Problem unter Einhaltung anerkannter methodischer und formaler Standards erforscht und bearbeitet wird, wobei diese Standards von der jeweiligen *Fachkultur* tradiert werden. Demnach gibt es wenig einheitliche Regeln, sondern es handelt sich um Konventionen, die von wissenschaftlichen Institutionen (wie Deutsche Forschungsgemeinschaft, Fachgesellschaften, renommierten Zeitschriften) gesetzt werden und im Laufe der Zeit auch Wandlungen unterliegen, z. B. durch internationale Kooperation.

2.3 Der Forschungsprozess

Selbst wenn wir nun davon ausgehen, dass es weder eine *Einheit* der Wissenschaften noch *den* Wissenschaftler bzw. *die* Wissenschaftlerin gibt, so gibt es doch Gemeinsamkeiten im Ablauf des Forschungsprozesses: Zumindest bei ordentlicher Forschung stehen die Ergebnisse nicht schon vor der Untersuchung fest. In vielen Fällen, vor allem den anwendungsbezogenen Wissenschaften, geht es um die Beantwortung von (praktischen) Fragen. Es können sich aber auch (theoretische) Probleme stellen, die dann keine mehr sind, wenn sie gelöst wurden und die Lösung bekannt ist (und nicht wieder in Vergessenheit gerät).

Ausgangspunkte jeglicher Forschung sind demnach *Fragen bzw. Probleme* (vgl. Abb. 2.1). Wer keine Fragen stellt, kann keine Antworten finden. Deshalb ist das Fragenkönnen so enorm wichtig für die wissenschaftliche Arbeit (s. Abschn. 7.4). Wer kein Problem hat, wird kaum eine Problemlösung suchen. Will man sich nicht überflüssigerweise den Kopf zerbrechen, ist eine sorgfältige Recherche in Datenbanken und Bibliotheken erforderlich, um Doppelarbeit und Zeitverlust zu vermeiden. Denn oft sind Problemlösungen schon bekannt; nur nicht den Personen, die vor dem Problem stehen.

Wissenschaftliche Erkenntnis beginnt demnach nicht mit Wahrnehmungen, Beobachtungen oder der Sammlung von Daten, sondern mit *Fragen* bzw. *Problemen* (auf die man allerdings erst stößt, wenn man sie sich selbst stellt bzw. als solche selbst wahrgenommen hat resp. wenn andere sie uns stellen bzw. um Problemlösung bitten).

> Die vielen potenziellen Fragen lassen sich grob in sieben Gruppen unterteilen, die sich überlappen können und miteinander kombinierbar sind [...]:
>
> - *Existenz („Gibt es etwas?"; „Ist etwas vorhanden?") [...]*
> - *Beschreibung (Deskription: „Wie sieht etwas aus?"; „Wie ist etwas beschaffen?") [...]*
> - *Kovariation („Womit hängt etwas zusammen?"; „Wie hoch korrelieren zwei oder mehrere Variablen?") [...]*
> - *Struktur („Wie ist etwas aufgebaut?"; „Wie sieht die Binnenstruktur eines Phänomens aus?") [...]*
> - *Prognose („Kann man etwas vorhersagen?"; „Wie gut kann man aufgrund der Ausprägung in einer [...] Variablen die Ausprägung in einer anderen [...] Variablen prognostizieren?") [...]*
> - *Ursache („Wie funktioniert etwas?"; „Was bewirkt was?" bzw. „Welche Regeln und Gesetze verursachen ein Phänomen?")* [...]
> - *Training und Optimierung („Wie kann ich etwas trainieren?"; „Wie kann eine Maßnahme effizienter gestaltet werden?") [...]* (D. H. Rost 2013, S. 18 f.; Auslassungen: F. R.)

Ein Auftraggeber/Wissenschaftler hat ein *Problem,* das er bzw. andere bisher nicht gelöst haben und dessen Lösung „interessiert" bzw. eine *Frage,* die er bzw. andere bisher nicht beantworten konnten und deren Beantwortung „interessiert"

Wissenschaftlerinnen und Wissenschaftler
wollen Probleme lösen bzw. Fragen beantworten

- haben bestimmte wissenschaftlich relevante Werte internalisiert
- haben (Vor-)Wissen, Erfahrung, Kompetenz (u. a. fundiertes Spezialwissen)
- nehmen (Spezial-)Wissen anderer zur Kenntnis
- grenzen das Problem/die Fragestellung durch Analyse, Beschreibung, evtl. auch Beobachtung ein
- bedienen sich dabei bestimmter Begriffe und Benennungen, die dem Gegenstand angemessen sein sollten und oft an dazugehörige *Theorien* gekoppelt sind
- kommen durch Erfahrung, Wissen und Nachdenken zu Einfällen, welche Richtung für die Problemlösung bzw. Beantwortung der Frage lohnend sein könnte (mit dem Risiko des Fehlschlags)
- formulieren Untersuchungs-Hypothesen im Zusammenhang mit theoretischen Vorannahmen in Aussagesätzen, die formal und material bestimmten Anforderungen genügen müssen
- setzen theoretische Konstrukte um in operationale Definitionen
- wenden geeignete Methoden an bzw. passen diese nach einem Pre-Test an ihren Untersuchungsgegenstand an
- gehen (nicht immer!) planvoll und systematisch vor
- kommen zu Ergebnissen und Erkenntnissen
- dokumentieren diese
- überprüfen ihren Ansatz und ihre Resultate *mehrfach*
- stellen ihre Ergebnisse in einer für andere (Experten) verständlichen Form dar und publizieren diese
- stellen sich damit der (fach-)öffentlichen Überprüfung und Kritik
- müssen – nach Kritik – ihre Arbeit verteidigen, u. U. durch weitere Forschung ergänzen, vielleicht Änderungen vornehmen

Abb. 2.1 Der Forschungsprozess

Wer komplexe Fragen zu beantworten bzw. ein Problem zu lösen hat, bedarf eines speziellen *Vorwissens*. Manchmal kann einen allerdings zu viel oder zu einseitiges Vorwissen bei der Problemlösung behindern.

Ein zu lösendes Problem führt beispielsweise zu der Frage, wie es genau beschaffen ist; es kann – wie es Descartes schon empfohlen hat – analytisch in Teilprobleme bzw. Teilfragen zerlegt werden. Beschäftigt einen eine Fragestellung, dann ist das ein ziemlich „rastloses Bemühen", wie Kant es ausdrückte, um an die „Wahrheit" der Sachverhalte näher heranzukommen (bei allen Zweifeln hinsichtlich der Fiktion einer „objektiven Wahrheit"). Dazu muss *Spezialwissen* vorhanden sein; in der Kooperation mit anderen Personen, die zu Rate gezogen werden, muss neues Wissen schrittweise erst generiert werden, um Probleme (theoretisch) lösen zu können. Das heißt konkret, es muss u. a. entsprechende Literatur beschafft und studiert werden, es werden Kontakte zu möglicherweise hilfreichen Kolleg(inn)en aufgenommen. Doch Spezialwissen reicht nicht aus: Zumindest Neugier und Durchhaltevermögen sind zusätzlich erforderlich, um Probleme zu lösen bzw. Antworten auf die gestellten Fragen geben zu können. Im Laufe des Forschungsprozesses sind Enttäuschungen und Erfolglosigkeit auszuhalten, kann man aber auch Glücksgefühle und Befriedigung erleben, wenn Fortschritte gemacht, neue Erkenntnisse und Einsichten gewonnen werden – und seien sie auch nur persönlich, indem man für sich etwas dazugelernt hat (u. a. auch aus eigenen Irrtümern).

In diesem dynamischen Prozess werden Beschreibungen und sprachgebundene Konstrukte verwendet, nämlich *Begriffe*, die nicht an eine bestimmte Sprache gebunden sind, aber Vorstellungen und damit oft auch Theorie transportieren. Der „Wahrheit" (= so ein Begriff) der Sachverhalte kann man sich nur nähern; und das auch nur, wenn man aufgrund von *Spezialwissen* mehr als nur eine „Ahnung" hat. Mit solchem Vorwissen und probeweisen, hypothetischen Annahmen muss die Fragestellung systematisch verfolgt bzw. das Problem eingegrenzt und analysiert, sprachlich oder formalisiert dargestellt werden, wobei auf passende Forschungsergebnisse anderer aufgebaut wird. Dabei wäre es unökonomisch, dem eigenen Ansatz widersprechende Ergebnisse einfach außer Acht zu lassen. Gerade sie müssen besonders sorgfältig geprüft werden. Eventuell wandeln sich dadurch die eigenen Vorstellungen. Daraufhin müssen aus den Vermutungen *Hypothesen* entwickelt werden, indem auf die Fragen zu dem Untersuchungsgegenstand mit vorläufigen Behauptungssätzen geantwortet wird. (*Beispiel*: „Gibt es einen Zusammenhang zwischen den Merkmalen A und B und welchen?" → „Es gibt einen kausalen Zusammenhang zwischen A und B: A verursacht B.") Hypothesen sind wichtig, um dem Forschungsprozess eine eindeutige Richtung zu geben sowie ihn später für Überprüfungen nachvollziehbar zu machen. Für die Wissenschaften sind – wie im Kap. 1 schon ausgeführt – aber nur solche Gedanken bedeutsam, die eine über die eigene Innenwelt hinausgehende Geltung beanspruchen. Für eine Sozialwissenschaft geht es dabei nicht um eine Geltung in Form von All-Sätzen („Alle Menschen sind aggressiv"), weil Menschen sich höchst unterschiedlich verhalten können bzw. handeln und somit universell gültige Aussagen über sie wie solche über Gruppen und Sozietäten (z. B. in Form von Prognosen) nicht möglich sind. Aussagen über Mengen, Eigenschaften und Variablen lassen sich in den Sozialwissenschaften nur in der Form von Teils-Teils-Sätzen machen („Zwei Drittel der Schüler in Deutschland, die im Jahr 20XX das Abitur anstreben, wollen studieren [ein Drittel nicht]."). Eine wissenschaftliche, d. h. verallgemeinerbare *Gültigkeit von Aussagen* wird angenommen, wenn diese Sätze für andere, d. h. intersubjektiv (vielleicht auch nur von wenigen Experten!) verstehbar sind und die Aussagen dieser Sätze nebst den genannten *Randbedingungen*, die gelten sollen (z. B. für die Bundesrepublik Deutschland nach dem Jahr 2016), von diesen Leuten in ihrem Wahrheitswert bisher nicht widerlegt werden können (vgl. zum Induktionsproblem in den Sozialwissenschaften: Seiffert 2003, S. 201–257). Obwohl Westmeyer (1994, S. 476) aufzeigt, dass es unterschiedliche Begriffe von *Objektivität* gibt und dass die Forderung nach allgemeiner *Intersubjektivität* keine harte Bedingung mehr sein kann für die tatsächlich stattfindende wissenschaftliche Praxis, so kann doch behauptet werden, dass die Überprüfung von wissenschaftlichen Ideen und Aussagen gebunden bleibt an – wie auch immer definierte – Vorstellungen von „Wirklichkeit" und „Wahrheit", wenngleich Forscher(innen) das mit diesen Begriffen Vorgestellte, d. h. die jeweilige erkenntnis-bzw. wissenschaftstheoretische Grundposition, oft nicht hinreichend reflektieren (und Leser[innen] das Ganze nicht nachvollziehen können, weil Aussagen dazu in den Forschungsberichten meist fehlen).

Betrachten wir das über *Hypothesen* Gesagte noch einmal genauer: Wissenschaftliche Aussagen müssen – trotz der gemachten Einschränkungen – rational nachvollziehbar und kontrollierbar sein, und zwar *formal*: durch (Behauptungs-, Protokoll-, Aussage-)Sätze, die

- praktisch falsifizierbar sein müssen (vgl. Popper 1992, S. 82 ff.)
- semantisch, d. h. in ihrer Bedeutung, eindeutig und
- in ihren syntaktischen Verknüpfungen logisch widerspruchsfrei sind sowie eine
- möglichst große Exaktheit aufweisen;

und *material*:

- durch die Angabe des jeweiligen Bedingungs- und Geltungsrahmens für diese Sätze.

Ist die Hypothesenbildung bedacht, stellt sich das Problem der *Methodenwahl,* um den Forschungsgegenstand zu untersuchen. Es leuchtet hoffentlich ein, dass es wenig sinnvoll ist, beispielsweise Gewaltbereitschaft von Rechtsextremisten mit einem Fragebogen herausfinden zu wollen. Hier wäre die Methode der teilnehmenden Beobachtung sicher geeigneter, bei allen Problemen, die auch hierbei bedacht werden müssen. Nicht immer sind Sachverhalte direkt beobachtbar oder erschließbar. Wie kann ich feststellen, ob jemand „das Abitur oder ein Studium anstrebt", welches Verhalten werte ich als „Gewaltbereitschaft" und welches nicht? Theoretische Konstrukte wie „Rechtsextremismus" müssen transformiert werden in sogenannte *operationale Definitionen*, d. h. umgewandelt werden in *Beobachtungssprache* („Wenn ein Proband mit dem Begriff der ‚Rasse', einer bestimmten Ethnie oder Nation[alität] argumentiert und die, der er angehört, für höherwertiger hält als andere; behauptet, dass ein autoritäres Führerprinzip für die ‚Volksgemeinschaft' geeigneter sei als plurale demokratische Regeln; sich antisemitisch, islam-, fremden- oder schwulenfeindlich äußert; Personen und Taten des deutschen Nationalsozialismus lobt oder verharmlost; den Holocaust leugnet oder gut heißt; ... "). Diese Transformation in Beobachtungssprache, in Interview-Fragen bzw. Fragebogen-Items muss so weit fortgesetzt werden, dass bei der Beobachtung bzw. der späteren Auswertung von Fragebögen oder Interviews eine klare Zuordnung „trifft zu/trifft nicht zu" erfolgen kann. Aber was ist, wenn das eine oder andere Merkmal der Operationalisierung bei dem Probanden nicht festgestellt werden kann, weil er sich verstellt oder dem operationalen Konstrukt nicht entspricht?

Bevor eine größere empirische Untersuchung begonnen wird, ist in einem *Pre-Test* die Brauchbarkeit der Operationalisierung bzw. der eingesetzten Methode zu prüfen. Oft müssen noch Veränderungen vorgenommen werden. Je nachdem, ob beobachtet wird, ein Experiment bzw. eine Befragung durchgeführt oder Materialien hermeneutisch respektive inhaltsanalytisch untersucht werden: Danach sollten die beobachteten, erfragten, gemessenen Daten bzw. die Quellenbefunde und -interpretationen methodisch sauber verarbeitet und die Ergebnisse im Sinn der anfangs gestellten Untersuchungshypothesen gewissenhaft dokumentiert sowie kritisch überprüft werden. Die Fragestellung, der Untersuchungsgang und dessen Ergebnisse werden dann in einer zumindest für andere Experten verständlichen Sprache dargestellt und veröffentlicht, damit diese die Gelegenheit haben, Ausgangspunkt, Hypothesen(bildung), methodisches Vorgehen, Erhebung der Daten und die Ergebnisfindung/Beantwortung der Fragestellung zu überprüfen und gegebenenfalls zu kritisieren. Eventuell sind Nachuntersuchungen oder die Erforschung weiterer Bereiche notwendig. Dieser Prozess läuft nicht derart chronologisch ab, wie es dieser Text linear schildern muss (vgl. dazu auch Karmasin und Ribing 2014, S. 94, die zudem ein zirkuläres Modell abbilden). Es wird wie im Handwerk an vielen Ecken gearbeitet; mal fehlen noch Materialien, die nachbesorgt werden müssen; manchmal wird „geschlampt", dann muss nachgebessert, aber tunlichst nicht „geschönt" werden. Das Ergebnis sollte zudem nicht schon zu Beginn festliegen. Die Täuschung der (Fach-)Öffentlichkeit – durch Übertünchen von Mängeln, durch Fälschung von Daten oder Ergebnissen, durch das Abschreiben bei anderen ohne Angabe des eigentlichen Urhebers *(Plagiat)* – kann, sofern dieses entdeckt wird, unangenehme Folgen haben: Es gibt allerorten Ethik-Kommissionen und Ombudsstellen, vor denen man mit unangenehmen Fragen konfrontiert wird. Und: *Akademische Grade (B. A., M. A, Diplom, Doktortitel etc.) können bei Plagiat, Betrug oder Fälschung aberkannt werden!* (s. dazu auch Abschn. 10.5)

Zusammenfassung

Die Wissenschaften haben in ihrer Verselbstständigung als Teilsystem der Gesellschaft und in ihrer zunehmenden Ausdifferenzierung in immer kleinere Spezialgebiete ihre Einheit offensichtlich verloren. Der rapiden Zunahme der international produzierten Wissenschaftsliteratur, selbst für ein Fach oder ein Teilgebiet, ist niemand mehr gewachsen. Die Publikationsflut resultiert aus dem Druck des „*publish or perish*", in der zählbare Veröffentlichungen für die Karriere und Mittelzuweisungen wichtiger sind als ein tatsächlicher Wissens- und Erkenntniszuwachs. Von der Vorstellung einer „absoluten Wahrheit" haben sich die Wissenschaften verabschieden müssen. Wissen ist immer „Vermutungswissen" (Popper 1995); hat, weil wir uns irren können, immer nur vorläufigen Wert. Erhebliche Gefahren für Wissenschaften und Gesellschaft lauern, weil Kritik und Überprüfung von Forschungsergebnissen selbst in den Einzeldisziplinen nur noch punktuell zu bewältigen sind. Insofern tragen die sich in einer „Orientierungskrise" befindenden Wissenschaften zur allgemeinen Irritation, Skepsis und Ratlosigkeit bei; denn wie sollen wir adäquat handeln, bei so vielen widersprüchlichen Ergebnissen? Fast jede Aussage kann mit irgendwelchen „wissenschaftlichen" Belegen gestützt oder mit anderen angezweifelt werden. Anderseits kann Wissenschaft aus erkenntnistheoretischen Gründen nicht die von vielen erwartete Sicherheit und ganzheitliche Weltsicht stiften, sodass antirationale Strömungen mit ihren Heilsversprechen vermehrten Einfluss gewinnen könnten. Aber wäre das ein erstrebenswerter Zustand? – Nein, mir ist bei allen Ärgerlichkeiten lieber, mich auf hinreichend plausible, in sich konsistente und kohärente Annahmen zu stützen, auch wenn ich nicht alles selbst überprüfen kann, als irgendwelchen dogmatischen Fundamentalisten zu folgen. Was Wissenschaften ausmacht und welchen idealtypischen Verlauf ein Forschungsprozess haben sollte, wurde eben beschrieben, wobei die besondere Rolle des Fragens und Problemlösens für die Entwicklung einer eigenen Forschungsperspektive betont wurde. Obwohl wissenschaftliches Arbeiten nur gelernt werden kann, indem man es einübt, bedingt es die Aneignung von Fach- und Methodenwissen, bevor bzw. während man selbst forscht.

Literatur

Literatur zur Vertiefung

Rost, D. H. (2013). *Interpretation und Bewertung pädagogisch-psychologischer Studien. Eine Einführung* (3. Aufl.). UTB, 8518. Bad Heilbrunn: Klinkhardt. Wer lernen möchte, empirische Studien zu verstehen und zu bewerten, dem sei dieses Buch empfohlen. Checklisten und viele Beispiele helfen gravierende Fehler auch bei der Vorbereitung eigener empirischer Arbeiten zu vermeiden

Schülein, J. A., & Reitze, S. (2016). *Wissenschaftstheorie für Einsteiger* (4. Aufl.). UTB, 2351. Wien: Facultas.wuv. Obwohl Wissenschaftstheorie in vielen BA-Studiengängen nicht mehr vorkommt, ist die Beschäftigung mit diesem Gebiet ab 1. Semester sehr wichtig. Das vorgeschlagene Einführungswerk ist gut strukturiert, verständlich geschrieben und dennoch anspruchsvoll.

Literaturverzeichnis

Bär, S. (2002). *Forschen auf Deutsch. Der Machiavelli für Forscher und solche, die es noch werden wollen* (4. Aufl.). Frankfurt am Main: Deutsch.

Di Trocchio, F. (2003). *Der große Schwindel. Betrug und Fälschung in der Wissenschaft.* Reinbek: Rowohlt.

Karmasin, M., & Ribing, R. (2014). *Die Gestaltung wissenschaftlicher Arbeiten. Ein Leitfaden für Seminararbeiten, Bachelor-, Master- und Magisterarbeiten, Diplomarbeiten und Dissertationen* (8. Aufl.). UTB, 2774. Wien: Facultas.wuv.

Krämer, W. (2009). *Wie schreibe ich eine Seminar- oder Examensarbeit?* (3. Aufl.). Campus concret. Frankfurt am Main: Campus.

Kuckartz, U. (2010). *Einführung in die computergestützte Analyse qualitativer Daten* (3. Aufl.). Wiesbaden: VS.

Medawar, P. B. (1984). *Ratschläge für einen jungen Wissenschaftler*. München: Piper.

Popper, K. R. (1992). Falsifizierbarkeit, zwei Bedeutungen von. In H. Seiffert (Hrsg.), *Handlexikon der Wissenschaftstheorie*. dtv Wissenschaft, 4586. (S. 82–86). München: dtv.

Popper, K. R. (1995). Vermutungswissen: meine Lösung des Problems der Induktion. In K. R. Popper (Hrsg.), *Objektive Erkenntnis* (3. Aufl., S. 1–31). Hamburg: Hoffmann & Campe.

Rittelmeyer, C., & Parmentier, M. (2007). *Einführung in die pädagogische Hermeneutik. Mit einem Beitrag von W. Klafki* (3. Aufl.). Darmstadt: Wiss. Buchgesellschaft.

Rost, D. H. (2013). *Interpretation und Bewertung pädagogisch-psychologischer Studien. Eine Einführung* (3. Aufl.). UTB, 8518. Bad Heilbrunn: Klinkhardt.

Schnädelbach, H. (2002). *Erkenntnistheorie zur Einführung*. Hamburg: Junius.

Schülein, J. A., & Reitze, S. (2016). *Wissenschaftstheorie für Einsteiger* (4. Aufl.). UTB, 2351. Wien: Facultas.wuv.

Seiffert, H. (2003). *Einführung in die Wissenschaftstheorie. Erster Band: Sprachanalyse, Deduktion, Induktion in Natur- und Sozialwissenschaften* (13. Aufl.). Beck'sche Reihe, 60. München: Beck.

Spinner, H. F. (2002). Das modulare Wissenskonzept des Karlsruher Ansatzes der integrierten Wissensforschung – Zur Grundlegung der allgemeinen Wissenstheorie für ‚Wissen aller Arten, in jeder Menge und Güte'. In K. Weber, M. Nagenborg & H. F. Spinner (Hrsg.), *Wissensarten, Wissensordnungen, Wissensregime. Beiträge zum Karlsruher Ansatz der integrierten Wissensforschung. Studien zur Wissensordnung*. (2. Aufl., S. 13–46). Opladen: Leske + Budrich.

Ströker, E. (1994). Probleme der Bestimmung und Abgrenzung von Wissenschaft. *Ethik und Sozialwissenschaften*, *5*, 423–432.

Vester, F. (2015). *Die Kunst vernetzt zu denken. Ideen und Werkzeuge für einen neuen Umgang mit Komplexität* (10. Aufl.). dtv, 33077. München: dtv.

Wagner, W. (2007). *Uni-Angst und Uni-Bluff. Wie studieren und sich nicht verlieren* (1. Aufl.). Hamburg: Rotbuch.

Westmeyer, H. (1994). Gibt es einen Grundkonsens bei der Bestimmung von Wissenschaft? *Ethik und Sozialwissenschaften*, *5*, 475–477.

Das Lernen

3

► Bitte überschlagen Sie diese Seiten nicht! – Wir lernen zwar immer und überall, was uns oft gar nicht bewusst ist. Unsere Lernfähigkeit ist eine Grundvoraussetzung menschlichen Lebens. So lernen wir – hoffentlich – aus Fehlern, die wir gemacht haben, und Sie könnten jetzt nicht studieren, wenn Sie nicht schon etliches in der Schule gelernt und dort gute Leistungen erbracht hätten. Insofern haben Sie Ihre eigene Lernbiografie, Ihre individuellen Lerngewohnheiten und sind damit nicht schlecht gefahren. Dennoch gibt es immer Verbesserungspotenzial sowie einige spezielle Probleme des Lernens im Studium, so z. B., dass

- (hoch-)schulisches Lernen vorwiegend traditionellen Mustern folgt und immer noch geglaubt wird, über Inputorientierung und Instruktion allen alles beibringen zu können,
- die Stofffülle gerade wegen der verkürzten Studienzeiten enorme Probleme verursacht,
- die Fähigkeit zu eigenständigem Lernen und hoher Motivation von den Lehrenden vorausgesetzt wird, obwohl die Vorbereitung der gymnasialen Oberstufe auf das selbstständige Lernen zu wünschen übrig lässt,
- die hochschulischen Lerninhalte selten am Vorwissen der Studierenden anknüpfen und oft wenig anschaulich unterrichtet werden, sodass Studierende die Lehrveranstaltungen als langweilig empfinden und demotiviert werden.

Zahlreiche, z. T. unklare und widersprüchliche Anforderungen der Dozent(inn)en, eine Studiensituation und -organisation, die trotz der Bolo-

F. Rost, *Lern- und Arbeitstechniken für das Studium*,
DOI 10.1007/978-3-658-17626-6_3

gna-Reform das Lernen nicht fördert, ein zeitaufwendiger Job, der den Lebensunterhalt sichern hilft, – all diese und andere Faktoren bedingen mehr oder minder manifeste Probleme mit dem eigenständigen Lernen. Dieses Kapitel ist jedoch nicht nur für diejenigen geschrieben, die möglicherweise unter Lern- und Arbeitsstörungen leiden. Im Gegenteil: Es möchte nicht nur aufzeigen, welche eklatanten Fehler beim Lehren und Lernen gemacht werden, sondern über die Faszination am Phänomen Lernen bei Ihnen die „Lust am Lernen" fördern. Da ein Lernen unter Stress das Abspeichern von Informationen be- oder gar verhindern kann, sind körperliches wie psychisches Wohlbefinden bei mittlerer Anspannung eine Grundvoraussetzungen für optimales Lernen.
Lernen kann Freude, aber auch Qual sein. Grund für das eine ist die menschliche Neugier, Grund für das andere ein „Fremdeln" vor Unvertrautem bzw. Misserfolge in Lern- und Prüfungssituationen. Insofern muss der Organismus manchmal – mithilfe von „Tricks" – davon überzeugt werden, dass der Lernstoff interessant und sinnvoll ist – und dass es Freude bereitet, ihn zu lernen und zu behalten. Doch nicht alles, was man z. B. für eine Prüfung wissen muss, interessiert einen. Was dann? – Es gibt noch andere Motivatoren als „Freude am Lernen" und sicherlich fallen Ihnen jetzt Ihre Belohnungsstrategien für solche „schweren Fälle" ein. Soll der „Stoff" ins Gedächtnis und dort – zumindest bis zum Bestehen der (Modul-)Prüfung – behalten werden, wäre es nicht schlecht, einiges über geeignete Lernstrategien zu wissen.

3.1 Lernen – Freude oder Qual?

Frederic Vester (2001, S. 154) zeigt in einem Experiment mit Säugetieren die Ambivalenz, die diese befällt, wenn Sie mit „Neuem" konfrontiert sind:

> Im Tierpark Hellabrunn legte unser Kamerateam einen buntgestreiften Ball in ein Antilopengehege. Sobald die Tiere den ungewohnten Gegenstand erblickten, stoben sie auseinander. Das Gleiche geschah bei den Gazellen, beim Zebra, ja sogar beim Nashorn. Nachdem dann der Ball einige Minuten dort lag, näherten sich die Tiere zögernd, sprangen gelegentlich zurück, näherten sich wieder und beschnupperten ihn schließlich. Wir sehen also, dass die Natur jene grundlegende Abneigung gegen alles Fremde zu überwinden weiß – durch *Neugierde*. Sie ist der Grundtrieb des Lernens überhaupt.

Dieses Phänomen – ein durch *Angst vor Unbekanntem* ausgelöster Fluchtreflex *kombiniert* mit einer ebenfalls vorhandenen und hier obsiegenden *Neugier* – kennzeichnet auch ein Hauptproblem menschlichen Lernens: Einerseits sind wir gierig nach Neuem (daher unsere Sensationslust), andererseits sperrt sich einiges in uns *gegen* das Kennenlernen von Unbekanntem. Studierende und wissenschaftlich Tätige müssen aber neugierig sein. Deshalb sollte unsere Wissbegier durch positive Erfahrungen so gestärkt sein oder werden, dass wir unsere (stammesgeschichtlich tief verwurzelte) Abneigung gegen Fremdes überwinden. – Dazu folgendes Beispiel:

> Eine Einsetzung von Konstanten ist zulässig, wenn es sich um Konstante der entsprechenden Bedeutungskategorie handelt, die die Variable andeutet. So dürfen z. B. für eine Individuen-Variable x nur Individuenkonstante wie z. B. a, b, c eingesetzt werden. Eine Formel kann ohne Beweis als Axiom oder mit Beweis als Theorem behauptet werden (Menne 1991, S. 21).

Signalisiert Ihr Organismus nach Sätzen dieser Art, dass das zu Lernende „unbekannt" und „schwierig" ist, kommt es mit ziemlicher Sicherheit zu *Lernhemmungen,* denn Ihr Körper will nur eines: weg aus dieser unangenehmen Situation. Da Sie aber wissen, dass keine Gefahr für Leib und Leben droht, bleiben Sie vor dem „schwierigen" Text sitzen. – Doch Ihre Lernenergie und -motivation wird mehr damit beschäftigt sein, die (Lern-)Widerstände zu überwinden, denn Sie wollen das Geschriebene ja verstehen. Dabei wird ein Teil Ihrer Lernenergie vom „Stoff" abgezogen. Der „Lerngegenstand" (hier: formale Logik) wird zugleich mit unguten Gefühlen assoziiert, sodass er deutlich schlechter behalten wird als Lerngegenstände, die kein starkes Befremden auslösen oder gar faszinieren. Zudem schlagen sich solche Lernerfahrungen in Ihrem biografischen Gedächtnis nieder (die Experten sprechen vom *episodischen Gedächtnis* – s. Abb. 3.3). Wenn sich diese Erfahrungen häufen, werden sie auch noch *verallgemeinert.* Statt: „Dieser Text ist für mich ungeeignet, er knüpft nicht an mein Vorwissen an, ich verstehe ihn nicht." kann es zu der emotional gelernten Verallgemeinerung kommen „Logik ist schwierig." oder gar „Lernen ist schwierig." Oder noch schlimmer: „*Ich* bin zu dumm für Logik!" *Diese Tendenz zur Generalisierung wirkt im Guten wie im Schlechten,* weswegen z. B. viele Ratgeberbücher Ihnen einen festen Arbeitsplatz empfehlen. Wenn Sie diesen einnehmen, weiß Ihr Organismus aus der Gewohnheit heraus – dank seiner Fähigkeit zu lernen und zu verallgemeinern – „Jetzt ist arbeiten angesagt!" Auf die gleiche Weise können jedoch auch schlechte Gewohnheiten entwickelt oder destruktive Einstellungen gelernt (s. a. Abschn. 3.3) werden. Dabei kann Lernen richtig Freude machen, wenn einen etwas stark interessiert. Das kennen Sie – zumindest aus Ihrer Jugendzeit: Informationen über die bewunderte Band XYZ ließen sich spielend leicht in allen Einzelheiten merken. Doch auch manche Werbetexte, die man sich gar nicht merken will, bleiben über längere Zeit im Gedächtnis haften.

3.1.1 Auswirkungen schulischen Lernens setzen sich an der Hochschule fort

Weswegen fällt uns das Lernen oft so schwer, obwohl es eine grundlegende Eigenschaft unseres Gehirns ist? – Das hat u. a. etwas mit den Lerninhalten und der Art des (hoch-)schulischen Lernens zu tun: Unser Gehirn ist eigentlich nicht darauf ausgerichtet, *Wissen,* insbesondere selten gebrauchtes Detailwissen, zu lernen und zu behalten. Jedes menschliche Gehirn ist evolutionär mehr auf *Können* und das Sammeln und Generalisieren von Erfahrungen eingestellt, die das Überleben in seiner Umwelt ermöglichen. Dabei geht das Gehirn höchst ökonomisch vor und das ist gut so, denn z. B. Faktenwissen kann in einer Wissensgesellschaft oft sehr schnell über externe Speicher wie das Internet beschafft werden. Bei einer sehr strengen Auslegung des Wissensbegriffs würde sich außerdem vieles von dem, was in Schule und Hochschule vermittelt wird, als veraltet oder als spekulativ herausstellen.

Aus ökonomischen Gründen erfolgt die Vermittlung von Lehrinhalten in Schule und Hochschule heute noch oft – wie in der mittelalterlichen Klosterschule – in Form der *Predigt.* Frontalunterricht und Vorlesung sind trotz Multimedia-Einsatz immer noch weit verbreitete Unterrichtsformen und folgen der irrigen Vorstellung des „Nürnberger Trichters", wonach es mithilfe geschickter Instruktionen möglich sei, allen alles gemeinsam zur gleichen Zeit beizubringen. Es wird weiterhin davon ausgegangen, dass fleißige Schüler und Studierende all das lernen können, was Lehrende ihnen darbieten. Es wird immer wieder übersehen, wie wichtig aktives selbstgesteuertes Lernen ist und dass Lernende das neu Erlernte in ihr individuelles Vorwissen integrieren müssen, denn Lernen ist ein aktiv-konstruktiver Prozess.

Weil im Unterricht und auch in den Lehrtexten meist nicht deutlich dargelegt wird, wozu der behandelte und zu lernende „Stoff" eigentlich taugt, werden viele Inhalte als „sinnlos" empfunden, als „nicht anschlussfähig", als „nicht zu einem gehörig". Zudem kann es vorkommen, dass das neu zu Erlernende dem eigenen Vorwissen und den bisherigen Erfahrungen widerspricht. Dementsprechend hoch ist der Aufwand an Lernenergie, der aufgebracht werden muss, um sich diese „Sachen" zu merken und vor allem: sie zu verstehen. Anstatt das alte Lehr-/Lernschema zu überdenken, wird es beibehalten und „neues" zwar für die Prüfung gelernt, um es danach wieder zu vergessen.

Wenngleich Jahrgangsklassen, das Stundenplan- und das Fachlehrerprinzip (organisatorische) Vorteile haben, bieten sie Lernenden wenig Wahl- und Entscheidungsmöglichkeiten, welche Inhalte sie sich wann auf welchem Lernweg aneignen. Ein eher auf tradierwürdiges Faktenwissen und eindimensionale Lösungswege konzentrierter Unterricht nimmt zu wenig Rücksicht auf die Lernstile und -interessen der Lernenden. Außerdem mangelt es an der Vermittlung und Einübung von Lern- und Arbeitsmethoden, die Lernende in den Stand versetzen, sich selbstständig etwas zu erarbeiten.

Zweierlei wird im Unterricht verlernt: *Das Fragen und die Neugier.* Es könnte ja sein, dass man nicht aufgepasst hat, einen schlechten Eindruck bei den Lehrenden hinterlässt oder sich den Unmut der Schülerschaft zuzieht, weil das langweilige Thema noch nicht „abgehakt" werden kann. Oder man gilt als „Streber", wenn man zu großes Interesse zeigt. In der Kombination mit der Notengebung resultiert daraus, dass die *Lust am Lernen, die Neugier und das Fragen verlernt werden*, ohne dass man dazu befähigt wurde, selbstständig zu lernen.

Hochschulunterricht verläuft nicht wesentlich anders. Zum einen haben die Hochschulen ihre Überlastprobleme nur durch eine fortschreitende Verschulung lösen können. Zum anderen schreiben Studien- und Prüfungsordnungen die Studieninhalte und formalen Bedingungen vor, die für einzelne Studienbereiche als Voraussetzungen für den Abschluss zu erbringen sind, z. B. die Form und Anzahl der Modulprüfungen. Weil man die Veranstaltungen in den BA/MA-Studiengängen selten nach den eigenen Interessen auswählen darf, bestimmen die Modulbeschreibung sowie die Dozentin bzw. der Dozent die Inhalte der Veranstaltungen. Und die jahrelange Gewöhnung an die schulische Rollenaufteilung wirkt nach: Auch hier trauen sich nur wenige, Fragen zu stellen sowie auf die Unterrichtsform und -inhalte Einfluss zu nehmen. Auch hier endet die Lehrveranstaltung, an der sich wieder nur wenige aktiv beteiligt haben, nach 45 oder 90 min, wenn es vielleicht gerade interessant wird. Doch dann haben die Lehrenden anderweitige Verpflichtungen und für die Studierenden steht die nächste Vorlesung auf dem Programm …

Lernen – was ist das eigentlich?

Ein wesentliches Merkmal des Menschen ist seine Fähigkeit, sein Denken und Fühlen, sein Verhalten und Handeln aufgrund von *Erfahrungen verändern* zu können. In viel größerem Maß als die höheren Tierarten sind wir in der Lage zu lernen und uns den existierenden Umweltbedingungen anzupassen sowie auf unsere Umgebung einzuwirken. Wir *können* nicht nur lernen; wir lernen immer und überall, auch wenn uns dies nicht bewusst ist. Und wir *müssen* auch ständig lernen, weil unsere Instinktausstattung nicht ausreicht für die notwendigen Anpassungsleistungen, die unsere sich ständig ändernde Umwelt erfordert; eine Umwelt, die die Menschheit im Laufe ihrer Entwicklung maßgeblich selbst gestaltet hat. Viele der *Verhaltensänderungen,* die notwendig sind, um sich in dieser Umwelt zu behaupten, werden mit dem Konstrukt „*Lernen*" erklärt. *Konstrukt* deshalb, weil Lernvorgänge im Alltag nicht direkt beobachtbar sind, sondern lediglich aus dem später wahrgenommenen Verhalten erschlossen werden. Da möglicherweise aber auch gelernt wurde, wenn noch *nichts* beobachtet werden kann, wird Lernen im Folgenden sehr vorsichtig definiert: Mit dem Wort „Lernen" bezeichnet man Vorgänge der *Aufnahme und Speicherung von Erfahrungen* sowie ihre *Verknüpfung mit Verhalten.* Lernen führt dazu, dass sich die Wahrscheinlichkeit ändert, mit der jemand, der gelernt hat, in bestimmten Situationen das Gelernte *anwendet.* Aus der (für andere sichtbaren) Anwendung schließt man auf die Änderung innerer Zustände, wobei in einem weiteren Satz per Definition diejenigen Veränderungen ausgeschlossen werden, die durch Ermüdung, Vergiftungen, Drogen und Medikamente, biologische Reifungs- bzw. psychopathologische Prozesse verursacht worden sind. Wir benennen mit dem Wort „Lernen" also einen Begriff, der bestimmte, so vorgestellte Vorgänge und Zusammenhänge per Definition einschließt und andere als „nicht zum Lernen gehörige" ausschließt. „(Relativ stabile) Veränderung im Verhalten(spotenzial)" und „Veränderung aufgrund von Erfahrung" gehören dazu, „Veränderungen durch Krankheiten, Drogen usw." jedoch nicht. Durch die besondere Betonung der „Verknüpfung mit Verhalten" lässt sich diese Definition als Theoriebaustein dem „Behaviorismus" zuordnen, einem psychologischen Menschenmodell.

Wenn wir Wörter wie „Lernen", „Gedächtnis", „Intelligenz", „Denken" etc. wissenschaftlich gebrauchen, verwenden wir diese Wörter als Platzhalter für *hypothetische Konstrukte,* d. h. als sprachliche Stellvertreter für gedankliche Modelle, deren Zweckmäßigkeit als Hilfsmittel zur (Re-)Konstruktion von Ausschnitten der „Wirklichkeit" behauptet wird. Erst ein Wort macht einen Begriff oder ein Konstrukt zu einem Gegenstand, über den man überhaupt sprechen kann. Insofern ist (Fach-)Sprache als Ideentransportmittel in der Wissenschaft unverzichtbar. Danach sind es die Eigenschaften und die Beziehungen zwischen den Begriffen, die eine Rolle spielen: Das

Konstrukt „Gedächtnis“ ist zwingende Voraussetzung für das Konstrukt „Lernen“, doch die Erinnerung an einen schönen Urlaub vor einigen Jahren ist kein Lern-, sondern ein Gedächtnisphänomen. Obwohl man mittlerweile mithilfe des funktionellen Neuroimaging (vgl. Spitzer 2002, S. 37–40) dem Gehirn beim Denken und Lernen zusehen kann und weiß, welche Gehirnareale bei bestimmten Vorgängen eine Rolle spielen, hat man noch viel zu wenig Detailkenntnis über Gedächtnisphänomene und Lernprozesse. Viele Annahmen (Hypothesen) hierzu sind spekulativ: Sie haben sich bisher weder erhärten noch widerlegen lassen. *Hypothesen* werden geprüft, indem man versucht, durch intelligente Experimente die Hypothesen zu widerlegen. Insofern waren die Modelle und die zur Überprüfung entwickelten Experimente bislang (mehr oder weniger) „fruchtbar“. So werden vielerlei *Lernarten* untersucht, z. B. Konditionierungsvorgänge, Kettenbildungen, Diskriminations-, Begriffs- und Regellernen oder soziales Lernen, um nur einige zu nennen (vgl. Weidenmann 2005, S. 996–1010). Dass es unterschiedliche Lernarten gibt, scheint plausibel: Beim Lernen einer Vokabel kommt es zu einer Zustandsänderung in unserem Gedächtnis, nicht aber zu einer Änderung unserer Wahrnehmungs- und Denkstrukturen oder unseres Motivhaushalts. So ist es im Blick auf die *Wirkung* von Lernen sinnvoll, zu unterscheiden zwischen bloßem „Dazulernen“ (z. B. von Vokabeln) und Überzeugungen änderndem „Umlernen“ (z. B. der Perspektivenänderung gegenüber einer Wissenschaft durch ein Studium).

3.1.2 Wieso wird manches „spielend" behalten und anderes nicht?

Erinnern Sie sich noch an meinen Hinweis auf die Band XYZ, auf das Wissen, das mit einem Hobby verbunden ist, oder das Beispiel der Werbung, die man eigentlich gar nicht behalten will? Ist dieses Lernen und Behalten mit Anstrengung verbunden? In den wenigsten Fällen. Worin unterscheidet es sich dann von (hoch-)schulischem Lernen? – Im ersten Fall ist es sicherlich die Faszination und Begeisterung, die einen „Fan“ die Informationen über die Geburtstage, Augenfarben und sonstigen Merkmale der Bandmitglieder mühelos behalten lässt. *Werden Sie doch einfach „Fan“ Ihres Studienfaches!* Liebe „auf den ersten Blick“ gilt ja als große Ausnahme, also warum sollen Hingabe und Enthusiasmus nicht mit der Zeit wachsen? – Im Fall des Hobbys bedingen sich Praxis, Wissen und Können gegenseitig. Mit der intensiven Ausübung der Lieblingsbeschäftigung und dem Spaß, den wir haben, wenn wir etwas lernen, das uns Freude bereitet, erweitern sich unsere drei Wissensarten („knowing that", „knowing why" und „knowing how"). Der Hobbygärtner will wissen, was seine Pflanzen nebst Wasser brauchen, damit sie besser gedeihen; die Tänzerin übt komplizierte Schrittfolgen, was auch „anstrengend" ist; aber sie *liebt* es, sich zur Musik zu bewegen. Sie interessiert sich für Ballett und behält Gesehenes wie Gelesenes über Tanzthemen besser als anderes, *weil es in Beziehung steht zu ihrer Person.* Ein Hobby bereichert das eigene Leben ungemein und *Lernen ist eine Voraussetzung für diese Möglichkeit der Lebensbereicherung.* Warum sollte diese Bereicherung nicht auf Ihr Studienfach zu übertragen sein?

Obwohl die Sozial- und Humanwissenschaften einiges über das Lernen herausgefunden haben, scheinen es sich nur die „Werbefritzen" zunutze zu machen. Sie schaffen es, dass wir uns Werbebotschaften merken, die wir uns gar nicht merken wollen. Wie gelingt ihnen das? – Dies kann hier nicht ausführlich dargestellt werden, weil der Kreativität im Werbebereich kaum Grenzen gesetzt sind und sich Fernsehwerbung beispielsweise von Anzeigenwerbung unterscheidet. Doch manches ist sicher jedem klar: Keine Werbung dauert 45 oder gar 90 min. Allerdings wird sie häufig wiederholt. Und das auf diversen Kanälen mehrfach: in der Zeitung und auf der Plakatwand fürs Auge, im Rundfunk fürs Ohr, im TV und Kino für Auge *und* Ohr. Werbung arbeitet mit relativ kurzen Sätzen und einfachen Botschaften („hol es dir!"), jedoch durchaus auch mit Wortkreationen, unter denen man sich mehr oder weniger etwas vorstellen kann („schokonussig", „Twingo"), die jedoch dem Gehirn auch etwas zu knabbern geben (Wie kann man ein Waschmittel „Weißer Riese" nennen?). Wir behalten, obwohl wir es gar nicht wollen, ein so bedeutungsarmes Wort wie „OMO" (was einen auch nicht an ein Waschmittel denken lässt), wenn es uns in genügend Wiederholungen von attraktiven Frauen mit strahlend weißer Wäsche beigebracht wird. Wir fühlen und riechen assoziativ zu den Werbebildern die Sauberkeit, denn wir haben gute Erinnerungen an frisch duftende Betten. Es werden unsere Gefühle, Sehnsüchte und Wünsche mit Absicht angesprochen, damit wir die Werbebotschaft behalten. Es kommt in unserem Gehirn zu einer assoziativen Verbindung von „OMO", Waschmittel, sauberer Wäsche und der Bewertung „gut". – OMO steht in den Wirtschaftswissenschaften für „Open Market Operations", ein Standardinstrument mit dem Zentralbanken den Geldmarkt regulieren. Über die Assoziation „Geldwäsche" kann man sich doch wunderbar ausmalen, wie sich Geld gerade in der Waschmaschine befindet, also dem Markt eben entzogen ist, bzw. als „frisches Geld" dem Markt wieder zur Verfügung gestellt wird.

Wenngleich sich nicht alle komplexen Sachverhalte und Lernstoffe der Wissenschaft in simple Botschaften zerlegen lassen; einige der „Tricks" müssten doch auch im Unterricht einsetzbar sein oder bei der Konzeption von audiovisuellen Lernmaterialien. – Sie sollten bedenken, was Sie beim eigenen Lernen berücksichtigen können: Faszination, Begeisterung, Liebe, Interesse am Studienfach wie an einem Hobby sind höchst wirksame Einstellungen, um zu Lernendes besser zu behalten. Aus diesem Abschnitt kann geschlossen werden, welche Wirksamkeit

- kleine Lernportionen in entspannter Atmosphäre haben
- sowie das Ansprechen mehrerer Wahrnehmungskanäle (mithilfe von einprägsamen Bildern und Musik),
- Wiederholungen in zeitlichen Abständen, die den Wiedererkennungseffekt ausnutzen, und
- die Anregung von Assoziationen, Emotionen und Wünschen sowie deren Verknüpfung mit dem zu Lernenden.

3.2 Die Macht der Gewohnheiten – doch Änderungen sind möglich

Manche „brauchen" einen festen Arbeitsplatz, andere können sich besonders gut motivieren im Lesesaal einer Bibliothek – trotz vorbeigehender Menschen und einiger Unruhe durch Geflüster sowie das Rascheln von Papier. Hemingway musste zwanghaft mehrere Bleistifte spitzen, bevor er anfangen konnte zu arbeiten, andere rennen vorher zur Toilette. Manche lernen besonders gern und gut am Morgen, andere ihres Erachtens besser am Abend. Obwohl die Untersuchungen zur Physiologie und zum Biorhythmus des Menschen übereinstimmend aussagen, dass die Mehrzahl der Menschen nach größeren Mahlzeiten „nicht gern studiert" und besonders in der Nacht eher schläft als lernt, gibt es Individuen, die sogar während des Essens lernen bzw. in der Nacht durchaus wissenschaftlich arbeiten. – *Über die Güte der erbrachten Leistung und darüber, was diese Menschen zu leisten imstande wären, wenn sie die physiologischen Erkenntnisse beherzigen oder zeitökonomischer arbeiten würden, sagt das allerdings überhaupt nichts aus.*

Manche können sich gut eine halbe Stunde konzentrieren, andere lediglich 5 min. Stehen Sie zu Ihren Marotten, solange sie Ihnen selbst nicht lästig sind (oder daraus Konflikte in der Zusammenarbeit mit anderen erwachsen). Diese Gewohnheiten haben derzeit offenbar eine Funktion für Sie. *Aber seien Sie ehrlich zu sich selbst.* Nur Sie können beurteilen, *wie lange Sie wirklich für eine bestimmte Leistung gebraucht haben.* Ob man etwas „kann", lässt sich durch (Eigen-)Kontrolle feststellen. Doch lassen Sie sich durch Ratgeberliteratur und Übertreibungen anderer nicht verunsichern. Sicher ist es schön, wenn sich jemand – angeblich ohne große Anstrengung – eine Stunde konzentrieren kann; aber ehrlich, wer kann das wirklich – bei jedem Thema und in jeder Vorlesung – und vor allem mit welchem Energieaufwand? (Eine gute Predigt überschreitet laut Martin Luther nie die 22 min!) Wer sich sechsmal 5 min *wirklich* konzentrieren kann, bei jeweils 5 min Gedankenabschweifen zwischendurch, wird vielleicht von den wichtigsten Punkten mehr abgespeichert haben als diejenigen, die nach einer halben Stunde Dauerkonzentration eine halbe Stunde Pause machen.

► **Tipp** Finden Sie durch Selbstbeobachtung heraus, wann und unter welchen Bedingungen Sie derzeit gut lernen! Führen Sie beispielsweise ein *Lerntagebuch*, in dem Sie Ihre Reflexionen über Ihr Studium eintragen! Und denken Sie darüber nach, was Sie verbessern sollten, beispielsweise: welche Ihrer Gewohnheiten Sie ändern wollen. (Wie man Gewohnheiten ändern kann, folgt im Abschn. 3.7.)

3.3 Stellen Sie fest, welche Lernstrategien Sie nutzen!

Wussten Sie schon, dass alle Menschen bereits in den letzten Monaten im Mutterleib, besonders aber in ihrer Kindheit und Jugend durch Erfahrungen ihre eigenen Gehirnstrukturen aufbauen, mit denen sie fortan in ihrem Leben besonders gut lernen werden (Spitzer 2002, S. 201 ff.)? Wenngleich ein Neugeborenes manchem passiv erscheint: Seine durch Riechen, Schmecken, Hören, Tasten und Fühlen gewonnenen Sinneseindrücke verfestigen sich in einem Grundmuster von besonders schnellen Leitungsbahnen (vgl. Vester 2001, S. 38–47; vgl. auch Eliot 2001). Aufgrund der „erfahrungserwartenden Plastizität" kann sich das sensorische System in frühen sensitiven Perioden „an den in der Umwelt zu erwartenden Erfahrungen justieren" (Stern et al. 2005, S. 67), somit eventuelle Schädigungen und Deprivationen teilweise ausgleichen. Ist das Gehirnwachstum mittels Zellteilung mit der Geburt weitgehend abgeschlossen (das sind ca. 100 Mrd. Nervenzellen, von denen jede zu rund 10.000 anderen Kontakt hat), so entstehen – in der Wechselwirkung von Entwicklung (Hirnreifung) und Lernen – neben den schon vorhandenen festen Leitungsbahnen im Gehirn weitere *feste* Verbindungen von Neuronen (Gehirnzellen), die unsere jeweils besonders schnellen Assoziationsbahnen und bevorzugten Wahrnehmungskanäle festlegen, sowie durch Langzeitpotenzierung sich in der Kontaktfläche vergrößernde Synapsen. Während sich etliche Dendriten und Synapsen im Laufe der Zeit zurückbilden, werden manche Nervenfasern mithilfe einer Myelinschicht isoliert. Während nichtisolierte Nervenfasern Aktionspotenziale mit 3 m/s weiterleiten, können Botschaften in myelinisierten Nervenbahnen Geschwindigkeiten bis zu 110 m/s erreichen (vgl. Spitzer 2002, S. 230). Solch rasche Informationsübermittlung ist von Vorteil, wenn blitzschnell reagiert werden muss und lange Wege im Körper zurückzulegen sind, z. B. bei der Wahrnehmung und entsprechender Reaktion auf Gefahrensituationen. Von ihrer Quantität weit wichtiger als diese schnellen „Datenautobahnen" sind allerdings die zirka 500 Billionen *Synapsen,* kleine fühlerartige Schaltstellen auf den Neuronen, die dafür sorgen, dass wir *zielgerichtet* denken und durch „‚passende' Gedankenverbindungen immer nur ganz bestimmte Erinnerungen abrufen" können (Vester 2001, S. 37). Wie aus der Zwillingsforschung geschlossen werden kann, legen Gene unser Gehirn jedoch nicht fest. Selbst getrennt aufgewachsene eineiige Zwillinge unterscheiden sich trotz starker Intelligenzkorrelation in ihrer geistigen Feinstruktur. Erbinformationen statten uns mit Möglichkeiten aus, durch die wir uns – in Interaktion mit unserer Umwelt – dieser anpassen *und uns selbst organisieren* (vgl. Maturana und Varela 2010). Sofern wir gesund geboren wurden und keine Schädigungen erlitten haben oder erleiden (Schlaganfall), teilen wir gattungsspezifisch mit allen Menschen z. B. die Fähigkeit zum Sprechen, die wir – durch Reifungsvorgänge des Organismus bedingt – mit der Zeit ausbilden: Kinder fangen im Alter von 12–18 Monaten an zu sprechen, wobei vorher die Empfänglichkeit für die Laute der Muttersprache zu- und die für Laute anderer Sprachen abgenommen hat. Die „erfahrungserwartende Plastizität" (z. B. für Laute) schafft sozusagen die Rahmenbedingungen für die nach dem zweiten Lebensjahr wichtiger werdende „erfahrungsabhängige Plastizität" (Stern et al. 2005, S. 68 ff.), die sowohl von individuellen als auch eigenkulturellen Erfahrungen abhängt. So teilen wir Gemeinsamkeiten mit Menschen unseres Kulturkreises und unserer Zeit, z. B. die deutsche Sprache – mit all den Besonderheiten, die diese von anderen Sprachen unterscheidet. (Doch nicht nur Sprache, eine kulturelle Erfindung, beeinflusst unser Denken und Handeln, sondern auch Gegenstände – denken Sie etwa an das Internet: Wie hat diese Erfindung unsere Kultur verändert und auch das Denken in unserer Gesellschaft!) All diese Gegebenheiten werden jedoch *durch unsere individuellen Erfahrungen der eigenen Lebenswelt einzigartig überformt und strukturiert.* Jeder Mensch hat sozusagen seine eigene „Welt im Kopf" (Fischer 1985), wenngleich es universelle und kulturelle Gemeinsamkeiten gibt. Wenn organisiertes Lernen gelingen soll, muss es an die schon im einzelnen Menschen vorhandenen Erfahrungen und Voraussetzungen anknüpfen: „Bildung braucht Persönlichkeit" (Roth 2011).

Sofern wir nicht behindert sind, gebrauchen wir meist mehrere Sinne zur Informationsaufnahme. *Insofern sind wir sämtlich sensorische Mischtypen.* Das in der Psychologie höchst umstrittene Konstrukt „Lerntyp" (Vester 2001, S. 44 ff.,

S. 201–209) betont, dass jeder Mensch bestimmte Eingangskanäle und Assoziationsbahnen aufgrund seiner Lernbiografie bevorzugt, über die er besser lernt als über andere. Bei manchen ist das Ohr begünstigter Wahrnehmungskanal, bei anderen das Auge, seltener in unserem Kulturkreis die Nase, der Mund oder der Tastsinn. Für das individuell entwickelte Grundmuster kann man selbst nichts, man muss mit ihm leben. Auf der Grundlage dieses Grundmusters und darüber hinausgehende lernrelevante Erfahrungen werden jedoch weitere Präferenzen ausgebildet, nämlich eigene Lernstile und -strategien, vielleicht besonders gutes Lernen in der sozialen Interaktion mit anderen Menschen. Darüber hinaus werden hoffentlich überwiegend positive Lernerfahrungen gesammelt. Diese wiederum, und hier vor allem die *Lernerfolge,* festigen nicht nur die Wahrnehmungsmuster, Denkstrukturen und den persönlichen Lernstil, sondern auch die Erwartungen und das Selbstbild als Lerner.

Kurz: Die eigene (Lern-)Biografie hat eine immense Bedeutung für spätere Lernprozesse, aber nicht in dem Sinne, dass es nun zu spät sei und sich gar nichts mehr ändern ließe. Unsere Sinne sind ebenso innerhalb ihres Leistungsrahmens trainier- und verfeinerbar, wie wir durch Methodentraining unsere Lern- und Denkstrategien verbessern können. Durch Reflexion können Sie feststellen, wie und in welchen Situationen Sie am besten lernen.

- *Wissen Sie über welche Wahrnehmungskanäle Sie am besten lernen?*
- *Setzen Sie diese auch adäquat ein?*
- *Denken Sie einmal darüber nach, wie Sie sich selbst als Lerner einschätzen!*
- *Sind Sie eher neugierig oder eher befremdet in neuartigen Lernsituationen?*
- *Sind Sie eher selbstbewusst oder selbstzweifelnd, erfolgsoptimistisch oder misserfolgsängstlich?*

► **Tipp** Für *alles* Lernen gilt jedoch, destruktive, blockierende Einstellungen zu vermeiden („Das lerne ich sowieso nie!" – „Ich bin und bleibe doof.") Berücksichtigen Sie bitte:

1. Wenn Sie etwas nicht verstehen, muss das nicht unbedingt an Ihnen liegen. Vielleicht hat sich der Autor oder die Rednerin für Sie unverständlich ausgedrückt.
2. Wenn jemand etwas kompliziert ausdrückt, muss die Sache nicht schwierig sein. Sie brauchen keine Angst zu haben oder gar zu glauben, Sie seien dumm.
3. Verständnis ist nicht zu erzwingen. Vielleicht ist das Anspruchsniveau für Sie noch zu hoch, sodass über Zwischenschritte erst An-

knüpfungspunkte zu ihrem Vorwissen hergestellt werden müssen. Wenn Sie es auf diesem Lernweg nicht verstehen, müssen Sie sich eben „Brücken bauen" bzw. einen anderen Lernweg suchen: ein anderes, für Sie verständlicheres Buch, einen anderen Dozenten – oder Sie lassen es sich von einer Kommilitonin bzw. einem Kommilitonen erklären.

3.4 Wie gut sind unser Gedächtnis und unsere Wahrnehmungsfähigkeit?

Viele klagen über ein schlechtes Gedächtnis. Ob das vielleicht damit zusammenhängt, dass unsere Kultur auswendig Gelerntes nicht mehr besonders schätzt, vieles nicht eingeprägt werden muss, weil es irgendwo aufgeschrieben ist, sich laufend ändert oder im Internet schnell gefunden werden kann? Doch das Gedächtnis ist trainierbar und z. T. besser als wir vermuten, was folgendes Beispiel zeigt, das Sie vielleicht aus eigener Erfahrung kennen: Etwas will einem beim besten Willen nicht einfallen. Kehrt man absichtlich oder durch Zufall an den Ort zurück, wo man es noch wusste, fällt es einem meist wieder ein; ein Anzeichen dafür, dass mehr aufgenommen und behalten wird als angenommen, indem der *Ort* des Denkens oder Lernens offenbar verknüpft ist mit dem Gedankeninhalt. Diese seit der Antike bekannte Entdeckung macht man sich bei der *Loci-Methode* zunutze, einer *Mnemotechnik* (von *griech.* mneme = Gedächtnis), bei der das zu Merkende, beispielsweise die Reihenfolge bestimmter Schlüsselwörter für einen Vortrag, geistig mit markanten Stellen eines vertrauten Weges oder den Zimmern der eigenen Wohnung verknüpft wird: Während der Rede folgen Sie geistig diesem Weg (durch die Zimmer) und haben keine Schwierigkeiten mit der Reihenfolge und Vollständigkeit der wichtigsten Passagen Ihres Vortrags (weitere Mnemotechniken s. Abschn. 3.4.1 und 3.5.2). Allerdings gibt es – je nach Eingangskanal – Grenzen bei der Wahrnehmungs- und Unterscheidungsfähigkeit (vgl. dazu bei Interesse: Kebeck 1994). Es sind eben pro Minute nur soundso viele Wörter über das Ohr hör- und unterscheidbar, über das Auge lesbar usw., wobei die Wahrnehmungs- und Merkfähigkeit nicht nur unterschiedlich groß ist bei sinnvoller bzw. sinnloser Information, sondern auch abhängt von den Interessen sowie der aktuellen Aufnahme- und Konzentrationsfähigkeit der Versuchsperson. *Menschen nehmen vor allem das wahr, wofür sie sich interessieren und worüber sie schon ein Vorwissen haben.* Das ist der Grund dafür, dass alle Sachverhalte, die in Verbindung stehen mit den eigenen Vorlieben, so leicht gelernt werden. Da Wahrnehmung konstruktive Intelligenzleistung ist, kontextorientiert erfolgt und auf Sinn ausgerichtet ist

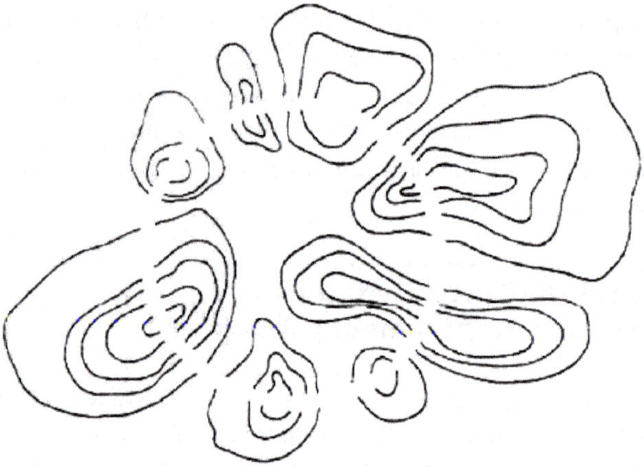

Abb. 3.1 Sehen als konstruktiver Prozess. (Quelle: Kebeck 1994, S. 14)

(vgl. die Abb. 3.1, 3.2 und 3.3), hängt es entscheidend von der eigenen Unterscheidungsfähigkeit, den entwickelten Schemata, dem eigenen Vorwissen und den eigenen Vorlieben ab, was (für) uns wichtig ist oder nicht. – Wobei Unachtsamkeit tödlich sein kann: Derjenige, der über eine Straße geht, ohne auf den Verkehr zu achten, begibt sich in Lebensgefahr. Selten übersteht man eine Prüfung, wenn man völlig ignoriert, welche Inhalte in einer Modulprüfung wahrscheinlich drankommen werden; was einem Dozenten oder einer Dozentin besonders wichtig war und was weniger.

Aus der Forschung beispielsweise mit (Unfall-)Zeugen wissen wir, wie wenig „objektiv" ein tatsächliches Geschehen wahrgenommen und reproduziert wird. Unsere Suche nach „Sinn" geht so weit, dass wir Wahrgenommenes – nicht absichtlich! – intern so bearbeiten, dass wir Ungereimtheiten oder Widersprüche eventuell glätten, Wesentliches bzw. Details, die uns „nicht in den Kram passen", „übersehen", „vergessen" bzw. anders darstellen.

Wenn Sie sich die Figur in Abb. 3.1 anschauen, „sehen" Sie einen weißen Ring, der eigentlich gar nicht „da" ist. Die Unterbrechungen der schwarzen Linien werden so interpretiert, als ob ein weißer Ring auf einer Landkarte mit Höhenlinien läge. Wenn Sie länger hinschauen, glauben Sie sogar, weiße „Begrenzungslinien" des Ringes zu erkennen.

Wenn Sie sich den sogenannten Necker-Würfel in der Abb. 3.2 anschauen, werden Sie merken, dass sich Ihre Wahrnehmung der Figur ändert. Mal scheint für einige Zeit die „Vorderfläche" des Würfels links unten zu liegen, dann wieder

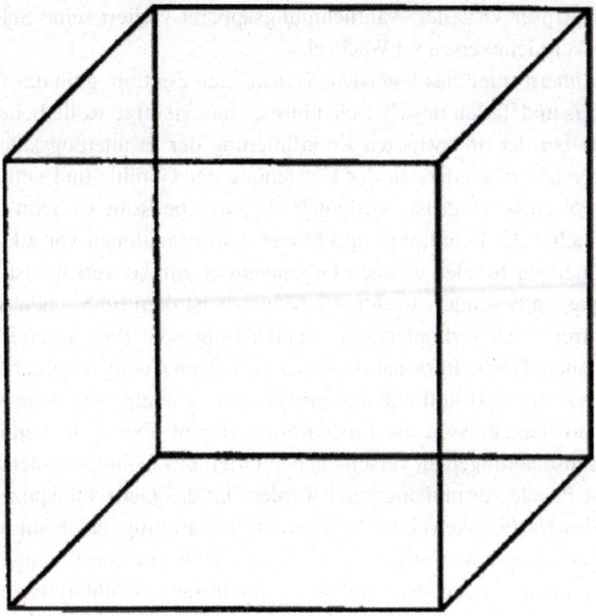

Abb. 3.2 Der Necker-Würfel. (Quelle: Kebeck 1994, S. 17)

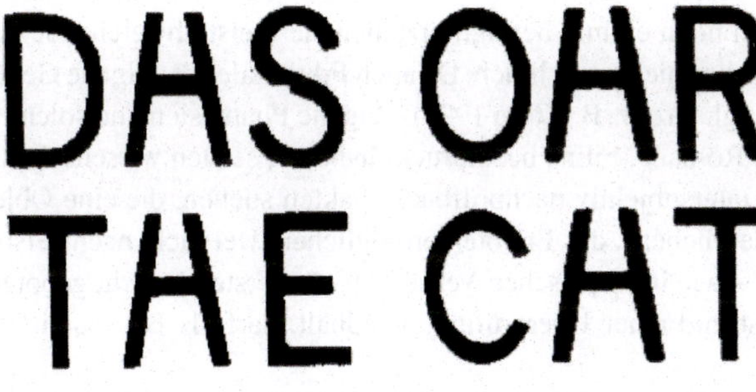

Abb. 3.3 Der Einfluss von Kontextinformation bei der Wahrnehmung. Dasselbe Zeichen wird einmal als A und einmal als H gelesen, wenn man Deutsch und Englisch „kann". Kennt jemand unsere Schriftzeichen und die beiden Sprachen überhaupt nicht, wird er wahrscheinlich keine Interpretationsunterschiede bei den Buchstaben „sehen". (Quelle: Anderson 2007, S. 77)

rechts oben. Unser visueller Wahrnehmungsapparat variiert seine Schemata und bietet uns zwei Sichtweisen im Wechsel.

Beim Erinnern spielt das *limbische System,* eine Zentralregion des Gehirns mit Hippocampus und Teilen des Zwischenhirns, eine wichtige Rolle bei der Abspeicherung wie bei der unbewussten Koordinierung der Erinnerungsstücke. Da das limbische System besonders an der Entstehung der Gefühle und gefühlsbetonter Verhaltensweisen beteiligt ist, wird auch klar, welche Rolle es beim Lernen und Erinnern innehat: Es koordiniert und bewertet Informationen vor allem nach ihren Konsequenzen für den eigenen Organismus („Straßenverkehr ist gefährlich. Da ist Aufpassen besonders wichtig.“). Manches ist dem limbischen System verhasst oder fremd, es verhindert eine Speicherung oder das Auffinden von Gedächtnisinhalten. Da die Informationen *nicht wie beim Computer* unter bestimmten Speicheradressen exakt auffindbar abgelegt sind, sondern verteilt in verschiedenen Gehirnarealen, müssen die Einzelinformationen über feste Leitungsbahnen und Synapsenschaltungen an verschiedenen Orten des Gehirns assoziativ gesucht und wie ein Puzzle zusammengesetzt werden. Ist das Gedächtnispuzzle nach einiger Zeit des Nachdenkens und der Korrekturen stimmig, erscheint uns dies als ziemlich exakte Reproduktion eines Ereignisses, als wahre Darstellung einer Begebenheit. Kriminalisten dagegen bringen wir mit unserer Schilderung zum Lächeln oder Stirnrunzeln: Selbst nach Betrachten eines Autounfalls auf Video waren viele Beobachter, die vorher um besondere Aufmerksamkeit gebeten wurden, nicht in der Lage, das in der Tat komplexe Geschehen im Anschluss an die Videosequenz einigermaßen genau wiederzugeben. Die Aussagen wurden auf Tonband aufgezeichnet und verschriftlicht. Werden solche oder tatsächliche „Zeugen“ nach einigen Tagen noch einmal befragt, erzählen sie meist abweichende Abläufe und Details – und dies nicht absichtlich. Da auch Fiktionales das eigene Gedächtnis täuschen kann (vgl. dazu z. B. Kotre 1998) – eigene Phantasien und solche Dritter, die als Berichte, Romane, Filme beeindruckt haben –, sollten wissenschaftlich Tätige immer nach intersubjektiv nachprüfbaren Fakten suchen, die eine Objektivierung des realen Geschehens, des Erlebten ermöglichen. Bei nicht nachweisbaren Sachverhalten ist – wie in juristischen Verfahren – äußerste Vorsicht geboten: Nur was stichhaltig ist und einer Überprüfung standhält, darf als Beweismittel anerkannt werden.

Ein anderes Phänomen: Bei Streitgesprächen „Pro und Contra“ werden von Zuhörern in der Regel besonders diejenigen Argumente behalten, *die die eigene Position stützen,* obwohl es hilfreicher wäre, die Argumente der Gegenseite genauer zu kennen, um sie besser analysieren und widerlegen zu können! Im wissenschaftlichen Arbeitsprozess sollten deshalb konsequenterweise systematisch Einwände gegen eigene Hypothesen generiert werden, um ihre Stichhaltigkeit zu überprüfen. Nach der Veröffentlichung tun dies sonst vielleicht andere. Der „Theorie der kognitiven Dissonanz" von Leon Festinger (1978) gemäß kann ein Mensch eine von ihm selbst durchaus wahrgenommene Diskrepanz schwer ertragen, und zwar die zwischen seinem eigenen Handeln auf der einen Seite und seinem Wissen und seinen Überzeugungen auf der anderen. Nach Festinger passen Menschen gewöhnlich ihre Überzeugungen ihrem Handeln an; d. h. Raucher nehmen zwar die Nachrichten über den Zusammenhang von Rauchen und Krankheiten zur Kenntnis, verdrängen diese jedoch mit dem Hinweis auf ihnen bekannte, ältere Vielraucher, die noch nicht an Lungenkrebs erkrankt sind. Die Dissonanz könnte auch mit einer Verhaltens*änderung* gelöst werden, dem Weniger- oder Nichtrauchen; doch meist passen Menschen ihre Überzeugungen ihrem Handeln an und selten umgekehrt. Analog der Wahrnehmungs- und Interessenmuster (Vorlieben für bestimmte Eingangskanäle, Interesse für bestimmte Themen und Ereignisse), die wir in unserem Leben ausgebildet haben, muss unser Wahrnehmungsapparat aus der Fülle der auf uns einprasselnden Daten – oft blitzschnell – diejenigen auswählen, die uns relevant erscheinen. Es ist wie das Fischen mit einem grobmaschigen Netz: Vieles geht uns „durch die Lappen", doch das Netz und die Technik des Fischens kann in Maßen verfeinert werden, z. B. durch „Gehirn-Jogging" (Lehrl et al. 1992) und Wahrnehmungsübungen. Solche Verfeinerungen und Anpassungen verändern aber nicht unsere Weltsicht. Erst bei stark von unserer Welt„ordnung" abweichenden Ereignissen – dann, wenn unsere bisherigen Denkoperationen und Wahrnehmungsstrukturen versagen – haben wir ein gravierendes Problem, vielleicht ein wissenschaftlich zu lösendes. Die o. g. Phänomene zu kennen, ist für den Prozess der wissenschaftlichen Arbeit bedeutsam. Denn wer davon weiß, wird die eigene Wahrnehmungsfähigkeit und Motivation daraufhin trainieren, auch Ereignissen, Dingen und Merkmalen, die einem „nicht schmecken", die ihnen gebührende Aufmerksamkeit zu schenken und z. B. Widersprüche zu den eigenen Hypothesen zu registrieren. Diese erst einmal zu dokumentieren und auszuhalten fällt schwer, weil sie die eigene Arbeit komplizieren, ja gefährden können. Manche unterdrücken bewusst oder unbewusst Fakten, die nicht zu den Hypothesen passen oder basteln an der Operationalisierung von Begriffen für ihre Untersuchung, um die eigene Theorie hermetisch abzusichern. Auf der anderen Seite können gerade solche „Ungereimtheiten" die Theoriearbeit auf den richtigen Weg bringen, indem neue Schneisen in den Urwald des Nichtwissens geschlagen werden. Doch die Gefahr, „auf dem Holzwege zu sein", besteht und muss psychisch bewältigt werden. Frustrations- und Ambiguitätstoleranz (s. Abschn. 1.3) tun not. Darüber hinaus muss jedem wissenschaftlich Arbeitenden klar sein: Indem wir unsere Aufmerksamkeit bewusst fokussieren, z. B. auf eine bestimmte Aufgabe, sind wir vielleicht derart konzentriert auf die uns leitende Fragestellung, dass uns andere wichtige Informationen entgehen können. Und das, was nicht registriert und dokumentiert ist, kann gar nicht bedacht werden. Hier helfen *Reflexivität* und *Introspektion,* z. B. durch Führen eines Lern- bzw. Studientagebuchs, *Teamarbeit* (s. Kap. 4) und *Supervision* (z. B. in einem Forschungs- oder Prüfungskolloquium), die eigenen „blinden Flecken" der Wahrnehmung bzw. die Schwächen des eigenen Denkens und Wissens kennenzulernen.

3.4.1 Das Gedächtnis

Neurowissenschaftler (vgl. zum Folgenden insbesondere Roth 2001, Kap. 5) unterscheiden mehrere Gedächtnisteile, wobei drei Grundtypen hervorzuheben sind:

- das *deklarative* (explizite, kontrollierte) Gedächtnis, das von Bewusstseinsprozessen begleitet ist und über das sprachlich berichtet werden kann,
- das *nicht-deklarative* (implizite, prozedurale) Gedächtnis, das weitgehend automatisiert funktioniert sowie Bewusstsein und Sprache weitgehend unzugänglich ist,
- das *emotionale* Gedächtnis, das als gefühlsmäßige Bewertungsinstanz erheblichen Einfluss auf das Lernen und Erinnern hat. Diese Vorgänge spielen sich in unterschiedlichen Arealen des Gehirns ab, wobei weitere Gedächtnisarten unterschieden werden (vgl. Abb. 3.4).

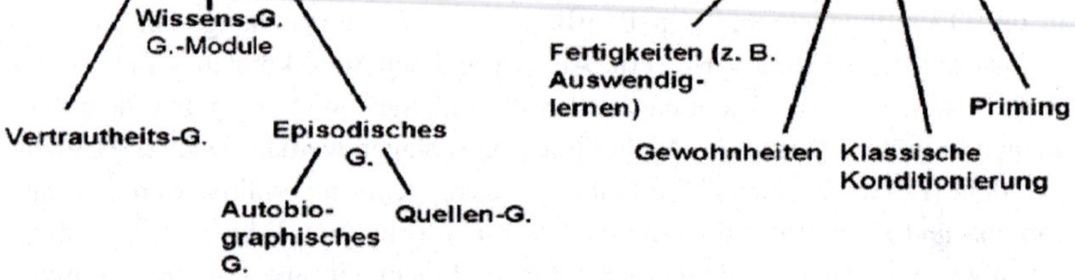

Abb. 3.4 Die Organisation des Gedächtnisses nach Gerhard Roth. (Vgl. Roth 2011, S. 103)

Beim *deklarativen Gedächtnis* werden analytisch das episodische Gedächtnis, das Wissens- bzw. Faktengedächtnis und das Vertrautheitsgedächtnis unterschieden, die allerdings hierarchisch miteinander verbunden sind. Das *episodische Gedächtnis* umfasst vor allem unser *autobiografisches Gedächtnis,* aber auch viele andere Ereignisse, bei denen Inhalte, Raum und Zeit miteinander verknüpft sind (wie: „Meine Frau hat letzte Woche bei uns zuhause im Fernsehen eine BBC-Wissenschaftssendung über die Funktion des Gedächtnisses gesehen, die ich leider verpasst habe."). Dieses Gedächtnis wird auch *Kontextgedächtnis* genannt, wozu auch das *Quellengedächtnis* gehört. So könnte ich, obwohl mir nur davon berichtet wurde, über dic ausstrahlende Fernsehanstalt versuchen, diese Sendung auf einer DVD zu erwerben. Das *Wissens- bzw. Faktengedächtnis (knowing)* umfasst „personen-, orts-, zeit- und kontext*unabhängige* Tatsachen (‚zwei mal zwei ist vier', ‚der Mars ist ein Planet'). Hierbei wissen wir in aller Regel nicht mehr, wann und von wem wir dies gelernt haben" (Roth 2001, S. 152). Das *Vertrautheits- oder Bekanntheitsgedächtnis (familiarity memory)* sagt uns sogleich, ob uns ein Gegenstand oder eine Situation vertraut oder fremd ist („Was ist denn das?" – „Das habe ich ja noch nie erlebt!"). Ohne etwas Genaueres darüber berichten zu können, erinnern wir ohne Anstrengung, ob uns etwas bekannt ist oder nicht. Das Gehirn hat darüber hinaus eine Bewertungsinstanz, das *emotionale Gedächtnis.* Positive wie negative Gefühle werden mit den gemachten Erfahrungen verbunden und ebenfalls im Gedächtnis in anderen Arealen als z. B. das Faktenwissen gespeichert. Dieser emotionale Gedächtnisteil ist noch nicht sehr gut erforscht, aber die Neurowissenschaft ist sich sicher, dass dieser Teil einen enormen Einfluss auf das Lernen und Erinnern hat. Das nicht-deklarative (implizite, prozedurale) Gedächtnis ist noch vielschichtiger als die anderen Gedächtnisareale. *Fertigkeiten (skills)* brauchen anfangs viel Konzentration und Übung. Wenn wir ein Auto fahren oder unsere Finger Texte in den Computer eingeben, dann laufen viele Prozesse ohne Bewusstheit (halb-)automatisch ab und wenn wir anfangen, uns darauf zu konzentrieren und darüber nachzudenken, dann will es uns nicht mehr so gut gelingen. *Gewohnheiten (habits)* werden auch unbewusst gelernt und bilden sich durch vielfache Wiederholungen aus, wobei positive Ergebnisse unser Verhalten verstärken und zur Routine werden lassen. Negatives versuchen wir zu vermeiden. Diese Art des Lernens, das *instrumentelle Konditionieren,* ist ebenso gut erforscht wie das *klassische Konditionieren*: Wenn uns ein plötzlicher Luftstoß an den Augen trifft, schließen wir reflexartig die Augenlider. Dies ist uns angeboren. Wenn jedoch mit dem Luftstoß zugleich ein Ton erklingt, kann recht bald der Reflex, die Lider zu schließen, mit dem Ton *allein* ausgelöst werden. Das „Priming", auf Deutsch: das „Bahnen" oder „Vorbereiten", gibt unbewusste Hinweisreize und spielt beim Wiedererkennen von Gerüchen, Formen und Farben sowie beim Kategorisieren eine wichtige Rolle.

All diese Gedächtnisteile stehen in Wechselwirkung miteinander und bilden ein Netzwerk. Das heißt, dass bei der Betrachtung eines roten Gegenstands die Information für den Farbton „dunkelrot" von anderen Nervenzellen gemerkt wird als die über dessen Form, seine Größe, seine Oberfläche, sein Gewicht usw. Betrachtet man ein Menschenhirn von oben, beeindruckt die tiefe Längsfurche. Nur weiter unten gibt es Verbindungen über den sogenannten Balken, über den Informationen zwischen beiden Gehirnhälften ausgetauscht werden, wobei die rechte Seite des Gehirns mehr für die episodisch-emotionalen Inhalte und die linke für die Wissensspeicherung zuständig ist. Im Hinblick auf die *Zeitstruktur des deklarativen Gedächtnisses* unterscheidet Roth (vgl. Roth 2011, S. 108; vgl. auch Roth 2002, Folie 3):

- **Sensorischer Speicher oder sensorisches Gedächtnis, auch Ultrakurzzeitgedächtnis genannt:** wird für 1–2 s reizspezifisch erregt. Kapazität extrem begrenzt (ca. 2 Items), sehr störanfällig. Nicht wesentlich verbesserbar.
- **Kurzzeitgedächtnis, bestehend aus intermediärem Gedächtnis *(immediate memory)* und Arbeitsgedächtnis*:*** Roth (2011, z. B. S. 109) erwähnt das intermediäre Gedächtnis nur noch, ohne es näher zu spezifizieren. Spanne bis 30 s. Kapazität sehr begrenzt (ca. 3,5 Elemente). Störanfällig. Verbesserbar durch Wiederholung und einfache Assoziationen. Das Arbeitsgedächtnis ist weitgehend identisch mit dem Kurzzeitgedächtnis und stark von Aufmerksamkeit und Bewusstseinsprozessen abhängig (vgl. Roth 2011, S. 140 f.). Spanne von 30 s bis 30 min. Kapazität begrenzt. Kann durch *Mnemotechniken* verbessert werden. Je stärker die Aufmerksamkeit, positive Emotionen und vielfältige Assoziationen, desto eher kommt es zu einer langfristigen Speicherung im Langzeitgedächtnis.
- **Langzeitgedächtnis:** Spanne von 30 min bis Jahrzehnte. Sehr große Speicherkapazität. Wahrscheinlich gibt es mehrere Formen vom Langzeitgedächtnis und es kann durch *Mnemotechniken* wesentlich verbessert werden. Es ist dynamisch, „wird durch neue Erlebnisse und Erfahrungen ständig umgeschrieben und wieder aufgefrischt, und es unterliegt auch rein internen Reorganisationsprozessen, die an Datenkompression erinnern." (Roth 2011, S. 108)

Hinsichtlich des Kurzzeit-/Arbeitsgedächtnisses war man sich lange Zeit einig, dass durchschnittlich 7 Elemente (*chunks*) (vgl. auch Squire und Kandel 2009, S. 85) ± 2 gleichzeitig im Kurzzeitgedächtnis behalten werden können. Neuere Forschung geht von durchschnittlich 3,5 chunks, maximal 5 chunks aus (Roth 2011, S. 141 f.). Dabei ist es egal, ob diese „Klumpen" einzelne Buchstaben, Zahlen oder größere Einheiten wie Wörter oder Sätze sind. Das Arbeitsgedächtnis ist allerdings sehr störanfällig: Wird eine Telefonnummer im Internet nachgesehen und es erfolgt eine Störung, bevor sie gewählt wurde, so wird man ein zweites Mal nachschauen müssen. Man kann das Kurzzeit- bzw. Arbeitsgedächtnis jedoch durch Erhöhung der Aufmerksamkeit und vielfältige Assoziationen verbessern. Insbesondere ein waches, konzentriertes Betrachten von Wörter und Bildern sowie eine Strategie, das zu Merkende in *eigenen* Sätzen zu fassen, scheinen die Merkfähigkeit deutlich zu erhöhen.

Wie aber kommen Inhalte in das Langzeitgedächtnis? Bei allen Einspeicherungs- und Erinnerungsprozessen scheint der Hippocampus eine besondere Rolle zu spielen, indem er Informationen den einzelnen Gedächtnisarealen zuweist und diese beim Abrufen wieder integriert. Relativ neu sind Erkenntnisse, wonach offenbar der rhinale Cortex, d. h. das Gebiet, in dem eigentlich Geruchseindrücke verarbeitet werden, an dem Behaltensprozess von gelernten Wörtern (!) im deklarativen Gedächtnis beteiligt ist. So haben sich Versuchspersonen immer genau die Wörter gemerkt und sich später an sie erinnert, bei denen die Nervenzellen des Hippocampus und die des rhinalen Cortex für wenige 100 Millisekunden synchron im Gamma-Schwingungsbereich von unter 40 Hertz feuerten (vgl. Fell et al. 2002; Fernández und Weber 2003). Diese Synchronisation ist begleitet von physiologischen und anatomischen synaptischen Veränderungen mit Auswirkungen auf die Übertragungsstärke. Die synaptischen Veränderungen sind je nach zeitlicher Gedächtnisart (Sekunden-, Minuten- und Stunden-/Tage-/Jahre-Bereich) unterschiedlich: Wir lernen und erinnern aufgrund von Umstrukturierungen des Netzwerks unserer diversen Gedächtnisareale, wobei das limbische System mittels Aufmerksamkeit, Emotionen und Motiven diese Veränderungen steuert (vgl. Roth 2002, Folie 16). Wenn man sich mit den biochemischen Prozessen im Gehirn beschäftigt, bei denen *Transmitter* und *Neuromodulatoren* (Acetylcholin, Noradrenalin, Serotonin, Dopamin, Glutamat, Gamma-Aminobuttersäure und Glycin) sowie *Neuropeptide* und *Neurohormone* eine Rolle spielen (vgl. Roth 2001, S. 110–122), kann man erahnen, wie komplex der Prozess der Einspeicherung und des Abrufs ist. Da wundert es einen nicht, dass diese Vorgänge auch störanfällig sind.

Beim Erinnern spielen *Emotionen* sowie *Erwartungen* und *Assoziationen,* die quasi ein individuelles Verweissystem bilden, eine besondere Rolle, sodass ein flexibleres, auch Fehler ausgleichendes Ordnungssystem im Kopf existiert, als dieses mit Registern und Karteikarten in einer Bibliothek realisiert werden kann. Obwohl sich unser Gedächtnis auch täuscht und vor allem vieles vergisst, weil es gar nicht in das Langzeitgedächtnis vordringt bzw. manches von dort nicht abrufen kann („Es liegt mir auf der Zunge!"), ist es weitaus anpassungsfähiger und fehlertoleranter als die bisher geschaffenen Modelle künstlicher Intelligenz.

Mnemotechniken (I)
sind Verfahren, die insbesondere in der griechischen und römischen Rhetoriktradition entwickelt wurden um sich etwas leichter merken zu können. Seither weiß man, dass beim Übergang vom Arbeits- in das intermediäre Gedächtnis *Aufmerksamkeit, Konzentration, Wiederholungen, Rhythmisierungen, Reime, Analogien und bizarre Bilder das Behalten fördern.*

Da die Kapazität des Kurzzeitgedächtnisses auf durchschnittlich 3,5 (bis max. 5) Elemente begrenzt ist und sinnvolle Information besser behalten wird als sinnlose, kommt es darauf an, „Klumpen" (*chunks*) zu bilden. Testen Sie das mal: Die Folge aus den 15 Buchstaben

P C A I D S V W N A T O I B M

ist kaum fehlerfrei aus dem Gedächtnis heraus zu wiederholen, wird jedoch sofort behalten, wenn die Buchstaben zu sinnvollen *chunks* „geklumpt" werden:

„PC" „AIDS" „VW" „NATO" „IBM"

Das Erinnern gelingt noch viel besser, wenn diese Akronyme mit bizarren Bildern assoziiert werden:

Ein **PC** mit **AIDS**-Virus fährt im **VW** vom **NATO**-Hauptquartier zur **IBM**-Zentrale.

Das „Klumpen" klappt allerdings nur, wenn ein *Vorwissen* vorhanden ist, das weiß, was ein „PC" ist usw. Je mehr Vorwissen und Zeit wir zum Einprägen haben, desto einfacher ist uns das Bilden von sinnvollen *chunks.*

Inhalte des Kurzzeitspeichers werden *phonemisch* behalten, d. h. als Wortklänge mit besonderer Berücksichtigung entscheidender Differenzen (*M*aus – *H*aus). Im phonemischen Charakter des Arbeitsgedächtnisses liegt z. B. der Grund, weshalb wir Telefonnummern vor uns hin sprechen, um sie beim Eintippen richtig einzugeben. Für den Prozess der Übergabe vom phonemischen Arbeits- in das intermediäre Gedächtnis ist es hilfreich, die einzuprägende Information rhythmisch zu vokalisieren, also tatsächlich bzw. stumm vor sich hin zu sprechen, die Information in kleinere Sinneinheiten aufzuteilen und sich dabei die Ziffern oder die zu merkenden Zahlen bildlich vorzustellen:

acht drei acht (Sekundenpause) fünf fünf (Sekundenpause) acht acht neun

► **Tipp** Wie gut Ihr Gedächtnis für einige Teilbereiche tatsächlich ist, können Sie mit dem Gedächtnistest bei Wolfgang Stangl (http://www.stangl-taller.at/ARBEITSBLAETTER/GEDAECHTNIS/GedaechtnisTest.shtml) ausprobieren. Mit der empfohlenen Site http://www.gedaechtnisonline.de/GedaechtnisOnline von Edgar Heineken und Jürgen Fischer können Sie Ihr Gedächtnis in ca. 20 min testen. Und vergessen Sie nicht: Ihr Gedächtnis ist trainierbar!

3.5 Auf die persönliche Lernstrategie kommt es an!

Viele Informationen sind jedoch so gespeichert, dass sie für einen langen Zeitraum behalten werden wie beispielsweise die erlernte Muttersprache. Diese Gedächtnisinhalte sind – so nimmt man an – in den entsprechenden Gehirnarealen mittels biochemischer und anatomischer Veränderungen der Neuronen gespeichert, wobei durch mehrfache Speicherung die Einzelinformationen nicht nur in einem einzigen Neuron aufbewahrt werden. Erst das Langzeitgedächtnis sichert eine Erinnerung, sichert Wissen vor dem Vergessen: für einige Tage, Monate, Jahre oder ein Leben lang. Das Ganze hat weniger mit einem ausgeprägt guten Gedächtnis zu tun als mit der richtigen Lern- und Übungsstrategie und der späteren Anwendung des Gelernten. Erst einmal müssen wir die Bedeutung und den Wert eines Lernstoffs einsehen, sonst sind wir nicht wirklich aufnahmebereit. Zudem sollten wir uns zum Lernen motivieren und darüber hinaus konzentrieren können. Wenn wir dann mit dem uns schon Bekannten und dem weniger Komplizierten beginnen, ist die Wahrscheinlichkeit größer, dass wir ein gutes Entree beim limbischen System haben, das allzu Neues und Fremdes ablehnt. Außerdem kommt unser Denkapparat erst einmal in Schwung. Neues sollte auf Vertrautem aufgebaut werden, Umfangreiches erst einmal überflogen und dann in Teilaufgaben zerlegt werden. Dabei geht es *nicht* um mechanisches Einprägen, sondern um die Anwendung erfolgreicher Schemata. Damit ist die Auswahl und somit die Bewertung (wichtig für mich, unwichtig) ebenso gemeint wie Vergleich und Koordination (verbinden, ordnen) mit schon Bekanntem. Dies bedingt, die Bedeutungsgehalte von bestimmten Wörtern zu klären, eine Vorstellung von Begriffen und Strukturen zu entwickeln, Hierarchien und Relationen zu bilden sowie Unstimmigkeiten zur späteren Klärung festzuhalten. Behalten hängt vor allem von der individuellen Integration des Lernstoffs im eigenen Kopf ab. Dabei geht das Gehirn *denkökonomisch* vor, d. h. es integriert, reduziert, generalisiert und abstrahiert: Informationen, die nicht integriert werden können, werden verdrängt (bei Rauchern z. B. die Lungenkrebsstudie), Details verblassen, sich wiederholende Erfahrungen werden verallgemeinert. Da das Gehirn in dieser Weise funktioniert, sollten wir es unterstützen, indem wir *aktiv* sog. „Superzeichen" bilden, d. h. Schlüsselworte, Strukturen und Hierarchien (Ober- und Unterbegriffe), an denen entlang das Gedächtnis weitere Informationen durch Assoziationen rekonstruieren kann. – Anfangs sollten wir beim Lernen in stressfreier Atmosphäre bedächtig vorgehen, dann aber die Geschwindigkeit, besonders bei den Wiederholungen steigern, jedoch so, dass Hast und damit Denkblockaden vermieden werden. Wenngleich der größte Teil des gelernten „Materials" (hoffentlich erst nach der Prüfung) wieder vergessen wird, insbesondere solcher, der ohne innere Beteiligung nur auswendig gelernt und nicht oder schlecht verstanden wurde: Lernstoff, der eine praktische Komponente hat, wird am leichtesten und schnellsten erlernt. Ist zu viel Neues auf einmal zu lernen, kommt Unlust auf. Für die dauerhafte Fixierung ist daher *verteiltes Lernen,* also ein Lernen in kleinen Portionen ratsam (s. Abschn. 3.5.2).

Aus dem bereits Gesagten ist hoffentlich deutlich geworden, wie wichtig die Bildung bzw. das Lernen von *Superzeichen* (= *chunks)* ist. Fachwörter sind z. B. Superzeichen. Ein Terminus wie beispielsweise „Enkulturation" (mit der Definition „Prozess des Hineinwachsens, des Sichaneignens von Verhaltens- und Interpretationsmustern sowie von normativen Orientierungen einer [Sub-]Kultur") ersetzt 15 Wörter. Allerdings hat das Lernen dieses Fremdworts nur Sinn, wenn man die wichtigen Definitionsbestandteile und deren semantische Bedeutung kennt und weiß, in welchem strukturellen und hierarchischen Zusammenhang das Fachwort eine Rolle spielt: nämlich in der Sozialisationstheorie und damit im Bereich der Soziologie, aber auch der Erziehungswissenschaft.

3.5.1 Üben, Kontrollieren, Anwenden und Variieren in neuen Situationen – Sichern Sie Gelerntes vor dem Vergessen!

Weswegen können so viele Alte noch die in der Schulzeit auswendig gelernten ellenlangen Gedichte wie „Die Glocke" von Schiller, wissen aber nichts mehr von Ereignissen vom Vortage? Trotz eines nachlassenden Kurzzeit- und intermediären Gedächtnisses zeigt sich hier, was ein Langzeitgedächtnis auch im Alter noch zu leisten vermag! Dass Gelerntes dorthin gelangt, hat nicht nur mit dem richtigen Einüben, der häufigeren Wiederholung und mit der Freude an diesem Gedicht zu tun, sondern wahrscheinlich auch mit anderen damit intensiv verknüpften Erinnerungen und Emotionen (vielleicht an eine umschwärmte Lehrerin). Und später mit der Bewunderung und Anerkennung, die der Alte erntet, wenn er das Gedicht fehlerlos aufgesagt hat, wobei jedes Aufsagen das Gelernte wieder auffrischt. Darüber hinaus können wir uns Reime sehr gut merken und sollten diese besondere Charakteristik des Gedächtnisses mnemotechnisch nutzen (s. Abschn. 3.4.1 und 3.5.2).

Für das Lernen von Fachtermini kann nachhaltig die in Kap. 5 beschriebene Lern-/Arbeitskartei nach Leitner (2011) empfohlen werden, die ein selbstkontrolliertes Lernen ermöglicht. Eine kleine Portion, z. B. fünf Definitionen, sollten Sie auf Karteikarten herausschreiben, und zwar in folgender Form: Auf der Vorderseite das Fachwort, auf der Rückseite dessen Definition. Danach sollten Sie sich die Definitionen mithilfe von Konzentration und Assoziationen so gut einprägen und wiederholen, bis Sie diese ohne Nachdenken und „Hänger", d. h. „wie aus der Pistole geschossen", hundertprozentig fehlerfrei nennen können. Anschließend sollten Sie erst einmal eine kurze Pause einlegen und sich dann einer völlig anderen Tätigkeit zuwenden, z. B. Unterlagen sortieren und abheften oder am besten: schlafen. Nach einigen Stunden können Sie sich diese fünf Definitionen noch einmal ansehen und fünf weitere dazu nehmen. Am nächsten und den folgenden Tagen sollten Sie weitere hinzunehmen und immer wieder einmal überprüfen, ob Sie die älteren Definitionen immer noch schnell und fehlerfrei reproduzieren können. Gewusste Karteikarten wandern in dem unterteilten Karteikasten (s. Abschn. 5.3.2) eine Abteilung nach hinten, nicht fehlerfrei repetierte wieder in die vorderste Abteilung.

Wer etwas Neues gelernt hat, sollte anderen davon berichten. Interessiert sich kein anderer dafür oder ist niemand verfügbar, kann man das Ganze auch aufschreiben, z. B. in ein eigenes Lern- bzw. Studientagebuch (s. Abschn. 10.3) oder als Wiki oder Weblog für sich persönlich, für eine Arbeitsgruppe, für die Internet Community (Iske et al. 2012, S. 77–107).

Vergessen ist ein natürlicher und an sich auch kein schlechter Vorgang. Man denke an all das Unangenehme, das uns widerfahren ist; all das Leid, das auch wir anderen zugefügt haben. Insofern ist es gut, dass wir vieles „vergessen". Etliches wird gar nicht abgespeichert, weil es nicht aus dem sensorischen Speicher in das Kurzzeitgedächtnis übernommen wird, das einen Engpass darstellt (3,5 *chunks!*). Vielleicht ist auch der Verarbeitungsprozess zwischen Kurzzeit- und intermediärem Gedächtnis unterbrochen worden durch andere Ereignisse (besonders markant bei der Erinnerungslücke nach einer Gehirnerschütterung). Deshalb sind *Ruhe* und *wenig Ablenkung* für das Lernen förderlich. Für den Übergang vom intermediären ins Langzeitgedächtnis entscheidend ist die weitere gedankliche Beschäftigung mit dem Lernstoff, wobei es möglichst wenig neue Information geben sollte, die zusätzlich gemerkt werden soll. Anderes bleibt durch inexakte bzw. deplatzierte Speicherung unauffindbar. Folgendes Phänomen kennen Sie sicher auch: Man räumt auf und weist einem Gegenstand einen *neuen* Platz zu und nimmt sich auch vor, sich diesen neuen Ort zu merken; – und findet später diesen Gegenstand gar nicht so schnell wieder, weil der neue Platz nicht genügend fest eingeprägt wurde.

Anderes wiederum erinnert man nicht, weil es mit Unlust assoziiert ist oder weil Angst bzw. Stress eine *Transmitterhemmung* auslösen, sodass diese ein Auffinden der Information im Gehirn verhindert. Wer zu Stress und Angst neigt, muss mit solchen Blockaden in Prüfungssituationen rechnen. Doch mit einer rechtzeitigen und sorgfältigen Vorbereitung gewinnt man Selbstsicherheit und das gute Gewissen, genug getan zu haben. Darüber hinaus können Entspannungsübungen und psychosoziale Beratungsstellen der Hochschulen helfen, mit Prüfungsstress besser umgehen zu lernen (s. Kap. 12).

Schlaf nach einer Lerneinheit fördert den Transfer ins Langzeitgedächtnis. Solches weiß man durch ein gut gesichertes Experiment: Zwei Gruppen lernen einen Stoff, bis sie ihn hundertprozentig beherrschen. Nun legen sich die Versuchspersonen der einen Gruppe schlafen, während die der Kontrollgruppe andere Tätigkeiten ausüben. Nach dem Schlaf der einen Gruppe werden beide Gruppen hinsichtlich des gelernten Stoffs getestet. *Ergebnis*: Die erste Gruppe beherrscht den Stoff deutlich besser. *Interpretation*: Im 1. Fall wurde durch das Schlafen nichts Neues gelernt, in der Kontrollgruppe kam es durch andere Aufgaben zu einer Überlagerung des vorher Gelernten. Insofern ist nicht das Buch unter dem Kopfkissen hilfreich, aber ein Lernen vor dem Mittagsschlaf oder dem abendlichen Zu-Bett-Gehen.

Unser Gedächtnis besitzt eine einfache Methode um festzustellen, ob Wissen noch benötigt wird: Benutzt man es längere Zeit nicht, so wird es „vergessen", d. h., es tritt in den Hintergrund (z. B. die werktäglichen Abfahrzeiten nach altem Fahrplan) und wird durch neue Informationen überlagert (z. B. Daten des neuen Fahrplans). Das, was wirklich ins Langzeitgedächtnis vorgedrungen ist, ist also von Anwendungen abhängig: Wer lange Jahre im Ausland lebt, vergisst Teile seiner Muttersprache, wenn er keine Gelegenheit hat, sie des Öfteren zu sprechen.

Kann Gelerntes nicht mehr oder nicht vollständig reproduziert werden, so kann es jedoch durch Wiederholung sehr rasch erneuert werden, wesentlich schneller als beim ersten Lernen. Demnach kommt es entscheidend auf die *Anwendung* und die *Kontrolle* an, um feststellen zu können, inwieweit das Gelernte tatsächlich reproduziert werden kann, insbesondere in Stresssituationen. Dazu können Sie sich durch jemanden abfragen lassen, um die Prüfungssituation zu simulieren, oder jemandem über den Lernstoff berichten. Beim Erzählen fällt einem meist selbst auf, wo man zögert und unsicher wird. Diese Passagen sollten Sie sich danach noch einmal genau ansehen, um die Lücken zu schließen und die Unsicherheiten zu überwinden. Darüber hinaus ist die Anwendung und das Variieren in neuen Situationen eine wichtige Bedingung dafür, dass Gelerntes behalten wird. Findet sich niemand für das Abfragen, kann die Lernkartei nach Leitner (2011) helfen Definitionen, Regeln, Vokabeln u. a. zu lernen und das eigene Wissen zu prüfen (s. Abschn. 5.3.2).

3.5.2 Menü mit mehreren Gängen – aber kleine Portionen und Pausen bitte!

Churchill gebrauchte für das Lernen folgende Analogie zum Essensvorgang: Man solle zu Lernendes wie gutes Essen mäßig, aber regelmäßig genießerisch und ohne Hast zu sich nehmen, dabei die Speisen wählen, die nahrhaft und bekömmlich sind, zu große Stücken in appetitliche Häppchen zerkleinern, Hartes beim Verzehr gut einspeicheln und kauen, um es anschließend bei einem Spaziergang oder Schläfchen zu verdauen.

Lernen fällt in der Tat leichter, wenn es in *Teilzielen* realisiert wird. Sie sollten den Lernstoff in kleine Portionen aufteilen, damit der Geist angesichts der Menge zu lernender Dinge nicht demotiviert wird. Außerdem gilt es, Interferenzen zu vermeiden. Interferenzen sind Ähnlichkeitshemmungen, die besonders bei gleichartigem Lernmaterial auftreten, z. B. dem gleichzeitigen Lernen des Bedeutungsunterschieds zwischen Inferenz und Interferenz (vgl. Hüholdt 1995, S. 220 ff.). Solche fast zeichengleichen Termini sollte man an verschiedenen Tagen lernen, niemals in direkter Gegenüberstellung, sonst verwechselt man später die Bedeutungen.

Es sollte ebenfalls auf einen Wechsel der Aufgaben geachtet werden, um Monotonie zu verhindern, die demotivierend wirkt. Nachdem man z. B. eine Zeit lang gelesen und das Gelesene reflektiert hat, wäre es angebracht, aus dem Kopf heraus, sich die wichtigsten Punkte und die Argumentationsstruktur des Textes zu notieren, um anschließend in einem Vergleich zwischen Text und Exzerpt feststellen zu können, was dem Text inhaltlich richtig entnommen wurde und welche Lücken oder Fehler entstanden sind. Danach könnte man Karteikarten sortieren oder Besorgungen erledigen. Kommen Erschöpfung oder negative Gefühle auf, ist man nicht mehr wirklich konzentriert und aufnahmefähig, ist keine innere Ruhe vorhanden oder wird man abgelenkt, kommt der so störanfällige Speicherungsprozess vom intermediären Gedächtnis ins Langzeitgedächtnis nicht zustande oder wird unterbrochen.

Bei großem Stoffpensum, z. B. in Vorbereitung auf eine wichtige Prüfung, kommt es demnach vor allem darauf an, *rechtzeitig zu beginnen,* um Stress beim Einspeichern zu vermeiden, der zu Denkblockaden und Erinnerungslücken führen kann. Wichtig sind zudem *Pausen* bei der Lernarbeit (vgl. Abb. 3.5), damit In-

Pausentyp	Pausendauer	Pausentätigkeit
Unterbrechung	1 Minute, Abstand wechselnd, je nach Bedürfnis	tief Luft holen, nicht auf den Monitor oder das Smartphone schauen, Zurücklehnen, Arme ausstrecken, jedoch ohne vom Arbeitsplatz aufzustehen
Minipause	5 Minuten, Abstand alle 30 Minuten	Aufstehen, Freiübungen machen, Fenster öffnen, Blumen gießen [...] oder Ähnliches
Kaffee-/Teepause	15 bis 20 Minuten, Abstand alle 2 Stunden	Sozialkontakt suchen, Kaffee oder Tee trinken, etwas völlig anderes tun
Erholungspause	1 bis 2 Stunden (mehr aber nicht), Abstand nach vier Stunden, mehr als zwei solcher vierstündigen Lernblöcke pro Tag sollte man für einen spezifischen Lerngegenstand nicht ansetzen	Essen, Schlafen, Musik hören, Erholen, Leute treffen, miteinander reden

Abb. 3.5 Pausentypen. (In starker Anlehnung an Rückriem et al. 1997, S. 31 f.)

halte des Kurzzeitgedächtnisses im Langzeitgedächtnis „fixiert" werden können. Danach müssen Sie das Gelernte – nicht zu früh – am Anfang häufiger, später seltener wiederholen, anwenden und mit anderem Wissen verknüpft, in anschaulichen Bildern und Beispielen mehrfach in Ihrem Gehirn verankern und auf andere Situationen übertragen lernen (vgl. Hüholdt 1995). Dabei ist die Ausarbeitung (Elaboration) des Gelernten von entscheidender Bedeutung, z. B. Visualisierungen (s. Abschn. 9.8.2) oder das Erstellen von Begriffssystemen, indem für Fachtermini etymologische Herkunft, deutsche Übersetzung, weitere Synonyme, auch Antonyme, Oberbegriffe, Unterbegriffe usw. tabellarisch zusammengestellt werden (vgl. Hüholdt 1995, S. 310 f.). In schwierigen Fällen können Mnemotechniken eingesetzt werden (s. Abschn. 3.4.1 und gleich folgende Seiten; vgl. auch Buzan 2004; Metzig und Schuster 2016; Roth 2011).

Mnemotechniken – II

Es gibt einige Kunstkniffe, mit denen man Behaltensprozesse verbessern kann, beispielsweise den Transfer von Zahlen in Buchstaben, gemerkt mithilfe eines Wortes oder bizarren Satzes.

Größere Zahlen, z. B. Geheimzahlen, statistische Werte, Lebensdaten etc. sind schwer zu behalten. Besser erinnert werden Buchstaben. Nach Metzig und Schuster (vgl. 2016, S. 89 f.) bewährt sich die Gleichsetzung von Zahlen mit *Konsonanten* im sog. *phonetischen System.*

Die Zuordnung erfolgt durch besondere assoziative Gemeinsamkeiten der jeweiligen Ziffer mit solchen der zugeordneten Konsonanten:

Ziffer	Konsonant	Besondere Gemeinsamkeit
1	t, d	Das kleine *t* und *d* haben *einen* senkrechten Strich
2	n	Das kleine *n* hat *zwei* senkrechte Striche
3	m	Das kleine *m* hat *drei* senkrechte Striche
4	r	Das Wort *vier* besteht aus vier Buchstaben, wovon das *r* der letzte ist
5	l	Das *L* steht im römischen Zahlensystem für 50, das kleine *l* merken wir uns assoziativ für die Ziffer 5
6	ch, x, sch	Phonemisch kommt im Wort *sechs* das *ch* oder das x vor; *sch* ist ein ähnlicher Laut
7	k, ck, g	Das Schreibschrift-*K* sieht aus, als ob es graphisch aus 2 Siebener-Ziffern zusammengesetzt sei; *ck* und *g* sind ähnliche Laute wie *k*
8	f, v	Das kleine Schreibschrift-*f* ähnelt einer 8; *v* ist ein ähnlicher Laut
9	b, p	Das *b* sieht aus wie eine auf dem Kopf stehende 9, das *p* wie eine spiegelverkehrte 9; beide Laute klingen zudem ähnlich
0	z, s	Die Null heißt im Englischen *zero*, wovon sich das *z* herleitet; gesprochen wird es *siro*, sodass das ähnlich klingende *s* gleichermaßen hier seinen Platz hat

Sind die Zahlen in Konsonanten „übersetzt", können die Vokale (a, e, i, o, u) und Umlaute als „Füllsel" verwendet werden, um merkfähige Wörter zu bilden:

Geheimzahl 1340 = **tamaris**

Das Finden und Bilden von Wörtern zu diesen Zahlenwerten braucht Zeit. Aber das genau ist es, was auch das Gehirn zum Einspeichern braucht. Je länger Sie sich damit beschäftigen, desto besser können Sie die Zahl später rekonstruieren. Noch besser funktioniert es mit lustigen Merksätzen:

Geheimzahl 7731 = **K**ein **G**eld **m**ehr **d**a

Einführung des Preußischen Allgemeinen Landrechts 1794 = **du** **k**annst **p**reußisch **r**echnen

Auswahl und Merken eines kryptischen Passworts für den PC: Ih2A&1N! = **I**ch **h**abe **2** **A**ugen **und** **1** **N**ase!

Bizarre Bildfolgen und Sätze

Größere Zahlen kann man sich auch sehr gut über *bizarre Bildfolgen* zu einem Abzählreim einprägen (Roth 2011, S. 334):

„Ein(s) ist ein Schwein, zwei ist Heu, drei ist ein Schrei, vier ist eine Tür, fünf sind Strümpf', sechs ist eine Hex', sieben ist ein Sieb, acht ist die Nacht, neun ist eine Scheun', null ist ein Bull'."

921583 = Eine **Scheune** mit **Heu** drin, dort sitzt ein **Schwein** in **Strümpfen** und stößt **nachts** einen **Schrei** aus.

Bizarre Sätze lassen sich auch für andere Merkinhalte als Zahlen verwenden. Beispiel gefällig? – Nach der Herabstufung von Pluto lässt sich die Reihenfolge der Planeten unseres Sonnensystems (von der Sonne aus) hervorragend mit folgendem Satz rekonstruieren:

Möglicherweise Vermissen Einige Menschen Jetzt Schon Unseren Neunten (Planeten).
(U. Kaiser)

Merkur **Ve**nus **Er**de **Mars** **Ju**piter **Sa**turn **Ur**anus **Ne**ptun **Pl**uto

Reime

fördern ebenso wie absonderlich-groteske Sätze oder Bildfolgen das Behalten:

„3 3 3 Issus Keilerei, 7 5 3 Rom kroch aus dem Ei"

„Isar, Iller, Lech und Inn
fließen zu der Donau hin;
Altmühl, Naab und Regen
fließen ihr entgegen."

Eselsbrücken
Immer wieder gibt es Dinge, die man vergisst, weil man sich keine Merkhilfen über Besonderheiten bzw. Gemeinsamkeiten schafft:

Backbord – Steuerbord (Dass Steuerbord gleichbedeutend ist mit rechts, kann man sich daran merken, dass das Wort ein „r" mehr enthält als Backbord)

die Klientel (das „ie" im Wort signalisiert den Artikel „die")
das Virus (beide Wörter enden mit dem gleichen Buchstaben)

3.6 Lernen resultiert letztlich aus Stoffwechselprozessen

Über der Trennung von Natur-, Geistes- und Sozialwissenschaften haben viele Akademiker vergessen, dass Menschen Lebewesen sind. Insofern ist es ratsam, physiologische, biorhythmische u. a. Erkenntnisse zu beherzigen. „Voller Bauch studiert nicht gern!", weiß schon der Volksmund. Zu schwere Kost und zu große Mengen an Nahrung sind physiologisch ungünstig für Denk- und Lernvorgänge. Wer seinen Körper nicht ausreichend mit Vitaminen, Mineralien und Lecithin versorgt, zu wenig trinkt, sich kaum bewegt oder sein Zimmer zu selten lüftet, wird beim Lernen nicht seine wirkliche Leistungsfähigkeit realisieren können: *Achten Sie deshalb auf eine ausgewogene, vollwertige Ernährung!* Die ernst zu nehmende Deutsche Gesellschaft für Ernährung e. V. (s. deren Homepage) empfiehlt z. B., täglich 5 × am Tag Obst und Gemüse (insgesamt mind. 400 g pro Tag, die Hälfte davon roh) zu essen. Durch fünf kleinere Mahlzeiten wird eine zeitweise Unterzuckerung vermieden, die zum Leistungsabfall führt. Da das Gehirn im Vergleich zu anderen Organen einen zehnmal so hohen Bedarf an Sauerstoff und Glukose-Zucker hat, wovon es keine Vorräte anlegen kann, bringt eine gut gekaute Scheibe (Vollkorn-)Brot den müden Denkapparat wieder in Schwung. – Manche

„dopen“ sich mit Vitamin-Präparaten und Nahrungsergänzungsmitteln. Abgesehen von den Kosten sind dies oft wenig sinnvolle, meist unnötige, manchmal gar schädliche Präparate. Erkundigen Sie sich hierzu im Internet bei der Deutschen Gesellschaft für Ernährung e. V., der Stiftung Warentest oder den Verbraucherzentralen (und nicht bei den Herstellern solcher Mittel). Viele Menschen trinken zu wenig! Flüssigkeitsmangel lässt das Blut zu dickflüssig werden, um die notwendigen Nährstoffe in die feinsten Verästelungen im Gehirn zu transportieren.

Apropos *Müdigkeit*: Diese sollten Sie nicht zu oft mit Kaffee bekämpfen, denn Koffein beeinträchtigt (ebenso wie Alkohol) die Schlafqualität. Da Müdigkeit die Informationsaufnahme und -verarbeitung verschlechtert, sollten Sie *ausreichend schlafen* und sich – wenn möglich – einen geregelten Tagesablauf schaffen. *Schlaf* und *Pausen* (s. Abb. 3.5) sind wichtig für den Transfer des Gelernten vom intermediären Gedächtnis in das Langzeitgedächtnis.

Viele Menschen atmen flach, also nicht tief genug ein und aus, z. B. durch eine krumme Sitzhaltung. Sie hocken in zu warmen Räumen mit verbrauchter Luft (insbesondere Raucher) und bewegen sich körperlich deutlich zu wenig. Dadurch kommt es zu einer Unterversorgung des Gehirns mit Sauerstoff und einer Verschlechterung des Stoffwechsels. Atmen Sie bewusst tief ein und aus. Regen Sie Ihren Kreislauf mit Lockerungs- und Aufwärmübungen am offenen Fenster an. Treiben Sie regelmäßig Sport. Das Strecken des Rückens durch das Heben der Arme sowie das langsame Abrollen der Wirbelsäule wirken Wunder nach längerem Sitzen. Schattenboxen wiederum regt den Kreislauf an, wenn Sie sich müde fühlen. Das Gehirn funktioniert auf der Grundlage von Stoffwechselprozessen, für die Sauerstoff, eine ausgewogene Ernährung und ausreichend Flüssigkeitszufuhr erforderlich sind. Für ein optimales Lernen sind körperliches wie psychisches Wohlbefinden ebenso wesentliche Voraussetzungen wie Ausgeschlafenheit und Konzentrationsfähigkeit.

3.7 Belohnung – oder: Mit 'nem Teelöffel Zucker nimmt man jede Medizin!

„Freude an der Arbeit“ sowie „Interesse an einer Sache“ sind effektive Selbstantriebe, aber nicht jede Arbeit macht Freude und nicht alles interessiert einen, was man lernen muss, um z. B. eine Prüfung zu bestehen. Was dann? – Es gibt natürlich noch andere Motivatoren als „Freude am Lernen“ und bestimmt fallen Ihnen Ihre Belohnungsstrategien für solche „schweren“ Fälle ein.

Medawar (1984, S. 22) weist ausdrücklich darauf hin, dass gerade für die wissenschaftliche Tätigkeit Durchhaltevermögen und Frustrationstoleranz vorhanden sein müssen, denn viele Wege wissenschaftlicher Erkenntnis sind „Holzwege". Problemlösungen können nur gefunden werden, wenn man theoretisch und methodisch neue Wege beschreitet, dabei Irrtümern unterliegt und die darauf folgenden Enttäuschungen verkraftet. Das schafft man langfristig nur, wenn man ab und an prüft, ob ein bestimmtes Ziel die Anstrengungen und den Verzicht auf so mancherlei anderes wert ist. Wenn die Fremdmotivation noch nicht in Eigenmotivation umgeschlagen ist, wenn also der Druck von Tests, die Ermahnungen oder das gute Zureden der anderen noch benötigt werden, gerade dann sind *Eigenbelohnungen* ein geeignetes Konzept, *selbstmotiviertes Lernen* zu erreichen.

Wenn Sie Schwierigkeiten haben, Ihre Entschlüsse umzusetzen, z. B. täglich mind. 20 Seiten Fachliteratur zu lesen oder fünf neu herausgeschriebene Definitionen wie Vokabeln zu lernen, dann versuchen Sie es doch einmal mit *kleinen* Belohnungen für das Erreichen der vorgenommenen Etappenziele. Zum Beispiel: Wenn ich 20 Seiten gelesen habe (und erst dann), gönne ich mir ein Stück Schokolade. Oder: Wenn ich die 15 Definitionen aus meiner Lernkartei exakt repetieren kann, dann gehe ich (weil ich das Schwimmen liebe) ins Schwimmbad (und nicht vorher). Da Süßigkeiten mit der Zeit dick machen, Alkohol und Nikotin noch ungesünder sind, sollte man sich besser mit Geld belohnen, also pro erreichter Etappe einen kleinen Geldbetrag in einem Behältnis sammeln für etwas, das man sich gönnen will: ein Shirt, eine Konzertkarte, ... Im Übrigen: Man kann sich auch mit Musikhören belohnen (vgl. Spitzer 2002, S. 187 ff.)! Sogar ein netter Blick anderer kann Belohnung sein. Man kann sich auch selbst loben für die Willensstärke, mit der man Etappenziele verfolgt und erreicht hat. Das macht nicht dick und kostet auch nichts!

Doch stecken Sie Ihre Ziele nicht zu hoch (vgl. dazu auch Kap. 6)! Kleinere, baldige Belohnungen wirken tatsächlich, während „die große Weltreise" einfach zu irreal ist, wenn man sich diese im ersten Semester als Belohnung für die Doktorarbeit vornimmt. Das (verhaltenstherapeutische) Token-Konzept der kleinen Belohnungen ist ein gutes Mittel, um schrittweise die erwünschten Verhaltensweisen und damit verbundenen Ziele zu erreichen. Das Gehirn selbst arbeitet mit einem Belohnungssystem (sog. dopaminerges System) und Belohnungserwartungen, die Interesse und Antrieb motivieren. Das Dopaminsystem „verleiht den Dingen und Ereignissen um uns herum ihren Sinn, ihre Bedeutung-für-uns. Bedeutsam ist, was neu ist [...], was für uns gut ist und vor allem, was für uns besser ist, als wir zuvor erwartet hatten. Dieses System treibt uns um, motiviert unsere Handlungen und bestimmt, was wir lernen" (vgl. Spitzer 2002, S. 195; Auslassung: F. R.). Lernen ist ziel- und erfolgsorientiert. Das Wissen, dass man etwas dazugelernt hat und „kann", vermittelt ein gutes Gefühl und stärkt das „Ich". Erfolg ist ein unglaublich guter Motivator. Er beflügelt. Eigentore oder das vergebliche Anrennen lähmen selbst (Sport-)Profis. Zweifelsfrei lernt man aus Fehlern und Misserfolgen besonders, doch nagen sie meist erst einmal kräftig am Selbstvertrauen. Deshalb ist es für Menschen mit weniger stabilem Selbstwertgefühl besser, sich Aufgaben zu stellen und Ziele zu setzen, die durchaus Anstrengung erfordern, jedoch nicht überfordern. Diese Teilziele sollten in einem überschaubaren Zeitraum erreichbar sein. Allein die Überzeugung, ein Ziel erreichen zu können, ist eine wichtigere Voraussetzung für den zukünftigen Erfolg als die faktisch vorhandenen individuellen Fähigkeiten. Der Fachterminus hierfür lautet *Selbstwirksamkeit.* Während sich die einen von der Hoffnung auf Erfolg optimistisch zu Leistungen anspornen, befürchten andere Misserfolg, was keine unrealistische Einstellung ist angesichts möglicher Fehlschläge. Doch Furcht vor Misserfolg kann ebenfalls ein Antrieb sein, wohingegen übermäßige Angst und tiefer Pessimismus lähmen und mehr blockieren als einem lieb sein kann. Sie führen u. U. zu Vermeidensreaktionen. Hinter der durchaus berechtigten Kritik an der Lehr- und Lernsituation in den Hochschulen, hinter den mehr oder weniger manifesten Lern- und Arbeitsstörungen der Studierenden steckt zuweilen die Befürchtung, *an einer Aufgabe zu scheitern,* z. B. an der Bachelor-Arbeit. – Bei anderen ist der eigene Anspruch zu hoch; sie werten selbst vorhandene Erfolge (und damit sich selbst) ab. – Oder es werden Ziele gar nicht ernsthaft angestrebt, um das eigene (mäßige) Selbstwertgefühl beizubehalten; denn Erfolg kann einsam machen und Neider schaffen. Unser Lernen und Arbeiten sind sehr stark von Gefühlen und Motiven beeinflusst, die eine lernbiografische Geschichte haben. Gerhard Roth (2001) hat in seinem grundlegenden Buch die Rolle und das Zusammenspiel von einzelnen Faktoren herausgearbeitet, die uns z. T. nicht bewusst sind. Dennoch sind Gewohnheiten änderbar, indem man hemmende Faktoren abbaut und über kleine, realistische Teilerfolge, die belohnt werden, Änderungen bewirkt. Erfolge stellen sich ein und das Dopaminsystem wiederum fördert Neugier, Interesse und Anstrengungsbereitschaft.

- *Wie schätzen Sie sich selbst ein; sind Sie eher erfolgsoptimistisch oder misserfolgsängstlich?*
- *Haben Sie gar Angst vor Erfolg?*
- *Wie belohnen Sie sich für Ihr Lernen?*

► **Tipp** Reflektieren Sie hin und wieder Ihre Motivationen und stecken Sie sich erreichbare Etappenziele, wenn Sie an Ihren Zielsetzungen festhalten wollen. Und belohnen Sie sich, wenn Sie ein Etappenziel erreicht haben!

3.8 Was tun bei Lern- und Arbeitsstörungen?

Wenn Sie dieses Kapitel bis hierhin aufmerksam gelesen haben, dann wissen Sie, wie komplex unser Denkapparat arbeitet und wie störanfällig Behaltensprozesse sind. Körperliches wie psychisches Wohlbefinden sind wichtige Voraussetzungen für optimales Lernen und Arbeiten. Doch viele erreichen ihre tatsächliche Leistungsfähigkeit nicht – wegen latenter Lern- und Arbeitsstörungen bzw. durch Störungen der Arbeit durch Dritte oder das Smartphone. Manche brauchen eine zu lange Anlaufzeit, bis sie wirklich arbeiten, manche wollen zu viel auf einmal und wissen nicht, womit sie beginnen sollen. Sie verzetteln sich oder können sich nicht recht motivieren. Andere hören an der falschen Stelle auf, d. h., bevor das Gelernte so weit durchgearbeitet ist, dass es – vielfach assoziativ vernetzt – im Langzeitgedächtnis abgespeichert ist. Wieder andere können sich nicht konzentrieren, sind abgelenkt oder zu müde und dadurch nicht aufnahmebereit. Wieder andere überfordern sich vielleicht. Meist merkt man es ja selbst, will es sich vielleicht nicht sofort eingestehen. *Einiges kann man selbst abstellen.* Hierzu ist schon etliches in den letzten Abschnitten gesagt worden. Hilfreich könnte auch eine Ist-Erhebung Ihres Lernverhaltens sein, wie es Metzig und Schuster (2016, S. 30) vorschlagen. Barthel (2001, S. 58–61) und Mertens (2001, S. 46–49) geben ebenfalls wertvolle Hinweise und beschreiben Konzentrationsübungen. Bei schwerer wiegenden Störungen sollten Sie unbedingt und frühzeitig die Studien- bzw. psychologische Beratungsstelle aufsuchen, die an allen größeren Hochschulen vorhanden ist, oder andernorts professionelle Hilfe in Anspruch nehmen. Manche schmoren im eigenen Saft, haben Kontaktschwierigkeiten, fühlen sich einsam. Wir alle sind auf ein anregendes soziales Umfeld angewiesen mit anspornenden, uns positiv gesonnenen Menschen. Außerdem sind wir stark auf soziale Anerkennung ausgerichtet; wem diese versagt bleibt, verkümmert, wenn er sich nicht aktiv ein anderes Umfeld sucht – und findet.

Zusammenfassung

Ihnen ist jetzt die Bedeutung der eigenen Lernbiografie, Ihrer individuellen Lerngewohnheiten und Wahrnehmungsmuster bewusst. Sie wissen nun, dass mit Einsicht in die Bedeutung des Lernstoffs, seiner Einteilung in kleine Portionen, mit Wiederholungen und Üben höhere Behaltensraten erzielt werden. Liebe, Begeisterung, die Anwendung des Gelernten und seine Beziehung zur eigenen Person sind außerdem ideale Lernfaktoren. – Die Fähigkeit des Gehirns zur Verallgemeinerung wenden Sie positiv an, indem Sie blockierende, destruktive Einstellungen vermeiden, sich Ihre Lernerfolge vor Augen führen und sich realistische, erreichbare (Etappen-)Ziele setzen. Darüber hinaus werden Sie hoffentlich nicht vergessen, dass Sie ein biologisches Wesen sind und

Ihr Lernen auch von Stoffwechselprozessen abhängig ist. Wie der Körper, so muss auch das Gehirn fit gehalten werden. Sie kennen nun einige kognitive Täuschungen, denen Wahrnehmung und Gedächtnis unterliegen können. Deshalb prüfen Sie skeptisch Ihre Erinnerungs- und Wahrnehmungsfähigkeit. Sie wissen, wie wichtig für Lernvorgänge eine möglichst angst- und stressfreie Atmosphäre ist. Darum fangen Sie mit dem Lernen rechtzeitig an, strukturieren den Lerngegenstand in kleine Einheiten, erarbeiten sich Superzeichen *(chunks),* legen beim Lernen Pausen ein, vermeiden Monotonie und Interferenz. Gelerntes wiederholen Sie in bestimmten Abständen, variieren und vertiefen es durch Anwendung. Falls Sie Schwierigkeiten haben, sich zu motivieren oder Ihr Verhalten zu ändern, versuchen Sie es mit dem Selbstbelohnungskonzept. Sie haben verstanden, wie wichtig soziale Anerkennung und ein positiv gestimmtes Umfeld für das menschliche Wohlbefinden und das Lernen sind. Neugier und Entdeckerlust sollten auf jeden Fall das „Fremdeln vor Neuem" überwinden. Wenn es Ihnen gelingt, sich zu motivieren und sich die Erkenntnisse der Lernbiologie und -psychologie zu eigen zu machen, werden sich bald Erfolge einstellen. Und nichts tut uns besser als solche Schlüsselerlebnisse, über die man sich unbändig freut, z. B. über das Erreichte oder eine tiefe Einsicht.

Literatur

Literatur zur Vertiefung

Spitzer, M. (2002). *Lernen. Gehirnforschung und die Schule des Lebens.* Heidelberg: Spektrum Akadem. Verl. Wenn Sie sich weiter mit dem faszinierenden Thema Lernen beschäftigen wollen, dieses Buch ist jetzt auch als Taschenbuch erhältlich

Metzig, W., & Schuster, M. (2016). *Lernen zu lernen. Lernstrategien wirkungsvoll einsetzen* (9. Aufl.). Berlin: Springer. Es werden die Organisation des Lernprozesses, Fragen der Motivation sowie Lerntechniken nicht nur abgehandelt, sondern die Effizienz mancher Lernmethoden durch empirische Forschungsbelege verdeutlicht

Literaturverzeichnis

Anderson, J. R. (2007). *Kognitive Psychologie. Deutsche Ausgabe* (6. Aufl.). Heidelberg: Spektrum Akademischer Verl.

Barthel, W. (2001). *Prüfungen – kein Problem. Bewältigung von Prüfungsangst – effektive Prüfungsvorbereitung – optimales Verhalten.* Weinheim: Beltz.

Buzan, T. (2004). *Nichts vergessen! Kopftraining für ein Supergedächtnis.* München: Goldmann.

Eliot, L. (2001). *Was geht da drinnen vor? Die Gehirnentwicklung in den ersten fünf Lebensjahren.* Berlin: Berlin-Verl.

Fell, J. (2002). The interaction of rhinal cortex and hippocampus in human declaration memory formation. *Reviews in the Neurosciences*, *13*(4), 299–312.

Fernández, G., & Weber, B. (2003). Fische fangen im Erinnerungsnetz. *Gehirn & Geist*, *2*, 68–73.

Festinger, L. (1978). *Theorie der kognitiven Dissonanz*. Bern: Huber.

Fischer, E. P. (1985). *Die Welt im Kopf*. Konstanz: Faude.

Hüholdt, J. (1995). *Wunderland des Lernens. Lernbiologie, Lernmethodik, Lerntechnik* (10. Aufl.). Bochum: Verl. für Didaktik.

Iske, S., Koenig, C., & Müller, A. (2012). Social Media. In W. Sesink, *Einführung in das wissenschaftliche Arbeiten. Inklusive E-Learning, Web-Recherche, digitale Präsentation u.a.* (9. Aufl., S. 77–107). München: Oldenbourg.

Kebeck, G. (1994). *Wahrnehmung. Theorien, Methoden und Forschungsergebnisse der Wahrnehmungspsychologie*. Weinheim: Juventa-Verl.

Kotre, J. (1998). *Der Strom der Erinnerung. Wie das Gedächtnis Lebensgeschichten schreibt*. dtv, 36089. München: Dt. Taschenbuch-Verl.

Lehrl, S., Fischer, B., Koch, G., & Loddenkemper, H. (1992). *Geist und Gedächtnis erfolgreich trainieren* (6. Aufl.). Gehirn-Jogging, Bd. 1. Wehrheim: Mediteg-Verl.

Leitner, S. (2011). *So lernt man lernen. Der Weg zum Erfolg* (18. Aufl.). Hamburg: Nikol-Verl.

Maturana, H. R., & Varela, F. J. (2010). *Der Baum der Erkenntnis. Die biologischen Wurzeln menschlichen Erkennens*. Frankfurt am Main: Fischer TB.

Medawar, P. B. (1984). *Ratschläge für einen jungen Wissenschaftler*. München: Piper.

Menne, A. (1991). *Einführung in die formale Logik. Eine Orientierung über die Lehre von der Folgerichtigkeit, ihre Geschichte, Strukturen und Anwendungen* (2. Aufl.). Darmstadt: Wiss. Buchgesellschaft.

Mertens, R. (2001). *Denk- und Lernmethoden. Gehirnjogging für Studierende*. Berlin: Cornelsen.

Metzig, W., & Schuster, M. (2016). *Lernen zu lernen. Lernstrategien wirkungsvoll einsetzen* (9. Aufl.). Berlin: Springer.

Roth, G. (2001). *Fühlen, Denken, Handeln. Wie das Gehirn unser Verhalten steuert*. Frankfurt am Main: Suhrkamp.

Roth, G. (2002). *Wie funktioniert mein Gedächtnis und wie kann ich es verbessern. Folien-Vortrag zur Immatrikulationsfeier der Freien Universität Berlin am 16.10.2002*. Veranstaltung vom 16.10.2002. http://www.fu-berlin.de/sites/immafeier/roth/roth_0203.html. Zugegriffen: 28.07.2017.

Roth, G. (2011). *Bildung braucht Persönlichkeit. Wie Lernen gelingt*. Stuttgart: Klett-Cotta.

Rückriem, G., Stary, J., & Franck, N. (1997). *Die Technik wissenschaftlichen Arbeitens. Prakt. Anleitung zum Erlernen wiss. Techniken am Beispiel d. Pädagogik – unter bes. Berücks. gesellschaftl. u. psych. Aspekte d. Lernens* (10. Aufl.). UTB, 724. Paderborn: Schöningh.

Spitzer, M. (2002). *Lernen. Gehirnforschung und die Schule des Lebens*. Heidelberg: Spektrum Akadem. Verl.

Squire, L. R., & Kandel, E. R. (2009). *Gedächtnis. Die Natur des Erinnerns* (2. Aufl.). Heidelberg: Spektrum Akad. Verl.

Stern, E., Grabner, R., & Schumacher, R. (2005). *Das Deutschland von morgen*. Lehr-Lern-Forschung und Neurowissenschaften. Erwartungen, Befunde, Forschungsperspektiven, Bd. 13. Bonn: BMBF. Unter Mitarbeit von C. Neuper & H. Saalbach

Vester, F. (2001). *Denken, Lernen, Vergessen. Was geht in unserem Kopf vor, wie lernt das Gehirn, und wann lässt es uns im Stich?* dtv, 8565. München: Dt. Taschenbuch-Verl.

Weidenmann, B. (2005). Lernen – Lerntheorie. In D. Lenzen (Hrsg.), *Jugend – Zeugnis* (7. Aufl.). Pädagogische Grundbegriffe, Bd. 2, (S. 996–1010). Rowohlts Enzyklopädie, 488. Reinbek: Rowohlt-Taschenbuch-Verl.

4 Arbeiten – einzeln und in Kooperation mit anderen

► In diesem Kapitel werden die Vor- und Nachteile von Einzel- und Gruppenarbeit dargestellt sowie die Möglichkeiten und Grenzen der Zusammenarbeit im Studium und in wissenschaftlichen Arbeitsprozessen aufgezeigt. In den Bachelor- und Master-Studiengängen wird wesentlich mehr Teamarbeit verlangt, denn die Vernetzung der Arbeitsprozesse nimmt in diversen Berufsfeldern zu, auf die hin ausgebildet wird. Obwohl Menschen sich an anderen orientieren und sich in ihren Handlungen auf sie beziehen, kann es aufgrund menschlicher Unzulänglichkeiten zu mehr oder minder schweren Problemen kommen, wie Vereinsamung, Minderwertigkeitskomplexen, Größenwahn und Dominanz, mangelnder Rücksichtnahme oder das Nicht-allein-sein-Können. Für eine gute Zusammenarbeit braucht es Initiative, Engagement, Vertrauen sowie manchmal auch Frustrationstoleranz. Deshalb ist es wichtig, einiges über Gruppenprozesse zu wissen und ebensolche zu beobachten. Weil die Gruppenarbeit Schwierigkeiten bereiten kann, sollen im Folgenden die Punkte betont werden, die die Gruppenarbeit erleichtern.

4.1 Die Vor- und Nachteile der Einzelarbeit

Der Anteil an Einzelarbeit beim Studieren wird weiterhin hoch bleiben, denn das Lesen, das Lernen von Definitionen, das Einprägen von Daten und das Formulieren von Texten lassen sich besser alleine in der eigenen Lese-, Schreib- und Lerngeschwindigkeit bewerkstelligen. Das Schöne daran: Sofern Sie nicht eine zeitlich und/oder thematisch festgelegte Auftragsarbeit zu erledigen haben, sind Sie nur für sich verantwortlich und keinem anderen Rechenschaft schuldig. Sie können sich die Arbeit einteilen, wie es Ihnen gefällt, können sich mit dem be-

F. Rost, *Lern- und Arbeitstechniken für das Studium*,
DOI 10.1007/978-3-658-17626-6_4

schäftigen, was *Sie* interessiert. Sie bestimmen das Arbeitstempo und einzulegende Pausen. Es ist keine Rücksicht zu nehmen auf andere und es müssen keine Kompromisse eingegangen werden. Nach der langen Zeit größerer Abhängigkeit kann es wunderbar sein, die eigene Selbstständigkeit und Leistungsfähigkeit auszuleben. Doch nicht wenige leiden an der selbst verordneten oder der Arbeit geschuldeten Einsamkeit und schmoren sozusagen „im eigenen Saft". Einige haben Probleme, sich überhaupt zu motivieren. Sie arbeiten lustlos vor sich hin. Andere haben eher Schwierigkeiten mit dem Lerngegenstand, vielleicht eine verengte Problemsicht oder eine schiefe Gewichtung einzelner Aspekte. Nichtverstandenes bleibt diffus und muss allein bewältigt werden, wo jemand, der es begriffen hat, schnell mit einer Erklärung helfen könnte. Auch aus diesen Gründen wurde in den Bachelor- und Master-Studiengängen das gemeinsame Lernen und kooperative Arbeiten stärker berücksichtigt.

4.2 Notwendigkeit und Regeln der Zusammenarbeit

Die Zeiten der Universalgelehrten, die wie Goethes „Faust" allein in der Studierstube mit der „Wahrheit" rangen und mehrere Disziplinen beherrschten, sind vorbei. Denn die in den externen Speichern (Büchern, Internet, ...) abgelegten und verfügbaren Informationen haben derart zugenommen, dass sich ein einzelner nur noch auf kleinen „Wissensinseln" auskennen kann. Die Konsequenz aus der Informationsflut und neu gewonnenem Wissen besteht u. a. für wissenschaftlich Tätige nicht nur in der Anforderung, immer wieder neu und umzulernen, sondern in der Notwendigkeit von Arbeitsteilung und Kooperation mit anderen Spezialisten. Da die Anwendungen von manchen Forschungsergebnissen bei allem möglichen Nutzen für die Menschheit immer riskanter werden (denken Sie z. B. an die Gentechnologie), werden über die Zusammenarbeit hoffentlich auch *die Nebenwirkungen von Anwendungen* bedacht und durch *gegenseitige Kontrolle* ethisch bzw. ökologisch bedenkliche oder gar menschengefährdende Technologien verhindert. Andererseits besteht jedoch das Problem, dass wir es in unserer, die Individualisierung fördernden Leistungsgesellschaft kaum gelernt haben, *miteinander* kooperativ zu arbeiten. Immer mehr Arbeitgeber bemängeln, dass die sog. *soft skills* wie Team- und Moderationsfähigkeit, Offenheit oder Verantwortungsbereitschaft im Studium zu kurz kämen. Kommunikations-, Kritik- und Konfliktlösefähigkeit, soziale Sensibilität sowie Lern-, Leistungs- und (Selbst-)Reflexionsbereitschaft lassen sich in der Teamarbeit verbessern. Gerade für ein sozialwissenschaftliches Studium sind solche Ausbildungsanteile sehr wichtig. Doch leider haben viele Menschen negative Erfahrungen mit der Gruppenarbeit gesammelt.

4.2.1 Negative Erfahrungen mit Gruppenarbeit

Die Kooperation in der Gruppe gelingt häufig nicht, obwohl die Notwendigkeit zur Arbeit in Gruppen eingesehen wird und viele Menschen auch den Wunsch zur Zusammenarbeit haben. Vielen, die schlechte Erfahrungen mit Gruppenarbeit gemacht haben, ist aufgefallen, dass

- Gruppen, je größer sie sind, langsamer vorankommen als Einzelpersonen oder ein Zweiergespann,
- es Gruppen oft an Orientierung und Zielbezogenheit mangelt,
- einige wenige Überengagierte die Arbeit tragen bzw. dominante Personen den Rest der Gruppe bevormunden und
- manchmal Meinungsverschiedenheiten, Rivalitäten und Akzeptanzprobleme einzelner Mitglieder untereinander zu Spannungen, Konflikten und Parteibildungen in Gruppen führen, was wiederum die Arbeit lähmt oder gar blockiert.

Interpersonale Konflikte lassen sich analytisch differenzieren in *Bewertungs-* oder *Ziel*konflikte (Uneinigkeit in Bezug auf das Ziel), in *Beurteilungs*konflikte (z. B. bezüglich der Art und Weise der Zielerreichung), in *Verteilungs*konflikte (um knappe Ressourcen) sowie Beziehungskonflikte (hinsichtlich Wertschätzung, Führung etc.) (vgl. Balz und Spieß 2009, S. 47).

Wie schon erwähnt, arbeiten selbst eingespielte Gruppen *langsamer und weniger verantwortungsvoll* als Einzelpersonen. „Dieses Phänomen wird als *soziales Bummeln* (social loafing) bezeichnet. Es ist eine unbewußte Neigung nachzulassen, wenn man in der Gruppe arbeitet, unabhängig davon, ob die Aufgabe interessant und bedeutend ist" (Zimbardo 1995, S. 725). Darüber hinaus brauchen die Prozesse der gegenseitigen Informierung bis hin zur abschließenden Entscheidung Zeit. Insofern erfordert Gruppenarbeit, damit die Ziele erreicht und möglichst von allen mitgetragen werden:

- eine klare Aufgabenstellung bzw. Zielsetzung,
- einen größeren planerischen und organisatorischen Aufwand,
- insbesondere eine genaue Zeitplanung,
- eine erhöhte Arbeits- und Gruppendisziplin,
- ein hohes Maß an Verantwortungsbereitschaft sowie
- demokratische Regeln.

Aufgrund offener oder verdeckter Rivalitäten, der schon angesprochenen Konkurrenz-, Dominanz- und Bummelmentalität sowie fehlendem Zusammengehörigkeitsgefühl kommt es manchmal zu mehr oder minder schwer zu meisternden

Problemen in der Zusammenarbeit: Oft mangelt es an der *Zielbezogenheit* der Teilnehmer(innen). So schweifen einzelne vom Thema ab. Dominante Mitglieder monologisieren endlos und setzen u. U. unangemessene Schwerpunkte. Rivalen sind vorrangig darauf aus, sich durchzusetzen; sie polarisieren die Gruppe. Ihnen ist es wichtiger, dass ihrer Ansicht gefolgt wird, als dass andere Gruppenangehörige in den Meinungsbildungs- und Entscheidungsprozess einbezogen werden. Endlose Debatten rivalisierender Streithähne können die Folge sein.

In solchen Fällen gilt es, die Regeln der Themenzentrierten Interaktion (TZI) zu beachten, wonach auftretende Störungen vor den Inhalten rangieren, weil sonst im Folgenden die Sacharbeit leidet (vgl. z. B. Langmaack 2011, S. 135 ff.). Auf der anderen Seite sind Harmonie und Einigkeit keine Garanten für gute Gruppenleistungen: Zu starker Gruppendruck und zu hohe Konformität können die Qualität und Mehrperspektivität der Beiträge mindern (vgl. Seelheim und Witte 2007). Insofern gehen manche ziemlich lustlos zu den Sitzungen, besonders wenn die Gruppenarbeit von anderen angeordnet wurde und Ziele vorgegeben sind, von deren Richtigkeit einzelne Teilnehmer(innen) nicht überzeugt sind. Wieder andere haben die Befürchtung oder tatsächlich die Erfahrung gemacht, dass ihre Arbeitsleistung durch „Trittbrett-Fahrer“ ausgenutzt wird.

4.2.2 Von den Vorteilen der Kleingruppenarbeit

In individualisierten Gruppen leben Menschen am besten. Ihre Wünsche nach Anerkennung und Zusammengehörigkeit lassen sie gesellige Beziehungen eingehen und mit anderen kommunizieren. Bei längerer und vollständiger Isolation werden Menschen psychisch krank. Auch in Hochschulen tragen die anerkennenden Beziehungen und die Entwicklung eines Wir-Gefühls zum Wohlbefinden bei und steigern die Motivation, einen Beitrag zum gemeinsamen Erfolg zu leisten. Manche Studierende blühen in einer Gruppe regelrecht auf, gewinnen Zuversicht und Stärke. So können aus studentischen Aktivitäten persönliche Bekanntschaften oder sogar Freundschaften entstehen, die über den Zweck und die Dauer der gemeinsamen Arbeit in einer Gruppe anhalten.

Die Vorteile der Arbeit in einer Gruppe liegen aber nicht nur im sozialen oder emotionalen Bereich: Gruppen erzielen häufig (aber nicht immer!) qualitativ bessere Ergebnisse als Einzelpersonen, insbesondere wenn synthetisches Denken gefordert ist und jeder aus seinem Spezialbereich beitragen kann. Bei komplexen Problemen oder schwierigen Fragestellungen können auf diese Weise verschiedene Aspekte mehrperspektivisch diskutiert werden. Verstehen sich die Mitglieder und herrscht eine angstfreie Atmosphäre, kann auch die assoziative Kreativität der einzelnen Mitglieder erhöht sein. Ob Brainstorming (in der Gruppe) qualitativ bessere Ergebnisse zeitigt (als Einzelleistungen), wird mittlerweile stark bezweifelt (vgl. Weisberg 1989, S. 85–97; s. a. Paulus 2005, S. 38). Vieles hängt von der Zusammensetzung der Gruppe und deren Dynamik ab. So werden etwa Fehler oder Widersprüche in einer engagiert-verantwortlichen und dennoch kritischen Gruppe wahrscheinlich schneller entdeckt als bei der Einzelarbeit. Das wiederum hängt von der Gruppenkohäsion und/oder der empfundenen Stärke des Gruppendrucks ab: Fühlt sich jemand in der Gruppe wohl und/oder sind sehr viele einer Meinung, neigen „Abweichler(innen)" dazu, sich in ihrer Auffassung bzw. ihrem Urteil von der Mehrheit beeinflussen zu lassen: Sie neigen dazu, sich anzupassen (vgl. Balz und Spieß 2009, S. 118). Ähnliches gilt bei Entscheidungen, wenn „die beste Lösung unerkannt bleibt, weil relevante Informationen, die über die Gruppenmitglieder verteilt sind, nicht genügend Aufmerksamkeit bekommen" (Wilke und Wit 2003, S. 520), wenn also in Gruppendiskussionen Informationen, die den größten Informationsgewinn brächten, zu wenig Beachtung geschenkt wird. Durch dieses sogenannte „*hidden profile*" kann es zu schlechteren oder gar falschen Entscheidungen kommen (vgl. Balz und Spieß 2009, S. 183), wogegen nur intensive Informationsrecherche (s. Kap. 8) und Auseinandersetzung sowie das Einbringen und kritische Prüfen von zuwiderlaufenden Informationen hilft, um der präferenzorientierten Informationsverarbeitung entgegenzuwirken (s. a. Seelheim und Koch 2007, Folie 10). Gute Dienste, um dem vorschnellen Konformitätsdenken zu begegnen, leistet folgende Methode: *Vor* einer Diskussion von Entscheidungen oder Rangfolgen schreibt man verdeckt seine Entscheidungen bzw. Prioritäten auf. Wenn man in der Diskussionsrunde an der Reihe ist, vertritt man überzeugt das, was man aufgeschrieben hat.

Weil viele Studierende sich nicht trauen, vor einer größeren Gruppe in der Vorlesung oder im Massenseminar Fragen zu stellen, sind *Lerngruppen* oft die gute Möglichkeit, Fach- oder Verständnisfragen zum Lernstoff zu stellen, Wissenslücken zu offenbaren und zu schließen, Überblick zu gewinnen und Zusammenhänge zu erkennen. In der Lerngruppe kann sich die Motivation des Einzelnen verbessern, weil sich andere ebenfalls mit dem Thema beschäftigen bzw., wenn arbeitsteilig vorgegangen wird, weil es auf jede Einzelleistung ankommt: Jede(r) liest ein anderes Kapitel eines Buchs besonders gründlich, schreibt das Wichtigste heraus und stellt die Essenz allen zur Verfügung. Oft ist es allerdings besser, wenn *alle* den gesamten Text gelesen haben, der erarbeitet werden soll, denn jede(r) interpretiert einen Text anders. Insofern wird die gemeinsame Interpretation aspektreicher, lernen wir im themenzentrierten Meinungsaustausch andere Auffassungen und Perspektiven kennen, was intellektuell anregend sein kann. In der Diskussion des Gelesenen wird das Aufgenommene rekapituliert, werden Verständnisschwierigkeiten entdeckt und Wissenslücken leichter geschlossen. Gerade dadurch, dass man anderen schildert, was einem wichtig ist an einem Text und wie man ihn verstanden hat, werden einem auch die eigenen Lücken und Verzerrungen bewusst, sodass diese Passagen noch einmal mit dem Text verglichen werden können. *Durch das Lehren lernen wir.* Und wenn wir selbst Widersprüche oder Mängel in unserer Darstellung nicht merken, werden wir durch Fragen oder korrigierende Hinweise der anderen darauf gestoßen. Interpretationsansätze können „objektiviert" werden, indem „Lesarten" argumentativ begründet und geprüft werden. Vor allem aber werden unsere Kommunikations- und Kooperationsfähigkeiten gestärkt. *Indem wir uns äußern, üben wir das Reden und Argumentieren,* was in der Einzelarbeit zu kurz kommt und in Massenveranstaltungen meist unterbleibt aus Angst vor der großen Zuhörerzahl. Der Gruppenzusammenhalt, die Disziplin und Verantwortlichkeit aller tragen dazu bei, dass Aufgaben fristgerecht bis zum vereinbarten Termin erledigt werden. – *Fazit*: Gruppenarbeit kann intellektuelle Anregungen bieten, Vorteile des Spezialwissens und der Arbeitsteilung nutzen sowie emotionale und soziale Bedürfnisse der Teilnehmer(innen) befriedigen, sofern die Mitglieder folgende Grundsätze beherzigen.

4.2.3 Grundsätze der Kleingruppenarbeit

Die Gruppe sollte nicht zu groß sein, weil das „soziale Bummeln" sonst zunimmt. Manche sind schon froh, wenn sie *einen* adäquaten Lernpartner gefunden haben, mit dem sie sich über Seminarinhalte austauschen können; mit dem man im „Lerntandem" ein gemeinsames Referat vorbereitet bzw. sich gegenseitig zu Prüfungsthemen abfragt. Ansonsten wird eine Gruppengröße von drei bis sieben Personen empfohlen, wobei für den Anfang Gruppen von drei oder vier Personen effektiver arbeiten. Natürlich gibt es Besonderheiten, je nachdem, ob die Menschen sich schon kennen und vielleicht sogar schon zusammengearbeitet haben oder ob einander Fremde z. B. von einer Lehrperson zur Kooperation aufgefordert werden.

Die Konstituierung und die Regeln der Gruppe

Im Normalfall kann vorausgesetzt werden, dass jede(r) einen möglichst positiven Eindruck bei den anderen hinterlassen möchte. Insofern ist es eigentlich unkompliziert, aufeinander zuzugehen und sich miteinander bekannt zu machen. Je nachdem, zu welchem Zweck die Gruppe initiiert wurde, muss dann möglichst bald abgeklärt werden, *welches das Ziel der Arbeit ist* und *welche Regeln untereinander gelten sollen.* Dabei sollen *alle* Gründungsmitglieder zu beiden Punkten ihre Auffassungen vortragen, wobei erst einmal niemand länger als 30 s pro Redebeitrag sprechen sollte. Damit sollen das Sichkonzentrieren und Sich-kurz-Fassen eingeübt werden. Beide, Zielsetzung und Regeln, müssen ausdiskutiert und gemeinschaftlich getragen werden. Diejenigen, die nach dem Meinungsbildungsprozess immer noch stark abweichende Auffassungen vertreten, sollten überlegen, ob sie den Mehrheitsentscheid akzeptieren können oder doch besser aus der Gruppe aussteigen. Es macht für „Abweichler" und die Gruppe beispielsweise keinen Sinn, wenn jemand nur jede zweite Woche an den Sitzungen teilnehmen kann oder nicht gewillt ist, ein gleich großes Arbeitspensum zu übernehmen. Ist klar, wer mitarbeitet, sollten die Adressen untereinander ausgetauscht werden, sodass jede(r) jede(n) direkt erreichen kann. Hilfreich ist der Austausch von E-Mail- oder WhatsApp-Adressen, weil so Mitteilungen, Arbeitsergebnisse und Protokolle kostengünstig und bequem an alle Gruppenmitglieder versandt werden können. Zur Konstituierung einer Projektgruppe gehört, dass Vereinbarungen getroffen und fixiert werden. Abhängig von der Komplexität der Aufgabe und etwaigem Termindruck sollten beispielsweise festgelegt werden,

- wie häufig man sich zu treffen beabsichtigt,
- ob man regelmäßig zu einem festen „Jour fixe" zusammenkommt oder an verschiedenen Wochentagen zu wechselnden Tageszeiten,
- ob man sich an einem möglichst zentralen Ort oder z. B. reihum in den Wohnungen der Mitglieder einfindet.

Für *Abstimmungen* ist ganz generell zu klären, für welche Fälle welche Mehrheit gelten soll (einfache, Zwei-Drittel-Mehrheit oder Zustimmung von allen). Es zeigt sich, dass bei der Zielsetzung, den Regeln und Neuaufnahmen von Mitgliedern eine möglichst hohe Zustimmungsquote sinnvoll ist, um einer Fraktionenbildung in der Gruppe vorzubeugen. Für weniger wichtige Abstimmungen reicht die einfache Mehrheit, was bei gerader Mitgliederzahl zu einer Patt-Situation führen kann. Dann sollte vielleicht das Votum der Sitzungsleiterin bzw. des Sitzungsleiters den Ausschlag geben. Will jemand in eine bestehende Gruppe aufgenommen werden, so muss abgeklärt werden, ob das „Mitglied in spe" die vereinbarte Zielsetzung und die schon festgelegten Regeln akzeptiert. Die Gruppe wiederum muss prüfen, ob sie durch ein neues, verlässliches und motiviertes Mitglied einen Gewinn hat. Ist die Entscheidung zugunsten des neuen Mitglieds gefallen, so soll es rasch integriert werden, z. B., indem sich jemand außerhalb der Gruppensitzung die Zeit nimmt, ihr bzw. ihm den bisherigen Verlauf der Arbeit und die erreichten Teilziele zu erläutern. Zusätzlich ist eine Ausstattung mit den bisherigen Materialien sicherlich sinnvoll, damit sich die oder der „Neue" einarbeiten kann. Da manches aus der Gruppenarbeit elektronisch dokumentiert sein dürfte, sollte das neue Mitglied Zugang zu den Ordnern der E-Learning-Plattform bzw. dem entsprechenden Wiki bekommen.

Des Weiteren kann man Gesprächsregeln vereinbaren, wie z. B.

- „Redezeit begrenzen (z. B. auf drei Minuten pro Beitrag),
- andere ausreden lassen,
- auf Nebengespräche verzichten,
- auf das Thema beziehen, Abschweifen vermeiden,
- in der ‚Ich'-Form reden,
- keine persönlichen Angriffe,
- konstruktiv Kritik üben,
- Handy während der Besprechung ausschalten" (Balz und Spieß 2009, S. 188).

Um eine komplexe Ziel- bzw. umfangreiche Aufgabenstellung zu bewältigen, muss diese planerisch in Teilschritte gegliedert werden. Darüber hinaus ist zu kalkulieren, wie viele Sitzungen voraussichtlich erforderlich sein werden, um eine umfangreiche Aufgabe termingerecht zu bewältigen. Hella und Jürgen Dahmer (vgl. Dahmer und Dahmer 1998, S. 80) empfehlen, die Sitzungsziele nicht in der Aussage-, sondern *in der Frageform zu formulieren* (eigenes Beispiel: „Welche Regeln sind für unsere Gruppe zweckmäßig?" anstelle von: „Aufstellung von Regeln"). Die Frageform hat höheren Aufforderungscharakter, über den Inhalt der Frage nachzudenken, sodass sich hoffentlich alle um Antworten bemühen. Darüber hinaus sollte man sich einigen, *wer die Sitzungen leitet.* Hierzu gibt es die demokratische Möglichkeit, dass jede(r) der Reihe nach jeweils zumindest einmal diese Funktion ausübt. Diese Lösung hat den Vorzug, dass nicht immer dieselben die Führungsrolle innehaben und Menschen, die sich um solche Aufgaben (aus welchen Gründen auch immer) drücken, mit solchen Aufgaben konfrontiert sind und diese einüben. Bitte glauben Sie nicht, dass die Arbeit von vier und mehr Personen gut funktioniert, wenn sie die Leitungsfrage offenlassen. Die Vorbereitung und Durchführung der Sitzung erfordern jemanden, der – am Ziel orientiert – den Sitzungsverlauf strukturiert und dann darauf achtet, dass alle zu Wort kommen, niemand abschweift und sich alle an der Arbeit beteiligen, sodass das Sitzungsziel in der vorgesehenen Zeit erreicht wird.

Zum Abschluss der Sitzung kann die *Blitzlicht-Methode* eingesetzt werden: Auf eine oder mehrere der folgenden Fragen sagt jede Teilnehmerin bzw. jeder Teilnehmer reihum *nur einen* Antwortsatz:

- Was ist (heute) gut gelaufen?
- Was haben wir (bisher) erreicht?

- Was soll sich ändern?
- Was möchte ich beibehalten?
- Was möchte ich besser machen? (vgl. Balz und Spieß 2009, S. 188)

Im Hinblick auf die Notwendigkeit eines Protokolls kann man konträrer Auffassung sein, denn ein ordentliches Protokoll macht erhebliche Arbeit. Bedenken Sie jedoch, wie wichtig gerade auch bei der Lernarbeit komprimierte Zusammenfassungen für spätere Wiederholungen und Prüfungsvorbereitungen sind. Werden Diskussionsergebnisse nicht festgehalten, so geraten sie leicht in Vergessenheit. Sind die Gruppenmitglieder sehr zuverlässig und achtet die jeweilige Leitung darauf, dass jede(r) weiß, wer was bis zu welchem Termin zu erledigen hat, dann mag es auch ohne Protokoll gehen. Auf der anderen Seite ist ein (Ergebnis-)Protokoll hilfreich, wenn es später zu Erinnerungslücken und Auffassungsunterschieden kommt. Zumindest die wichtigsten Beschlüsse sollten schriftlich festgehalten werden. Das Protokoll (s. Abschn. 10.4.1) sollte allen möglichst bald nach der Sitzung zugehen und ist unmittelbar auf seine Korrektheit zu prüfen. Etwaige Unrichtigkeiten werden nach Möglichkeit sofort moniert und verbessert. Auch das Protokollschreiben sollte – wie die Sitzungsleitung – reihum von allen einmal ausgeübt werden, nicht jedoch im Falle der Sitzungsleitung oder einem eigenen Referat zu diesem Termin. Selbstverständlich sollten alle vorbereitet in die Sitzung gehen. Nur wenn *alle* gleichermaßen gut vorbereitet sind, kann jede(r) einen persönlichen Beitrag zur Gruppeninteraktion leisten. Während der Sitzung sollten alle Mitglieder nicht nur auf das anstehende Thema, sondern auch auf die Gruppenprozesse achten. Wird jemand zu dominant, so beteiligen sich die anderen stärker und mischen sich ein. Schweigt eine(r) zu lange und wirkt unbeteiligt oder unzufrieden, so wird sie bzw. er direkt zur Stellungnahme aufgefordert.

Feedback oder Kritik an anderen muss sachlich bleiben. Schwierigkeiten der Gruppe mit einzelnen sowie inhaltliche Probleme sollten jedoch offen angesprochen werden, wobei die Probleme der Gruppe nach Ruth Cohn Vorrang vor den inhaltlichen haben, weil ungelöste Konflikte unterschwellig neue Probleme schaffen. Wichtig ist, dass die Beziehungen und Arbeitsformen geklärt werden, ohne dass dem anderen bzw. der anderen die Wertschätzung entzogen wird. Werden erste Teilziele ohne persönliche Anfeindungen und lähmende Blockbildungen erreicht, stellt sich ein Wir-Gefühl der Kleingruppe ein, das seinerseits die Mitglieder in der Zusammenarbeit beflügeln kann.

Hinsichtlich der Regeln muss sicher nicht weiter betont werden, dass *Zuverlässigkeit* eine wichtige persönliche Voraussetzung ist. Wenn Termine vereinbart sind und bestimmte Aufgaben übernommen wurden, sollte jemand schon sehr triftige Gründe haben, wenn er nicht kommt bzw. die Erledigung von zugesagten Leistungen nicht einhalten konnte. *Jede(r) sollte sich darüber im Klaren sein, was es für die Gruppe bedeutet, wenn bestimmte Aufgaben zur terminierten Sitzung nicht erledigt wurden.* Dann z. B. Krankheit vorzutäuschen ist unehrenhaft. So stellt sich manchmal die Frage, inwieweit die Gruppe Sanktionsmöglichkeiten braucht, so z. B. gegen Trittbrett-Fahrerei oder Disziplinlosigkeit. Gegen „Schwarzfahrer" hilft eine gerechte Aufgabenverteilung, bei Disziplinlosigkeit wie unentschuldigtem Fehlen eine Ordnungsstrafe; bei wiederholter Unpünktlichkeit eine Geldstrafe von 50 Cent pro Minute in die Gruppenkasse für ein gemeinsames Abschlussfest. Ist solches in den Regeln anfangs festgelegt worden, kann diese Geldstrafe nicht als persönliche „Verurteilung" missverstanden werden.

Gruppenarbeit funktioniert nie reibungslos. Schließlich treffen ganz unterschiedliche Charaktere und Werte, Arbeits- und Denkweisen aufeinander – und dies meist unter stressigem Zeitdruck. Wenn jedoch bei der Konstituierung die Ziele und die Regeln gemeinsam und verbindlich festgelegt wurden, wissen alle, worauf sie sich eingelassen haben. Ebenso kommt es darauf an, dass in Gruppen ab vier Personen Leitungs- sowie etwaige Protokollfunktion geregelt werden, damit die Sitzungen organisatorisch vorbereitet werden und darüber hinaus festgehalten wird, wer bis wann welche Aufgaben zu erledigen hat. Wenn alle gut vorbereitet in die Sitzung kommen und konzentriert zu Werke gehen, leisten alle einen Beitrag zur Zielerreichung. Sobald sich alle beteiligen und an einem Strang in die gleiche Richtung ziehen, stimmt die Interaktion und es kommt durch Erfolgserlebnisse zur Gruppenzufriedenheit und der Ausbildung eines Wir-Gefühls.

Die Funktion und der Ablauf einer Gruppensitzung

Folgende Grundfunktionen von Gruppensitzungen lassen sich unterscheiden:

- Informationsfunktion
- sachbezogener Meinungsaustausch und Meinungsbildung
- Generierung von Problemlösungen und Handlungsalternativen
- Entscheidungsfindung und Interessenausgleich (Minoritätenschutz)
- Organisations- und Planungsfunktion in Bezug auf die Zielerreichung (vgl. Balz und Spieß 2009, S. 181).

Da am Ende der letzten Sitzung Termin, Ort und Ziel der nächsten festgelegt wurden, finden sich die Mitglieder pünktlich und vorbereitet am Treffpunkt ein. Nichtanwesende sind sofort nach der vergangenen Sitzung sowohl über deren Verlauf als auch über den neuen Termin mündlich oder elektronisch unterrichtet worden. Wer dies jeweils zu erledigen hat, wird abgesprochen und damit nicht dem Zufall überlassen. Wenn es ein (Kurz-)Protokoll gibt, das allen umgehend (per E-Mail) zugegangen ist, erübrigt sich das ebenso wie ein Einladungsschreiben, wenn aus dem Protokoll die notwendigen Informationen für die kommende Sitzung hervorgehen. Außerdem sollte im Vorhinein schon klar sein, wer diese Sitzung vorbereiten und leiten wird (und evtl., wer mit dem Protokoll „dran" ist).

Die Sitzung beginnt mit einer *Eröffnungsphase,* in der das Protokoll der letzten Sitzung gegebenenfalls korrigiert wird und etwaige Ergänzungen oder Änderungen in der Tagesordnung besprochen und beschlossen werden, z. B., wenn bestimmte Leistungen, die Gruppenmitglieder erbringen wollten, noch nicht erledigt werden konnten.

Sodann folgt die *Orientierungsphase,* in der die Person, die die Sitzung leitet, noch einmal den anstehenden Tagesordnungspunkt und das Sitzungsziel (möglichst in Frageform) benennt, damit alle wissen, worauf hingearbeitet werden soll. Sind diese Punkte allen klar, kann diese Etappe der Sitzung sehr kurz gehalten werden.

In der *Informationsphase* wird mündlich, schriftlich oder audiovisuell unterrichtet, z. B. ein Referat gehalten zu dem Kapitel eines Buches oder zu einem Aspekt der gemeinsamen Fragestellung. Verständnisfragen können zwischendurch gestellt werden, sollten aber kurz gehalten werden.

Erst dann folgt eine *Diskussionsphase,* in der die gegebenen Informationen in Bezug auf die Aufgabenstellung diskutiert und Schwierigkeiten gemeinsam bedacht werden. Es zeigt sich immer wieder, dass zu Beginn der Diskussion eher Unwichtiges ausgiebig diskutiert und dabei die Zeit außer Acht gelassen wird. Oftmals gerät die Gruppe dadurch zeitlich unter Druck und diskutiert wichtigere Fragen dann nicht mehr ausführlich genug. *Somit sollte das Wichtigere immer den Vorrang haben und dementsprechend vorne auf der Tagesordnung platziert werden.* Sehr hilfreich hinsichtlich der Prioritätensetzung ist die Anwendung des sog. *Eisenhower-Prinzips*, das auch für individuelle Planungsprozesse eingesetzt werden sollte und in Kap. 6 behandelt wird (s. a. Balz und Spieß 2009, S. 182). Stehen mehrere Kurzreferate zum gleichen Aspekt an, kann jeder Beitrag einzeln oder alle Beiträge gemeinsam vergleichend diskutiert werden. Wichtig ist dabei vor allem, *das Sitzungs- bzw. Teilziel nicht aus den Augen zu verlieren.*

In einer *Evaluierungsphase* vor der Beschlussfassung über das weitere Vorgehen ist es ratsam, festzustellen,

- „ob die Informationen für das Erreichen des Zieles wesentlich sind, ausreichen, aktuell sind,
- ob die Diskussion zu der gewünschten Klarheit geführt hat und
- ob Entschlüsse aufgrund der vorhandenen Informationen gefaßt werden können." (Dahmer und Dahmer 1998, S. 84).

Als Ergebnis von Information, Diskussion und Evaluation müssen in der *Beschlussfassungsphase* Entscheidungen getroffen werden. Außerdem sollte festgelegt werden, *wie* diese umgesetzt werden bzw. *wer* sie realisiert. Ist solches entschieden, wird der jeweilige Beschluss auf einem Aufgabenzettel oder für das Protokoll *schriftlich fixiert.* Nun folgt ein anderer Tagesordnungspunkt oder die Bearbeitung eines anderen Aspekts in den eben beschriebenen Etappen.

Zeit sollte auch für eine *Schlussphase* vorhanden sein, in der noch einmal der Verlauf der Sitzung, die Fortschritte in Bezug auf das Ziel sowie der Gruppenprozess reflektiert werden. Hier ist auch Raum für „Verschiedenes", Unwichtigeres, das dennoch an alle gerichtet ist. Anderes kann unter vier Augen geklärt werden. Zudem sollte die nächste Sitzung vorbesprochen werden hinsichtlich

- Termin und Ort,
- Leitungs- und möglicher Protokollfunktion,
- Themen und Teilzielen.

Der ideale Ablauf der Gruppenarbeit konnte hier lediglich formal-strukturiert dargestellt werden. Gruppenprozesse verlaufen manchmal anders. Damit alle zum Erfolg beitragen können, sollte jede(r) gut vorbereitet sein. Ebenso ist eine baldige individuelle Nachbereitung erforderlich, damit sich jede(r) bewusst ist, was sie bzw. er bis zur nächsten Sitzung zu erledigen hat.

► **Tipp** Gemeinsam passende Termine lassen sich sehr gut und kinderleicht mit dem kostenlosen Internetservice Doodle herausfinden und vereinbaren.

4.2.4 Von der Gruppenarbeit zum Team?

Teamarbeit und Gruppenarbeit werden oft als Synonyme verwendet, dabei gibt es eher fließende Unterschiede. Wenn in diesem Kapitel häufiger von Gruppenarbeit gesprochen wird, so deshalb, weil die meisten Arbeitsgruppen in den Bachelor- und Masterstudiengängen nur kurzfristig zusammenarbeiten und oft durch äußere Faktoren (z. B. Zusammenstellung der Gruppen durch Lehrende) bestimmt sind. Die Motivation zur Gruppenarbeit und zur Zugehörigkeit in genau dieser Gruppe geht selten von den Studierenden aus. Dadurch sind oft die Interessen der Gruppenmitglieder sehr unterschiedliche, während in einem Team der Erfolg des gemeinsamen Teamziels dadurch unterstützt wird, dass Eigeninteressen zurückgestellt werden und im Idealfall alle an einem Strang in dieselbe Richtung ziehen.

Während in einer Gruppe die Zugehörigkeit zu ihr für viele Beteiligte nachrangig ist, ist der Stellenwert der Zugehörigkeit in einem Team sehr hoch einzuschätzen und die Motivation, gerade zu *diesem* Team zu gehören, ist eine intrinsische, also selbstbestimmte. Während in der von außen zusammengestellten Gruppe die Konkurrenz oft innerhalb der Gruppe ausgelebt wird (auch weil die Interessen divergent sind und das Ziel kein selbstgestecktes, sondern oft ein fremdbestimmtes ist), richtet sich die Konkurrenz in Teams eher nach außen im Wettbewerb mit einer externen Konkurrenz. In Teams herrscht zudem mehr Vertrauen untereinander, weil man sehr ähnliche Werte und Normen hat. Dadurch ist es einfacher, Konsens in Fragen der Zielunterstützung zu erreichen und gemeinsam Verantwortung zu übernehmen, weil sich die Teammitglieder miteinander verbunden fühlen und ihnen das Ziel so wichtig ist (vgl. Schäffner und Bahrenburg 2010, S. 14–24). Insofern könnte man zusammenfassend ein *Team* idealtypisch charakterisieren als „eine aktive Gruppe von Menschen, die sich auf gemeinsame Ziele verpflichtet haben, harmonisch zusammenarbeiten, Freude an der Arbeit haben und hervorragende Leistungen bringen“ (Francis und Young 2006, S. 20).

Von den geltenden Studienordnungen und deren Umsetzung her ist es bedauerlich, dass oft, z. B. im Rahmen von Projektseminaren, den Gruppenprozessen zu wenig Raum und Aufmerksamkeit gewidmet wird. Fragen der Teamentwicklung und Teamevaluation kommen zu kurz, obwohl gerade in Vorbereitung auf das spätere Berufsleben diese Aspekte von großer Relevanz sind. Insofern empfehle ich Studierenden aller Studienrichtungen, sich im Rahmen ihrer Möglichkeiten mit Fragen der Teamanalyse und -entwicklung zu beschäftigen sowie durch eigenes Verhalten und eigene Beiträge zu versuchen, aus Gruppen Teams zu initiieren.

> Für das Gelingen von Kooperation bedarf es Möglichkeiten der Zielabstimmung und des Informationsaustauschs, wechselseitiger Kommunikationen und gegenseitiger Unterstützung, konstruktiver Problemdiskussionen und einer längeren Zeitperspektive, in der die Form der Kooperation erprobt wird und sich das Vertrauen in den jeweiligen Kooperationspartner entwickeln kann. Eine kooperative Situation setzt zudem Entscheidungs- und Handlungsfreiheit der beteiligten Partner voraus (Balz und Spieß 2009, S. 20).

Dies mag nicht in jedem Fall gelingen und der in diesem Abschnitt beschriebene Zustand scheint angesichts der Studienbedingungen schwer erreichbar; aber wer sich einmal in einem funktionierenden Team nicht nur sehr wohl gefühlt hat, sondern auch miterlebt hat, was alles (und das nicht immer unter den besten Voraussetzungen) gemeinsam und qualitativ erreicht werden kann, der wird mir zustimmen, dass sich diese Anstrengung lohnt.

Zusammenfassung

Einzelarbeit ist notwendig, insbesondere für das Lesen, Schreiben sowie das Einprägen von Definitionen, Daten und Zusammenhängen. Konstruktive Zusammenarbeit in der Wissenschaft sollte sich daran orientieren, Fragen beantworten und Probleme lösen zu wollen. Obwohl man bei der Arbeit in Gruppen langsamer vorankommt als in Einzelarbeit, kann sie intellektuelle, soziale und emotionale Vorzüge haben, wenn die Gruppe „soziales Bummeln" durch einige Regeln und entsprechendes Verhalten ausgleicht. Entscheidend sind realistische Zielsetzungen (in Frageform), eine gute Vorbereitung der Sitzungen und sachbezogene Interaktionen. Hilfreich sind hierbei kommunikationstheoretische wie -praktische Kenntnisse, wie sie im Abschn. 7.8 thematisiert werden. Dann kommt die Gruppe auch gut voran mit ihrer Arbeit. Ebenso wichtig ist es, dass jede(r) darauf achtet, dass alle gleich sind in ihren Rechten *und* Pflichten; d. h. keine(r) sollte die Gruppe dominieren wollen und Aufgaben sollten gerecht auf alle verteilt werden. Bei ausgewogener Interaktion und Aufgabenverteilung sowie zuverlässiger Aufgabenerledigung entsteht Zusammenhalt, ein Wir-Gefühl. Im besten Fall gelingt es Ihnen vielleicht, aus einer lose zusammengestellten Gruppe gemeinsam mit den anderen ein Team entstehen zu lassen.

Falls es jedoch persönliche Schwierigkeiten in der Gruppe gibt, haben diese Vorrang, wobei Kritik direkt, ruhig-sachlich und nicht verletzend vorgetragen werden soll. Die Akzeptanz anderer als Lernpartner(in) endet allerdings dort, wo nicht die gegenseitige Toleranz aufgebracht wird, miteinander und voneinander lernen zu wollen. Von den Ergebnissen ist Gruppenarbeit qualitativ nicht immer besser als eine Einzelleistung. Für das *Lernen* überwiegen jedoch die Vorteile, die darin liegen, dass die Motivation durch soziale und emotionale Faktoren und das Behalten durch Anwendung, Kontrolle und Variation gestärkt sowie darüber hinaus das freie Reden und Argumentieren geübt werden.

Welche Erfahrungen haben Sie bisher mit der Gruppenarbeit gemacht? Welche Situationen ärgern Sie und was würden Sie gerne ändern?

Wie ist es um Ihre Geduld, Ihren Führungsanspruch, Ihre Verantwortungsbereitschaft in Gruppensituationen bestellt? Welche Stärken und Schwächen sind Ihnen dazu bewusst?

Literatur

Literatur zur Vertiefung

Balz, H.-J., & Spieß, E. (2009). *Kooperation in sozialen Organisationen. Grundlagen und Instrumente der Teamarbeit. Ein Lehrbuch.* Stuttgart: Kohlhammer. Im ersten Teil werden arbeits-, organisations- und sozialpsychologische Grundlagen von Teamarbeit und Kooperation behandelt. Im zweiten Teil geht es um Methoden und Praxisbeispiele zur Verbesserung von Kooperation und gelingender Teamarbeit

Langmaack, B. (2011). *Einführung in die Themenzentrierte Interaktion (TZI). Leben rund ums Dreieck* (5. Aufl.). Beltz Taschenbuch, 921. Weinheim: Beltz. Sehr hilfreich für gruppendynamische Prozesse ist auch die Kenntnis des Konzepts der Themenzentrierten Interaktion (TZI) nach Ruth Cohn

Literaturverzeichnis

Balz, H.-J., & Spieß, E. (2009). *Kooperation in sozialen Organisationen. Grundlagen und Instrumente der Teamarbeit. Ein Lehrbuch.* Stuttgart: Kohlhammer.

Dahmer, H., & Dahmer, J. (1998). *Effektives Lernen. Leichter merken – besser behalten.* Bindlach: Gondrom.

Francis, D., & Young, D. (2006). *Mehr Erfolg im Team. Ein Trainingsprogramm mit 46 Übungen zur Verbesserung der Leistungsfähigkeit in Arbeitsgruppen* (2. Aufl.). Hamburg: Windmühle.

Langmaack, B. (2011). *Einführung in die Themenzentrierte Interaktion (TZI). Leben rund ums Dreieck* (5. Aufl.). Beltz Taschenbuch, 921. Weinheim: Beltz.

Paulus, J. (2005). Brainstorming – ein beliebter Flop. *Bild der Wissenschaft, 1/2005*, 38.

Schäffner, L., & Bahrenburg, I. (2010). *Kompetenzmanagement in der Praxis*. Kompetenzorientierte Teamentwicklung. Theoretischer Ansatz und vielfältige Coaching- und Trainingsmethoden, Bd. 4. Münster: Waxmann.

Seelheim, T., & Koch, S. (2007). *Entscheidungsprozesse in Gruppen. Warum der Wissensvorteil in Gruppen oft ungenutzt bleibt und wie Meinungsvielfalt diese Nutzung fördern kann.* Universität Hamburg, Arbeitsbereich Sozialpsychologie. http://www.uni-hamburg.de/fachbereiche-einrichtungen/fb16/absozpsy/referat_entscheidungsprozesse.pdf. Zugegriffen: 18.05.2011.

Seelheim, T., & Witte, E. H. (2007). Teamfähigkeit und Performance. *Gruppendynamik und Organisationsberatung, 38*(1), 73–95. https://doi.org/10.1007/s11612-007-0006-7.

Weisberg, R. W. (1989). *Kreativität und Begabung. Was wir mit Mozart, Einstein und Picasso gemeinsam haben.* Heidelberg: Spektrum der Wissenschaft.

Wilke, H., & Wit, A. (2003). Gruppenleistung. In W. Stroebe, K. Jonas & M. R. C. Hewstone (Hrsg.), *Sozialpsychologie. Eine Einführung* (4. Aufl., S. 497–536). Berlin: Springer.

Zimbardo, P. G. (1995). *Psychologie* (6. Aufl.). Berlin: Springer.

Der häusliche Arbeitsplatz und die Arbeitsmittel

5

► Aus der Lernpsychologie wissen wir, dass viele Menschen besser lernen können, wenn sie dafür einen (gewohnheitsmäßig) lieb gewonnenen (Arbeits-)Platz aufsuchen. Bei anderen spielt dies kaum eine Rolle. Jene können sich an verschiedenen Orten für das Lernen und Arbeiten motivieren. Je nach den individuellen Gegebenheiten wird sich auch nicht jede(r) ideale Bedingungen in der Wohnung oder Wohngemeinschaft schaffen können, zumal auch einiges für die Bibliothek als Arbeitsplatz spricht. Doch langfristig wird man sich auch „zu Hause" einen Arbeitsplatz einrichten. Hinweise dieses Kapitels zur Ausstattung desselben sind u. U. hilfreich bei den Überlegungen hinsichtlich einiger Anschaffungen. Empfehlungen zum Aufbau von (elektronischen) Karteien sowie Überlegungen zur Ordnung des gesammelten Studien-Materials runden das Kapitel ab.

5.1 Die Ausstattung des eigenen Arbeitsplatzes

Ihr Arbeitsplatz sollte sich möglichst in einem ruhigen Zimmer befinden, in dem Sie sich wohlfühlen. Ich weiß, dass nicht alle von Ihnen ideale Bedingungen vorfinden oder herstellen können, aber Sie werden in diesem Kapitel Hinweise bekommen, die Ihnen eventuell helfen, sich nach und nach bessere Bedingungen zu schaffen.

Wichtig für die Lern- und Schreibarbeit ist ein geeigneter Arbeitsplatz, bestehend aus

- einem ausreichend großen Schreibtisch (*mindestens* 1 m breit und 60 cm tief, ca. 75 cm hoch; ideal: 160 × 90 cm Schreibtischplatte),

F. Rost, *Lern- und Arbeitstechniken für das Studium*,
DOI 10.1007/978-3-658-17626-6_5

- einem (zwischen 42 und 53 cm höhenverstellbaren Dreh-)Stuhl sowie
- Möbeln für eine geordnete Aufbewahrung von Materialien (Regal, Bücherbord, ...).

Hinsichtlich der (An-)Ordnung auf Schreibtischen empfehlen Clean-Desk-Berater nicht nur die Entrümpelung der Arbeitsfläche von allem Überflüssigen, sondern die Anordnung der wichtigsten Materialien und Utensilien in „drei Abstufungen des Greifraums" (Schmidt und Fohrer 2006, S. 12):

- Die unmittelbar vor dem Sitzplatz befindliche Arbeitsfläche im direkten Greifraum dient zur Bearbeitung der gerade in Arbeit befindlichen und dazu benötigten Unterlagen und Stifte (Bereich 1 in Abb. 5.1).
- Die Bereitstellungfläche im erweiterten Greifraum dient der Aufbewahrung von Utensilien und Unterlagen, die wir durch ein leichtes Vorbeugen vom Sitzplatz erreichen können, wie z. B. Locher, Fremdwörterlexikon oder Telefon/Smartphone (Bereich 2 in Abb. 5.1).
- Ist der Schreibtisch groß genug, so gibt es auch noch eine Reservefläche im maximalen Greifraum, der für Arbeitsmittel und Unterlagen vorgesehen ist, die seltener am Tag benötigt werden, z. B. Ablagekörbe. Dabei müssen wir uns maximal nach vorne beugen und den Greifarm voll ausstrecken (Bereich 3 in Abb. 5.1).

Weniger wichtige Materialien können in den Schubladen des Schreibtisches oder eines Rollcontainers, in Schränken oder Regalen aufbewahrt werden. Ein kurzes Aufstehen oder Sichbücken schadet nicht, zumal wir alle viel zu lange am Tag sitzen. Wichtiger als die Berücksichtigung von Greifräumen ist m. E., dass *alles seinen festen Platz hat*, damit nicht lange gesucht werden muss. Nach Schätzungen der Clean-Desk-Berater gehen ca. 10 % der Arbeitszeit verloren, weil Unterlagen oder elektronische Dateien langwierig zu suchen sind.

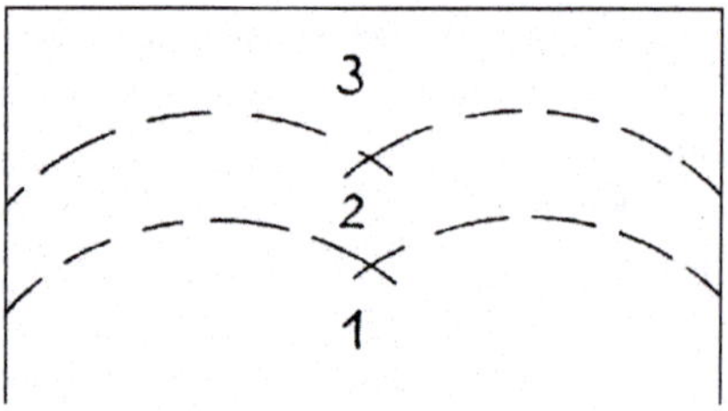

Abb. 5.1 Die Abstufungen des Greifraums. (Quelle: Zielke 1988, S. 17)

► **Tipp** Bei denjenigen, die sich leicht ablenken lassen, sollte der Arbeitsplatz nach Möglichkeit keine Gegenstände enthalten, die vom Lernen und Arbeiten ablenken, das gilt auch für das Smartphone, das am besten lautlos gestellt und aus dem Blickfeld verbannt wird. Bei einer Mini-, Kaffee- oder Erholungspause (s. Abb. 3.5) kann es wieder hervorgeholt werden.

Der eigene Arbeitsplatz sollte nur mit den zur geistigen Arbeit notwendigen Büchern, Materialien und Geräten ausgestattet sein. Welche Anschaffungen sinnvoll sind bzw. bedacht sein wollen, entnehmen Sie bitte der Checkliste aus Abb. 5.2. – Für die Arbeit in der Hochschule und der Bibliothek sollten Sie ein Klemmbrett als Schreibunterlage sowie eine Federmappe mit nicht zu wertvollem Schreibgerät besitzen (Diebstahlgefahr!), sodass Sie nicht immer Ihr Werkzeug vom Schreibtisch ein- und auspacken müssen.

Angesichts von Internet und Wikipedia werde ich oft gefragt, ob denn eine Anschaffung von Fremdwörterbuch und fachlichen Nachschlagewerken noch nötig sei. Wikipedia wird in der Tat immer besser und kann in vielen Bereichen ein allgemeinbildendes Lexikon ersetzen. In manchen Bereichen ist Wikipedia nicht nur aktueller, ausführlicher und präziser als ein mehrbändiges Lexikon, *aber* es gibt – ob berechtigt oder nicht – immer noch Vorbehalte von Lehrenden, die Wikipedia *nicht* als Quelle für wissenschaftliche Arbeiten akzeptieren. Da die Noten Ihrer Haus- und Abschlussarbeiten davon abhängen können, klären Sie bitte vorher mit Ihren Lehrenden, *ob Wikipedia-Artikel verwendet werden dürfen oder nicht.*

Welches Fachlexikon empfehlenswert ist, dazu befragen Sie am besten Dozentinnen und Dozenten Ihres jeweiligen Studiengangs. Schauen Sie sich die empfohlenen Werke vorher in der Bibliothek bzw. in einer Buchhandlung genau an, bevor Sie das Buch kaufen. Manche Hochschulbibliotheken stellen Nachschlagewerke und andere benötigte Literatur in ihrem Intranet bzw. über Lernplattformen zur Verfügung. Etliche Lexika gibt es auch auf CD-ROM oder DVD, sodass diese mithilfe eines Computers – ebenfalls über das Intranet der Bibliothek – genutzt werden können. Viele Informationen kann man auch im Internet recherchieren, allerdings kann man sich nicht unbedingt auf alle Angaben verlassen, weil etliche falsch oder inaktuell sind (s. dazu Kap. 8).

Art des Gegenstandes, Materialgruppe, Gerät	**Vorhand. = ✓ Anschaffung notwendig = ! A. erwägens-wert = ?**	**Dringlich-keit der Anschaffung (1,2,3)**
Terminkalender und Stundenplan bzw. Organizer Diverse Schreibwerkzeuge inkl. Ersatzminen, Tinte, Bleistift, ggf. Bleistiftanspitzer, Textmarker – für die Hochschule – Klemmbrett und Federmappe mit billigen Schreibgeräten Lineal, Schere, robuster Locher mit Anlageschiene, Heftmaschine nebst passenden Heftklammern Klebefilm und -abroller, Alleskleber, Klebestift oder -Roller Büro- und Manuskriptklammern, Gummiringe Radiergummi, Korrekturstift oder -roller Papier (verschiedene Sorten DIN A4, blanko, kariert, Ringbucheinlagen) (selbsthaftende) Notizzettel Ordnungsmittel, wie Aktendeckel, Klarsichthüllen, Prospekthüllen, Schnellhefter, Aktenordner (nebst Trennblättern), Schachteln, Stehsammler, Archivboxen, Ablagekörbe, Hängemappen (mit Leinenfröschen) nebst Hängemappenständer, je nachdem wie Sie Ihr Material aufbewahren wollen (s. Abschn. 5.4) Sofern Sie konventionelle Karteien anlegen wollen, Karteikästen, linierte Karteikarten und alphabetische Leitkarten entsprechenden DIN-Formats: – Ideen- und/oder Zu-erledigen-Kartei, Zettelkasten: *mindestens* DIN A7 – Literatur- und/oder Personenkartei: *mindestens* DIN A7 – Schlagwort-/Fundstellenkartei: *mindestens* DIN A7 – Zitatenkartei: *mindestens* DIN A7 (wenn nicht mit Lernkartei gemeinsam geführt, dann DIN A6) – Arbeits-/Lernkartei: *mindestens* DIN A6 (s. Abschn. 5.3.2) – Exzerptkartei: *mindestens* DIN A5 oder auf DIN A6 gefaltete DIN-A4-Blätter (s. Abb. 9-9) – evtl. farbige Karteikartenreiter (mit Dorn!) Desktop-PC (mit Monitor, Tastatur, Maus) oder Laptop/Note- bzw. Ultrabook Drucker eine *bewegliche* Schreibtisch-/Architektenleuchte großer Papierkorb, ggf. mit Einhänger zur Mülltrennung) eine Pinnwand – sofern Platz dafür vorhanden – ein *Handapparat* (evtl. in digitaler Form auf CD oder DVD) zumindest bestehend aus – einem aktuellen Rechtschreib- und – einem Fremdwörterbuch sowie – zumindest einem Nachschlagewerk für jedes Ihrer Studienfächer		

Abb. 5.2 Checkliste notwendiger/hilfreicher Utensilien für den eigenen Arbeitsplatz

5.1.1 Computer – Desktop-PC, Laptop, Tablet oder E-Book-Reader?

Für die neuen Bachelor- und Master-Studiengänge ist ein Computer bzw. Laptop erforderlich, nicht nur weil schriftliche Leistungsnachweise (s. Abschn. 10.4) – abgesehen von den handgeschriebenen Klausurarbeiten – maschinenschriftlich abzugeben sind, sondern weil die Präsentationen aus Vorlesungen, die zu lesenden Materialien für Seminare, die Übungsaufgaben, ja sogar manche (Multiple-Choice-)Klausuren den Gebrauch eines Computers voraussetzen. Da schon im Sommersemester 2000 97 % der Studierenden Zugang zu einem PC hatten, 85 % sogar einen eigenen besaßen (vgl. Middendorff 2002, S. 5), ist dies mittlerweile Standard (vgl. auch Czajka und Jechová 2012). Wenn Sie noch nicht recht wissen, ob ein Studium für Sie das richtige ist, kommen Sie zu Beginn des Studiums auch noch ohne eigenen PC aus, denn die allermeisten Hochschulen stellen in PC-Räumen Hard- und Software zur Verfügung. Diese Arbeitsplätze sind immer noch stark frequentiert, sodass Sie u. U. Wartezeiten oder zeitliche Nutzungsbeschränkungen hinnehmen müssen. Viele, die einen Laptop zur Verfügung haben, nutzen diesen ebenfalls in der Hochschule bzw. in deren Bibliothek, weil sie an diesen Orten an Materialien kommen, die von dort über Campuslizenzen für Hochschulangehörige unentgeltlich sind.

Die Vorteile der Computernutzung für ein Studium sind enorm, da dieser auch in sozial- und geisteswissenschaftlichen Fächern als Arbeitsmittel immer mehr an Bedeutung gewinnt (vgl. Koschorreck und Suppanz 2003; Matthäus 2011). Nicht nur, dass damit Texte leicht zu korrigieren, zu ergänzen und mit anderen schon vorhandenen Texten zu verbinden sind; es ist die Umstellung von ganzen Textabschnitten möglich. Später, wenn die Abschlussarbeit zu schreiben ist, ist demnach ein eigener PC sehr zweckmäßig. Man kann Literatur im Internet recherchieren und Bücher per Fernleihe bestellen (s. Kap. 8), die Rechtschreibung kontrollieren und Anmerkungen automatisch verwalten lassen, Literaturlisten alphabetisch sortieren, elektronische Karteikästen füllen bzw. Datenbanken anlegen, statistische oder inhaltsanalytische Auswertungen (mittels PSPP, SPSS oder MAXQDA) vornehmen und vieles mehr (vgl. Baumgartner und Payr 2001).

Die meisten Studierenden besitzen bereits einen Laptop oder entscheiden sich für einen, weil man diesen an die Hochschule mitnehmen kann. Dort sind mittlerweile WLAN-Zugänge für die sog. „Notebook-Universität" eingerichtet, damit Sie an Ihrer Hochschule ohne Kabel und Kosten online gehen können. Laptops, die es in diversen Größen und Ausstattungen gibt (und je nach Format auch als Note-, Net- oder Ultrabooks bezeichnet werden), sind allerdings meist leistungsschwächer als ein gleich teures Standgerät samt Monitor. Schwachstelle der meisten mobilen Geräte ist die Stromversorgung: Viele Akkus sind – entgegen der Herstellerangaben und weil sie von Nutzern zu lange am Netz geladen werden – nach relativ kurzer Zeit leer und nach ca. 1000 Ladezyklen Sondermüll. Also heißt es oft, noch das Netzteil mitzunehmen und eine Steckdose zu finden. Alternativ kann ein zweiter Akku angeschafft werden. Ergonomisch ist so ein Laptop mit spiegelndem Bildschirm und schmaler Tastatur für den Dauergebrauch nicht optimal. Da leider an den Hochschulen Diebe ihr Unwesen treiben, heißt es zudem, den eigenen Laptop nie unbeaufsichtigt zu lassen.

Wer sparen muss, sollte sich überlegen, ob es nicht – nach ausgiebiger Funktions- und Malwareprüfung – ein gebrauchter PC (oder Laptop) sein kann (Rechnung verlangen, Garantie aushandeln, schriftlich fixieren und unterschreiben lassen!). Meist ist hierauf schon Software installiert, die somit nicht mehr gekauft werden muss. Bedenken Sie beim Kauf auch, was für die jeweiligen wissenschaftlichen Anwendungsarten unbedingt an Hard- und Software erforderlich ist. Riesengroße Festplatten und superschnelle Video-Grafikkarten brauchen nur Gamer und diejenigen, die aus dem Internet Bilder, MP3- oder MP4-Clips herunterladen. Wird zu Hause jedoch an einem externen Monitor gearbeitet, so ist zu beachten, dass die Grafikkarte die native Auflösung des Monitors flimmerfrei unterstützt. Die Anschaffung eines im Tinten- bzw. Tonerverbrauch kostengünstigen Druckers oder Multifunktionsgeräts (Drucker/Scanner) ist ebenfalls erwägenswert, aber nicht sofort notwendig.

Neben den schwereren Laptops kommen die deutlich leichteren (aber meist leistungsschwächeren) Note-, Net- und Ultrabooks sowie Tablets im Studium zum Einsatz. Meist sind die Bildschirme kleiner, die Prozessoren leistungsschwächer und auf Laufwerke (Festplatte, optisches Laufwerk für CD, DVD oder Blu-ray) wird verzichtet, damit längere Akku-Laufzeiten erreicht werden. Daten können auf dem kleinen internen Speicher, einem USB-Stick oder über Cloud-Dienste wie Dropbox oder Evernote abgelegt werden. Bei der Anschaffung ist auf die Speicher- und Akkukapazität, die Form und Zahl der Anschlussmöglichkeiten für externe Geräte sowie den WLAN-Standard zu achten.

Auf die Dauer und im Hinblick auf die schriftlichen Hausarbeiten und die Examensarbeit ist die Arbeit auf der virtuellen Tastatur eines Tablets sicher nicht erfreulich und ergonomisch bedenklich. Das wird auch nicht viel besser mit dem Anschluss einer externen Tastatur, denn es gibt für Tablets bisher kein Textverarbeitungsprogramm, das mit Fußnoten und Literaturverzeichnis zurechtkommt. Für das Lesen und Kommentieren von Texten sind E-Book-Reader entwickelt worden. Zu viel mehr taugen sie aber nicht.

Wichtig ist eine grundlegende Einarbeitung in die Software, die am besten über Kurse erfolgt (Grundkenntnisse zum Betriebssystem, zur Datenein- und -ausgabe sowie zur Datensicherung; Kenntnisse zu Software-Produkten, mit denen man arbeiten will/muss). Solche Einführungen werden an den Rechenzentren der Hochschulen und an Volkshochschulen angeboten. Es gibt auch im Internet entsprechende Schulungen bzw. Tutorials, so auch von der Firma Microsoft. Wichtig ist, dass man die erworbenen Kenntnisse übt und immer wieder anwendet. Gute Anregungen und Hilfestellungen für die Arbeit mit Microsoft-WORD (für Windows/Macintosh) geben Thuls (2016), Sesink (vgl. 2012) und Karmasin und Ribing (vgl. 2014). Oft wird ab dem ersten Semester auch Microsoft-POWERPOINT für studentische Präsentationen verwendet (vgl. Born 2007). Allerdings handelt es sich bei Microsoft-OFFICE – trotz Studentenrabatts – um ein ziemlich teures Software-Paket, sodass Sie sich darüber informieren sollten, welche Software sich als preiswertere oder gar kostenlose Alternative (z. B. Apache OpenOffice oder LibreOffice) bewährt hat.

Ein eigener PC oder die Mitbenutzung eines solchen ist in der Tat sehr nützlich, weil viele Arbeitsschritte, die beim Studium und der wissenschaftlichen Arbeit notwendig sind (z. B. Termin- und Projektplanung, E-Learning, Recherchen, Informationsaustausch, Schreiben von Texten, Erstellen von Grafiken, Anlegen und Abfragen von Datenbanken, Karteien, Statistik- und Inhaltsanalysen, Internet-Publikationen), durch die Computertechnik unterstützt werden. Insofern plädiere ich dafür, dass Sie möglichst bald mit einem PC arbeiten, zumal im Berufsleben der sichere Umgang mit Computern als selbstverständliche methodische Kompetenz (*computer literacy*) vorausgesetzt wird. – Bedenken Sie jedoch auch in diesem Zusammenhang: Ein Computer ist eine Maschine. Die geistige Arbeit und inhaltliche Auseinandersetzung mit den Lernmaterialien kann er Ihnen nicht abnehmen und die ist immer noch viel wichtiger als aller technischer Schnick-Schnack.

5.2 Vor- und Nachteile des eigenen Arbeitsplatzes

Nun hat der eigene Arbeitsplatz aber nicht nur Vorteile, beispielsweise im Vergleich zur Arbeit in der Bibliothek (s. a. Abschn. 8.4). Die wichtigsten Vor- und Nachteile sind in der Abb. 5.3 einander gegenübergestellt. Studierende klagen oft, dass Sie nicht die nötige Ruhe in ihrem Zimmer finden. Das betrifft einerseits Störungen durch Anrufe und Nachrichten aller Art über das Smartphone sowie Familienmitglieder oder WG-Mitbewohner, unangemeldeten Besuch, ablenkende Gegenstände und Möglichkeiten am häuslichen Arbeitsplatz (Fernseher, Spielekonsolen), andererseits Beeinträchtigungen durch Musik, durch (Straßen-)Lärm, Unruhe und Gespräche anderer, auch nachts. Soweit sich Störfaktoren durch geeignete Maßnahmen abstellen lassen, sollten Sie sich aktiv darum bemühen, denn

eigener Arbeitsplatz	Bibliothek
+ Arbeitsmittel vorhanden + Unterlagen, Hilfsmittel haben ihren festen Platz + es geht keine Zeit verloren mit Überlegungen, was mitgenommen werden muss	+ es stehen Bücher zuhauf zur Verfügung + Sie sind schwer erreichbar + Ablenkungsmöglichkeiten sind minimiert + die allgemeine Ruhe und konzentrierte Arbeit anderer kann stimulierend wirken
– Sie sind für andere erreichbar – es gibt Ablenkungsversuchungen – Rhythmus der geistigen Arbeit kann unterbrochen sein, weil wichtige Literatur fehlt und erst besorgt werden muss	– Unterlagen und Arbeitsmittel müssen mitgenommen werden – u. U. nicht unerheblicher Zeitverlust durch Fahrzeiten – Der Nutzungszeitraum ist beschränkt durch die Öffnungszeiten der Bibliothek

Abb. 5.3 Vor- und Nachteile des eigenen Arbeitsplatzes im Vergleich mit der Arbeit in einer Bibliothek

Ausgeschlafenheit und eine gewisse konzentrationsförderliche Ruhe sind für die geistige Arbeit erforderlich.

Viele sind es gewöhnt, mit Hintergrundmusik zu arbeiten. Sie wirkt sich bei monotonen Arbeiten wie mechanischen Tätigkeiten, z. B. beim Ordnen und Abheften von Unterlagen, positiv aus, weil sie der Lustlosigkeit und Ermüdung vorbeugt. Auch bei wiederholender geistiger Arbeit und beim Niederschreiben von Texten kann sich Instrumentalmusik des Barock oder von Mozart leistungssteigernd auswirken. Beim Merken, Rechnen und Lesen, insbesondere von schwierigen Texten, ergibt Hintergrundmusik, insbesondere Vokalmusik, wie auch Verkehrslärm und andere Störquellen eine bis zu 25 % geminderte Arbeitsleistung (vgl. Hülshoff und Kaldewey 1984, S. 105; Klatte et al. 2016). Insofern sollten Sie bei geistigen Tätigkeiten, die eine starke Konzentration und hohe Aufmerksamkeit erfordern, auf die Beschallung verzichten.

Weitere Störfaktoren sind Beleuchtungsfehler, eine ungeeignete Raumtemperatur oder Zugluft. Ein häufig gemachter Fehler besteht z. B. darin, abends nur im Lichtkegel einer Schreibtischlampe am Arbeitsplatz zu sitzen. Die Dunkelheit des übrigen Zimmers stimmt die Betreffenden schläfriger als bei zusätzlicher Beleuchtung des ganzen Raumes. Sorgen Sie auch tagsüber für blendfreies, ausreichend helles (doch nicht zu grelles) Licht, falls die Helligkeit nicht ausreicht. Ist es zu sonnig, kann man mit Rollos den Raum etwas abdunkeln. Wichtig ist auch, dass Sie sich selbst nicht im Licht sitzen. Insofern sollte die Schreibtischlampe wie eine Architektenleuchte verstellbar sein. – Als geeignete Raumtemperatur haben sich Temperaturen zwischen +18° und +22° C erwiesen, was vielen Frauen zu kalt erscheint. Mit dieser Bandbreite sind nur Anhaltspunkte genannt; denn wich-

Frage	Anmerkungen	Ihre Antwort
Ist das Arbeitszimmer ausreichend ruhig gelegen für geistige Arbeit?	Wenn nicht, sind die Störgeräusche durch einfache Maßnahmen abstellbar?	
Ist das Zimmer hell und freundlich, hält man sich gerne in ihm auf?	Wenn nicht, was ließe sich ändern?	
Kann man das Fenster zum Lüften bequem öffnen? Zieht es vom Fenster her?	Sauerstoff ist für die geistige Arbeit sehr wichtig Tür/Fenster abdichten	
Ist die Temperatur des Zimmers im Sommer nicht zu warm und im Winter nicht zu kalt?	Isoliermaßnahmen erwägenswert	
Gibt es genügend Stauraum im Zimmer für Bücher, Aktenordner, Stehsammler etc.?	Weniger wichtige Materialien woanders lagern	
Ist der Schreibtisch von der Größe her ausreichend? Passen die wichtigsten Utensilien auf den Tisch bzw. in Schubladen?	Tischplatte mind. 1 m breit, 60 cm tief, besser 160 x 90 cm	
Steht der Schreibtisch so, dass er am Tag ohne elektrische Lichtquelle benutzt werden kann, das Licht aber nicht so grell ist, dass es unangenehm ist?	Mit Jalousie, Rollo oder Gardinen lässt sich der Lichteinfall begrenzen	
Kann bei Dunkelheit zu dem Oberlicht eine bewegliche Schreibtischlampe/ Architektenleuchte eingeschaltet werden?	Preiswerte Architektenleuchten gibt es bei IKEA und in Baumärkten	
Besitzen Sie einen höhenverstellbaren Arbeitsstuhl? Ist er mit der DIN-Norm 4550/4551 gekennzeichnet?	Eine der Körpergröße angepasste Sitzhaltung ist wichtig. Die Füße sollen nebeneinander plan auf dem Boden oder einem Hocker stehen, sodass Ober- und Unterschenkel einen Winkel von 90 Grad bilden. Die Normen geben bestimmte bewährte Anforderungen vor.	
Bei der Arbeit mit einem PC: Sitzen Sie direkt vor der Tastatur und dem Bildschirm oder sitzen Sie schräg zur Tastatur und/oder zum Monitor? Wie ist die Armstellung beim Tippen auf der Tastatur bzw. beim Arbeiten mit der Maus? Wie groß ist der Sichtabstand zwischen den Augen und dem Bildschirm? Hat der Monitor ein blend- und flimmerfreies Bild? Schauen Sie bei der Arbeit am Monitor gegen ein Fenster?	Eine schräge Sitzposition oder Kopfstellung führt zu Verkrampfungen und Rücken- bzw. Nackenproblemen Tastatur und Maus befinden sich in einer Ebene mit den Ellenbogen und Handflächen. Ober- und Unterarm bilden beim Tippen einen 90 Grad-Winkel. Empfohlen werden 50–60 cm. Der Bildschirm sollte so platziert werden, dass Licht vom Fenster seitlich einfällt, sich aber nicht im Monitor spiegelt. Die Höhe des Bildschirms sollte so eingestellt werden, dass die oberste Zeile leicht unterhalb der waagerechten Sehachse liegt. Dies sind u.a. wichtige ergonomische Gesichtspunkte.	

Abb. 5.4 Checkliste zur Beurteilung des eigenen Arbeitsplatzes

tiger ist die eigene Einschätzung weder zu frieren noch aufgrund einer zu hohen Raumtemperatur vor sich hinzudämmern. – Ausgesprochen unangenehm ist Zugluft. Versuchen Sie, das Fenster und/oder die Tür hinreichend abzudichten bzw. Ihren Arbeitsplatz zu verlegen. Selbstverständlich soll das Fenster noch zu öffnen sein, um Frischluft für Ihr Gehirn in die „Bude" zu lassen (s. Abschn. 3.6). Eine Checkliste zur Beurteilung des eigenen Arbeitsplatzes finden Sie in Abb. 5.4.

5.3 Karteien und Datenbanken als Arbeitsmittel

Die Informationsfülle, die jedem von uns während der wissenschaftlichen Arbeit begegnet, übersteigt die Kapazität jedes Gedächtnisses. Deshalb sind wir auf Notizzettel und andere Formen von externen Speichern angewiesen. Wer über einen Computer verfügt, kann Texte, Exzerpte, Zitate, Fundstellen oder Literaturhinweise mithilfe eines Textverarbeitungs- oder Datenbankprogramms erfassen, abspeichern, wieder suchen, korrigieren und weiterverarbeiten. *Diese Verfahren sind in jedem Fall gedruckten/handgeschriebenen Dokumenten und Karteien als Arbeitsmittel überlegen, erfordern aber einige Kenntnisse im Umgang mit dem PC sowie sorgfältige Eingabe/Speicherung und möglichst tägliche Datensicherung z. B. auf externen Datenspeichern wie einem USB-Stick, einer externen Festplatte oder selbstgebrannten DVDs.* – Da jedoch nicht alle über einen Laptop verfügen und es zudem riskant ist, diesen in die Hochschule oder Bibliothek mitzunehmen (Diebstahlgefahr), soll hier auch das bewährte Arbeiten mit konventionellen Karteikarten dargestellt werden.

Die Anlage von Karteien hat allerdings nur Sinn, wenn Sie wirklich mit ihnen arbeiten, sie ergänzen, pflegen und z. B. Literaturkarteikarten alphabetisch oder nach Sachgebiet ordnen. Wenn Karteien als selbsterstellte Arbeitsmittel genutzt werden sollen, erscheint der Aufbau einer Arbeitskartei (= Definitions-/Lernkartei) am sinnvollsten. Für die Arbeits-/Lernkartei benötigen Sie linierte weiße Karteikarten im Format DIN A6 oder größer, für *Literaturkarteikarten* reichen kleinere Karteikarten im Format DIN A7. Manche Ratgeberbücher regen an, *verschiedenfarbige Karteikarten* für unterschiedliche Sachgebiete oder Themen zu verwenden, was voraussetzen würde, dass immer alle verwendeten Farben bei Ihnen verfügbar sind. Ich dagegen empfehle die Verwendung weißer, linierter Karteikarten und verschiedenfarbiger *Karteikartenreiter* (mit Dorn, damit sie sich nicht so schnell von den Karten lösen), die oben auf dem Karteikartenrand an unterschiedlicher Position befestigt werden können, um bestimmte Fachgebiete oder anderes zu signalisieren (z. B. Fachgebiet Soziologie, Buch vorbestellen, Literaturangabe vervollständigen). – *Die Vorteile*:

1. Man benötigt nur Karteikarten in einer Farbe.
2. Farbige Karteikartenreiter zu verwenden kann später begonnen werden, wenn die Kartei gewachsen ist und man sie weiterführen will.
3. Die Arbeit mit Karteikartenreitern ist flexibler, weil leichter änderbar als das spätere nochmalige Abschreiben auf andersfarbige Karteikarten.
4. Eine Karteikarte kann mit mehreren Reitern versehen werden, wenn das dazugehörige Buch beispielsweise für verschiedene Themen interessant ist.

Falls Sie mit Karteikartenreitern arbeiten wollen, legen Sie sich eine *Legende* an, was die jeweilige Farbe bzw. Form eines Reiters signalisieren soll. Natürlich brauchen Sie dann einen entsprechenden Vorrat an solchen Karteikartenreitern.

5.3.1 Die (elektronische) Literaturkartei

Auf eine Literaturkarteikarte, mindestens im Format DIN A7, sollten Sie möglichst vollständig und eindeutig lesbar immer nur *eine* Literaturangabe schreiben, die Sie in einem Bibliothekskatalog, einer Datenbank bzw. bei einer Internetrecherche ermittelt haben. Sollten die Angaben unvollständig sein, sollten Sie sie später – mittels Überprüfung am Buch oder Aufsatz (s. Abschn. 8.1.3) – ggf. korrigieren und ergänzen.

Sie beschriften die Literaturkarteikarte wie folgt: Auf der Kopfzeile – quasi der Ordnungszeile, wie Sie sie auf Bibliothekskarteikarten finden (s. Abb. 5.5) – notieren Sie z. B. den Verfassernamen „Gudjons, Herbert" (Nachname zuerst, zumindest bei der erstgenannten Person), und darunter die weiteren bibliografischen Angaben des Werkes. Welche das im Einzelnen sind, wird in Abschn. 10.5.5 beschrieben. Hinzu kommt ein Standortnachweis („besitzt Christina" oder „Kopie im blauen Ordner vom 1. Semester") bzw. die Signatur des Buchs, falls Sie eine solche für „Ihre" Bibliothek ermitteln konnten (vgl. Abb. 5.5).

Die Rückseite der Karteikarte können Sie für Stichpunkte aus dem Inhaltsverzeichnis oder persönliche Bemerkungen zu dieser Literaturangabe verwenden. Die Karteikarten sollten in einem ausreichend langen Karteikasten mithilfe von alphabetischen Leitkarten (A–Z) geordnet werden. Für die Bibliotheksarbeit lohnt sich zudem die Anschaffung eines kurzen Karteikastens, den Sie mit ein paar (leeren) Karteikarten dorthin mitnehmen können.

Literaturverwaltungsprogramme

Mittlerweile gibt es einige preiswerte oder sogar kostenlose Literaturverwaltungsprogramme, d. h. spezielle Datenbankanwendungen zum Aufbau einer eigenen

Gudjons, Herbert	EWI-Bib.: PA 0100/5877/9. .A.
Pädagogisches Grundwissen.	
Überblick – Kompendium – Studienbuch.	
9., neu bearb. Aufl.	
Bad Heilbrunn : Klinkhardt, 2006.	

Abb. 5.5 Muster für eine Literaturkarteikarte nach den Regeln der Alphabetischen Katalogisierung an Wissenschaftlichen Bibliotheken (RAK-WB)

elektronischen Literaturdatenbank. Nähere und aktuelle Informationen finden Sie im Internet, indem Sie nach „Literaturverwaltungsprogramm" suchen, z. B. bei Wikipedia. Das Produkt Citavi (2017 in der Version 5.6) für Microsoft-WINDOWS beispielsweise koppelt Literaturverwaltung, Wissensorganisation und Aufgabenplanung in einem Programm und ist in einer umfangsbeschränkten Version als Freeware downloadbar. Sie können alle Funktionen ausprobieren, aber pro Projektdatei können Sie nur 100 Literaturangaben sichern. Für das Ausprobieren bei einer wissenschaftlichen Hausarbeit reicht das allemal. Wem das Programm gefällt, der kauft eine Lizenz, die über fast alle Hochschulen verbilligt an ihre Studierenden abgegeben werden (sog. Campuslizenz).

Ist das Programm installiert, wird man bei Citavi vor der Eingabe von bibliographischen Angaben (der sog. „Titelaufnahme") gefragt, um was für einen Dokumententyp (z. B. Zeitschriftenaufsatz) es sich handelt, der als nächstes eingegeben werden soll. Die am häufigsten verwendeten sind Monographie (ein Buch, dessen Text ein oder mehrere Autoren gemeinsam verfasst haben), Beitrag in einem Sammelwerk (Aufsatz in einem Buch, das ein oder mehrere Herausgeber hat), Beitrag in einer Zeitschrift sowie das Internetdokument. Citavi gibt aber noch deutlich mehr Dokumententypen vor und bietet nach Wahl die dafür notwendigen Datenbankfelder an. Ist der Name einer Zeitschrift (z. B. „Kölner Zeitschrift für Soziologie und Sozialpsychologie") oder Zeitung einmal eingegeben, muss er später bei der Titelaufnahme von weiteren Beiträgen nicht noch einmal eingetippt werden. Zu den einzelnen Datenbankfeldern sind Hilfetexte einsehbar. Dadurch können sich Neulinge sofort orientieren, in welcher Form die Daten einzugeben sind. Darüber hinaus gibt es im Internet Tutorials, die Sie finden, wenn Sie nach „Citavi Tutorial" suchen. Bei Büchern (Monographien, Herausgeberwerken) können die Titelangaben bei aktiviertem Internetzugang über das Eintippen der Internationalen Standard-Buch-Nummer (ISBN) in ein bestimmtes Datenbankfeld oder mit dem genialen Citavi Picker aus dem Netz geladen werden. Gleiches gilt für Internetdokumente mit einem Digital Object Identifier (DOI). Das erspart mühseliges Eintippen. *Dennoch sollte man sich die so aus fremden Quellen geladenen Literaturangaben genau ansehen und später anhand der besorgten Literatur überprüfen,* denn auch im Internet und in Bibliothekskatalogen gibt es lückenhafte Angaben oder gar Fehler.

Citavi 5.6 ist darüber hinaus mehr als nur eine Literaturverwaltung: Es ist zusätzlich ein Werkzeug für Wissensorganisation und Aufgabenplanung. Man kann Inhaltsexzerpte einbinden, Zitate einkopieren und Paraphrasen sammeln, Schlagwörter übernehmen oder selbst eingeben und Kategorien bilden, Daten aus weltweit 4000 Datenbanken importieren und eigene Daten in andere Programme exportieren, z. B. indem man diese per Mausklick mithilfe des Citavi Publikationsassistenten in ein Textverarbeitungsprogramm übernimmt. Von den Systemvoraussetzungen her verlangt Citavi *keinen* hochwertigen Computer. Programm und Daten passen sogar auf einen USB-Stick.

Es gibt noch zahlreiche weitere Literaturverwaltungsprogramme wie z. B. BibTex, Endnote, RefWorks, Synapsen oder Zotero (vgl. auch Krajewski 2013). Wer sich über diese oder weitere informieren möchte, suche im Internet unter „Literaturverwaltungsprogramm". Auf jeden Fall rate ich Ihnen, sich schon im ersten Semester Citavi 5.6 einmal anzusehen und es auszuprobieren.

5.3.2 Die (elektronische) Arbeits- und Lernkartei

Ich halte eine Arbeitskartei für wichtig, die auf Karteikarten mindestens im Format DIN A6 geführt werden sollte. Zweckmäßig ist diese als *Lernkartei* für

- Vokabeln oder Fachtermini in Fremdsprachen
- (Fach-)Termini samt Definitionen
- kurze Zitate
- Formeln
- Regeln

- Daten (geschichtliche und andere)
- biografische Angaben
- Gesetzes- und Vorschriftenhinweise,

die z. B. für Prüfungen eingeprägt werden müssen.

Die Beschriftung wird folgendermaßen vorgenommen (vgl. Abb. 5.6): Notieren Sie z. B. wichtige Definitionen oder andere Zitate, die Sie für die inhaltliche Weiterarbeit benötigen bzw. sich einprägen wollen auf der Fläche unterhalb des dickeren Strichs (Belegkurzangabe, z. B.: „Weber 1972, S. 13", nicht vergessen!). In die Kopfzeile darüber kommt ein Stichwort oder eine Schlagwortkette, d. h. eine eventuelle Präzisierung oder Einschränkung sowie – falls Sie mit einer Karte nicht auskommen – eine Nummerierung (*Beispiel*:„Handlungssystem [Aufbau von -en] [Luhmann 1987] [1]"). Wenn Sie Ihre Arbeitskartei jemals als Lernkartei einsetzen wollen, beschriften Sie nur die Vorderseiten der Karteikarten. Wenn Sie sie dann tatsächlich als Lernkartei benutzen wollen, schreiben Sie auf die Rückseite noch einmal das Stichwort bzw. die Schlagwortkette der vorderseitigen *Kopfzeile.* So können Sie nun von der Vorderseite z. B. Definitionen auswendig lernen und anschließend von der Rückseite aus ihr Wissen prüfen und durch anschließendes Umdrehen der Karte selbst kontrollieren.

Zu der Karteikarte aus Abb. 5.6 gehört eine Literaturkarteikarte (mindestens im Format DIN A7), die die vollständige Literaturangabe zu dem Zitat ergänzt. (Aus welchen Bestandteilen sich bibliografische Angaben zusammensetzen steht in den

Handeln, zweckrationales

„Zweckrational handelt, wer sein Handeln nach Zweck,
Mitteln und Nebenfolgen orientiert und dabei sowohl die
Mittel gegen die Zwecke, wie die Zwecke gegen die
Nebenfolgen, wie endlich die verschiedenen möglichen
Zwecke gegeneinander rational abwägt."

M. Weber 1972, S. 13

↗ Handeln, soziales ↗ Handeln, wertrationales

Abb. 5.6 Vorderseite einer Karteikarte aus einer Arbeitskartei

Abschn. 10.5.5 und 10.5.6.) Ist Ihnen die Anlage einer eigenen Literaturkarteikarte zu aufwendig, müssen die bibliografischen Mindestangaben (s. Abschn. 10.5.5) mit auf die Karteikarte geschrieben werden. Selbstverständlich können Sie die entsprechende Literaturangabe auch in einem elektronischen Literaturverwaltungsprogramm wie Citavi 5.6 festhalten.

Wollen Sie die Karteikarte für Lernzwecke verwenden, so hat sich Sebastian Leitners Methode des Einübens und Auswendiglernens vielfach bewährt (vgl. Leitner 2011). Abb. 5.7 zeigt für die Phase des Einübens und Kontrollierens den Weg solcher Lernkarten in einem unterteilten Karteikasten. Ganz vorne befinden sich zehn aktuellc Lernkarten, die neu hinzugekommen sind. Werden Sie nach dem Einprägen beherrscht, wandern sie *ein* Fach nach hinten. Wird eine Definition bei der Wiederholung einwandfrei reproduziert, wandert sie noch ein Fach weiter nach hinten; hat man etwas nicht richtig gewusst, wandert sie wieder ganz nach vorne. Für den Aufbau einer Lernkartei nach Leitners Methode gibt es mittlerweile Lernkartei-Software. Hierzu suchen Sie bei Interesse die aktuellen Angebote mithilfe einer Suchmaschine, indem Sie als Suchbegriffe „Lernkartei" und „Leitner" bei Wikipedia eingeben. Von „RecordCards" gibt es sogar eine App für Android-Smartphones. Die zu lernenden Karteikarten werden mit CSV-Dateiimport vom PC übertragen.

Für den Aufbau einer elektronischen Arbeitskartei kann ich aus eigener Anwendung das sich selbst erklärende Programm „CUEcards" empfehlen (s. Abb. 5.8). Die ältere Version 2000 ist kostenfrei und reicht für studentische Belange. Sie können nicht nur diverse Karteikästen (Dateien) anlegen, sondern *mehrere* Kar-

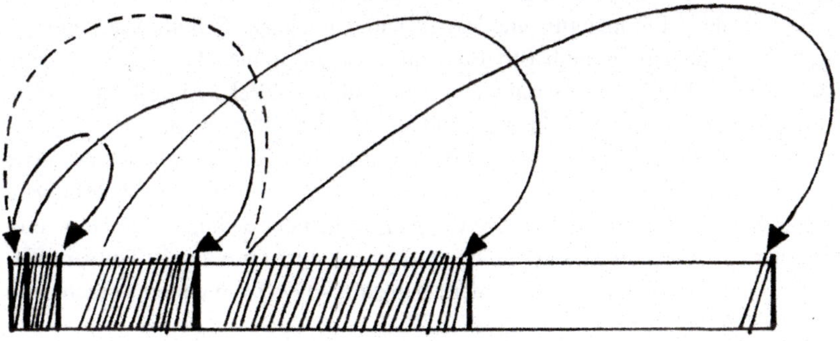

Abb. 5.7 Weg der Lernkarten in einer Lernkartei nach Sebastian Leitner (2011, S. 71)

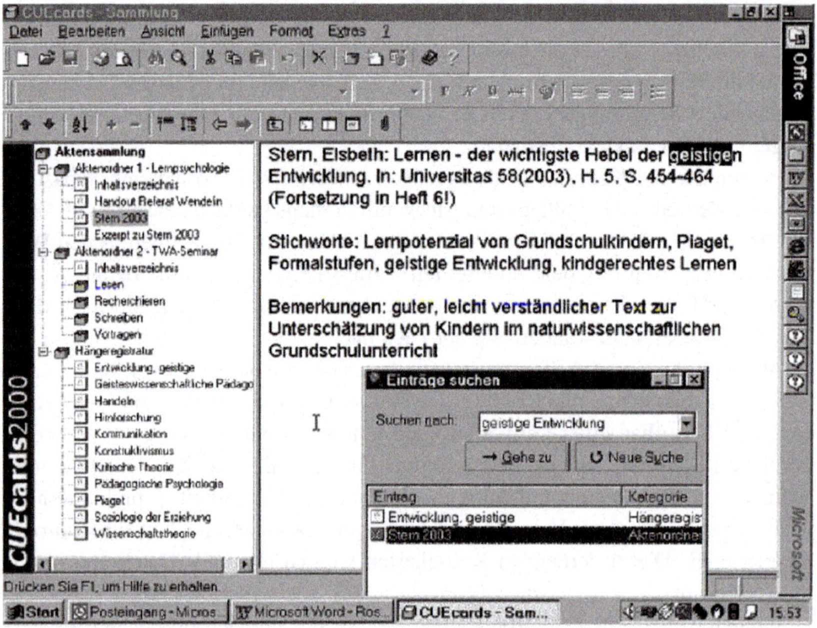

Abb. 5.8 Verweissystem mithilfe von CUEcards zur eigenen Informationssammlung

teikästen in *einer* Datei führen. Karten lassen sich duplizieren und selbst mehrdimensionale Stichwort- oder String-Suchen gestalten sich einfach.

Als weiteres Produkt für eine Arbeitskartei mit einer Schnittstelle zum Literaturverwaltungsprogramm BibTex kann das plattformunabhängige Programm „Zettelkasten 3 nach Niklas Luhmann“ von Daniel Lüdecke empfohlen werden, was allerdings ein wenig mehr Aufwand als „CUEcards“ beim Handhaben erfordert, dann aber durch die Vernetzung der Einträge über gemeinsame Schlagwörter Vorteile gegenüber „Cuecards“ bietet. – „Synapsen“ von Markus Krajewski wäre eine weitere plattformunabhängige Alternative, die über Schnittstellen zu mehreren Literaturverwaltungsprogrammen verfügt und direkt mit einem Textverarbeitungsprogramm wie Open Office oder Microsoft-WORD verbunden werden kann (vgl. Krajewski 2013).

Für das Anlegen von Karteien auf dem Computer sind Datenbankstrukturen von Vorteil, weil Inhalte gezielter in entsprechend angelegten Feldern gesucht werden können. Aber man kann auch mit Textdateien Exzerpte, Literaturlisten etc. anlegen und die gesuchten Daten wiederfinden, indem man nach einer bestimmten seltenen

Buchstabenfolge sucht (String-Recherche) und das entsprechende Stichwort, so es sich denn in dieser Schreibweise auf dem Speichermedium (Festplatte, USB-Stick, DVD, ...) befindet, (vielleicht mehrfach) gefunden wird. So muss eine bibliografische Angabe nur einmal erfasst werden und kann den entsprechenden Zitaten (mit der jeweils dazugehörigen Seitenzahl) hinzukopiert werden.

Bei einer konventionellen Kartei dagegen ist eine lesbare Beschriftung per Hand erforderlich. Da kaum jemand Lust verspürt, für die verschiedenen Schlüsselwörter, die in einer Definition auftauchen, jeweils eine neue Karteikarte anzulegen und den Text noch einmal abzuschreiben, wird die Karteikarte in der Regel nur unter *einem* Schlag- bzw. Stichwort an einer Stelle des Kastens einsortiert. Wird diese Karte gesucht und die genaue Kopfzeile nicht erinnert, beginnt eine u. U. langwierige Sucherei, zumal dann, wenn die Kartei auch als Lernkartei genutzt wird und deshalb nicht alphabetisch sortiert ist. Insofern ist eine ordentlich gepflegte Datenbank oder ein elektronischer Zettelkasten jeder konventionellen Kartei überlegen, sofern Sie die Datei immer wieder in aktueller Fassung extern sichern. Dateien und Karteien sind auch parallel nutzbar, indem in den PC eingegebene Texte entweder auf Karteikarten direkt ausgedruckt oder entsprechend formatierte Papierausdrucke mithilfe eines Klebe-Rollers oder -Stiftes (von PRITT oder TESA) auf Karteikarten geklebt werden.

5.4 Die eigene Informationssammlung – Wie archivieren und ordnen?

Heben Sie nach Möglichkeit nicht alles auf! Das Aussortieren und Löschen von alten Datei-Versionen ist ebenso hilfreich wie das Aussortieren und Wegwerfen von Ausdrucken, Fotokopien usw. Hierzu leistet ein Aktenvernichter bzw. ein großer Papierkorb gute Dienste. Wer Schwierigkeiten hat, etwas wegzuwerfen, sollte dieses üben mit einer Box „Papierabfall auf Probe". Wird längere Zeit aus dieser Kiste nichts wieder herausgekramt, kann der Inhalt wirklich endgültig in den Papiermüll.

Als Nächstes stellt sich die Frage, was für Materialarten Sie zusammentragen. Das wird hauptsächlich Schriftliches in elektronischer Form, zudem Schriftliches auf Papier sein; doch manche sammeln und archivieren zusätzlich Rohmaterial auf CDs oder DVDs, Toncassetten, Videomaterial, Fotos und anderes. Handelt es sich um elektromagnetische Aufzeichnungen, so ist sicherzustellen, dass Sie des Öfteren Datensicherungen Ihrer wichtigen Dateien vornehmen und diese, vor Staub, Hitze und Feuchte geschützt, nicht in der Nähe von elektrischen Störfeldern aufbewahren, wie sie beispielsweise Transformatoren bilden (in Netzteilen von PCs, Laptops etc.). Darüber hinaus ist es zweckmäßig, Materialien eindeutig zu beschriften.

Bei Dokumenten auf Papier (handgeschrieben oder gedruckt) hängt vieles davon ab, für welche Form der *Ablage* Sie sich entscheiden. Für eine Aufbewahrung gibt es liegende, stehende und hängende Ablagesysteme (vgl. dazu auch Umland 2007, S. 12 ff.). Die *liegende* Lagerung in Schnellheftern, Aktendeckeln, Mappen oder Schachteln ist zwar eine relativ billige Lösung; mit der Zunahme des Volumens verschlechtert sich allerdings der Zugriff. Wenn Sie sich für diese (Zwischen-)Lösung entscheiden, werden Sie sicherlich des Öfteren aufwendig nach etwas suchen müssen. – Die üblicherweise auch Studierenden empfohlene *stehende Aufbewahrung* in Aktenordnern ist dem vorzuziehen. Es müssen keine teuren farbigen Ordner sein, doch auf eine stabile Hebelmechanik und seitliche (sog. Raumspar-)Schlitze sollten Sie achten, weil nur diese Ordner in befülltem Zustand stehen bleiben und nicht zur Seite kippen. In den Ordnern selbst kann man gut mit Inhaltsverzeichnissen und *Trennblättern* für Übersichtlichkeit sorgen. Natürlich sollten die Rückenschilder informativ beschriftet sein, damit man schon von außen weiß, welcher Inhalt sich in dem Aktenordner befindet. Ändert sich der Inhalt durch Umsortierung, sollte die Inhaltsangabe auf dem Rückenschild korrigiert werden. Hierfür gibt es im Handel aufklebbare Rückenschilder für die Ordner. Neben den Aktenordnern sind *Stehsammler* erhältlich, die allerdings eher für die Aufbewahrung von dickeren Zeitschriftenheften und Broschüren geeignet sind. Ist der Stehsammler nicht prall mit Aufsatzkopien oder ähnlichem gefüllt, sinken dünnere Materialien in sich zusammen, sodass die Gefahr besteht, dass sie bei der unachtsamen Ablage weiterer Papiere zerknickt werden. *Hängende* Systeme wie die Hänge- oder Pendelregistratur sind leicht umsortierbar. Weitere Akten zu anderen Themen können an entsprechender Stelle dazwischen gehängt werden. Ist eine Hängemappe (mit seitlichen sog. Leinenfröschen) voll, wird eine weitere dahinter gehängt oder der Inhalt wird nach einem weiteren Sortierungsgesichtspunkt auf zwei Taschen verteilt. Hänge- oder Pendelmappen eignen sich besonders gut für die dynamische Projektablage. Allerdings ist ein solches System teuer und platzintensiv.

Nachdem nun die verschiedenen Möglichkeiten der Archivierung mit ihren Vor- und Nachteilen dargestellt wurden, gilt es, die viel wichtigere Frage zu beantworten: *Welches ist die für das Studium zweckmäßigste Ordnung in den Aufbewahrungssystemen?* – Leider ist diese Frage nicht pauschal beantwortbar. Es kommt nicht nur auf die Materialien und deren Menge an, sondern auch auf die mögliche Unterstützung des Ablagesystems durch ein *Verweissystem* per Kartei oder besser: Datenbank. Zudem sollte der Zweck berücksichtigt werden, auf den hin Ihre

Sammlung geordnet wurde. So kann es sein, dass Materialien manchmal umsortiert werden müssen.

► **Tipp** Wenn Sie mit einem Verweissystem arbeiten, gibt es drei grundsätzliche Möglichkeiten der Ordnung der Materialien:

1. nach *Art des Materials* (Aufsatzkopien zu Aufsatzkopien [in Ordnern oder Hängemappen], Karteikarten [im Karteikasten], Zeitschriftenhefte [in Stehsammlern], Bücher [im Regal], Exzerpte [im Exzerpte-Ordner])
2. nach *inhaltlich-thematischen Gesichtspunkten* (systematisch nach bestimmten Kategorien [z. B. Sachgebieten] oder alphabetisch geordnet) oder
3. fortlaufend numerisch.

Jedes Prinzip hat Vor- und Nachteile, was durch Mischformen ausgleichbar ist (s. unten).

Für den Anfang des Studiums ist es sicherlich noch sinnvoll, die schriftlichen Unterlagen wie Fotokopien, Mitschriften oder Nachbereitungen zu jeweils *einer* hochschulischen Veranstaltung oder einem (Teil-)Modul in je einem Schnellhefter oder dünneren Ringordner *chronologisch* abzuheften (Neuestes obenauf). Wenn Sie schon zu Studienbeginn weiterdenken, werden Sie Ihre Exzerpte und die fotokopierten Texte in einem *Verweissystem* unter inhaltlichen Gesichtspunkten erfassen, beispielsweise für jeden fotokopierten Aufsatz eine Literaturkarteikarte bzw. einen Datenbankeintrag anlegen mit Hinweisen zum Inhalt und zu dem Aufbewahrungsort des Dokuments. Auf einer Literaturkarteikarte oder in einem Datenfeld Ihrer entsprechenden Datenbank, z. B. Citavi 5.6, stünde dann etwa folgender Hinweis: „T + E in: WS 16/17 ‚Einf. i. d. Soziol.'", was soviel heißen soll wie: „Der Text und das dazugehörige Exzerpt befinden sich in den Seminarunterlagen/im elektronischen Ordner des Wintersemesters 2016/17 zur Veranstaltung ‚Einführung in die Soziologie'". Wenn Sie *kein* Verweissystem aufbauen, werden Sie mit zunehmender Studienzeit vergessen, welche wertvollen Texte sich bereits in den eigenen Unterlagen befinden. Dies gilt auch für die sog. *Sammelwerke* (= Bücher mit mehreren Beiträgen verschiedener Autorinnen und Autoren). An solche Aufsätze können Sie sich nach einiger Zeit nicht mehr genau erinnern, wenn Sie keinen Eintrag in Ihrem Literaturverweissystem vorgenommen haben. Ist in Ihrer Ablage kein Platz mehr vorhanden bzw. das Semester vorbei, so können die Unterlagen mit Trennblättern und (auf dem PC getippten und als Datei gespeicherten) Inhaltsverzeichnissen in dickere Aktenordnern umsortiert werden. Zu solchen Inhaltsverzeichnissen könnte man beispielsweise mit CUEcards (s. Abb. 5.8) eine elektronische Kartei anlegen: Pro Aktenordner/Stehsammler nimmt man in CUEcards eine neue Kategorie (= neuer Karteikasten), pro wichtiger Unterlage eine Karteikarte. Wird ein Text aus dem Ordner herausgenommen und in einen anderen Ordner geheftet, so kann die dazugehörige elektronische Karteikarte mit der Maus in die andere Kategorie verschoben werden. Besonders zum Zeitpunkt von Prüfungsvorbereitungen und bei der Durchführung eines größeren schriftlichen Projekts wie der Studienabschlussarbeit kommen die Tage, an denen in einem besonderen Maß auf die eigene Ablage zurückgegriffen wird und vielleicht auch Änderungen in ihr vorgenommen werden müssen. Entweder werden nur die Unterlagen herausgezogen und neu geordnet, die noch inhaltlich für die Bearbeitung der Prüfungsthemen bzw. Klausuren wichtig sind (hierzu sind Hängemappen oder Pultordner gut geeignet) oder Sie haben von Beginn an (*in Kombination mit einem Verweissystem*) ein *allgemeineres* Ordnungssystem wie das nach fortlaufenden Nummern (*Numerus currens*) gewählt, das sich eher empfiehlt als eine Ablage nach Autorenalphabet oder thematischen Bezügen. Wenn Sie eine der beiden letztgenannten Ordnungsgesichtspunkte bevorzugten, hätten Sie laufend Texte in der Altablage dazwischen zu sortieren, sodass Sie ständig größere Ablagemengen in andere Ordner umheften müssten. Für ein *themenorientiertes* System wäre eine Hängeregistratur angebracht, eine allerdings ziemlich teure Lösung. Bei der Sammlung in Aktenordnern bietet sich die Ablage nach *Numerus currens* an: Die Materialien (ausgedruckte Texte, Exzerpte etc.) werden im Verweissystem dokumentiert, fortlaufend nummeriert und nach aufsteigender Zahl abgeheftet. Jeder Aktenordner kann soweit gefüllt werden, dass er sich gerade noch gut schließen lässt. Die Sammlung wächst immer nur in *einen* weiteren Ordner hinein. Bei der Beschäftigung mit einem Thema lassen sich dank des Verweissystems die dazu relevanten Texte aus den Ordnern suchen, für die Zwischenzeit gut nach thematischen Gliederungskriterien bei der Arbeit heranziehen und später wieder leicht zurücksortieren. *Das Numerus-currens-Verfahren macht allerdings nur Sinn, wenn Sie ein dazugehöriges Verweissystem anlegen.* Es sollte nicht nur auf die Ablage referieren, sondern zu den thematischen Aspekten etwas aussagen und auch den Inhalt bewerten, durch Aussagen aus Rezensionen oder Erfahrungen bei der eigenen Lektüre (s. Abb. 5.8). Haben Sie auf den fotokopierten Texten die genauen bibliografischen Angaben, sollten Sie mit dem Verweissystem nicht zu großen formalen Aufwand betreiben. Wenn Sie ein Verweissystem auf eigenes Material anlegen, reicht es beim Numerus-Currens-System aus, auf der schon vorhandenen (oder einmal neu zu schreibenden) Schlagwortkarte die Ordnungsnummer zu notieren. Abb. 5.9 zeigt eine konventionelle Schlagwortkarte mit Verweisen auf eigenes Material.

Korruption
eigene Bücher:
Richter, Die hohe Kunst der Korr. (Hoffmann & Campe 1989)
Scholz, Korr. in Dtschl. (rororo 1995)
Raith, Republik der Schein-Heiligen (Knesebeck 1996)
Roth, Der Sumpf. Korr. in Dtschl. (Piper 1997)
Leyendecker, Die Korr.sfalle (Rowohlt 2003)
Aufsatzkopien:
17, 251, 305 mit Exzerpt, 366, 405
Ztg.-Ausschnitte → Hängemappe Korruption

Abb. 5.9 Schlagwortkarte eines konventionellen Verweissystems auf eigenes Material

Beim Einsatz eines Datenbankprogramms ist es allerdings ein besonderer Vorteil, möglichst viele Angaben elektronisch abzuspeichern, weil diese sämtlich als Suchmöglichkeiten genutzt werden können. Darüber hinaus lassen sich später Literaturverzeichnisse zu eigenen Texten schneller zusammenstellen und ausdrucken, wenn die bibliografischen Angaben schon einmal vollständig und richtig in einer elektronischen Datenbank (z. B. Citavi 5.6) vorhanden sind.

Ist ein Scanner oder Multifunktionsgerät vorhanden, so können bei Platzproblemen Papierunterlagen auch eingescannt und elektronisch als pdf-Dateien gesichert werden. Solche Dokumente sind inhaltlich durchsuchbar, was einen unschätzbaren Vorteil darstellt. Diese Unterlagen sollten in elektronischen Ordnern abgelegt und ebenfalls regelmäßig extern gesichert werden.

Zusammenfassung

Zur effektiven Studienarbeit gehören neben einem häuslichen Arbeitsplatz mit seiner beschriebenen Ausstattung an Geräten und Arbeitsmitteln auch Überlegungen zur Anlage von Daten- und Materialsammlungen. Das Ordnungssystem muss dem Zweck entsprechen und so angelegt sein, dass der Aufwand dafür einerseits nicht zu groß wird, andererseits jedoch so viel formale und tatsächliche Ordnung herrscht, dass wichtige Unterlagen schnell gefunden werden. Insofern sollten Sie sich schon einige Gedanken machen zu solch scheinbar nebensächlichen Dingen wie Ablage und ein eventuell aufzubauendes Verweissystem. Welche besonderen Möglichkeiten und Vorteile hierbei der Computer bietet, wurde hervorgehoben. Doch vergessen Sie bei seinem Einsatz niemals die Datensicherung, denn durch Fehlbedienung, Computerviren oder Festplattencrash können wichtige Dateien und die damit verbundene Arbeit verloren gehen. Daten kann man auch auf externen Webservern (*cloud computing*) lagern, sodass man mit den entsprechenden Zugangsdaten von jedem Rechner der Welt auf diese Datenbestände zugreifen kann. Auf jeden Fall sollten Sie Ihren Zugang mit einem kryptischen Passwort schützen (s. die Mnemotechniken in Abschn. 3.5.2) und sensible Daten vielleicht sogar verschlüsseln.

Literatur

Literatur zur Vertiefung

Umland, R. (2007). *Den Schreibtisch im Griff. Von Ablage bis Zeitplanung. Mit Checklisten auf CD-ROM* (3. Aufl.). Bielefeld: wbv. Dieses Büchlein gibt gute Tipps zur Gestaltung des Arbeitsplatzes sowie zur Ablage von Materialien

Schmidt, R., & Fohrer, P. (2006). *Besser organisieren – 99 wirksame Tipps für mehr Überblick im Büro. Office- und Selbstmanagement von Ablage bis Zeitplanung*. Berlin: Cornelsen. Hier finden Sie weitere Tipps für Ordnung im PC, zum Selbstmanagement, zur Ergonomie am Arbeitsplatz, kreativem Arbeiten sowie zu Kommunikationsaspekten

Baumgartner, P., & Payr, S. (2001). *Studieren und Forschen mit dem Internet*. Innsbruck: Studien-Verl. Wer mehr zum Einsatz und den Möglichkeiten des Computers und Internets im Studium erfahren möchte, greife zu diesem Buch

Literaturverzeichnis

Baumgartner, P., & Payr, S. (2001). *Studieren und Forschen mit dem Internet*. Innsbruck: Studien-Verl.

Born, G. (2007). *Office Home & Student 2007. Leicht einsteigen in Excel, Word, PowerPoint und OneNote*. Markt + Technik, 24266. München: Markt + Technik.

Czajka, S., & Jechová, P. (2012). *Der Einsatz von Computer und Internet in privaten Haushalten in Deutschland. Ergebnisse der Erhebung 2011* (S. 415–432). Wiesbaden: DeStatis.

Hülshoff, F., & Kaldewey, R. (1984). *Mit Erfolg studieren. Studienorganisation und Arbeitstechniken* (2. Aufl.). München: Beck.

Karmasin, M., & Ribing, R. (2014). *Die Gestaltung wissenschaftlicher Arbeiten. Ein Leitfaden für Seminararbeiten, Bachelor-, Master- und Magisterarbeiten, Diplomarbeiten und Dissertationen* (8. Aufl.). UTB, 2774. Wien: Facultas.wuv.

Klatte, M., Spilski, J., Mayerl, J., Möhler, U., Lachmann, T., & Bergström, K. (2016). Effects of Aircraft Noise on Reading and Quality of Life in Primary School Children in Germany: Results from the NORAH Study. *Environment & Behavior*. https://doi.org/10.1177/0013916516642580.

Koschorreck, M., & Suppanz, F. (2003). *Geisteswissenschaften studieren mit dem Computer. Eine praxisorientierte Einführung*. Universal-Bibliothek, 17644. Stuttgart: Reclam.

Krajewski, M. (2013). Elektronische Literaturverwaltungen. Kleiner Katalog von Merkmalen und Möglichkeiten. In N. Franck & J. Stary (Hrsg.), *Die Technik wissenschaftlichen Arbeitens. Eine praktische Anleitung* (17. Aufl., S. 91–109). Paderborn: Schöningh.

Leitner, S. (2011). *So lernt man lernen. Der Weg zum Erfolg* (Bd. 18). Hamburg: Nikol-Verl.

Matthäus, W.-G. (2011). *Effizient im Studium. Das Potenzial von Computer und Software richtig nutzen*. Wiesbaden: Vieweg + Teubner.

Middendorff, E. (2002). *Computernutzung und Neue Medien im Studium. Ergebnisse der 16. Sozialerhebung des Deutschen Studentenwerkes (DSW) durchgeführt von HIS Hochschul-Informations-System*. Bonn: Bundesministerium für Bildung und Forschung.

Schmidt, R., & Fohrer, P. (2006). *Besser organisieren – 99 wirksame Tipps für mehr Überblick im Büro. Office- und Selbstmanagement von Ablage bis Zeitplanung* (1. Aufl.). Berlin: Cornelsen.

Sesink, W. (2012). *Einführung in das wissenschaftliche Arbeiten. Inklusive E-Learning, Web-Recherche, digitale Präsentation u.a.* (9. Aufl.). München: Oldenbourg.

Tuhls, G. O. (2016). *Wissenschaftliche Arbeiten schreiben mit Microsoft Office Word 2016, 2013, 2010, 2007*. Frechen: MITP.

Umland, R. (2007). *Den Schreibtisch im Griff. Von Ablage bis Zeitplanung; mit Checklisten auf CD-ROM* (3. Aufl.). Bielefeld: wbv.

Zielke, W. (1988). *Handbuch der Lern-, Denk- und Arbeitstechniken. So rationalisieren Sie Ihre geistige Arbeit*. mvg-Paperbacks, 368. München: mvg.

(Zeit-)Planung und effektives Arbeiten

6

▶ **Durch die inhaltliche und zeitliche Verdichtung der Studiengänge in der Bachelor- und Master-Struktur sind vorausschauende Planung und effizientes Arbeiten noch wichtiger geworden, um die geforderten Leistungen in der vorgesehenen Zeit zu erbringen. Die dazu erforderlichen Techniken wie das Prioritätensetzen, die ALPEN-Methode oder das Zeitprotokoll werden in diesem Kapitel vorgestellt.**

6.1 Planen lernen

Ein Problem vieler ist die Planung, besonders eine effektive *Zeit*planung. Manche Studierende träumen noch von der akademischen Freiheit der 1968er-Generation. Diese Zeiten sind angesichts der BA-/MA-Struktur der Studiengänge vorbei. Studierende müssen heute – ähnlich wie Arbeitnehmer – meist unter Zeitdruck mit den Arbeiten fertig werden, die ihr Prüfungsbüro von ihnen erwartet. Dozent(inn)en können oft ebenfalls nicht einschätzen, welcher Zeitaufwand sich hinter welcher Leistung einer Studentin oder eines Studenten verbirgt. So erhalten Studierende in den seltensten Fällen eine Rückmeldung zu ihrer Arbeits*effizienz*, wohl aber zu ihren schriftlichen wie mündlich referierten Arbeits*ergebnissen.* Während „Gehaltsempfänger" für eine bestimmte Zeit ihre Arbeitskraft an ihrem meist außerhäuslichen Arbeitsplatz einsetzen und dann in der Freizeit ausspannen, gibt es für Studierende und wissenschaftlich Tätige keine so strikte Trennung von Arbeit und Freizeit. Das hat zur Folge, dass viele nie so recht abschätzen können, wann sie eigentlich genug gearbeitet haben. Orientieren *Sie* sich eher an der 40-Stunden-Woche der Normalarbeitnehmer(in) in Deutschland oder an der durchschnittlichen 60-Stunden-Woche vieler Selbstständiger? Beim Bachelor entsteht durch die Modularisierung und die studienbegleitenden Prüfungen ein erheblicher Arbeitsdruck

F. Rost, *Lern- und Arbeitstechniken für das Studium*,
DOI 10.1007/978-3-658-17626-6_6

von offiziell ca. 50 Zeitstunden (inkl. 15 Semesterwochenstunden Präsenz auf dem Campus). Je nach Stundenplangestaltung und Fahrzeiten ist dann wenig Spielraum für einen regelmäßigen Job während des Semesters. Aber keine Bange: Nach ernst zu nehmenden empirischen Untersuchungen studieren Bachelor-Studierende in Deutschland durchschnittlich 23–27 Zeitstunden in der Woche (s. Kap. 1). Selbst die Ergebnisse aus der 20. Sozialerhebung des Hochschul-Informations-Systems (Middendorff et al. 2013, Abschn. 9.1) bleiben mit *durchschnittlich* 35 Zeitstunden für das Bachelorstudium (bei Streuung von 20–49 je nach Studiengang) und 27 für das Masterstudium (S. 318) unter den offiziell errechneten 50 h. Für sehr effizient Arbeitende können 40 Wochenstunden Studienarbeit durchaus ausreichen, für Menschen mit Konzentrations- und Motivationsproblemen nicht. Viele müssen nebenher jobben und wenden dafür durchschnittlich 13 h pro Woche auf (S. 330); andere haben Kinder, was die Studienzeit verlängern dürfte. Andererseits kann man sich auch in solch ungünstigeren Situationen vornehmen, wann man mit dem Studium fertig sein will. Dies erfordert allerdings Willensstärke und Selbstdisziplin.

Wie so manches im Leben seine Vor- und Nachteile hat, ist nachzuvollziehen, dass *der Zeitdruck wächst, je weniger Zeit man für eine Arbeit aufwenden will.* Schnelleres Lesen z. B. kann die Konzentrationsfähigkeit verbessern (s. Kap. 9). Auf der anderen Seite prüft man vielleicht einiges dabei nicht nach oder prägt es sich nicht genügend ein. Schnelleres Arbeiten wird möglicherweise Hast und Ungeduld fördern sowie Distress auslösen, der Lern- und Denkblockaden verursachen und in vorzeitiger Erschöpfung enden kann. Neu Gelerntes könnte durch Überlagerung mit weiteren Informationen (Interferenzen) beeinträchtigt sein, wenn keine Pausen eingelegt werden (s. Abb. 3.5) und keine Mußezeiten bleiben. Deshalb ist es manchmal besser, täglich eine kürzere Zeit an einem Thema zu arbeiten als eine Arbeit „auf den letzten Drücker" mit Überstunden abzuschließen.

► **Tipp** Abgesehen davon, dass die Leistungsfähigkeit – nicht nur an der Zeit gemessen, sondern auch im Hinblick auf die Ergebnis*qualität* – individuell variiert: Mir scheint wichtig, sich selbst nicht darüber hinwegzutäuschen, *wann man studiert und wann nicht.*

Wenn Sie wissen wollen, wo Ihre (Lebens-)Zeit geblieben ist, können Sie für einen längeren Zeitraum (10 oder 20 Tage rechnen sich leichter) Ihren Tagesablauf protokollieren, indem Sie sich für jede der 24 h eines Tages aufschreiben, mit welchen Tätigkeiten Sie diese verbracht haben. Nach Addition der einzelnen Zeitanteile werden diese – nach Tätigkeitsklassen getrennt – in einen Erhebungsbogen eingetragen (s. Abb. 6.1). So können Sie selbst feststellen, wie viel Zeit Sie

Zeit für Tätigkeiten wie	Mo.	Di.	Mi.	Do.	Fr.	Sa.	So.	Mo.	Di.	Mi.	Σ	ø
Vorlesung, Seminar, Übung, Praktikum												
Selbststudium, Vor- und Nachbereitung, Lesen, Schreiben												
Bibliotheksarbeit, (Internet-) Recherche												
Erwerbstätigkeit												
Wege-/Fahrzeiten												
Schlafen												
Haushaltstätigkeiten, z.B. Kochen												
Körperpflege												
TV, Radio, Phono, Kino, Theater, Privatlektüre, ‚Gammeln'												
Spaziergänge, Gymnastik, Sport												
Hobbys, z.B. Musizieren												
Geselligkeit, Gespräche, Telefonate												
Ehrenamt												
Restkategorie, z.B. Arztbesuch, Behördengang etc.												

Abb. 6.1 Muster für einen Auswertungsbogen für ein zehntägiges Zeitprotokoll

tatsächlich im Durchschnitt arbeiten. Wenn Sie mit Ihrer Zeitökonomie unzufrieden sind, sollten Sie überlegen, was sich konkret ändern ließe.

- *Rechnen Sie auch einmal aus, wie viele Stunden Sie mit anderen Menschen zusammen verbringen und wie viele allein. Sehen Sie darin ein Missverhältnis?*
- *Hätten Sie gerne mehr Kontakt zu anderen? Wie lässt sich dieser herstellen?*

Ein anderes Problem besteht darin, dass wir in unserem Biorhythmus leistungsstärkere und leistungsschwächere Zeiten haben. Am besten verordnet man sich selbst für geistig anspruchsvolle Arbeiten regelmäßige feste Arbeitszeiten, möglichst zu den Zeiten, zu denen man sich am leistungsfähigsten fühlt. Das Abheften von Protokollen und Fotokopien sollten Sie nicht in Ihren leistungsstärksten Zeiten vornehmen, sondern nach dem Essen oder wenn die Konzentration nachlässt und sich Müdigkeit einstellt. Wichtig ist eine Mischung der Tätigkeiten, um Monotonie zu vermeiden; also nicht laufend nur zu lesen, sondern sich zwischendurch Wesentliches aufzuschreiben und zu vergegenwärtigen, indem Sie vielleicht anderen das

Gelesene erzählen oder es sich selbst in Erinnerung rufen sowie in Zweifelsfällen die entsprechenden Passagen noch einmal nachlesen. Andere Probleme bestehen darin, dass manche Menschen Mühe haben,

- sofort mit dem Arbeiten zu beginnen,
- dabei planvoll vorzugehen,
- sich nicht zu viel auf einmal vorzunehmen,
- konzentriert und motiviert bei der Sache zu bleiben und
- Arbeiten bis zu einem (vorläufigen) Resultat zu bringen.

Über Gewohnheiten, vor der eigentlichen Arbeit noch alles Mögliche andere zu erledigen (Blumen gießen, Freundin anrufen, ...), stand schon einiges in Kap. 3. Jede(r) kennt solche Arbeitsvermeidungsstrategien und fast jede(r) braucht eine Anlaufzeit. Wenn Sie jedoch durch Ihre Zeitprotokolle festgestellt haben, dass Sie länger als eine Viertelstunde benötigen, bis Sie wirklich mit der eigentlichen Arbeit beginnen, sollten Sie versuchen, sich solche „Marotten" abzugewöhnen – mit guten Vorsätzen oder dem Belohnungskonzept (s. Abschn. 3.7).

Da Sie sich, wenn Sie sich nicht treiben lassen wollen, immer entscheiden müssen, ob Sie das eine *oder* das andere tun wollen, sollten Sie *Prioritäten setzen und planen lernen.* Für ein planvolles Vorgehen müssen Sie unterscheiden lernen

- zwischen Wesentlichem und Unwesentlichem sowie
- zwischen Dringlichem und weniger Dringlichem.

► **Tipp** Ausgangsfragen jeder Planung sind:

- Was will ich?/Was soll ich tun? – also Fragen der (selbst- bzw. fremdbestimmten) *Zielsetzung,*
- Wie gehe ich am sinnvollsten vor? – die Frage nach den einzelnen *Arbeitsschritten,* und dann
- Wie viel Zeit habe ich? Wann mache ich es? – die Fragen, die den *Zeitplan* betreffen.

Fragen Sie sich: Was ist von der Sache her wichtiger, was unwichtiger, was völlig nebensächlich? Was muss bis wann fertig gestellt sein? Welche *Teilschritte* sind dazu nötig? Es geht darum, die diversen Tätigkeiten in eine sinnvolle Reihenfolge zu bringen, also methodisch und systematisch vorzugehen: Bevor Sie Ihr Referat schreiben können, muss relevante Literatur gesucht, gefunden und gelesen sein. Wichtig ist, dass Sie Ihre Leistungsfähigkeit einzuschätzen lernen und sich von der Zielsetzung her *nur das zumuten, was realistisch zu schaffen ist.* Dazu brauchen Sie Einschätzungen Ihrer Leistungsfähigkeit, die durch Zeitanalysen bestimmter Tätigkeiten fundiert sind („Für das erste Lesen von 10 Seiten mittelschwerem Text benötige ich ca. 30 min.“ – „Pro Stunde importiere ich etwa 35 Datenbankeinträge in mein Literaturverwaltungsprogramm.“). Eine *realistische* Planung intensiviert das Arbeiten und Lernen, schafft Erfolgserlebnisse und verhindert Distress, auch bei auftretenden Schwierigkeiten. *Unrealistische* Ansprüche dagegen führen zur Demotivation, zu Selbstvorwürfen und vielleicht zur Resignation. Manchmal hilft schon eine planerische *Unterteilung in ein Minimal- und ein Zusatzprogramm.* Diese Zielsetzungen sollten sie für einen lang-, mittel- und kurzfristigen Zeitraum aufstellen, also z. B. eine *langfristige Studienplanung* bis zum BA- bzw. MA-Abschluss, eine *mittelfristige Semesterplanung* und eine *kurzfristige Monatsplanung.* Für die Bachelor- und Master-Studiengänge ist speziell die Semester- und Monatsplanung wichtig, denn durch die studienbegleitenden Prüfungen zu jedem Modul wird insbesondere zum Semesterende eine kluge Planung

- Welche Fernziele strebe ich an?
- Welche Etappenziele führen zu diesem Fernziel?
- Welche Modul-Prüfungen müssen bestanden werden, da sie die Voraussetzung für die Zulassung zu weiteren Modulen darstellen?
- Welche Bücher und Unterlagen müssen besorgt/angeschafft werden (s. Modulbeschreibung)?

Minimalprogramm
Bis zum ...., will/muss ich folgende (Teil-)Ziele erreichen:

Aneignen folgender Kenntnisse:

Durcharbeiten folgender Literatur:

Abgabe folgender Referate/Bestehen folgender Prüfungen:

Zusatzprogramm
Falls nichts dazwischenkommt, möchte ich noch folgende Pläne verwirklichen:

Kontrolle (nach dem abgelaufenen Zeitraum auszufüllen)

Von den angestrebten (Teil-)Zielen habe ich erreicht:
Nicht erreicht:

Gründe für den Erfolg/Misserfolg:

Neue Vorsätze:

Abb. 6.2 Checkliste für die langfristigere Studienplanung erforderlich, um z. B. die Klausuren rechtzeitig vorzubereiten und zu bestehen. In der Abb. 6.2 finden Sie eine von Schräder-Naef (2007, S. 138 ff.) vorgeschlagene und von mir modifizierte Checkliste für die langfristige Studienplanung. Deren Grundschema ist einfach auf kürzere Zeiträume übertragbar.

► **Tipp** Planen Sie unbedingt *Zeitpuffer* ein für Unvorhersehbares (ca. ein Drittel der Zeit)! Und geben Sie sich selbst nach dem abgelaufenen Zeitraum ehrlich Rechenschaft, welche Ziele Sie erreicht bzw. nicht erreicht haben. Wenn Sie vieles nicht geschafft haben, kann dies an einer zu unrealistischen Planung liegen.

6.2 Die konkrete Arbeitsplanung mit dem (elektronischen) Terminkalender

Die Wochen- und Tagesplanung in Ihrem *Terminkalender* sollte die mittel- bis kurzfristigen Zielsetzungen in eine *konkrete Arbeitsplanung* umsetzen. Die Frage lautet:

- *Wann* mache ich *was?*

Feste Termine, wie z. B. die der verpflichtend zu besuchenden Lehrveranstaltungen, werden im Terminkalender eingetragen. Von Vorteil ist es, wenn Ihr Stundenplan so gestaltet ist, dass die von Ihnen besuchten Veranstaltungen Blöcke in Ihrem Terminplan bilden. Leider sind die Wahlmöglichkeiten durch die Modulstruktur begrenzt und nicht immer kommt man infolge der Teilnehmerzahlbegrenzung in den Kurs, der zeitlich günstiger liegt. Neben den notwendigen Erholungs- und Essenspausen (s. Abschn. 3.5.2) sollten Sie jedoch Wartezeiten bis zum Beginn der nächsten Veranstaltung *aktiv* nutzen, z. B. in der Bibliothek mit Recherchen oder Lektüre oder mit Vor- bzw. Nachbereitungsarbeiten zu den Lehrveranstaltungen. Hat Ihr Zeitplan für den einzelnen Tag eine Lücke zwischen zwei Veranstaltungen, dann sollten Sie sich in Ihren Terminkalender eintragen, wie Sie diese Zeit zu nutzen gedenken.

Bewährt hat sich für Terminplanungen die sogenannte *ALPEN-Methode* (vgl. z. B. Schmidt und Fohrer 2006, S. 66 f.):

A Zuerst notieren Sie sich alle **A**ktivitäten und Aufgaben, die Sie vorhaben.
L Danach schätzen Sie die voraussichtliche **L**änge der einzelnen Aktivitäten ein.
P Berücksichtigen Sie auch **P**ufferzeiten (ca. 10–40 %) für Unvorhergesehenes (z. B. eine Störung im ÖPNV).

E **E**ntscheidung hinsichtlich der Prioritäten der einzelnen Aktivitäten und Aufgaben (nach der gleich erläuterten ABC-Analyse).

N **N**achkontrolle – **N**icht-Erledigtes wird übertragen auf andere Tage.

Hilfreich ist hierbei eine *Prioritätenliste,* in neudeutsch auch „To-do-Liste" genannt (s. Abb. 6.3). Entscheidend ist nicht nur die Sammlung der einzelnen Arbeiten, die zu erledigen sind, sondern deren Einstufung nach *Wichtigkeit* und *Dringlichkeit*: In einem ersten Schritt wird zunächst einmal aufgelistet, was alles zu erledigen ist. Wenn Sie Monats- und Wochenpläne angelegt haben, dann gehen aus ihnen auch schon eine Reihe von Aufgaben hervor. Darüber hinaus gibt es aber auch Unvorhergesehenes, das in den Tagesplan integriert werden muss. *Erst nach der Auflistung aller Aufgaben* wird nach dem Prinzip der *ABC-Analyse* festgelegt, welche davon in welche Kategorie einsortiert wird:

- In Kategorie „A" kommen äußerst wichtige und eilige Aufgaben,
- in Kategorie „B" die durchschnittlich wichtigen und nicht so dringlichen Aufgaben und

Kategorie A (wichtig und dringlich zu erledigen):	**Geschätzter Zeitaufwand für Bearbeitung inkl. Zeitpuffer:**	**Zu erledigen bis:**
Kategorie B (weniger dringlich & daher zz. unwichtiger):	**Geschätzter Zeitaufwand für Bearbeitung inkl. Zeitpuffer:**	**Zu erledigen bis:**
Kategorie C (noch überhaupt nicht dringlich & daher zz. auch noch nicht wichtig):	**Geschätzter Zeitaufwand für Bearbeitung inkl. Zeitpuffer:**	**Zu erledigen bis:**

Abb. 6.3 Muster für eine To-do-Liste nach ABC-Analyse

- in Kategorie „C" die Aufgaben, die derzeit noch überhaupt nicht dringlich und daher zz. noch weniger wichtig sind.

Durch diese Dreiteilung hat man bei vielfältigen Anforderungen erst einmal einen besseren Überblick. Nun kann man die Aufgaben der Kategorie A noch einmal näher betrachten und je nach Wichtigkeit und Dringlichkeit in eine ordinale Reihe (1., 2., 3., …) bringen und die Arbeiten in dieser Reihenfolge in Angriff nehmen.

Es kann allerdings auch der Fall eintreten, dass eine Zeitlücke für eine dringliche Arbeit mit hoher Priorität zeitlich nicht ausreicht. Dann wird (auch unter Gesichtspunkten des geschätzten Zeitaufwands, der Abwechslung und der aufzuwendenden Anstrengung) eine andere Aufgabe aus Kategorie „A" vorgezogen, die in diesem Zeitfenster bequem erledigt werden kann. Abends sollten Sie die erledigten Aufgaben des Tages abhaken und *eine dezidierte Planung für den nächsten Tag* vornehmen. Dazu wird Unerledigtes in die neue „To-do-Liste" übertragen, werden erneut Prioritäten gesetzt und wieder zwischen Minimal- und Zusatzprogramm differenziert.

Der amerikanische General und 34. Präsident der Vereinigten Staaten, Dwight D. Eisenhower, soll Erfinder des Eisenhower-Prinzips sein, wonach Aufgaben lediglich nach den Kriterien: „dringlich/weniger dringlich" und „wichtig/weniger wichtig" in vier Felder einsortiert werden:

	Wichtig	Weniger wichtig
Dringlich	A-Aufgaben	B-Aufgaben
Weniger dringlich	C-Aufgaben	Papierkorb

- A-Aufgaben haben höchste Priorität, insbesondere wenn Fristen einzuhalten sind. Sie sollten sofort erledigt werden.
- B-Aufgaben sind zwar auch dringlich, müssen jedoch, weil sie weniger wichtig sind, nicht als erstes in Angriff genommen werden.
- C-Aufgaben sind oft mit Routinearbeiten, Papierkram und Telefonaten verbunden. Am liebsten würde man sie delegieren (was Chefs auch gerne tun).
- Auf wenig wichtige und wenig dringliche Angelegenheiten braucht man oft gar nicht zu reagieren. Eisenhower entsorgte sie im Papierkorb.

Mit der Zeit werden Sie nicht nur eine größere Arbeitseffektivität erreichen, sondern Sie werden auch besser einschätzen lernen, *wie viel Zeit Sie für welchen Typ von Arbeit benötigen,* sodass Sie sich einerseits fordern, sich aber andererseits nicht mehr überfordern. Beachten Sie dabei auch die drei Positiv-Regeln gegen Frust (vgl. Seiwert 2014):

Jeden (Arbeits-)Tag etwas tun,

- das Ihnen viel Freude bereitet,
- das Sie Ihren persönlichen Zielen ein Stück näherbringt,
- das Ihnen einen Ausgleich zur (Lern-)Arbeit verschafft (Sport, Hobby etc.).

- *Planen Sie Ihre Aktivitäten oder lassen Sie sich treiben?*
- *Legen Sie Aufgaben und Ziele mit Erledigungsterminen schriftlich fest oder drücken Sie sich vor solchen Festlegungen?*
- *Erstellen Sie Prioritätenlisten?*
- *Beinhalten Ihre Zeitpläne Spielräume für Unvorhersehbares?*

Durchaus hilfreich sind Organizer-Programme, mit denen man Termine und To-do-Listen auf dem Computer, Tablet oder Smartphone verwalten kann und die eine Erinnerungsfunktion haben, E-Mails empfangen und versenden können. Marktführer ist Microsoft-OUTLOOK (vgl. Seiwert et al. 2013). Außerdem gibt es im Internet zahlreiche Share- und Freeware-Angebote. Es muss kein „Smartphone" sein, obwohl diese zunehmend die konventionellen Taschenkalender und Terminbücher ersetzen. Diese Handys haben wie das gute alte Notizbuch den Vorteil, dass man sie mitnehmen kann; darüber hinaus aber einen weiteren: Man kann sie über Kabel oder eine Bluetooth-Verbindung mit dem entsprechenden Organizerprogramm auf einem Computer synchronisieren, d. h. aneinander angleichen.

Für die meisten Studierenden kommt sicherlich auch der Organizer eines Freemailers infrage: GMX, web.de, Hotmail oder Googlemail sowie andere Anbieter offerieren einen Online-Service, der auch einen Terminkalender umfasst. *Der Vorteil*: Sie können von jedem internetfähigen Gerät „Ihren" Organizer abfragen und verwalten. Doch nicht bei jedem Anbieter sind laut Stiftung Warentest (Heft 10/2016) Ihre Daten ausreichend geschützt. Mittlerweile bieten auch Hochschulen im Rahmen ihrer E-Learning-Plattformen (z. B. „Blackboard" oder „Moodle") Organizer-Funktionen an. Sie sollten die Vor- und Nachteile der einzelnen Angebote individuell abwägen. *Nachteil*: Man ist auf die Funktionsfähigkeit eines technischen Geräts bzw. einen Internetzugang angewiesen. – Wichtiger als die technischen Details sind neben einer einfachen intuitiven Handhabung immer die *realistische Planung*, die *adäquate Prioritätensetzung*, der *rechtzeitige Beginn* sowie *Zeitpuffer für unvorhergesehene Schwierigkeiten*.

6.3 Die aufgaben- und zeitorientierte Planung eines Projekts

Für die Planung eines mündlichen Referats, einer Präsentation oder einer schriftlichen Hausarbeit bzw. der Studienabschlussarbeit ist aufgrund des baldigen Abgabetermins eine realistische Zeitplanung erforderlich, die verdeutlicht, wann mit den jeweils notwendigen Arbeiten in etwa begonnen werden muss. Abb. 6.4 macht deutlich, dass etliche Teilschritte zu bewältigen sind, wobei Projekte meist nicht so glatt ablaufen: Oft ist wichtige Literatur gerade von anderen entliehen, impliziert eine Information oder Idee, dass Thesen oder gar ganze Teile angepasst und umgeschrieben werden müssen. Deshalb: *Auf jeden Fall rechtzeitig beginnen und Zeitpuffer für Unvorhersehbares einplanen!*

6.4 Der Umgang mit Arbeitsvermeidungsstrategien und Störungen

Neben dem im Kap. 3 und Abschn. 6.1 angesprochenen Problem, nicht sofort mit der Arbeit beginnen zu können, kennen viele auch das Sichverzetteln und das „Aufschieben" (Rückert 2011). Manche wollen einfach zu viel auf einmal, fangen mit einer Aufgabe an, brechen sie nach einiger Zeit wieder ab, beginnen mit der nächsten usw. Die einen werden zum Schluss immer hektischer, was zu Denk- und Lernblockaden führt, andere stecken den Kopf in den Sand, schieben einen Berg von Aufgaben vor sich her und finden vielfältige Ausreden, warum bestimmte Arbeiten noch nicht erledigt werden konnten. Etliche bestehen darauf, dass sie den (Termin-)Druck brauchen, um schwierige Aufgaben zu bewältigen. Dass hierunter, durch die Gefahr des Sichverzettelns, durch Hast und Druck, die Arbeitsergebnisse qualitativ leiden, ist ihnen meist nicht bewusst.

Oft hapert es bei desorganisierten Menschen an einer Zeitplanung, fehlt eine Konzentration auf das Wesentliche und das Dringliche. Dahinter kann sich allerdings eine Angst vor Fehlern oder auch vor Problemsituationen verbergen. Diejenigen, auf die Letzteres zutrifft, sollten versuchen,

- sich zumindest an eine grobe Zeitplanung zu gewöhnen,
- Prioritätenlisten mit der Unterscheidung von Minimal- und Zusatzprogramm anzulegen sowie
- Unangenehmes nicht mehr vor sich herzuschieben, sondern mit dem gleichen Erfindungsreichtum zu bewältigen, den sie sonst für das Aufschieben verwendet haben.

Teilschritt	Tätigkeiten/zu klärende Fragen/Anmerkungen	Termin	besprechen mit
Thema analysieren	– W-Fragen zum Thema generieren und die interessantesten/ wichtigsten besonders kennzeichnen – Mind- bzw. Concept-Map anlegen (s. Abschn. 9.8.2)		
Thema eingrenzen	– Was genau ist meine Aufgabenstellung (auch hinsichtlich der Zielgruppe)/meine eigene Zielsetzung? – Wie lässt sich das Thema in Bezug auf meine Aufgabe, den vorgegebenen Umfang, die Kürze der Arbeits-/Vortragszeit eingrenzen?		Dozent(in)
Informationen/ Literatur suchen	– Liste der relevanten Suchbegriffe und ihrer Benennungen (Synonyme) zusammenstellen – Internet-Recherche mithilfe einer Suchmaschine als erste Orientierung – OPAC-Recherche (Verbundkatalog-Recherche) – Datenbankabfrage (z.B. FIS Bildung) – eigene Informationssammlung abprüfen		
Material besorgen	– Download von Volltexten – Online-Ordering (z.B. bei SUBITO) – Besuch von Bibliotheken (Ausleihe?) – Besuch von Buchhandlungen/Bestellung beim (Online-)Buchhandel		
Material sichten, lesen, auswerten, dokumentieren	– Relevanzprüfung – Lesen – Exzerpieren – Karteikarten anlegen – Informationen überprüfen und gewichten – Literaturangaben in Literaturverwaltungsprogramm eingeben		
Struktur festlegen	– Fragestellung präzisieren – (Arbeits-)Titel und eingrenzenden Untertitel festlegen – Gliederungsentwurf		Dozent(in)
Informationen aufbereiten und verdichten	– Den Fragen zur Themenstellung gezielt nachgehen, offene Fragen beantworten, evtl. durch neues Material – Wichtige Materialaussagen strukturiert verdichten (z.B. Herausschreiben von Zitaten zu wichtigen Aspekten) – Zusammenhänge herstellen und visualisieren		
Schreiben von Teilen	– Niederschreiben von Textsequenzen, dabei zugleich verwendete Quellen in Literaturverzeichnis eintragen – Kontinuierliche Verbesserung des Gliederungsentwurfs hin zu einer Feingliederung – Schreiben von noch fehlenden Teilen, Übergängen		
Überarbeitung	– Überarbeitung des gesamten Textes, beginnend mit der Einleitung bis zum Schluss, um dann noch einmal die Einleitung anzupassen – Argumentative Stützung mit Zitaten etc. – Anpassung von Übergängen und Zusammenfassungen		
Endkorrektur	– Rechtschreib- und Syntaxkontrolle – Verständlichkeits-, Stil- und Detailkorrektur – Prüfen, ob die verwendeten Quellen im Literaturverzeichnis/ in den Fuß- bzw. Endnoten vorhanden sind – Formatierung – Ausdruck/Kopieren/Endkontrolle	End-termin:	

Abb. 6.4 Zeitplanung für ein mündliches Referat oder eine schriftliche Hausarbeit

Manche haben Schwierigkeiten, die eigenen Ansprüche oder die in die Dozent(inn)en projizierten Erwartungen zu bewältigen. Wer hat die Zeit, all die geforderten Texte zu lesen, dazu Exzerpte zu verfassen sowie kritisch dies und das zu prüfen? (Anspruch und Wirklichkeit klaffen auch bei manchem wissenschaftlich Tätigen auseinander. Testen Sie Ihre Hochschullehrer ruhig einmal, wie gut diese vorbereitet sind, indem Sie mehr und Genaueres wissen wollen.) Mehr als arbeiten kann man nicht und jede(r) hat einmal klein angefangen. – Klar sollte Ihnen sein, dass *Sie* auch Ihr Bachelor-Studium gestalten und Prioritäten setzen müssen, z. B. mit einer Schwerpunktbildung bei Ihren Studieninteressen im Hinblick auf Ihre Studienabschlussarbeit. Wer zu intensiv in den sozialen Netzwerken unterwegs ist, viele Hobbys und anderweitige Interessengebiete hat, verzettelt sich eher. Wer lieber exzessiv „Party macht", ist tagsüber geistig nicht fit genug für das Lernen komplexer Inhalte.

Doch meist stellen sich zumindest zu Beginn des Studiums andere Schwierigkeiten ein: *Motivations- und Konzentrationsprobleme.* Die Lektüre eines Textes wird angefangen, doch der Aufsatz scheint so langweilig; man versteht so wenig, dass die Konzentration nachlässt und die Motivation, den Text zu lesen – so denn eine vorhanden war – schwindet. So etwas passiert anderen ebenfalls und kann durchaus auch an dem Aufsatz liegen, weil der Autor die Wichtigkeit des Themas nicht deutlich macht oder kryptisch schreibt. Wenn es daran aber nicht liegt und auch nicht daran, dass Sie „nur so" studieren, weil man ja irgendetwas tun muss, dann sollten Sie im Kap. 3 nachlesen, wie Sie Ihre Konzentration und Motivation stärken können. Es gibt Ihnen einige Hinweise, wie Sie durch geeignete Fragen, Einsicht in die Wichtigkeit des zu Lernenden, die Suche nach geeigneten Lernwegen oder den Einsatz des Belohnungskonzepts solche Klippen überwinden können. Vielleicht hilft Ihnen auch ein Lernpartner oder eine -gruppe, Ihre Motivation durch gemeinsame Vorbereitung zu stabilisieren (s. Kap. 4). Im Kap. 9 werden Sie vielleicht die dem Text gemäße Lesetechnik finden und sich bald angewöhnen, mit selbst formulierten Fragen an einen Text heranzugehen. Hier kann nur betont werden, wie wichtig es ist, Selbstdisziplin aufzubringen und nicht gleich bei den ersten Problemen aufzuhören, *sondern Aufgaben, die man sich vorgenommen hat, wenigstens zu einem vorläufigen Resultat zu bringen,* z. B. einen größeren Abschnitt mit einer Fragestellung zu lesen und sich einige Stichpunkte zu den Antworten zu notieren.

Manche lassen sich zu leicht ablenken. Andere schaffen das vorgenommene Pensum nicht, weil sie gestört werden. Hierzu sollten Sie sich fragen, durch welche

- Ereignisse,
- Personen und
- Gegenstände

Sie sich ablenken lassen bzw. gestört fühlen. Ist es der überraschende Besuch eines Bekannten, über den Sie sich insgeheim freuen, obwohl Sie eigentlich an einem Referat sitzen müssten? Sind es ein oftmals klingelndes Handy und lange Telefonate zu den besten Arbeitszeiten? Sind es eintreffende elektronische Nachrichten, deren Beantwortung durchaus warten könnte? – Unangemeldeten Besuch bittet man um Verständnis dafür, dass wichtige Arbeiten erledigt werden müssen und komplimentiert ihn nach einem kurzen Schwätzchen hinaus; der eigenen Mutter und anderen kann man Zeiten nennen, zu denen Sie nicht mehr arbeiten und gerne angerufen werden. Ist konzentrierte Arbeit angesagt, registriert die Mailbox Anrufe und zeichnet sie auf. Manche fürchten sich zu isolieren, wenn sie auf soziale Kontaktmöglichkeiten nicht sofort eingehen. Selbstverständlich ist es schöner, mit der Freundin/dem Freund spontan ins Schwimmbad zu gehen statt in eine Lehrveranstaltung. Aber manches lässt sich so arrangieren, dass das Zusammensein *und* das Studium nicht zu kurz kommen. Das gilt gleichermaßen für Zeiten der Erwerbstätigkeit, denn die meisten Studierenden müssen hinzuverdienen. Ein Job nebenher verlangt ganz besondere Selbstdisziplin und eine effektive Zeitplanung, damit das Studium nicht zu kurz kommt. Aber stellen Sie sich auch hierzu einmal die Frage: Verdiene ich mir etwas hinzu, weil es sonst für den Lebensunterhalt wirklich nicht reicht oder weil ich mir Marken-Kleidung, einen fahrbaren Untersatz oder einen teuren Urlaub leisten möchte? – Weniger kann manchmal mehr sein.

Schwieriger zu bewältigen als die eingangs dargestellten Probleme sind beispielsweise großer Verkehrslärm, laute Musik aus Nachbarzimmern oder -wohnungen oder gar das Wohnen über einer Kneipe, deren Gäste die Nachtruhe stören. Da hilft manchmal der Besuch bei den Anwohnern, die den von ihnen verursachten Krach falsch einschätzen; bei ständiger Beeinträchtigung hilft ein Schreiben an den Vermieter (mit einem beiliegenden Lärmprotokoll und mit der Androhung einer Mietminderung) sowie der Anruf bei der zuständigen Umweltbehörde bzw. der Polizei. Als letztes Mittel kommt ein Umzug in Betracht.

- *Können Sie auch „nein" sagen, wenn andere Ihre Zeit beanspruchen wollen, obwohl Sie Wichtiges zu erledigen haben?*
- *Konzentrieren Sie sich auf das Wesentliche und Dringliche oder neigen Sie dazu, sich zu „verzetteln" bzw. Dinge vor sich herzuschieben?*
- *Bringen Sie Arbeiten i. d. R. zu einem (vorläufigen) Ende oder brechen Sie häufig vor einem solchen Ergebnis ab?*

Zusammenfassung

Ein generelles Problem, nicht nur bei Motivations- und Arbeitsstörungen, besteht darin, dass Studierende und Wissenschaftler kaum Rückmeldungen zu ihrer Arbeits*effizienz* erhalten. Deshalb müssen Sie selbst Ihre Arbeitshaltung und Ihre Arbeit einschätzen lernen, sowohl vom Arbeitsaufwand her als auch im Hinblick auf deren Qualität. Geistige Arbeit unterliegt oft Ablenkungs- und Störungsrisiken und es besteht Unsicherheit darüber, wie viel Zeit für das Studieren aufgewendet werden muss. Auch die offiziell festgeschriebenen 900 h pro Semester in Bachelor-Studiengängen sind keine große Hilfe, denn manche brauchen länger, viele offensichtlich weniger Zeit für das per Modulbeschreibungen vorgeschriebene Stoffpensum.

Wer jedoch Zeitprotokolle führt und einmal zusammenrechnet, wie viel Zeit er für welchen Typ von Arbeit aufgewendet hat, wird besser abschätzen können, wann mit welchen Arbeiten angefangen werden muss. Wichtig ist, sich selbst nicht darin zu täuschen, *wann man wirklich arbeitet und wann nicht.* Auch hierzu können die in diesem Kapitel empfohlenen Zeitprotokolle Aufschluss geben.

Arbeitsvermeidungsstrategien sind uns allen sicher vertraut, aber solches Verhalten lässt sich durchaus ändern. Wichtig ist es,

- Zielsetzungen für das eigene Studium zu formulieren und gelegentlich zu kontrollieren,
- einen Terminkalender mit To-do-Listen zu führen bzw. dafür einen Organizer einzusetzen,
- Prioritäten zu setzen und Dringliches zuerst zu erledigen,
- Wesentliches von Nebensächlichem unterscheiden zu lernen und
- sich zu fordern, aber nicht zu überfordern: Indem zwischen Minimal- und Zusatzprogramm unterschieden wird, Pausen (s. Abschn. 3.5.2) und Zeitpuffer für Unvorhersehbares („Durchhänger", Krankheit etc.) eingeplant werden, beugt man eventueller Überforderung vor und wird abzugebende Arbeiten rechtzeitig fertigstellen können.

Literatur

Literatur zur Vertiefung

Seiwert, L. (2014). *Das 1 × 1 des Zeitmanagement. Zeiteinteilung, Selbstbestimmung, Lebensbalance*. München: Gräfe & Unzer. Die immer wieder aktualisierte Taschenbuch-Ausgabe des „Zeitpapstes" Lothar Seiwert gibt hilfreiche Tipps zur Erreichung einer Work-Life-Balance

Seiwert, L., Wöltje, H., & Obermayr, C. (2013). *Zeitmanagement mit Microsoft Outlook. Die Zeit im Griff mit der meist genutzten Bürosoftware – Strategien, Tipps und Techniken (Versionen 2003–2013)* (9. Aufl.). Köln: O'Reilly. Dieses mit dem Comenius-EduMedia-Siegel für exemplarische Bildungsmedien ausgezeichnete Buch ist z. Z. als

E-book kostenlos im Internet downloadbar. Zu empfehlen sind auch die dazugehörigen Videolektionen

Rückert, H.-W. (2011). *Schluss mit dem ewigen Aufschieben. Wie Sie umsetzen was Sie sich vornehmen* (7. Aufl.). Frankfurt am Main: Campus. Studienberater Rückert hat einen sehr hilfreichen Ratgeber zur Überwindung von Prokrastination verfasst. „Mach ich morgen!", hat nach der Lektüre keine Chance mehr

Literaturverzeichnis

Middendorff, E., Apolinarski, B., Poskowsky, J., Kandulla, M., & Netz, N. (2013). *Die wirtschaftliche und soziale Lage der Studierenden in Deutschland 2012. 20. Sozialerhebung des Deutschen Studentenwerks durchgeführt durch das Deutsche Zentrum für Hochschul- und Wissenschaftsforschung (DZHW)*. Berlin: Bundesministerium für Bildung und Forschung.

Rückert, H. W. (2011). *Schluss mit dem ewigen Aufschieben. Wie Sie umsetzen was Sie sich vornehmen* (7. Aufl.). Frankfurt am Main: Campus.

Schmidt, R., & Fohrer, P. (2006). *Besser organisieren – 99 wirksame Tipps für mehr Überblick im Büro. Office- und Selbstmanagement von Ablage bis Zeitplanung*. Berlin: Cornelsen.

Schräder-Naef, R. (2007). *Rationeller Lernen lernen. Ratschläge und Übungen für alle Wissbegierigen* (21. Aufl.). Augsburg: Weltbild.

Seiwert, L. (2014). *Das 1 × 1 des Zeitmanagement. Zeiteinteilung, Selbstbestimmung, Lebensbalance*. München: Gräfe & Unzer.

Seiwert, L., Wöltje, H., & Obermayr, C. (2013). *Zeitmanagement mit Microsoft Outlook. Die Zeit im Griff mit der meist genutzten Bürosoftware – Strategien, Tipps und Techniken (Versionen 2003–2013)* (9. Aufl.). Köln: O'Reilly. mit zusätzl. Videolektionen im Web

7 Mitarbeit in Lehrveranstaltungen

► Die Vor- wie Nachbereitung der Lehrveranstaltungen Vorlesung und Seminar ist ein Schwachpunkt studentischer Aktivitäten. Die vielfältige Elaboration des Gelernten ist neben dem Wiederholungsrhythmus wichtig für das längerfristige Behalten. Darüber hinaus geht es um das Verhalten während des Unterrichts, um so elementare Fertigkeiten wie das Zuhören, Mitschreiben, Sichäußern sowie komplexere Tätigkeiten: wie z. B. mithilfe von Microsoft-POWERPOINT Inhalte zu präsentieren, ein mündliches Referat zu halten oder die Diskussionsleitung einer Lerngruppe zu übernehmen.

7.1 Hingehen oder nicht?

Sind Sie zu einem bestimmten Modul zugelassen, so sollten Sie die Veranstaltungen nach Möglichkeit regelmäßig besuchen und sich aktiv am Unterricht beteiligen. Zwei Termine im Sommersemester und drei im Winterhalbjahr darf man (i. d. R. ohne Angabe von Gründen) fehlen; besser ist es aber in solchen Fällen, sich im Vorhinein per Mail unter Angabe eines triftigen, wahrheitsentsprechenden Grundes zu entschuldigen. Müssen Sie krankheitsbedingt fehlen, so sollten Sie sich ein Attest vom Arzt ausstellen lassen und es später der Dozentin/dem Dozenten zeigen bzw. in Kopie aushändigen.

Da Sie in Ihrem Studiengang immer wieder auf die gleichen Kommilitoninnen und Kommilitonen treffen, die zum selben Zeitpunkt mit dem Studium begonnen haben wie Sie, sollten Sie Ausschau halten nach intelligenten, fleißigen und sympathischen Lernpartnerinnen und -partnern, mit denen Sie ein Lerntandem oder eine kleine Lerngemeinschaft bilden können (s. auch Kap. 4). Für die eigene Motivation sind nach Deci und Ryan (1993, S. 299 f.) drei Grundbedürfnisse entscheidend: das Bedürfnis

F. Rost, *Lern- und Arbeitstechniken für das Studium*,
DOI 10.1007/978-3-658-17626-6_7

- nach Kompetenz und Wirksamkeit
- nach sozialer Eingebundenheit sowie
- nach Selbstbestimmtheit.

Alle drei Grundbedürfnisse sollten in Lern- und Unterrichtssituationen zumindest teilweise befriedigt werden können. Das erfordert jedoch die Aufgabe einer passiven Konsumhaltung („Ich möchte mal sehen, was die mir zu bieten haben.“). Sie selbst haben die Möglichkeit, durch wissbegierige Vorbereitung, durch engagierte Mitarbeit und durch reflexive Nachbereitung ihre Kompetenzen und ihre Selbstwirksamkeit zu entwickeln.

7.2 Sich vorbereiten auf eine Lehrveranstaltung

In den meisten Kursen und Vorlesungen wird in der ersten Sitzung ein *Semesterplan* bekannt gegeben und meist auch in der Lernplattform der (Fach-)Hochschule (z. B. ILIAS, Blackboard, Netcoach, CLIX Campus, WebCT u. a.) veröffentlicht. Ist die Zielsetzung der nächsten Sitzung einer Veranstaltung klar benannt durch den Vortragstitel oder durch das Thema der Seminarstunde(n), so sollten Sie *sich vorbereiten;* indem Sie etwa eine Viertelstunde zusammentragen, was Sie zu dem Thema schon an Vorwissen haben und sich vielleicht ein wenig im Internet vorinformieren, denn dann macht das Zuhören und Mitreden mehr Spaß und Langeweile kommt gar nicht erst auf. Aus dem Kap. 3 über das Lernen sollten Sie gelernt haben, dass Vorinformationen Sie auf das Thema einstimmen und dadurch ein „Fremdeln vor Unbekanntem“ vermieden wird.

Hinsichtlich des Themas der nächsten Sitzung können Sie auch Fragen formulieren, auf die Sie während der Veranstaltung eine Antwort erhoffen. Diese grundlegende Fertigkeit des Fragens wird im Abschn. 7.4 beschrieben. Fragen, sofern echtes Interesse vorliegt, sind Zeichen der Neugier und erhöhen die eigenen Erwartungen.

Des Öfteren erteilen Dozierende auch an einzelne oder Gruppen Arbeitsaufträge, die zur entsprechenden Sitzung erledigt sein müssen. Die Palette an möglichen Arbeitsaufträgen ist groß und reicht von dem Auftrag, sich einzeln zu einem bestimmten Themenausschnitt Gedanken zu machen bis hin zu dem Auftrag, in einer Gruppe ein Referat oder eine Präsentation vorzubereiten. Sehr häufig lautet ein Arbeitsauftrag, vorbereitend einen Text zu lesen. Soll die Diskussion zu einem Text im Mittelpunkt der Sitzung stehen, so sollten Sie den Text *gründlich gelesen,* wesentliche Textstellen markiert und die wichtigsten Themen und Kernaussagen herausgeschrieben haben (s. Kap. 9). Fach- und Fremdwörter, deren Bedeutungen aus dem Text nicht klar hervorgehen und die Sie noch nicht genau kennen, sollten Sie in einem Fachlexikon bzw. Fremdwörterbuch nachschlagen und deren Wortbedeutung notieren; denn diese Fachtermini und Fremdwörter sind meist die Schlüsselwörter des Textes. Wenn Sie deren Bedeutungsgehalt nicht kennen, können Sie den Text nicht richtig verstehen. Manche legen sich eine Fach- bzw. Fremdwörterkartei bzw. Datenbank an und lernen die Termini wie Vokabeln. Wenn Sie dies ebenfalls tun, dann werden Sie immer seltener zu Nachschlagewerken greifen müssen und ihre Lesegeschwindigkeit wird sich durch die Vertrautheit mit den Fremdwörtern Ihres Faches wesentlich erhöhen.

7.3 Aktives Zuhören, das Mit- und Nachdenken

Das Zuhörenkönnen ist eine Kunst, die das Schweigenkönnen, Interesse am Thema (und/oder an der Person) sowie Aufmerksamkeit und Konzentration voraussetzt. Das Zuhören kann durch Schwerhörigkeit und äußere Bedingungen erschwert sein wie eine schlechte Raumakustik, quatschende Kommiliton(inn)en, einen nuschelnden Redner oder eine zu leise sprechende Vortragende. Diesen Beeinträchtigungen kann man begegnen, indem man sich möglichst in die Nähe der Lehrenden setzt. Dort ist auch die Ablenkungsgefahr nicht so groß. Zudem können schlecht belichtete oder übertemperierte Räume sowie fehlender Sauerstoffgehalt der Luft die innere Teilnahme und damit das Lernen erschweren: Ein geöffnetes Fenster wirkt manchmal Wunder.

Neben diesen äußeren Faktoren gibt es außerdem Probleme, die auf eine mangelnde „Passung" zurückzuführen sind: Der Informationsgehalt und der Schwierigkeitsgrad eines Vortrags können höher sein als die Aufnahmekapazität bzw. die vorausgesetzten Kenntnisse des einzelnen Zuhörers. Manchmal hilft eine intensivere Vorbereitung (s. Abschn. 7.2) und eine verbesserte Technik des Mitschreibens (s. Abschn. 7.5). Oft sind die Vorlesungsskripte vorher oder nachher erhältlich, sodass man sich vorbereiten bzw. die Vorlesung nachbereiten kann. – Wenn die Mehrheit der Studierenden im Laufe einer Vorlesung inhaltlich kaum etwas versteht, sollte man den Lehrenden bzw. die Lehrende auf das Problem hinweisen und gemeinsam überlegen, wie die Anschlussfähigkeit hergestellt bzw. die „Passung" verbessert werden kann.

Es kann aber auch das Gegenteil der Fall sein: Vortragende schätzen ihre Zuhörerschaft uninformierter ein und unterfordern sie. Letzteres ist zwar an der Hochschule eher die Ausnahme, denn nach Schräder-Naef (2007, S. 152) verpassen Studierende *fast die Hälfte der Hauptpunkte eines Vortrags und von den Details noch mehr*. Dies resultiert m. E. aus einer unvorbereiteten, rezeptiven Lernhaltung.

Durch eine Vorbereitung auf den Inhalt, konzentriertes Zuhören und aktives Mitdenken während des Vortrags kann dem vorgebeugt werden. So hat ein Vortrag eine Struktur, beginnt mit einer Einleitung, geht über zu einem Hauptteil und endet mit einer Zusammenfassung. Es gibt nicht nur das Thema des Vortrags, sondern dieses wird in einzelnen Themenabschnitten aufeinander aufbauend entwickelt. Zwischen diesen Abschnitten macht ein Redner bzw. eine Rednerin i. d. R. eine kleine Pause; oft wird sogar der Übergang zu einem neuen Aspekt angekündigt und benannt („Ich komme nun zu einem Kernproblem des Themas.“). Ist das Thema eines Vortrags-Abschnitts klar benannt, geht es darum, die Hauptaussage(n) dieses Teils herauszufinden (und nach Möglichkeit in Stichwörtern zu notieren, s. Abschn. 7.5). Achten Sie dazu auf die Stimme und sprachliche Akzentuierung der Vortragenden, ihre Betonung wichtiger Punkte, ihre Aufzählungen, ihre Pausen. Wichtig ist es, das Wesentliche zu erfassen, z. B. grundlegende Thesen, und sich diese für die spätere Diskussion einzuprägen. Hüten Sie sich vor voreiligen Bewertungen. Beim aktiven Zuhören geht es erst einmal darum, die Aussagen einer Rednerin, ihre Sichtweise und Argumentation auch emotional auf sich wirken zu lassen und ihre Sicht zu verstehen, was nicht heißen muss, dass man sie teilt. Eine solche Haltung setzt Respekt und Wohlwollen voraus (vgl. Portner 2000).

Das richtige Zuhören kann man mit einer sehr einfachen Übung lernen: Ein bis zwei Partner(innen) reichen aus. Ist man zu zweit, spricht Person A einen verständlichen Satz, den ihr Gegenüber, Person B, danach *in eigenen Worten* wiedergeben muss. A bestätigt mit einem „Ja“, wenn die Aussage richtig wiedergegeben wurde. Ist das nicht der Fall, so muss Person B ihren Satz korrigieren, bis die Intention des ersten Satzes erreicht wurde. Dann ist B an der Reihe, sich einen verständlichen Satz auszudenken, den wiederum A in *eigenen* Worten umschreiben muss. Ist man zu dritt, fungiert Person C als Schiedsrichter(in). Die Rollen wechseln dann im Kreismodell, sodass jede Rolle mehrmals eingenommen wird.

Es zeugt von Respekt, wenn man einem anderen Menschen erst einmal ungeteilte Aufmerksamkeit schenkt, ihm konzentriert zuhört und ihn nicht unterbricht. Merken Sie sich seine wichtigsten Aussagen, ohne schon an Ihrer Widerrede zu basteln. Noch hilfreicher als eine Gegenrede wäre es eventuell, offene Fragen zu formulieren und an geeigneten Punkten des Gesprächs zu stellen.

7.4 Das (Sich-)Fragen

In Kap. 2 und Abschn. 7.2 ist schon begründet worden, weshalb das Fragen so wichtig ist für den wissenschaftlichen Arbeitsprozess, aber auch für das Lernen. Stellen Sie sich selbst schon *vor* der Lehrveranstaltung, aber auch in deren Verlauf, Fragen zum zu diskutierenden Text bzw. zum Thema der Sitzung, auf die Sie eine Antwort erwarten. Vielen Menschen fallen nicht auf Anhieb mögliche Fragen ein. Solche können Sie jedoch mithilfe der sogenannten W-Fragewörter („Was?“, „Wer“, „Wo?“, „Wann?“, „Wie?“, „Warum?“ der klassischen griechisch-römischen Rhetoriktradition sowie zusätzlich „Wessen, wem, wen?“; „Welcher, welche, welches, welchen?“; „Wogegen?“, „Wofür?“, „Wovon?“, „Wohin?“, „Woher?“, „Worunter?“, „Worüber?“, „Wozu?“, „Womit?“; „Wie lange?“, „Wie oft?“, „Wie viel?“; „Wieso?“, „Weshalb?“, „Weswegen?“) systematisch entwickeln und notieren.

Diese vorbereitenden Fragen sollen nicht alle später wirklich gestellt werden, sondern sie motivieren erst einmal zum aktiven Zuhören: Sie wecken Erwartungen, die entweder erfüllt oder nicht erfüllt werden. Letzteres beinhaltet einen Überraschungs-/Enttäuschungseffekt, der besser behalten wird. Falls die für Sie wichtigsten Punkte eines Themas nicht zur Sprache kommen, können Sie diese mithilfe Ihrer Fragen thematisieren. Stellen Sie solche Fragen zum richtigen Zeitpunkt. Beziehen Sie sich dabei auf die Behauptungen und Argumente der Vorredner(in) oder des Textes. Wählen Sie dabei eine Form, bei der Sie an die Ausführungen der Rede bzw. des Textes anknüpfen, wie z. B.: „Sie haben vorhin ausgeführt, dass ...“, „Warum betont der Text den Unterschied zwischen A und B so?“, „Welche anderen Aspekte könnten noch eine Rolle spielen?“ Formulieren Sie *offene Fragen,* d. h. solche mit den genannten W-Fragewörtern. Ein Beispiel: „Wie muss man sich den Zusammenhang von A und B vorstellen?“ Antworten auf solche offen formulierten Fragen kitzeln u. U. wesentliche Zusatzinformationen aus einem Referenten, als *geschlossene Fragen* von der Art: „Gehe ich recht in der Annahme, dass ein Zusammenhang zwischen A und B besteht?“ – Lapidare Antwort der Gegenseite: „Ja!“

Um wichtige Fragen zum richtigen Zeitpunkt in adäquater Weise zu stellen (Weidenmann 2006, S. 11–31), sollten Sie dem Sitzungsverlauf aktiv folgen und gut zuhören. Letzteres ist kein Sich-berieseln-Lassen wie aktives Lesen kein Überfliegen des Textes ist. Bei beidem geht es um das Erfassen des jeweiligen Themas und das Herausfinden der Kernaussagen. Dies erfordert ein Mit-, Nach- und selbstständiges Denken, ein Sich-auseinander-Setzen mit dem Text bzw. mit den in einer Lehrveranstaltung verhandelten Inhalten. Fragen Sie sich z. B.,

- worüber gesprochen/geschrieben wird,
- worauf die Rednerin/der Redner/der Text hinaus will,
- was an dem Thema für *Sie* wichtig ist,
- ob bestimmte Voraussetzungen/Aussagen so stimmen,
- ob wesentliche Gesichtspunkte fehlen bzw.
- ob Ihnen zum Thema andere Auffassungen bekannt sind.

Ein weiterer Aspekt ist das Nachfragen, das Nachhaken, wenn eine Frage nicht oder ausweichend beantwortet wurde. Dieses setzt nicht nur Wachheit des Verstandes und Selbstbewusstsein voraus, sondern auch einige Übung in der Kunst, die richtigen Fragen zur richtigen Zeit zu stellen.

7.5 Das Mitschreiben

Manche nehmen Vorlesungen mit Aufzeichnungsgeräten auf, was bei Nicht-Muttersprachler(inne)n für die Nachbereitung des Gesagten eine Hilfe sein kann, aber von den Redenden genehmigt sein muss. Andere versuchen, so viel wie möglich mitzuschreiben oder gleich in ihren Laptop zu tippen; wiederum andere halten nicht mal Papier, Stift und eine Schreibunterlage bereit.

Während eines Vortrags oder einer Seminardiskussion helfen nicht nur gute Vorbereitung und konzentrierte Aufmerksamkeit, sondern auch das *stichwortartige Mitschreiben der wichtigsten Aussagen und eigenen Gedanken* schon während der Lehrveranstaltung. Richtiges Mitschreiben ermöglicht ein besseres Aufnehmen des Gesagten. Es steigert die Aufmerksamkeit, indem zwischen „wichtig" und „weniger wichtig" unterschieden werden muss und es fördert die Konzentration. Das auswählende Mitschreiben zwingt dazu, den Themen und Aussagen zu folgen; es diszipliniert die geistige Mitarbeit. *Schreiben Sie eher weniger mit als zu viel,* und zwar nur die wichtigsten Schlüsselwörter und Aussagen, vielleicht auch Namen, Zahlen und genannte Quellen, auf die sich die Argumentation stützt, jedoch keine Details und keine Beispiele (weil sich Letztere am besten merken lassen). Zu den Beispielen reicht ein charakteristisches Stichwort. Wie viel mitgeschrieben werden sollte, hängt auch davon ab, ob es sich für Sie um völlig neue Informationen handelt oder Ihnen bereits ansatzweise Bekanntes.

Kürzen Sie die zentralen Begriffe bei ihrem zweiten Auftreten in Ihrer Mitschrift so ab, dass Sie sie jederzeit wieder entschlüsseln können (z. B.: Wissenschaftstheorie [= WT], Erwachsenenbildung [= EB], Soziologie [= Soz.], Psychoanalyse [= Psa.]). Beschriften Sie nach Möglichkeit DIN-A4-Blätter nur von *einer* Seite. Dazu können Sie durchaus die Rückseiten von Computerfehldrucken verwenden. Das Papier nur einseitig zu beschriften ist zweckmäßig, weil Sie später Textpassagen mit Schere und Klebstoff auf andere Blätter übertragen können, ohne dass wichtige Informationen der Rückseite neu abgeschrieben werden müssen oder verloren gehen und lassen Sie einen Lochrand sowie genügend Platz für spätere Ergänzungen!

Ein neuer Abschnitt oder Gedanke sollte auf einer neuen Zeile beginnen. Dadurch wird eine gewisse Struktur des Vortrags, der Sitzung, des Themas abgebildet und man findet sich beim Nachschauen in den eigenen Unterlagen schneller zurecht. Lesen Sie sich nach der Sitzung Ihre Notizen durch und ergänzen Sie sie möglichst umgehend, solange Ihre Erinnerungen noch frisch sind; besonders dann, wenn Sie die Unterlagen noch für Prüfungen brauchen. Ein Abschreiben in Schönschrift ist, obwohl es der Elaboration und Integration des neuen Lernstoffs dienlich sein kann, nicht zwingend erforderlich, solange Sie Ihre Mitschriften selbst entziffern können. Allerdings sollten Sie sich Ihre Aufzeichnungen des Öfteren einmal ansehen, sich zurückerinnern. Wenn Sie sie abschreiben wollen oder müssen, weil Sie später die eigene Schrift nicht mehr entziffern können, dann sollten Sie Ihre Mitschriften in eine Textdatei tippen und sicher speichern.

► **Tipp** Gibt es Vorlesungsskripten oder kann das Gehörte im Lehrbuch des Vortragenden nachgelesen werden, so sollte das Mitgeschriebene in der Nachbereitung noch einmal an dem vorliegenden Text kontrolliert werden. Diese Arbeitstechnik gibt Ihnen Aufschluss darüber, wie präzise Sie Inhalte zusammenfassen und darstellen können.

7.6 Das Sichäußern

Zur Mitarbeit in hochschulischen Lehrveranstaltungen gehört auch das Fragenstellen (s. Abschn. 7.4) und Sichäußern. Ein gewisses Lampenfieber ist dabei normal, legt sich aber zumeist mit der Vertrautheit mit der Lerngruppe sowie der Routine, die sich durch das Sichäußern allmählich einstellt. Sofern Sie etwas nicht verstanden haben und nur dann, fragen Sie kurz und direkt dazwischen. Ansonsten sollten Sie die Gesprächsregeln einhalten, z. B. anderen nicht ins Wort fallen und erst reden, wenn Ihnen das Wort erteilt wurde. Sichäußernde machen häufig folgende Fehler (vgl. Pabst-Weinschenk 2009):

- Sie drücken sich nicht klar und präzise aus, weil sie oft zu viel auf einmal sagen wollen. Eine Redebeitrag wird wirksamer, wenn er *kurz und prägnant* ist.
- Weil sie zu viel auf einmal mitteilen wollen, *bringen sie ihre Gedanken nicht in eine klare Struktur,* sondern reden aus dem Wunsch heraus, sich verständlich machen zu wollen, immer weiter. Solche Redner wiederholen sich und merken nicht, dass die Anwesenden schon gar nicht mehr zuhören.
- Viele können sich – auch aus der Befürchtung heraus, nicht noch einmal dranzukommen – nicht so recht entscheiden, ob sie ihre *Meinung* oder eine *Information* in die Lehrveranstaltung einbringen resp. eine *Frage* stellen wollen. Oft vermengen Redner diese Formen miteinander. Auch hier ist weniger mehr.

Entscheiden Sie danach, was Ihres Erachtens die Lerngruppe am meisten voranbringen könnte. Dadurch, dass Sie anderes, z. B. Bewertungen, erst einmal zurückstellen, wird das Gruppenfördernde besser aufgenommen. Verdeutlichen Sie selbst Ihr Anliegen, indem Sie Ihren Redebeitrag kurz einleiten mit „Ich bin anderer Meinung als XYZ, weil ...“, „Ich möchte folgende Sachinformation nachtragen, und zwar ...“, „Ich habe noch eine Frage zu ...“.

Wenn Sie anderer Auffassung sind, vertreten Sie Ihre Meinung argumentativ und nehmen Sie gegebenenfalls Bezug auf vorherige Redebeiträge. Vor allem aber: *Bleiben Sie beim Thema!* Formulieren Sie dabei Ihre Ansicht kurz und prägnant. Und geben Sie sich Mühe, sich verständlich auszudrücken. Wer damit Schwierigkeiten hat, sollte die im Abschn. 7.3 beschriebene Partnerübung nutzen oder erwägen, ein Rhetorik-Seminar zu besuchen. Solche werden von Einrichtungen der Erwachsenenbildung (Volkshochschulen, politische Stiftungen, z. T. auch an Hochschulen) angeboten.

Falls Sie jemanden oder etwas kritisieren wollen, tun Sie es in einer sachlich-konstruktiven Form, die nicht verletzend ist. Wir verfügen noch immer nicht über eine hinreichend entwickelte Feedback-Kultur (Landwehr 2003). Es ist ja auch nicht einfach, Feedback zu geben oder hinzunehmen (Weidenmann 2006, S. 105–118; vgl. auch Fengler 2009): Es kann wehtun, peinlich sein, Abwehr auslösen, neue Schwierigkeiten hervorrufen. Dennoch ist es wichtig, um möglicherweise Veränderungen zu initiieren und anderen Menschen konstruktive Hinweise zu geben, wenn sie dies denn wirklich wollen. So kann man beispielsweise vorab erfragen, ob Feedback erwünscht ist und wenn dies bejaht wird, mit unproblematischeren Punkten testen, ob und wie empfindlich jemand reagiert. Formulieren Sie Ihr Feedback in Form von *Ich-Botschaften*: „*Ich* hatte mir erhofft, dass *ich* mehr über aktuelle Forschungsergebnisse erfahre.“ (statt: „Sie haben ja nur die Ergebnisse Ihres Aufsatzes aus den 1990er-Jahren referiert.“). Darüber hinaus sollte man sich vor allem auf Punkte konzentrieren, die sich verändern lassen. Ein konkretes, konstruktives Feedback ist hilfreicher als Lob und Tadel.

7.7 Ein mündliches Referat ausarbeiten und halten

Viele Lehrkräfte und auch Studierende murren und ätzen über die Qualität studentischer Referate und Präsentationen. Hauptfehler sind erstens, dass nur wenige Studierende echte rhetorische Grundkenntnisse besitzen, obwohl das Präsentieren schon in der gymnasialen Oberstufe geübt wird, zweitens, dass zu wenige beachten, dass der zu vermittelnde Gegenstand des Referates anders präsentiert werden muss als in einem schriftlichen Text und drittens, dass es eher als lästige Pflicht empfunden wird und nur wenigen Freude bereitet, das sich angeeignete Wissen mit anderen zu teilen. Dabei soll das mündliche Referat im Hochschulunterricht eigentlich zwei Zielen dienen:

- der Vermittlung eines Wissensinhalts an die Anwesenden und
- der Einübung in die Vortragskunst durch die Referentin bzw. den Referenten (vgl. Bromme und Rambow 1993, S. 289).

Falls Sie zu einem bestimmten Termin und Thema in einem Seminar ein mündliches Referat halten sollen, klären Sie rechtzeitig mit dem Kursleiter folgende Punkte ab (vgl. z. B. Will 2013):

- Genaues Thema des Referats und seine Eingrenzung,
- Termin und Zeitdauer des Referats,
- seine Gliederung sowie
- einen möglichen Medieneinsatz und heranzuziehende Literatur.

Die genannten Punkte sollten Sie frühestmöglich geklärt haben und – dem Arbeitsaufwand entsprechend – rechtzeitig mit der Erarbeitung Ihres Referats beginnen. Nachdem Sie einen Überblick über „Ihr" Thema oder die zu berücksichtigende Literatur gewonnen haben, grenzen Sie den Gegenstand ein, und zwar mit den Leitfragen: „Was ist das Wesentliche an meinem Thema?" bzw. „Wie lautet meine Aufgaben- bzw. Fragestellung?" Aus dem gewonnenen Überblick und Ihren Gedanken zu der Themenstellung entwerfen Sie eine sinnvolle Abfolge von Themenabschnitten, sodass ein roter Faden der Argumentation sichtbar wird (s. dazu auch Abb. 9.5). Diese vorläufige Gliederung, die Sie dem Dozenten schriftlich vorlegen, sollten Sie unbedingt noch einmal mit ihm besprechen. Bitten Sie ihn um eine baldige Stellungnahme, damit Sie Ihre Vorbereitungen fortsetzen bzw. modifizieren können. Bei der schriftlichen Ausarbeitung Ihres Referats sollten Sie sich an die vereinbarte Aufgabenstellung halten und an Ihre Zielgruppe denken: Ihre Kommilitoninnen und Kommilitonen. Hierbei ist entscheidend, dass Sie sich genau überlegen, was Ihre Zielgruppe vermutlich zu dem Thema schon weiß. Noch wichtiger ist, was Ihre Zielgruppe am Ende des Referats auf jeden Fall gelernt haben soll. Ein bis drei wichtige Botschaften sollten auf jeden Fall bei allen so eindrücklich angekommen sein, dass Ihre Kommilitoninnen und Kommilitonen diese noch nach längerer Zeit wissen.

Da Sie Ihr Referat sorgfältig ausgearbeitet haben, führen Sie zentrale Fachwörter ein, kennen deren Bedeutung und sind vorbereitet auf Verständnisfragen.

Sie haben sich ein wenig Hintergrundwissen über die dazugehörige Begriffs- bzw. Theoriegeschichte angeeignet und kennen die Namen der dazugehörigen Wissenschaftler(innen), die für diese Konzeption(en) stehen. Ihr Referat sollte vom Satzbau her deutlich einfacher strukturiert sein als bei einer schriftlich abzugebenden Arbeit (s. Kap. 10). Sie sollten kurze Sätze gebrauchen (meist weniger als 15 Wörter!), Substantivierungen meiden und stattdessen Verben im Aktiv verwenden.

Referierende „überfrachten" ihr Referat oft mit Details oder unzähligen, aneinander gereihten Zitaten, die sich von ihrem Satzbau meist nicht zum Zuhören eignen. Deshalb „entschlacken" Sie am Ende Ihrer Vorbereitungen noch einmal Ihren Vortragstext und zerlegen Sie Bandwurmsätze in mehrere. Beim lauten Vorlesen sollte es keine Stolperstellen im Text geben. Verlesen Sie sich an einer Stelle, so ist das ein sicheres Anzeichen dafür, dass diese Stelle noch einmal umgeschrieben werden sollte.

Manche Lehrenden wünschen als Beigabe zu dem mündlichen Referat auch ein Handout mit den wichtigsten Definitionen, Fakten, Kernaussagen und Literaturangaben zur Unterstützung des Lernprozesses bei den Zuhörenden. Orientieren Sie sich dazu ein wenig an den Passagen zum Thesenpapier (s. Abschn. 10.4.3): Es soll kurz sein und nur die wichtigsten Informationen enthalten, sofern mit den Lehrenden nichts anderes abgesprochen wurde.

Mittlerweile sollen Studierende ihr Referat häufig durch Folien multimedial unterstützen, die sie mit Microsoft-POWERPOINT oder mit IMPRESS (in den kostenlosen Varianten von LibreOffice oder Apache OpenOffice) gestaltet haben. Diese Folien können dann entweder während des Referats mit einem Overhead-Projektor an eine geeignete Wandfläche oder Leinwand projiziert werden oder mithilfe eines Computers und Beamers. Ein solcher Medieneinsatz erfordert allerdings größere logistische Vorbereitungen als ein einfaches mündliches Referat: Die entsprechenden Geräte und Kabel müssen im Raum vorhanden sein oder rechtzeitig organisiert werden.

Die Vorteile der Präsentation mit POWERPOINT bzw. IMPRESS liegen darin, dass

- die *Grund*funktionen der Software so leicht zu erlernen sind wie das Schreiben mit einem Textprogramm,
- Vorlagen mit adäquaten Schriftgrößen angeboten werden, die dazu beitragen, dass nur die wichtigsten Aussagen schriftlich präsentiert werden,
- dadurch i. d. R. freier gesprochen und nicht alles abgelesen wird,
- Kernaussagen per Animation erst an die Wand geworfen werden, wenn diese an der Reihe sind (wobei eine Fernbedienung für die Animation hilfreich ist),
- sich Ton, Bilder und Videos in den Ablauf der Präsentation integrieren lassen,

- die Präsentation im Nachhinein für eine spätere Wiederverwendung schnell aktualisiert werden kann.

Die Arbeit mit POWERPOINT hat allerdings auch einige Nachteile, die hier nicht verschwiegen werden sollen:

- Es ist in der Vorbereitung ein größerer Zeitaufwand nötig, wenn man nicht mit einer Standard-Animation, für die Formatvorlagen bereitgestellt werden, präsentieren will.
- Einige Präsentationsvorlagen in grellen Farben mit unruhigen Hintergründen sowie soundunterstützte Animationen (Rennwagengeräusch, Applaus) sind für Lehr-/Lernprozesse ungeeignet.
- Anders als beim Folieneinsatz ist man in der Präsentation durch das Programm festgelegter. Man kann zwar navigieren, dies aber wenig elegant und recht unhandlich.

► **Tipp** Ob Sie mit Folien oder einem Präsentationsprogramm präsentieren oder auf konventionelle Art Ihr Referat halten: Präsentation und mündliches Referat müssen vorher eingeübt werden! – Mittlerweile gibt es auch kritische Stimmen zur POWERPOINT-Präsentationskultur (vgl. Berzbach 2004; Schnettler und Knoblauch 2007; Adams 2008). Im Rahmen der berufsqualifizierenden Anteile der BA/MA-Studiengänge ist es jedoch sinnvoll, sich *auch* Kenntnisse zu POWERPOINT anzueignen, weil dieses Programm standardmäßig im beruflichen Alltag zu vielen Gelegenheiten eingesetzt wird. Brauchbare Einführungen zu POWERPOINT gibt es etliche, z. B. von Matthias Garten (2016) oder Sabine Drasnin (2016).

Lesen Sie sich oder Freund(inn)en Ihr mündliches Referat in einer Art „realistischer Generalprobe" laut vor, weil Ihnen dabei sprachliche Stolperstellen, grammatische und stilistische Fehler Ihres Textes ebenso auffallen wie fehlende Übergänge.

Außerdem wissen Sie nach der Generalprobe, wie lange Sie brauchen werden, denn es gilt, in der vereinbarten Zeit zu bleiben und noch genügend Zeit für eine kurze Diskussion einzuplanen. Ist Ihr Referat zu lang geraten, kürzen Sie es auf das entsprechende Maß, indem Sie Unwichtigeres streichen. Hatten Sie bei der Generalprobe Zuhörer(innen), so lassen Sie sich ein sachlich-konstruktives Feedback geben. Da Sie rechtzeitig mit der Ausarbeitung Ihres Referats angefangen haben, sind Sie gut vorbereitet und haben ein für Sie mühelos lesbares Vortrags-Manuskript vor sich (Schriftgröße: 14 Punkt, doppelter Zeilenabstand). Sie sagen nicht etwa mit faulen Ausreden kurz vor der Sitzung ab, in der Sie referieren sollen, sondern erscheinen ca. eine halbe Stunde früher, um Ihre Gliederung an die Tafel oder das Flipchart zu schreiben oder sich mit den eventuell einzusetzenden technischen Geräten (z. B. Overhead-Projektor) vertraut zu machen. Wenn Sie vorhaben, mit Laptop und Beamer zu präsentieren, dann sollten Sie auf jeden Fall so rechtzeitig da sein, dass der Aufbau der Technik rechtzeitig abgeschlossen ist und Ihre Präsentation nicht an einem vergessenen Verlängerungs- oder falschen Verbindungskabel scheitert.

Seien Sie auch auf einen möglichen „GAU" gefasst: Verlassen Sie sich nicht komplett auf die Technik, haben Sie Ihr Referat für den Notfall ausgedruckt bei sich und tragen Sie es – sollten Sie Ihre Unterlagen zuhause vergessen haben – notfalls ohne diese vor: Wenn Sie sich mit Ihrem Thema intensiv auseinandergesetzt und sich Ihre Gliederung eingeprägt haben, dann meistern Sie auch eine solch extreme Situation.

Vor dem Referat-Beginn sollten Sie mit freundlichem Gesicht in Ihr Publikum schauen, sodann Ihr Thema nennen und einen kurzen Überblick geben zu der von Ihnen vorgesehenen Gliederung. Mit diesen einleitenden Sätzen lässt sich Lampenfieber überwinden, das übrigens *jede(n)* in solch einer Situation befällt. Zudem stimmen Sie die Zuhörerinnen und Zuhörer auf das Thema, Ihre Zielsetzung und den Ablauf ein.

Niemand wird erwarten, dass Sie völlig frei reden, doch während Ihres Vortrags sprechen Sie bitte *laut, deutlich* und *nicht zu schnell.* Die Ihnen wichtigen Punkte sollten Sie *betonen* und Ihre wichtigsten Thesen des Öfteren *wiederholen.* Wenn Sie zu einem anderen Gliederungspunkt fortfahren, kündigen Sie dies Ihren Zuhörern an, damit diese dem von Ihnen vorgesehenen „roten Faden" folgen können. Wenn Sie *Overhead-Folien* einsetzen, was ja noch einen weiteren Sinneskanal in das Lernen einbezieht, sollten Ihre Folien (maximal sieben Stück für 20 min) von der Reihenfolge her geordnet, gut lesbar (mindestens 18-Punkt-Schrift!) und inhaltlich nicht überfrachtet sein. Achten Sie zwischendurch immer mal wieder auf die *Zeit!* Ich schreibe mir auf jede Seite meines Redemanuskripts die errechnete Zeit und kann durch Blick auf die zurechtgelegte Uhr abschätzen, wie ich „in der Zeit" liege.

Am Ende sollten Sie die wichtigsten Punkte Ihres Referats noch einmal zusammenfassen und zur Diskussion einladen, für die, wenn nichts anderes vorgegeben wurde, mindestens ein Viertel der Gesamtzeit vorzusehen ist. Manchmal herrscht nach dem Referat Schweigen, weil sich niemand sofort traut, etwas in einem größeren Kreis zu sagen oder den Anfang zu machen. *Das sollte Sie nicht verunsichern* und auch nicht dazu verleiten, die Stille Ihrerseits durch längere Ausführungen zu überbrücken. Oft muss man mit freundlichem Gesichtsausdruck nur geduldig warten bzw. weiterhin das Publikum zu Fragen bzw. Diskussionsbeiträgen ermuntern, bis jemand diese Situation nicht mehr aushält. Ist der Bann erst einmal gebrochen, schließen sich meist weitere Fragende an. Hierbei sollten Sie aufmerksam zuhören, sich die Frage einprägen, sich vielleicht stichwortartig Notizen machen und dann ruhig-sachlich mit Blickkontakt zu dem Fragesteller bzw. der Fragestellerin antworten. Will keine richtige Aussprache in Gang kommen, so kann die Referentin/der Referent auch selbst offene Fragen *zum Thema* an das Publikum richten und dabei die W-Fragewörter einsetzen ((s. Abschn. 7.4), – aber nicht fragen „Wie war mein Referat?"). Manchmal hilft es auch, die Zuhörer(innen) mit provokanten Thesen – bezogen auf das Thema – herausfordern, die man sich schon vorher für den Fall des Schweigens zurechtgelegt hat.

Manche Dozentinnen und Dozenten fordern zum Schluss die Kursteilnehmer(innen) auf, ein Feedback bezüglich des Referats abzugeben (s. Abschn. 7.6), teilweise auch in schriftlicher Form auf Feedbackbögen, Karteikarten oder Notizzetteln. Diese Rückmeldungen sollten Sie später auswerten und in Ruhe reflektieren (vgl. auch Preiser 1995).

Zum Schluss Ihres Referates bzw. Ihrer Präsentation wäre es formvollendet, sich für die Diskussionsbeiträge und das Feedback zum Referat bzw. zur Präsentation zu bedanken.

7.8 Diskutieren und Diskussionen moderieren

> Sozialwissenschaftliche Lehrveranstaltungen kommen nicht ohne einen hohen Anteil von Diskussionen aus, und das nicht nur, weil die Schulung der *Argumentationsfähigkeit*, die in allen sozialwissenschaftlichen Berufen in hohem Maß erforderlich ist, wichtiger Bestandteil einer berufsqualifizierenden Ausbildung sein muß: Diskussionen haben gegenüber Einbahnstraßen der Wissensvermittlung den Vorteil, daß in ihnen eher ein ganzes Spektrum von *Perspektiven* deutlich wird, aus denen sich ein bestimmtes Problem betrachten läßt. [...] In einer Diskussion können leichter eingefahrene Denkroutinen aufgebrochen und etablierte Standpunkte in Frage gestellt werden. (Wissenschaft ist erst einmal Verunsicherung.) Der Austausch von Meinungen und Argumenten bringt zudem mit sich, daß Lernbeziehungen allein zwischen Dozenten und Studenten ersetzt oder ergänzt werden durch eine *Vielzahl von Lernbeziehungen*, in denen jeder Teilnehmer von jedem lernen kann. [...] Diskussionen sind freilich kein Selbstzweck; sie sind nur Bestandteil, nicht alleinseligmachende Arbeitsform eines kritischen Studiums (Junne 1993, S. 106 f.; Auslassungen: F. R.).

Dieser Auffassung kann ich mich nur anschließen. Leider werden Diskussionen als Lehrveranstaltungsform eher vernachlässigt. Dabei kann man in ihnen wirklich eine Menge lernen: Nicht nur zuzuhören, Meinungsvielfalt, ja Streit auszuhalten, selbst zu argumentieren und sich zu äußern (s. Abschn. 7.6), sondern die Vielschichtigkeit von Problemen zu erkennen, die unterschiedlichen Auffassungen dazu und neue Sichtweisen kennenzulernen, auf die man alleine so leicht nicht gekommen wäre.

Bedauerlicherweise verlaufen Diskussionen oft enttäuschend, z. B. weil es den Teilnehmer(inne)n an Übung und Disziplin fehlt. Zudem achten die meisten Menschen auf Argumentationen, denen sie zustimmen können. Dadurch kommen selten sachkritische Auseinandersetzungen zustande. Es wäre viel gescheiter, sich mit den Diskussionsbeiträgen inhaltlich und argumentativ auseinander zu setzen, die man *nicht* teilt (vgl. Portner 2000). Darüber hinaus ist oft die *Funktion der Diskussion* unklar: Geht es um eine wissenschaftliche Fragestellung oder soll ein konkretes Problem gelöst werden? Ist ihr Ziel ein Wissensaustausch im Seminar oder ein erforderlicher Einigungsprozess im Team? Oft wissen Studierende nicht, in welche Richtung weitergearbeitet werden soll. *Insofern sollten das Ziel und die Funktion jeder Diskussion klar benannt und von allen Teilnehmern beachtet werden.* Und wenn Ihnen die Funktion einer laufenden Diskussion nicht klar ist, stellen Sie die Frage nach deren Ziel.

Ein anderes Problem von Diskussionen scheint darin zu bestehen, dass viele Menschen sie als Kampfsituationen erleben, bei denen es nicht mehr nur um die *Sache* geht, sondern plötzlich die zwischenmenschliche Ebene so stark tangiert ist, dass es zu gefühlsmäßigen (Über-)Reaktionen und persönlichen Verletzungen kommen kann. – Woran liegt das? Jede Mitteilung kann nach Friedemann Schulz von Thun (1994, S. 26–30) auf vier Aspekte hin analysiert werden:

1. *Sachinhalt* (worüber der Sender einer Nachricht informiert)
2. *Selbstoffenbarung* (was der Sender von sich selbst preisgibt – oder zu verbergen sucht)
3. *Beziehung* (was der Sender von dem Empfänger hält bzw. wie der Sender die Beziehung zum Empfänger einschätzt)
4. *Appell* (wozu der Sender den Empfänger veranlassen will).

Dazu ein Beispiel: Die Ausgangssituation zur Abb. 7.1 ist die, dass ein Mann Beifahrer (s)einer Frau ist und er zu ihr sagt: „Du, die Ampel da vorne ist grün!" Mit ihrer in der Abb. 7.1 nicht sichtbaren Antwort „Fährst du oder ich?" antwortet sie, offenbar auf der *Beziehungsebene;* dies vielleicht völlig berechtigt, weil er eventuell des Öfteren ihren Fahrstil kritisiert. Sie hätte auch auf den *Selbstoffenbarungs*aspekt des Mannes eingehen können und fragen: „Hast du es eilig?" oder auf den *Appell*charakter der Botschaft reagieren: „O.K., ich gebe Gas!" oder: „Du, ich fahr aber schon 60!" Sie hätte auch auf den *sachlichen Aspekt* eingehen und

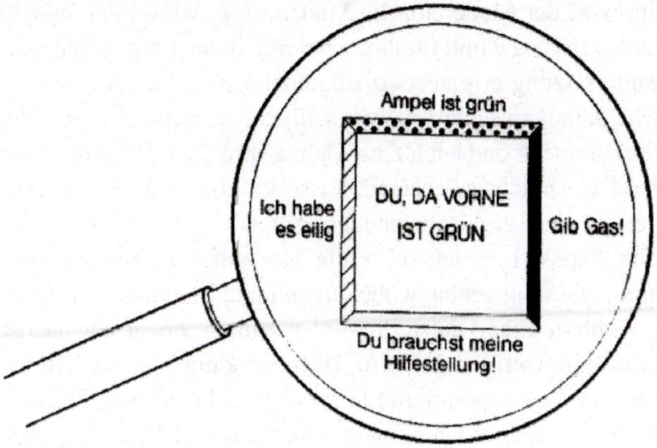

Abb. 7.1 Das Botschaftsgeflecht unter der „Kommunikationslupe". (Quelle: Schulz von Thun 1994, S. 31)

zustimmen können: „Hm, ja, die Ampel steht wirklich auf grün." – In der Kommunikation spielen Tonfall, Gestik, Mimik und momentane Stimmung eine erhebliche Rolle dabei, *wie* eine Nachricht aufgefasst wird; und Sie können an diesem kleinen Beispiel schon sehen, dass es ganz unterschiedliche Antwortmöglichkeiten gibt. In Unkenntnis dieses wichtigen Kommunikationsmodells von Friedemann Schulz von Thun (1994) reagieren viele Menschen auf der Beziehungsebene.

Analysieren Sie Botschaften auf die oben genannten vier Aspekte, aber entscheiden Sie sich nach Möglichkeit in Diskussionen für den *Sachinhalt* und äußern Sie sich dementsprechend. Auf komplett unsachliche Äußerungen („So einen Unsinn habe ich seit Jahren nicht mehr gehört!") sollten Sie gar nicht eingehen.

Manchmal werden Studierende zu Übungszwecken gebeten, die Diskussionsleitung oder Moderation einer Seminarsitzung zu übernehmen. Hilfreich und eigentlich unumgänglich ist eine inhaltliche Vorbereitung, wobei die Moderatorin/der Moderator sich mit eigenen Meinungsäußerungen zurückhalten und sich auf die Rolle als Fragesteller(in) und Diskussionsleiter(in) konzentrieren sollte. Wichtige Aspekte hierzu wie das Stellen von offenen Fragen sind im Abschn. 7.4 schon beschrieben worden. Darüber hinaus helfen eine gute Auffassungsgabe, Konzentration und Gelassenheit sowie die Bereitschaft zur Improvisation.

Bei der Diskussionsleitung ist darauf zu achten, dass das Ziel bzw. Thema von allen beachtet wird und dass alle Diskussionsteilnehmer(innen) zu Wort kommen. Insofern sind „Dauerredner" und „nörgelnde Besserwisser" freundlich auszubremsen und Schweigende vielleicht direkt nach ihrer Meinung zu fragen. Auf der anderen Seite wird der Moderator/die Moderatorin, wie es der Wortstamm schon sagt, *ausgleichend wirken* und für einen fairen Umgang miteinander sorgen, wenn die Auseinandersetzung erregte Formen annehmen sollte. Ansonsten besteht die Aufgabe darin, darauf zu achten, dass diejenigen, die sich zu Wort melden, der Reihe nach „drankommen" und auch zum Thema sprechen. Handelt es sich um einen vielschichtigen Gesprächsgegenstand, so sollte eine Reihenfolge von Aspekten vorgeschlagen werden, die nacheinander erörtert werden. Ist die Diskussionsrunde zum ersten Aspekt beendet, sollte die Moderatorin bzw. der Moderator eine kurze Zusammenfassung geben, wobei erkennbare Meinungsgegensätze nicht unterschlagen, sondern knapp darstellt werden sollten, bevor der nächste Themenaspekt zur Diskussion aufgerufen wird. Hilfreich kann auch ein Thesenpapier sein (s. Abschn. 10.4.3), das in pointierter Form verfasst ist und dessen einzelne Thesen nacheinander diskutiert werden können. Eine weitere Erwartung an die Diskussionsleitung besteht darin, die Debatte in Gang zu bringen bzw. in Gang zu halten. Dazu ist am Ende von Abschn. 7.7 schon einiges gesagt worden. Hier soll nur noch einmal darauf hingewiesen werden, wie sehr man mit offenen Fragen eine Diskussion lenken kann, wenn die Kommiliton(inn)en darauf eingehen. Tun Sie dies nicht, sollte man die gleiche Frage noch einmal in anderen Worten wiederholen. Eine Diskussion sollte mit einer Zusammenfassung sowie einem Dank an die Teilnehmer(innen) beendet werden.

7.9 Das Nachbereiten einer Lehrveranstaltung

Zur Nachbereitung zählt nicht nur das Ergänzen der Mitschrift (s. Abschn. 7.5), sondern auch das nachträgliche Prüfen von Sachverhalten oder das Notieren/Nachschlagen von Unverstandenem. Können Sie Ihnen Unklares nicht selbst in der Nachbereitung aufklären, so sollten Sie das zu Beginn der nächsten Sitzung ansprechen. Bei besonderem Interesse für das Thema kann und sollte dieses durch weitere Lektüre vertieft werden. Auf jeden Fall sollten Sie möglichst bald nach der Sitzung Ihre Mitschrift durchgehen. Wichtiges sollten Sie unterstreichen, Unwesentliches einklammern oder ganz durchstreichen. Sie müssen Ihre handschriftlichen Unterlagen nicht abschreiben oder in den Computer eingeben, wenn Sie Ihre Aufzeichnungen auch später noch eindeutig entziffern können. Aber Sie sollten sie soweit ergänzen und berichtigen, dass Sie sie z. B. für Prüfungsvorbereitungen verwenden können, wenn es keine Seminarprotokolle oder Vorlesungsskripten gibt. Natürlich sollten Sie die Unterlagen in zeitlichen Abständen wieder anschauen, sich zurückerinnern und das Gelernte auffrischen und mit neu erworbenem Wissen verbinden.

Gibt es zu dem Kurs eine E-Learning-Plattform, so finden Sie dort Unterlagen und Aufgabenstellungen des Dozenten bzw. der Dozentin. Darüber hinaus können Sie die Funktionalität dieser Plattform nutzen, um z. B. mit anderen zusammenzuarbeiten, Unterlagen auszutauschen, Lücken in Ihren Aufzeichnungen zu füllen, Verständnisfragen an andere zu senden und Probleme oder Aufgaben gemeinsam zu lösen.

► **Tipp** Rechnen Sie für die Vor- und Nachbereitung mindestens den gleichen Zeitanteil wie für die Lehrveranstaltung selbst. In den BA/MA-Studiengängen wird durch die Leistungs- oder Creditpunkte signalisiert, welcher Zeitaufwand für eine bestimmte Lehrveranstaltung durchschnittlich veranschlagt wird, z. B. 4 Leistungspunkte (LP) bzw. international: credit points (CP) = 120 Zeitstunden, wobei eine 90-Minuten-Veranstaltung wirklich nur mit 1,5 Zeitstunden berechnet wird.

Zusammenfassung

Die Mitarbeit in Hochschulveranstaltungen umfasst mehr als nur die regelmäßige, rein körperliche Anwesenheit. Indem Sie sich vorbereiten, sammeln Sie Vorwissen, mit dem Sie der Vorlesung, der Textarbeit, dem Referat oder der Präsentation besser folgen können. Aktives Zuhören ist kein Sich-berieseln-Lassen. Es erfordert Interesse, Aufmerksamkeit und Konzentration. Durch offene Fragen orientieren Sie Ihr Mitdenken auf die wesentlichen Punkte und das Mitschreiben des Wichtigen entlastet Ihr Gedächtnis. Doch bleiben Sie kritisch, glauben Sie nicht alles vorbehaltlos. Wenn Sie anderer Auffassung sind, äußern Sie Ihre Meinung sachlich und argumentativ. Durch aktive Beteiligung lernen Sie wesentlich intensiver.

Wenn Sie ein mündliches Referat halten sollen, stimmen Sie dessen Konzeption mit der Dozentin bzw. dem Dozenten ab. Sie beginnen rechtzeitig, denken an Ihre Zielgruppe, konzentrieren sich auf Ihr Thema samt Kernbotschaften und üben den Vortrag in einer „Generalprobe", damit Sie in der vereinbarten Zeit bleiben und Zeit für die Diskussion bleibt. In dieser sind offene Fragen und sachliche Beiträge zu bevorzugen, was verhindert, dass Debatten zu emotional geführt werden. In der Nachbereitung ergänzen Sie Ihre Mitschrift, schlagen Fremdwörter nach, vertiefen Ihr Wissen durch zusätzliche Lektüre und notieren sich die offenen Fragen, an denen weitergearbeitet werden muss.

Literatur

Literatur zur Vertiefung

Pabst-Weinschenk, M. (2009). *Reden im Studium. Ein Trainingsprogramm.* Alpen: Papst Press. Dieses Buch gibt zahlreiche Anregungen u.a. zu den Themen Sprechdenken, Verständlichkeit, Argumentation, Lampenfieber, Körpersprache, Stimme und (Prüfungs-)Dialog

Will, H. (2013). *Mini-Handbuch Vortrag und Präsentation. Für Ihren nächsten Auftritt vor Publikum* (8. Aufl.). Weinheim: Beltz. Wer sich kurz und bündig über wichtige Aspekte von Vortrag und Präsentation informieren möchte, greife zu diesem Mini-Handbuch

Portner, D. (2000). *Überzeugend diskutieren. Diskussionstechniken zum besseren Durchsetzen Ihrer Ziele.* Beltz-Taschenbuch Training, 600. Weinheim: Beltz. Besonders lesenswert sind die Kapitel über die zehn besten Regeln für Argumentationserfolg sowie über aktives Zuhören

Literaturverzeichnis

Adams, C. (2008). PowerPoint. Denkgewohnheiten, Unterrichtskultur. *Erziehungswissenschaft, 19*(36), 8–32.

Berzbach, F. (2004). Generation Power Point. Unzeitgemäßes zur visuellen PowerPoint-Kultur. *DIE-Zeitschrift für Erwachsenenbildung, 2004*(4), 48–49. http://www.diezeitschrift.de/42004/berzbach04_01.htm. Zugegriffen: 29.07.2017.

Bromme, R., & Rambow, R. (1993). Verbesserung der mündlichen Präsentation von Referaten. *Das Hochschulwesen, 41*(6), 289–295.

Deci, E. L., & Ryan, R. M. (1993). Die Selbstbestimmungstheorie der Motivation und ihre Bedeutung für die Pädagogik. *Zeitschrift für Pädagogik, 39*(2), 223–238.

Drasnin, S. (2016). *PowerPoint 2016. Die Anleitung in Bildern. Bild für Bild PowerPoint 2016 kennenlernen. Komplett in Farbe. Für alle Einsteiger. Auch für Senioren.* Bonn: Vierfarben.

Fengler, J. (2009). *Feedback geben. Strategien und Übungen* (4. Aufl.). Weinheim: Beltz.

Garten, M. (2016). *PowerPoint. Der Ratgeber für bessere Präsentationen; [aktuell zu PowerPoint 2007 und 2010; DVD-ROM mit Gestaltungsvorlagen und Lernvideos].* Bonn: Vierfarben.

Junne, G. (1993). *Kritisches Studium der Sozialwissenschaften. Eine Einführung in Arbeitstechniken* (3. Aufl.). Urban-Taschenbücher, 244. Stuttgart: Kohlhammer.

Landwehr, N. (2003). *Grundlagen zum Aufbau einer Feedback-Kultur. Konzepte, Verfahren und Instrumente zur Einführung von lernwirksamen Feedbackprozessen.* Bern: h.e.p.-Verl.

Pabst-Weinschenk, M. (2009). *Reden im Studium. Ein Trainingsprogramm.* Alpen: Papst Press.

Portner, D. (2000). *Überzeugend diskutieren. Diskussionstechniken zum besseren Durchsetzen Ihrer Ziele.* Beltz-Taschenbuch Training, 600. Weinheim: Beltz.

Preiser, S. (1995). Feedback nach Referaten. Ein Beitrag zur Verbesserung der Lehre. *Das Hochschulwesen, 43*(2), 114–116.

Schnettler, B., & Knoblauch, H. (Hrsg.). (2007). *Powerpoint-Präsentationen. Neue Formen der gesellschaftlichen Kommunikation von Wissen*. Konstanz: UVK.

Schräder-Naef, R. (2007). *Rationeller Lernen lernen. Ratschläge und Übungen für alle Wissbegierigen* (21. Aufl.). Augsburg: Weltbild.

Schulz-von Thun, F. (1994). *Miteinander reden – 1. Störungen und Klärungen. Allgemeine Psychologie der Kommunikation*. Reinbek bei Hamburg: Rowohlt.

Weidenmann, B. (2006). *Gesprächs- und Vortragstechnik. Für alle Trainer, Lehrer, Kursleiter und Dozenten* (4. Aufl.). Beltz Weiterbildung. Weinheim: Beltz.

Will, H. (2013). *Mini-Handbuch Vortrag und Präsentation. Für Ihren nächsten Auftritt vor Publikum* (8. Aufl.). Weinheim: Beltz.

8 Informationen sowie Literatur suchen und finden

▶ Für das Studium und die wissenschaftliche Arbeit ist das effiziente Vorgehen in den drei vorgestellten Informationsbedarfssituationen ein Schlüssel zum Erfolg. Mittlerweile gibt es via Internet exzellente Möglichkeiten, Literatur(-hinweise) und Informationen zu finden. Doch Vorsicht! Etliche Informationen stimmen nicht, sodass ein Qualitätscheck der Fakten und Quellen immer wichtiger wird, bevor man sie in der eigenen wissenschaftlichen Arbeit zitiert. Welches sind die Kriterien für wissenschaftlich verwendbares Material? Besonders hilfreich für die Literaturrecherche sind die vielfältigen elektronischen Suchmöglichkeiten in (Bibliotheks-)Katalogen und (Fach-)Datenbanken. Nachdem Hinweise auf Literatur ermittelt wurden, muss herausgefunden werden, welche Bibliotheken das Buch bzw. die Zeitschrift besitzen, in der der gesuchte Aufsatz erschienen ist. Dafür kommen Verbundkataloge wie der Karlsruher Virtuelle Katalog (KVK) bzw. die Zeitschriftendatenbank (ZDB) zum Einsatz. Danach werden die Fernleihmöglichkeiten, weitere Serviceleistungen von Bibliotheken sowie zum Schluss die wichtige Technik der Relevanzprüfung gefundener Literatur dargestellt.

8.1 Informationsbedarfssituationen

8.1.1 Sich auf dem Laufenden halten

Wer kein Schmalspurstudium, sondern ernsthaft Wissenschaft kennenlernen und betreiben will, muss nicht nur gut informiert sein über aktuelle Entwicklungen und den Diskussionsstand in den Fachgebieten seines Studiengangs, sondern auch über wichtige Trends der allgemeinen Wissenschaftsentwicklung. *Current awareness*

F. Rost, *Lern- und Arbeitstechniken für das Studium*,
DOI 10.1007/978-3-658-17626-6_8

lautet die entsprechende Forderung. Zu diesem Zweck abonniert man bei Fachverlagen Newsletter zu Neuerscheinungen, schaut sich in Bibliotheken Neuerwerbungslisten oder in (Online-)Buchhandlungen Fachliteratur an, sammelt man laufend und systematisch Informationen zu seinen Studienschwerpunkten, z. B. durch die Auswertung von renommierten Zeitungen und vor allem Fachzeitschriften. Erkundigen Sie sich nach den für Ihren Studiengang wichtigsten Fachzeitschriften und lesen Sie in der Bibliothek gelegentlich in ihnen. Über Inhaltsverzeichnisse, die über Alert-Funktionen oder Newsletter an Ihren E-Mail-Account geschickt oder gesammelt in Diensten wie JournalTocs veröffentlicht werden, verschafft man sich einen Überblick über neu erschienene Aufsatzliteratur. In manchen Fachkulturen sind Rezensionen ein wichtiges Informationsmittel, mit deren Hilfe man sich schnell über die Qualität besprochener Bücher informieren kann.

Hilfreich können auch Gespräche mit wissenschaftlich Tätigen sowie Kongress- und Tagungsbesuche sein. Darüber hinaus gibt es nicht nur von wissenschaftlichen Fachgesellschaften Blogs und Mailinglisten, sondern fachübergreifend auch soziale Netzwerke für Wissenschaftler(innen) wie Academia, Mendeley oder ResearchGate, über die Sie nicht nur persönlichen Austausch pflegen können, sondern Ihnen aufgrund ihrer Profilangaben auch Literatur empfohlen wird (vgl. auch Hofmann 2013, S. 97–100).

▶ **Tipp** *Current awareness* ist eine wichtige Aufgabe im wissenschaftlichen Arbeitsprozess. Informationsziele können Sie sich schriftlich mit Antworten auf die folgenden Fragen setzen:

- In welchen Bereichen will ich/muss ich
  - auf dem neuesten Stand bleiben?
  - meine Kenntnisse auffrischen/ergänzen?
- In welche neuen Bereiche will ich/muss ich mich demnächst einarbeiten?

8.1.2 Gezielte Informations- und Literatursuche – aber wo beginnen?

Ein zweiter Tätigkeitsbereich ist die gezielte Informations- und Literaturrecherche, also das oft mühselige Beschaffen und Sichten von Informationen sowie das Prüfen von Literatur, meist unter Zeitdruck (vgl. Franke et al. 2010): Sie benötigen eine Faktenangabe oder Literatur zu einem bestimmten Thema. Als Erstes müssen Sie sich darüber im Klaren sein, *was genau* Sie suchen: Suchen Sie Hinweise auf Literatur (sog. bibliografische Angaben), Informationen über Personen und ihre Biografie, Faktenangaben, Definitionen, Wortübersetzungen in Fremdsprachen, Texte (Zeitungsartikel, Aufsätze, Bücher), Bilder, Statistiken, …?

Die Klärung dieser Frage ist für eine effiziente Suchstrategie ebenso notwendig wie die Kenntnis der Infrastruktur des Studienortes bzw. die wichtiger (fachspezifischer Internet-)Adressen als Ausgangspunkte für eine Recherche (vgl. Weilenmann 2011). Bei Informationen für die wissenschaftliche Arbeit geht es immer um *seriöse, verlässliche Information* und das erfordert – angesichts vieler Falschinformationen im Internet – besondere Wachsamkeit und kritische Skepsis. Die Checkliste aus Abb. 8.1 kann helfen, sich über wichtige Aspekte der Vorbereitung einer Informations- bzw. Literatursuche Klarheit zu verschaffen.

1. **Was suche ich genau?** *Hinweise* (= Referenzen) auf Medien (Bücher, Aufsätze, Zeitungsartikel, Unterrichts-/AV-Medien, Tests), auf Forschungsinformationen, Jobs, Veranstaltungen *oder Volltexte, Bilder, Adressen, Einzel-Informationen* (welcher Art? → zu Fakten, Sachverhalten, Personen)?
– **Orientierungsphase:** Sich über die Fragestellung klar werden, Thema eingrenzen, Begriffe und entsprechend adäquate Benennungen sowie offene Fragen zusammentragen und aufschreiben
2. **Wie gehe ich am zweckmäßigsten vor?** (Kostenfrage mitberücksichtigen)
– **Für erste Informationen Such- und Metasuchmaschinen einsetzen? Welche?** – **In Wikipedia recherchieren?** Evtl. nicht nur in der deutsch-, sondern auch in einer fremdsprachigen Version – **In welchen Wissenschafts- oder sonstigen Kompetenzbereich fällt das Thema meiner Recherche?** → Nach entsprechenden Portalen, themenspezifischen Linklisten suchen (z. T. über Kataloge oder spezielle Ausgangsseiten) – **Gibt es geeignete Datenbanken zu den gesuchten Informationen?** → Dies erfordert Informationen über bereichsspezifische Datenbanken und deren jeweilige Suchsyntax – **Gibt es geeignete bibliografische Verzeichnisse mit Verweisen auf die gesuchten Dokumente? Welches sind die richtigen Fachwörter** (Schlag- und Stichwörter) **für eine gezielte Suche? Welche Synonyma kommen infrage?** – **Welche Institutionen** (Forschungs- und Universitätsinstitute, Bibliotheken, Behörden, statistischen Ämter, Museen, Vereine, ...) **müssten zu meiner Frage Auskünfte geben können?** → Dies erfordert Kenntnisse der bzw. Suche nach Informationen zur (regionalen) Infrastruktur – **Wie sind diese Institutionen erreichbar?** → Internet-Recherche, Adressen- und Ansprechpartner-Recherche – **Welche Informationen zur Institution habe ich gefunden** (z. B. zur öffentlichen Zugänglichkeit, den jeweiligen Öffnungs- bzw. Sprechzeiten, Erreichbarkeit) **und wie aktuell sind diese?** → Bei weiten Wegen: Sicherheitshalber vorher anrufen und sich Informationen und Angaben aktuell bestätigen lassen – **Wer ist in der betreffenden Institution zuständig?** (Pförtner, Telefonistin, Auskunft fragen; Hinweistafeln im Gebäudeeingangsbereich bzw. Organigramme im Internet beachten)

Abb. 8.1 Checkliste zur Vorbereitung einer Recherche

► **Tipp** Hinsichtlich der Recherche von Forschungsdaten aus den Sozial- und Wirtschaftswissenschaften, deren Zitation und dem dazugehörigen korrekten Quellenbeleg ist die Website http://auffinden-zitieren-dokumentieren.de/ äußerst hilfreich.

8.1.3 Die Überprüfung und Ergänzung von Informationen

Was im Abschn. 8.1.2 schon zum Internet gesagt wurde, gilt ebenfalls für die anderen Medien: *Sie sollten nicht allem Glauben schenken, was Sie so lesen, hören oder sehen.* Für wissenschaftliche Arbeiten ist es erforderlich, Angaben und Zitate zu prüfen und dies besonders dann, wenn diese Informationen für Ihre Arbeit von so erheblicher Bedeutung sind, dass Sie sie – mit Belegangabe (s. Abschn. 10.5.4) – in Ihre Arbeit übernehmen wollen. Damit Sie später keine bösen Überraschungen erleben, sollten Sie tunlichst

- Sekundärzitate,
- Fakten,
- übersetzte Texte an den Originalquellen überprüfen.

Das ist aufwendig, lohnt sich jedoch, da zitierte Aussagen manchmal aus dem Zusammenhang gerissen oder wichtige Randbedingungen oder Zusatzinformationen vernachlässigt wurden, Übersetzungen wissenschaftlich ungenau sind, Fakten, insbesondere Zahlenangaben veraltet sind bzw. nicht stimmen oder die verwendete Methode in der Originalliteratur in einem anderen Licht erscheint. *Gehen Sie Dingen persönlich auf den Grund, bevor Sie naiv etwas abschreiben, was falsch ist!* Das gehört zur Sorgfaltspflicht der wissenschaftlich Arbeitenden.

Wie erkennen Sie als Anfänger(in), ob eine WWW-Seite oder ein Text (Aufsatz, Buch) für eine wissenschaftliche Arbeit eine geeignete Quelle ist?

1. Geht aus der Quelle oder weiterer Recherche hervor, ob die Institution und/oder die Urheber Expert(inn)en für das veröffentlichte Themengebiet sind? Ist jemand für die Seite/das Dokument namentlich verantwortlich benannt? – Texte z. B. von Professor(inn)en-Homepages erfüllen i. d. R. dieses Kriterium ebenso wie Zahlen von Statistischen Ämtern. Wikipedia-Artikel als anonyme Gemeinschaftselaborate von meist Laien gehören eher nicht dazu.
2. Sind im Dokument bzw. auf der WWW-Seite Quellen genannt und Zitate nachprüfbar mit Verweisen belegt?

3. Sind die Sprache und der Schreibstil wissenschaftlich seriös in dem Sinn, dass Fachsprache verwendet wird, nicht einseitig dogmatisch/parteiisch informiert und Schritt für Schritt nachvollziehbar argumentiert wird?
4. Gibt es Hinweise darauf, dass der Text von anderen Expert(inn)en geprüft wurde? – Aufsätze in etlichen Fachzeitschriften durchlaufen vor ihrer Veröffentlichung ein anonymes Peer-Review-Verfahren. Aufsätze in Sammelwerken werden von den Herausgebern geprüft. Wissenschaftliche Bücher werden von Fachleuten rezensiert. So sind auch positive Zitationen ein Hinweis, dass andere die Quelle geprüft und dann verwendet haben.

Darüber hinaus sollten Sie Informationen „gegen-checken", also z. B. mit Informationen aus anderen, davon *unabhängigen* Quellen vergleichen. Aufgrund des Konkurrenz- und Zeitdrucks berichten viele Medien nicht mehr aufgrund eigener solider Recherchen, sondern kaufen Informationen von anderen oder schreiben einfach ab.

Manchmal genügt eine Überschlagsrechnung (vgl. Dubben und Beck-Bornholt 2013), um eine Falschmeldung zu entlarven: Wie mehrfach seit 1997 in der Tagespresse berichtet und von Jürgen Schmieder (2011) übernommen, habe „die Wissenschaft" (genauer: der Psychologie-Professor Gerald M. Jellison von der University of Southern California) festgestellt, dass Menschen (bis zu) 200-mal (!) am Tag lügen. – *Kann das stimmen?* Zieht man 7 h für den Schlaf ab, ergäbe das fast 12 Lügen pro Stunde, also ca. alle 5 min eine. Da Menschen aber nicht 17 h am Tag mit anderen ständig kommunizieren, müssten sich die Lügen in ihren Kommunikationszeiten weiter häufen. Das Ganze wird also immer unwahrscheinlicher. – Andere Wissenschaftlerinnen aus den USA (Bella DePaulo und Deborah Kashy) haben in ihrer Studie (1996) 1–2 Lügen pro Tag ermittelt …

Welchem wissenschaftlichen Befund können wir vertrauen, was sollen wir glauben? – Um Glauben geht es in der Wissenschaft nicht, sondern um *Wissen,* und zwar um überprüfbares, qualitätsvolles Wissen. Wissen ist seit Platon wahre, *gerechtfertigte* Überzeugung. Kennzeichen wissenschaftlichen Wissens ist, dass es *begründet* werden kann (vgl. Schnädelbach 2002, S. 35, 37). Man darf also nach Begründungen fragen und sofern Veröffentlichungen schriftlich vorliegen, kann man diese hinsichtlich des Erkenntnisinteresses, der verwendeten Messinstrumente oder des methodischen Designs überprüfen. *Doch was sind brauchbare Kriterien für die Bewertung von Wissen?* – Zur Beantwortung dieser Frage finden sich einige generelle Kriterien. So wird Wissen dann als qualitätsvoll angesehen, wenn

- es die Form eines (deterministischen oder probabilistischen) *Gesetzes* hat (wie z. B. in der Physik),

- einer *allgemeinen Regel* gefolgt wird, wie etwa der Berufung auf das Naturrecht oder eine allgemeine Konvention,
- es einem *Paradigma* nachkommt, wie etwa dem (sehr umfangreichen) Paradigma des Interaktionismus,
- es sich durch ein *reales* oder ein *der Realität angenähertes Beispiel* belegen lässt (wie einem konkreten Fall, einem Experiment, einer Simulation oder spezifischem Expertenhandeln),
- man eine Übereinstimmung mit einem *Gedankenexperiment* herstellen kann,
- es durch die *Aussage einer Autorität* oder einer als Autorität geltenden Schrift bestätigt wird (vgl. Kiel und Rost 2002, S. 10 f.).

Meist folgen wir leider dem Letztgenannten, wenn das Ausgesagte uns „in den Kram passt". Das ist für Wissenschaft kein gutes Rezept. Der tatsächlichen Verifikation von Informationen wird deutlich zu wenig Aufmerksamkeit geschenkt.

Wie hartnäckig sich Falschinformationen halten können, ist beispielsweise an der Mär vom angeblich so eisenhaltigen Spinat ersichtlich, die durch ein nach rechts verrutschtes Komma in einem Standardwerk mit Mineralstofftabellen entstand: Aus 2,9 mg wurden fälschlicherweise 29! Die fehlerhafte Angabe aus dieser Tabelle, die irrtümlich den Spinat zum eisenreichsten Nahrungsmittel machte, wurde immer wieder ungeprüft von anderen übernommen und führte zwischen 1920 und 1930 dazu, dass der Konsum von Spinat über 30 % zunahm (vgl. Sutton 2010, S. 3). Damals wusste man außerdem noch wenig von der Wirkung des auch im Spinat vorhandenen Oxalats, das die Aufnahme von Eisen durch den Darm hemmt. Zudem ist Spinat ziemlich nitratbelastet …

Der Mythos vom eisenhaltigen Spinat ist *kein* Einzelfall. Schriftliches, zumal von wissenschaftlich Tätigen, hat oftmals eine unkritische Rezeption zur Folge: Auch Studierende vertrauen schriftlichen Quellen allzu sehr. Bedenken Sie immer: *Jedem, der arbeitet, unterlaufen Fehler* und nicht immer nur Tippfehler. *Bleiben Sie skeptisch!* Fragen Sie sich beispielsweise,

- ob die von Ihnen benötigten Daten/Angaben/Schriften *aktuell* sind und (noch) stimmen können,
- woher sie stammen und wie verlässlich die Quelle einzuschätzen ist (Wird anonym veröffentlicht oder ist jemand namentlich genannt? Was lässt sich über dessen akademische Laufbahn/Titel und Reputation in Erfahrung bringen bzw. das Ansehen der Institution, des Verlags, der Zeitschrift?) und
- aus welchem Interesse heraus und in welchem (politischen/wirtschaftlichen/wissenschaftlichen) Kontext die Daten/Aussagen/Schriften veröffentlicht wurden.

Misstrauisch sollten Sie insbesondere werden,

- wenn in Publikationen etliche Quellenangaben fehlen oder nicht stimmen,
- wenn offensichtlich einseitig-parteiisch, manipulativ bzw. dogmatisch berichtet wird,
- wenn keine Aussagen zur Methode oder Reichweite der Untersuchung gemacht werden oder
- gehäuft sekundär zitiert wird, einer in Wissenschaftskreisen praktizierten Variante des „Stille Post"-Spiels.

An dem Spinat-Beispiel lässt sich zeigen, dass nicht einmal mehrere schriftliche Quellen absolute Sicherheit bieten, zumal statt der 2,9 mg auch 2,2–4 mg genannt werden. Dies zeigt, dass uns eigentlich nur eine erneute Lebensmittelanalyse, also eine Überprüfung an der Realität, weiterhilft. Da den meisten von uns dazu die Ausbildung und die technischen Möglichkeiten fehlen, sollten wir *sorgfältig* recherchieren, den Unterschieden und Widersprüchen auf den Grund gehen, uns auf anerkannte wissenschaftliche Schriften oder Experten stützen, aber dennoch immer fragen: „*Kann das stimmen?* Sind wichtige Faktoren und Randbedingungen berücksichtigt worden?" Und: Für jede eigene wissenschaftliche Arbeit müssen wir die von uns verwendeten Quellen offenlegen, unsere Arbeitsergebnisse vor der Veröffentlichung sorgfältig prüfen und Korrektur lesen.

Um auf die drei in Abschn. 8.1 dargestellten Informationsbedarfssituationen adäquat zu reagieren, braucht es *Informationskompetenz*, nämlich „die Fähigkeit: 1. zu klären, welche Informationen gebraucht werden, 2. diese zu suchen, 3. zu beschaffen, 4. zu bewerten, 5. zu speichern, und 6. für eigene Zwecke zu nutzen" (Niedermair 2010, S. 9).

8.2 Die Internet-Recherche

Mittlerweile verfügen sehr viele Haushalte in Europa über einen Internet-Zugang und insbesondere junge Menschen lernen schon in ihrer Schulzeit den Umgang mit Webbrowsern und Suchmaschinen. Für diejenigen Studierenden, die aus welchen Gründen auch immer, keinen eigenen Zugang zum Internet haben, gibt es einen solchen von den Rechnern im PC-Saal ihrer Hochschule. Viele Bibliotheken stellen ebenfalls Internet-Zugänge bereit und mittlerweile haben mehr als 90 % der Studierenden auch von ihren Wohnungen aus einen Internet-Zugang.

Aus diesem Grund erübrigt sich eine Erklärung der Funktionsweise von Webbrowsern, nicht aber eine Erläuterung der Feinheiten bei einigen Suchmaschinen

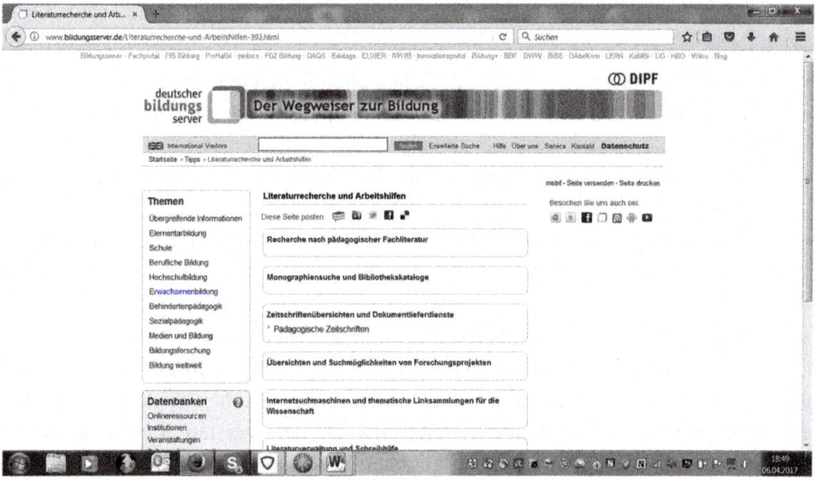

Abb. 8.2 Browser-Beispielseite „Literaturrecherche und Arbeitshilfen" des Deutschen Bildungsservers

und Datenbanken in den kommenden Abschnitten, zumal es davon etliche gibt, die für die wissenschaftliche Arbeit wirklich hilfreich sind. Solche wichtigen Ausgangsseiten sollten Sie in Ihrem Webbrowser Ihrer Favoritensammlung hinzufügen („bookmarken"), nach Möglichkeit, indem Sie solche Lesezeichen nach inhaltlichen Gesichtspunkten in Ordnern Ihrer Favoritensammlung abspeichern. Eine hilfreiche Seite ist z. B. zu finden unter der Internet-Adresse (URL) http://www.bildungsserver.de/zeigen.html?seite=392.

Es handelt sich um eine redaktionell zusammengestellte und gepflegte Sammlung von Arbeitshilfen für die Literaturrecherche und Techniken wissenschaftlichen Arbeitens des Deutschen Bildungsservers beim Deutschen Institut für internationale pädagogische Forschung (DIPF) in Frankfurt am Main (vgl. Abb. 8.2).

8.2.1 Der Einsatz von Internet-Suchmaschinen und Meta-Suchmaschinen

Für *erste* Informationen aus dem Internet sind sogenannte *search engines* geeignet: Während Suchmaschinen die Anfrage selbst mit ihren Indexlisten zu beantworten trachten, schicken Meta-Suchmaschinen die Anfrage zeitgleich parallel an mehrere indexbasierte Suchmaschinen anderer Anbieter und gruppieren deren Ergebnisse.

Als derzeit (2017) beste Suchmaschine gilt immer noch Google und als beste Metasuchmaschine für deutschsprachige Seiten MetaGer. Mittlerweile gibt es zusätzlich noch eine Version für englischsprachige Seiten sowie MetaGer[2], die etwas länger braucht, dafür aber die gefundenen Seiten daraufhin prüft, ob die gesuchten Wörter darauf immer noch vorkommen.

Jede Suchmaschine hat eine mehr oder weniger ausgefeilte *Suchsyntax,* die es zu beachten gilt, wenn man möglichst schnell die richtigen Treffer erzielen will und dies ohne allzu viel Informationsballast. Zu jeder Suchmaschine gibt es entsprechende Einführungs- und Hilfeseiten, die Sie beachten sollten, wenn Sie mit einer Suchmaschine des Öfteren arbeiten wollen. So können bei der Suche nach Wortgruppen (der sog. „Phrasensuche") An- und Abführungszeichen verwendet werden (Beispieleintrag: „Staatsbibliothek zu Berlin") oder bei Wörtern, die nicht vorkommen sollen, ein vorangestelltes Minuszeichen (Beispiel: „Wirtschaft -Gastwirtschaft").

► **Tipp** Alternative Suchmaschinen sind Bing oder Yahoo, Ixquick eine weitere Metasuchmaschine. Wertvolle Tipps für die richtige Suche mithilfe von Suchmaschinen gibt es unter der URL: http://www.suchmaschinen-doktor.de/suchmaschinen/suchen.html. So lösen *fremdsprachige* Suchmaschinen die deutschen Umlaute oder das ß nicht auf, was bedeutet, dass Sie „ss" für das „ß" bzw. „ue" oder „u" für ein „ü" benutzen müssen. Lesen Sie unbedingt die Hilfeseiten der von Ihnen häufig verwendeten Suchmaschinen!

Um Informationsballast zu vermeiden, lässt sich mittels möglichst präziser Suchanfragen über Suchmaschinen z B. die Homepage einer Hochschule, einer Bibliothek, eines Wissenschaftlers finden, auf der neben anderen Informationen zumeist auch Anschrift und E-Mail-Adresse angegeben sind. *Beispiele*: Gesucht wird die Homepage der Universität Jena, die der Staatsbibliothek München bzw. die Homepage von Prof. Dr. Jürgen Oelkers. Sie rufen Google auf und geben in die Suchzeile ein: Jena Universität Homepage bzw. Staatsbibliothek München resp. „Prof. Dr. Jürgen Oelkers" (mit den Anführungszeichen!). Dann drücken Sie auf die Schaltfläche Google-Suche. Nach sehr kurzer Zeit werden Treffer angezeigt und sehr weit oben werden auch die Angaben sein, die Sie zu den gewünschten Internetseiten bringen. Die Anführungszeichen bei der Namenssuche lösen bei Google eine sogenannte *String-Recherche oder Phrasensuche* aus, wodurch genau diese Zeichenfolge gesucht wird.

Selbstverständlich können Sie mit Suchmaschinen auch inhaltliche Anfragen stellen, wie z. B. die Frage nach dem Eisengehalt von Spinat, wobei ein Teil der dort gemeldeten Treffer einem die o. g. falsche Information gibt. Aber es sind auch zutreffende Ergebnisse dabei. Uns soll jetzt interessieren, mit welchen Wortkombinationen man eine thematische Suche vornimmt. „Spinat" allein ergab bei meiner Google-Suche am 09.01.2017 eine Trefferschätzung von ca. 6,36 Mio. Hits, in Kombination mit dem Wort „Eisen" waren es ungefähr 262.000, in Kombination mit der engeren Benennung „Eisengehalt" ca. 16.300. Wirklich „gesucht" werden übrigens nur die 1000 besten, denn niemand schaut sich 16.300 Treffer an.

Suchmaschinen arbeiten mit Suchrobotern, die nicht erst dann lossuchen, wenn die Suchanfrage gestellt wird. Diese *spider* oder *crawler* genannten Suchroboter gehen unterschiedlich tief in die Texte und bilden ein großes Wörter-Register nur der Wörter, die zum Zeitpunkt der Indexierung auf den entsprechenden WWW-Seiten vorkommen. Bei einer Suchanfrage werden Kombinationen der derzeit vorhandenen Indizes gebildet, die dann auf den Suchergebnislisten angezeigt werden und ihrerseits mittels einer verlinkten Überschrift auf die entsprechenden Seiten verweisen, von denen ein Teil gar nicht mehr existiert, wenn der Suchrobot-Index veraltet ist. Deshalb kann man bei MetaGer wählen zwischen den Versionen MetaGer und MetaGer^2. Die aktuelle Linküberprüfung bei MetaGer^2 ist ein Vorteil, der allerdings etwas längere Antwort-Wartezeiten erfordert. Die Suchergebnisse selbst sind nicht so umfangreich wie die von Google, das z. B. über eine Autokorrektur verfügt, wenn man sich vertippt hat, Stärken bei Faktenfragen aufweist und relevante Treffer auf den ersten Seiten listet. *Aber*: Auch Google kann nicht denken. Es sucht z. B. *nicht* automatisch unter synonymen Wörtern, sodass eine konkrete inhaltliche Suche immer gut vorbereitet werden sollte, indem auch das zu der Suchanfrage gehörige quasisynonyme Wörterspektrum in die Recherche einbezogen wird.

► **Tipp** Für die Suche nach Hinweisen auf wissenschaftliche Arbeiten, deren Zusammenfassungen und Zitationen sollten Sie *Google Scholar* verwenden. Rufen Sie diese Spezialsuchmaschine auf und geben Sie in die einzeilige Suchmaske Ihren Suchbegriff ein, bei Autorennamen in der Form: „Autor: Nachname, Vorname". Die Suchergebnisse werden nach Relevanz angeordnet und manchmal finden Sie dahinter den Hinweis „E-Ressource" als (Hyper-)Link, mit dessen Hilfe man den Volltext dann aufrufen kann.

Die Bielefelder Akademische Suchmaschine (BASE) ist spezialisiert auf wissenschaftliche Web-Dokumente. Etwa 60 % sind als Open-Access-Dokumente frei zugänglich. Mithilfe von BASE und seiner erweiterten Suche können Sie parallel auch Google Scholar durchsuchen.

8.2.2 Fach-Portale und virtuelle Bibliotheken als Ausgangspunkte einer Suche

Als Ausgangspunkt einer inhaltlichen Suche kann man auch ein Fach-Portal oder eine Linksammlung verwenden. Die besseren sind redaktionell betreut, d. h. Spezialisten suchen Angebote und prüfen Seiten-Anmeldungen im Hinblick auf deren Relevanz für das entsprechende Fach-Portal, sowohl hinsichtlich der Qualität als auch der systematischen Einordnung in den Katalog der Fachportal-Angebote. Der Einstieg über ein fachspezifisches Portal bzw. eine Linksammlung ist dann sinnvoll, wenn man sich einen *Überblick* über das fachspezifische Angebot machen will und Hinweise auf Quellen und Institutionen sucht (vgl. Weilenmann 2011). *Konkrete Faktenfragen mit direkten Zugriffen auf Volltextinformationen lösen Suchmaschinen besser.* Dennoch sollten Sie die Suche über (Fach-)Portale bzw. Web-Kataloge nicht vernachlässigen, weil diese meist mit speziellem Know-how erstellt wurden. Portale und Kataloge sind aber nur dann wertvoll, wenn sie laufend gepflegt, übersichtlich gegliedert und benutzerfreundlich gestaltet sind.

Es gibt zahlreiche empfehlenswerte Internet-Portale und Linksammlungen, wie z. B. die „Virtuelle Allgemeinbibliothek (VAB)“ von Ingrid Strauch oder den Deutschen Bildungsserver (www.bildungsserver.de), der inhaltlich vom Deutschen Institut für Internationale Pädagogische Forschung (DIPF) betreut wird. Dort können Sie sich z. B. in der „Zeitungsdokumentation Bildungswesen“ über Fundstellen in der überregionalen Presse zu ganz aktuellen bildungspolitischen Themen informieren. Es gibt auch eine pädagogische Jobbörse für Stellenangebote und -gesuche sowie einen fachspezifischen Veranstaltungskalender. Das Fachportal Pädagogik (www.fachportal-paedagogik.de), ebenfalls vom DIPF betreut, richtet sich noch spezieller an Studierende und wissenschaftlich Tätige als zentraler Ausgangspunkt für pädagogische Fachinformation. Über die „Metasuche“ des Fachportals Pädagogik kann Ihre Anfrage parallel an 20 verschiedene Datenbanken abgeschickt werden, darunter die englischsprachigen EEP und ERIC („World's largest digital library of education“), SOLIS (sozialwissenschaftliche Literatur) und BASE (= Bielefeld Academic Search Engine).

Fachportale bzw. virtuelle Fachbibliotheken gibt es bereits für etliche Disziplinen. Durch auslaufende Projektförderungen der „Deutschen Forschungsgemeinschaft (DFG)“ sind jedoch auch einige Fachportale wieder eingestellt worden. Aktuelle Informationen finden Sie auf der Seite „Wissenschaftliche Literaturversorgungs- und -informationssysteme (LIS)“ der DFG oder über „Webis blog Fachportale“.

Darüber hinaus findet man im Internet weitere sehr nützliche Zusammenstellungen wie „Deutsche Bibliotheken Online“, deren Nutzung hilfreich sein kann. Etliche Hochschulbibliotheken haben eigene Link- oder Datenbanksammlungen aufgebaut oder adaptiert, z. B. „DBIS“, das Datenbankinformationssystem der Universität Regensburg, an dem sich mittlerweile mehr als 200 Bibliotheken kooperativ beteiligen (vgl. Lauber-Reymann 2010, S. 21).

► **Tipp** Für sozialwissenschaftliche Fragestellungen ist das Fachportal *Sowiport* (http://sowiport.gesis.org), *für psychologische PubPsych* (https://www.pubpsych.de), *für erziehungswissenschaftliche das Fachportal Pädagogik* (fachportal-paedagogik.de) ein wichtiger Ausgangspunkt für Recherchen. Wichtige WWW-Seiten für die Erziehungswissenschaften finden Sie als Linksammlung unter der URL: http://friedrichrost.de/www/ewi.pdf.

8.2.3 Suche in Datenbanken

Datenbanken sind computergestützte, strukturierte Sammlungen von Daten, die mithilfe einer Software gesammelt und hinterher gezielt abgefragt werden können. Der Aufbau von Datenbanken ist dann sinnvoll, wenn größere Datenmengen für zahlreiche Auskunftszwecke längerfristig benötigt werden. So kann man beispielsweise eine Adressdatenbank aufbauen und bei Wohnungswechsel Adressänderungen durchführen, also den Datenbestand pflegen. Vielleicht ist eine Person in eine andere Stadt gezogen, dann sind Straßenname, Hausnummer, Postleitzahl und Ortsname zu ändern, nicht aber Vor- und Nachname, Geburtsdatum, Kundennummer etc. Solche Änderungen könnte man auch in einfachen Textdateien durchführen. Der Vorteil von Datenbanken besteht darin, dass aufgrund der Struktur der Daten in tabellarischen Datenbankfeldern Anfragen anderen Typs an das System gestellt werden können, so z. B. die Frage, wie viele Kunden in Berlin wohnen und wie sie heißen. Auf diese Weise können große Datenbestände, so sie denn eine durchdachte Struktur haben, in Datenbanken aufbereitet werden; beispielsweise Lexikoneinträge, die sich aus einem Lemma (= Wörterbucheintrag), einer Definition oder längeren Erklärung und gelegentlich weiterführenden Literaturangaben zusammensetzen, oder Bibliothekskataloge, die aus Einträgen bestehen wie: Name des Verfassers, Titel, Erscheinungsort, Verlagsname, Erscheinungsjahr usw. Diese strukturierte Aufbereitung verkürzt die Suchzeiten in großen Datenmengen und bei gleichzeitigen Zugriffen durch mehrere Nutzer erheblich.

Sehr viele Bibliotheken verfügen mittlerweile über einen im Internet recherchierbaren Buch-Katalog, meist OPAC (= **O**nline **P**ublic **A**ccess **C**atalogue) genannt. Darüber hinaus gibt es aber im Internet auch eine Vielzahl von anderen Datenbanken, von denen nicht alle kostenpflichtig sind, z. B. für den Nachweis von Aufsätzen. Hinzu kommen noch zahlreiche Datenbanken auf CD-ROM oder DVD (s. Abschn. 8.3). Wegen dieser Datenbankenvielfalt und unterschiedlicher Benutzeroberflächen ist es erforderlich, sich über das Datenbank-Informationssystem „DBIS" einen Überblick zu verschaffen und bei der ersten Benutzung bzw. enttäuschenden Suchergebnissen intensiver in die Funktionsweise der jeweils genutzten Datenbank einzuarbeiten. Fast jede öffentliche Datenbank verfügt über ein Hilfemenü, denn Aufbau und Bedienung sind oft verschieden. Insofern können die folgenden Ausführungen nur allgemeine Prinzipien beschreiben, nach denen Datenbanksysteme funktionieren.

Benutzeroberfläche Manche Benutzeroberflächen sind verwirrend und nicht klar gegliedert. Grundsätzlich unterscheidet man Systeme mit *Eingabemaske* (= *formulargestützte Datenbanksysteme*) von *befehlsorientierten Datenbanksystemen,* bei denen Sie unter Beachtung einer bestimmten *Retrievalsprache* (z. B. bei STN MESSENGER) ihre Suchanfrage mit speziellen Kommandos einleiten und in einer bestimmten Syntax formulieren müssen, wobei es bei dem Datenbankanbieter STN eine Novizen- und eine Expertenversion gibt. Kommandoorientierte Systeme, die insbesondere bei den kostenpflichtigen Datenbanken auf Großrechnern noch Anwendung finden (z. B. bei STN), bieten erhebliche Vorteile, sind aber, wenn man diese Vorteile richtig nutzen will, recht kompliziert, sodass es einer Schulung oder der Hilfe von Spezialisten bedarf. Da es bei der Eingabe von solchen Kommandos zu viele Tipp- und Syntaxfehler geben kann, sind Datenbankanbieter dazu übergegangen, *Eingabemasken* vorzugeben.

Bei OPAC-Bibliothekskatalogen, die die bibliothekarische Datenbanksoftware PICA, ALLEGRO oder Aleph einsetzen, wird meist – wie bei Google – nur eine Eingabezeile angeboten, in deren Nähe allerdings Kombinationsfelder anzeigen, welche Suche voreingestellt ist (s. Abb. 8.3). Will man in speziellen Datenbankfeldern suchen oder mit einem anderen Booleschen Operator, so klickt man vor der Suche auf den kleinen Pfeil am Rande des Kombinationsfelds und klappt damit ein Menü herunter, welches die Wahlmöglichkeiten anzeigt, z. B. die Suche in einem speziellen Datenbankfeld (die sog. feldspezifische Suche) wie Autor, Buchtitel, Schlagwörter.

Viele formulargestützte Datenbanken arbeiten alternativ mit einer aus mehreren Feldern bestehenden Suchmaske (s. Abb. 8.4), meist als „erweiterte Suche" bezeichnet. Vor den einzelnen Feldern steht, in welchem Feld die danach eingegebenen Inhalte gesucht werden, wenn in den freien Kasten ein oder mehrere Wörter eingetippt werden. Oft kann man über Indexlisten oder Registereinträge feststel-

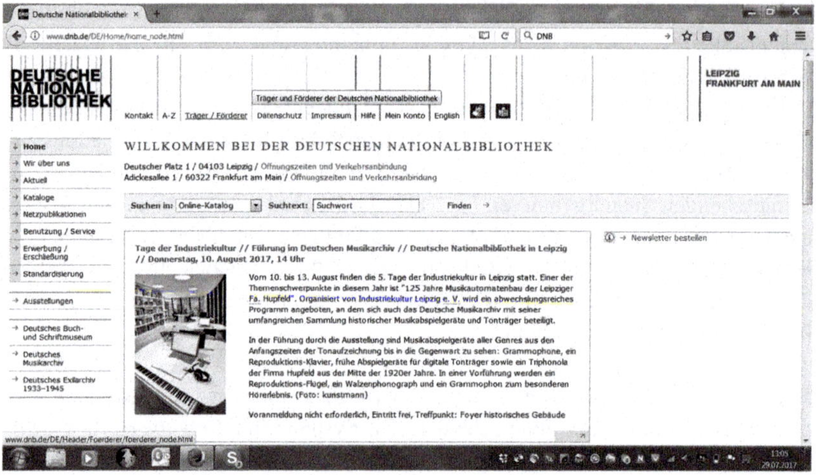

Abb. 8.3 Einzeiliges Eingabefeld in einem OPAC (Suche in allen Datenbankfeldern)

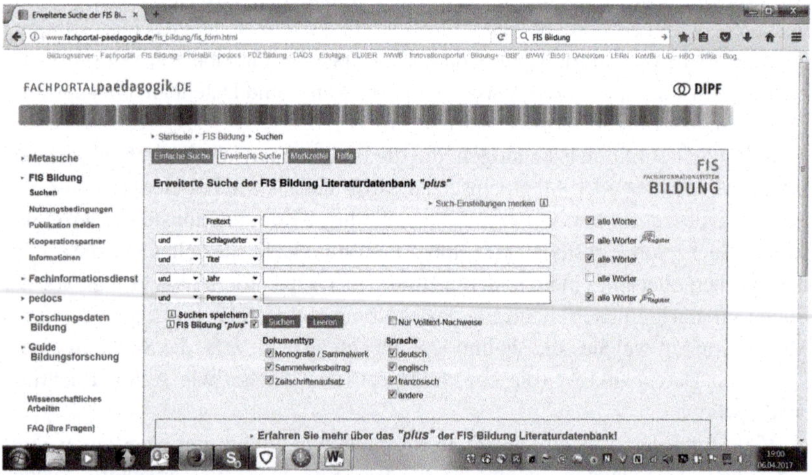

Abb. 8.4 Mehrzeilige Suchmaske einer Internet-Datenbank mit Kombinationsfeldern

len, ob die gewünschten Schlag- oder Stichworte überhaupt in der Datenbank vorkommen – eine Funktion, die insbesondere Ungeübten hilft. Hat man seine Anfragewörter in die Maske eingetragen oder aus den Indexlisten in die Suchmaske übertragen, muss man nur noch die ENTER-Taste drücken bzw. die Schaltfläche SUCHE mit dem Mauszeiger anklicken, um nach kurzer Wartezeit eine Antwort des Datenbanksystems zu bekommen. In der Regel wird eine Gesamttrefferzahl angezeigt und/oder die ersten Treffer werden aufgelistet. Zum Thema passende Literaturhinweise kann man anschließend in der Trefferliste markieren und dann entweder ausdrucken – oder besser – auf einem Datenträger (z. B. einem USB-Stick) speichern. Die bibliografischen Angaben sollte man sodann in ein Literaturverwaltungssystem (z. B. Citavi) importieren.

Unterschied Stichwort – Schlagwort Im bibliothekarischen Sprachgebrauch ist ein *Stichwort* ein Wort, das genau so – meist im Titel einer Publikation – vorkommt, also genauer: ein Titelstichwort. Datenbanken erzeugen – oft für den Nutzer nicht sichtbar – aus den einzelnen dort vorhandenen Wörtern Indexlisten, z. B. der Titelstichwörter, die dann – bei der Suche – auf bestimmte Dokumenteinträge verweisen. Bei den von Bibliothekaren oder Dokumentaren im Rahmen der inhaltlichen Erschließung vergebenen *Schlagwörtern* (= Deskriptoren, Schlüsselwörtern) handelt es sich meist um normierte Wörter oder Wortgruppen, die einen Teilaspekt eines Dokumenteninhalts, beispielsweise eines Aufsatzes, möglichst adäquat kennzeichnen. Sie müssen *nicht* in dessen Titel oder Untertitel vorkommen. Bibliotheken arbeiten oft mit der nicht sehr differenzierenden „Schlagwortnormdatei (SWD)" bzw. ab 2012 mit der international vereinheitlichenden „Gemeinsamen Normdatei (GND)", während andere Informationsdienstleister ihre Datenbankbestände mit speziellen, auf das jeweilige Sachgebiet zugeschnittenen Schlagwortlisten oder Thesauri inhaltlich für die Suche aufbereiten.

► **Tipp** Eine Stichwortsuche ergibt ganz andere Suchergebnisse als eine Schlagwortsuche. Probieren Sie dieses bei einer Datenbankrecherche einmal aus!

Boolesche Operatoren Die Suche in digitalen Datenbanken ist sehr hilfreich, weil *mehrdimensionale* Fragestellungen schnell und bequem beantwortet werden können. Hierzu muss man die Booleschen Operatoren und deren unterschiedliche Wirkung kennen. Mithilfe des Operators UND (AND, ET) zwischen zwei zu suchenden Wörtern oder Feldern erhält man eine *Schnittmenge,* die die Anzahl der Treffer *verringert*, weil nur Dokumenthinweise angezeigt werden, in denen *beide*

Wörter vorhanden sind. Sucht man Hinweise auf Gewalttaten von Schülern, so lautet die Sucheingabe z. B. in der *Freitextsuche* (= Suche in allen Datenbankfeldern):

Gewalttaten (A) UND Schüler (B)

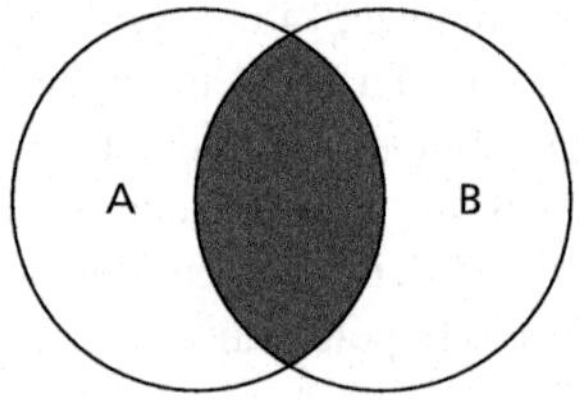

Von der Suchsyntax her wird hier nur gesucht, ob beide Wörter irgendwo in *einem* Dokumenteneintrag vorkommen. Das Suchsystem stellt einen Zusammenhang zwischen den Buchstabenfolgen „Schüler" und „Gewalttaten" her, kann hierbei jedoch nicht zwischen Schülern als Tätern oder Opfern unterscheiden. – Nun ist ihr Suchergebnis vielleicht enttäuschend niedrig, weil Sie den Plural „Gewalttaten" anstelle des Singulars verwendet haben. Zudem sollten Sie Quasi-Synonyme einbeziehen (s. Abb. 8.5), denn statt des Wortes „Gewalttat" könnten auch die Wörter „Gewalt", „Gewalttätigkeit", „Vandalismus", „Aggression" usw. infrage kommen. Dann geben Sie vielleicht erst einmal eine Suche in folgender Form auf:

Gewalt ODER Gewalttat ODER Gewalttätigkeit ODER Vandalismus ODER Aggression

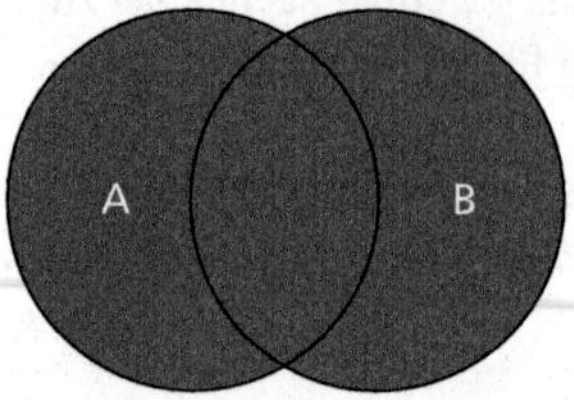

Das Suchergebnis einer solchen Suchanfrage wird größer ausfallen, was die Bedeutung des Operators ODER (OR, OU) deutlich macht: Hierdurch wird eine *Vereinigungsmenge* gebildet, die Trefferzahl also *erhöht*. Nun sind es eventuell so viele Treffer, dass Sie dieses Ergebnis eingrenzen wollen auf Gewalt bei Schülern, wobei der Operator NICHT (NOT, NON) eingesetzt werden kann, der das ihm nachfolgende Wort aus der Suche ausschließt:

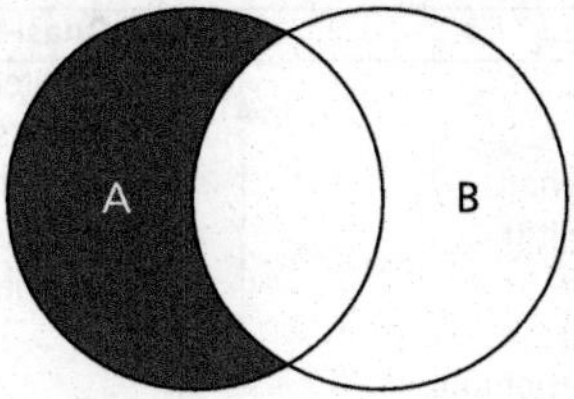

Außer den Booleschen Operatoren können noch *Klammern* verwendet werden. Diese Operationen innerhalb der Klammern werden (wie in der Algebra) zuerst vom System bearbeitet, um dann die anderen Operationen auszuführen. So könnte eine verfeinerte Suche sowohl die drei Booleschen Operatoren als auch die Klammern folgendermaßen verwenden:

> ((Gewalt ODER Gewalttat ODER Gewaltbereitschaft ODER Gewalttätigkeit ODER Täter) NICHT (Gewaltdarstellung ODER Gewaltenteilung ODER Gewaltlosigkeit ODER Gewaltprävention ODER Gewaltverzicht)) UND (Schüler ODER Gymnasiast)

Eine Suche sollte mit einer Sammlung von Fachwörtern beginnen, die danach in Blöcken geordnet dokumentiert und ausprobiert werden (s. Abb. 8.5), weil man sonst leicht den Überblick verliert, wonach man schon gesucht hat.

Trunkierung Im eben demonstrierten Beispiel kommt mehrfach der Wortstamm „Gewalt“ vor. Sie könnten die Suchanfrage abkürzen, indem Sie eine *Trunkierung* setzen (auch Maskierung genannt). Hierbei ersetzen speziell für eine Datenbank-Software definierte Sonderzeichen (meist ein * oder ?, manchmal ein #, $ oder %) eine beliebig lange Buchstabenfolge. Obendrein gibt es sogenannte *Joker* oder *Wildcards,* die als *Platzhalter* für genau *ein* Zeichen stehen (bei STN MESSENGER das Ausrufezeichen). Da diese Sonderzeichen nicht einheitlich für sämtliche Datenbanken gelten, müssen Sie sich in den Hilfetexten der jeweiligen Datenbank darüber informieren, welche Zeichen als Platzhalter für kein bis ein Zeichen bzw. welche für ein bzw. für mehrere Zeichen fungieren. Wenn man diese Zeichen für die jeweilige Datenbank kennt, kann man seine Suchstrategie verfeinern bzw. die Schreibarbeit verringern, so bei der o. g. Suchanfrage:

> (Gewalt ODER Gewalt* ODER Vandalismus ODER Aggression) UND (Schüler ODER *Schüler ODER Gymnasiast)

Wenn man so verfährt, hätte man im Suchergebnis eventuell auch nichterwünschte Treffer, so vielleicht solche zum „Gewaltverzicht“ von Schülern. Die

Boolescher O.	**Deskriptoren**	**Quasi-Synonyma im Freitext**
ODER	Gewalt Gewalttat Gewaltbereitschaft Gewaltkriminalität Gewalttätigkeit Täter Täter-Opfer-Beziehung	Schüler Hauptschüler Realschüler Berufsschüler Gymnasiast
NICHT	**auszuschließende Deskriptore**	**auszuschließende Quasi-Synonyma**
	Gewaltdarstellung Gewaltenteilung Gewaltlosigkeit (mit Gewaltmonopol ODER Gewaltprävention in Klam- Gewaltverzicht mern) Vandalismus	Halbstarker Knabe Mädchen
Boolescher O.	UND	

Abb. 8.5 Beispiel für die Konzeption einer Suchanfrage durch Blockbildung synonymer Benennungen sowie mithilfe von Booleschen Operatoren und Klammern

inhaltliche Erschließung geht oft auch nicht so weit, dass es Schlagwörter wie: „Schüler als Täter" bzw. „Schüler als Opfer" gibt. Solches wird oft von den Indexern, die die Inhalte für die Datenbanken aufbereiten, als sogenannte *Schlagwortkette* formalisiert (Beispiel: Schüler als Opfer von Gewalt = „Schüler: Opfer: Gewalt"; aber es könnte auch den Deskriptor „Gewaltopfer" oder „Täter-Opfer-Beziehung" geben, sodass Sie sich die Schlagwortlisten, Register oder Thesauri anschauen sollten). Bedenken Sie also jeweils, ob Ihre Suchstrategie zu den gewünschten Resultaten führen kann; und wenn Sie sehr viel Informationsballast bei den Treffern haben, überlegen Sie, ob Sie nicht mit Stoppwörtern („NOT Gewaltverzicht") Ihre Trefferquote verbessern und damit den Zeitverlust bei der Sichtung der nichtrelevanten Angaben verringern können.

Die *Trunkierung* kann in besseren Datenbanksystemen links, in der Mitte oder rechts von einem Wort erfolgen. Demgemäß spricht man von Links-, Mitten- und Rechtstrunkierung. Rechtstrunkierung beherrschen alle Datenbanken. Will man sich z. B. in der Suchsprache MESSENGER alle Deskriptorkombinationen mit „Gesamtschul…" am Anfang anzeigen lassen, so gibt man folgende Zeichenkette ein: „D Gesamtschul?/DE" (soll heißen: D = display, also: zeige mir alle Deskriptoren [= DE], die mit „Gesamtschul…" beginnen). Diese listet das System dann auf. Die Mittentrunkierung wird vor allem eingesetzt, um verschiedene Schreibweisen eines Wortes im Freitext zu erfassen (alte Rechtschreibung: Bewußtsein; neue Rechtschreibung: Bewusstsein). Die Linkstrunkierung beherrschen nicht alle Datenbanksysteme. Möchte man alle Deskriptoren des Systems mit dem Affix „...bildung" kennenlernen, so gibt man in der Suchsprache MESSENGER ein: „D ?bildung/DE" und bekommt beispielsweise angezeigt:

Altenbildung, Erwachsenenbildung, Fortbildung, Weiterbildung

Bei Online-Datenbanken auf Großrechnern (z. B. bei STN) ist Links- *und* Rechtstrunkierung *zugleich* möglich, um sich z. B. alle Deskriptorkombinationen mit „Bildung" anzeigen zu lassen: „D ?bildung?/DE". Eine solche Suche ergibt dann eine Deskriptorenanzeige wie

- Ab**bildung**,
- Alten**bildung**,
- Alten**bildung**seinrichtung,
- Aus**bildung**,
- Aus**bildung**sberuf,
- Aus**bildung**sfoerderung,
- **Bildung**sabschluesse,
- **Bildung**sgeschichte,
- **Bildung**swesen,
- Ein**bildung**skraft,
- Erwachsenen**bildung**,
- Fort**bildung**sangebot,
- Volks**bildung**sverein,
- Weiter**bildung**szertifikat.

Filterung Bei vielen Suchmaschinen und Datenbanken kann man noch Filterungen in den Suchergebnissen vornehmen, indem man in Kästchen auf dem Suchbildschirm ein Häkchen setzt (s. Abb. 8.4) oder ein solches entfernt. Bei der weiter unten erläuterten Datenbank FIS Bildung kann man auf diese Weise Dokumenttypen oder Veröffentlichungssprachen abwählen. Ein Häkchen bei „History" speichert alle Suchanfragen, sodass man sie wieder aufrufen (und ggf. abändern) kann.

► **Tipp** Notwendigerweise muss man sich in diese Suchtechniken übend einarbeiten, denn je nach Fragestellung und deren Umsetzung in die Recherchesprache kann es auch Suchergebnisse geben, die einen an sich selbst und/oder an der Qualität der Datenbank zweifeln lassen. Hier hilft die gezielte Suche nach einem Dokument, welches man zu der Fragestellung schon kennt. Indem man dieses sucht und sich die dem Dokument zugeordneten Deskriptoren (Schlagwörter) und Klassifikations-Notationen anschaut, ahnt man, wie differenziert bzw. undifferenziert man nach ähnlichen Dokumenten in dieser Datenbank weitersuchen kann. Auch mit „Google Scholar" kommt man hier manchmal weiter, indem man schaut, wer das Ihnen schon bekannte Dokument zitiert hat.

Suche in der FIS Bildung Literaturdatenbank im Internet

Das soeben theoretisch Gelernte kann eingeübt werden an der kostenfreien FIS Bildung Literaturdatenbank beim Deutschen Institut für Internationale Pädagogische Forschung (DIPF) in Frankfurt am Main. Die vom FIS Bildung aus den Zulieferungen aus 27 Informationseinrichtungen kompilierte Datenbank umfasste im August 2017 insgesamt über 911.000 Dokumenthinweise auf Bücher, Aufsätze in Büchern und Zeitschriften sowie Volltexte zu den Schwerpunkten Erziehung(swissenschaft), Bildung(sforschung), Schule, Unterricht ab 1980. Diese wichtige Referenzdatendank weist vorwiegend deutschsprachige Angebote nach und ist somit die erste Adresse für pädagogische Literaturinformation sowie ideale Ergänzung zu ERIC oder BEI, den amerikanischen bzw. englischen pädagogischen Literaturdatenbanken. Anfänger(innen) sollten bei inhaltlichen Suchen mit der Indexliste „Schlagwörter" beginnen. Als ich dort am 10.01.2017 „Gewalt" als Wortteil nachschlug, fand ich dort 8533 Nachweise sowie folgende Komposita mit dem Präfix „Gewalt" (s. Abb. 8.6).

Das Schlagwort „Gewalttaten" kommt nicht vor, auch nicht im Singular. Meist werden *Schlagwörter* im Singular festgelegt, weil ein Wort im Singular weniger Buchstaben benötigt. Nicht infrage kommen für unsere Beispielfragestellung sicher die Schlagwörter „Gewaltenteilung", „Gewaltlosigkeit", „Gewaltmonopol" und „Gewaltverzicht" (s. Abb. 8.6). Dagegen sind „GEWALT" und vor allem „GEWALTTAETIGKEIT" einschlägig. Die hohe Zahl von Treffern hinter dem Wort „Gewalt" lässt jedoch befürchten, dass die im Schlagwortregister aufgeführten differenzierenden Deskriptoren erst in jüngerer Zeit eingeführt wurden, sodass unter „Gewalt" auch relevante Hinweise zu finden sein könnten. Deshalb setze ich zwischen diese beiden Deskriptoren den Booleschen Operator ODER. Da wir nicht zu viele Treffer ansehen wollen, suchen wir (s. Abb. 8.7) gezielt nach deutschsprachigen (s. das Häkchen bei Sprache „deutsch") Zeitschriftenaufsätzen (s. entfernte Häkchen bei den Dokumenttypen „Monographien" und „Sammelwerksbeiträge") erschienen nach dem Jahr 2010 („> 2010").

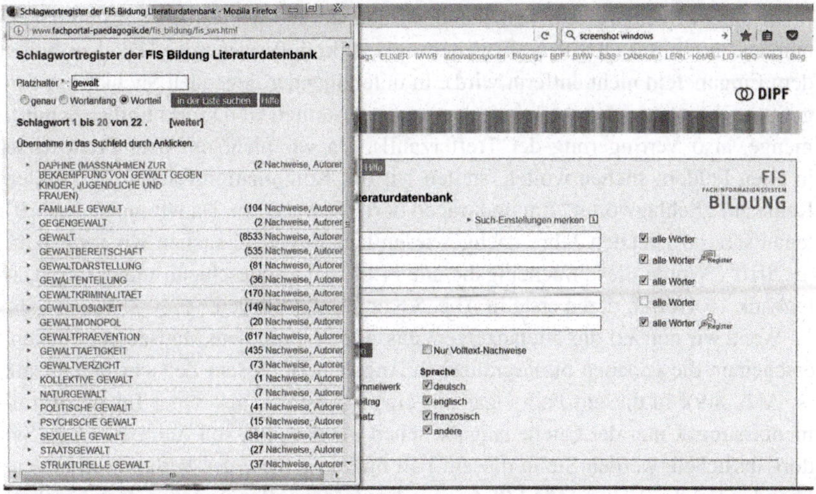

Abb. 8.6 Aufgeklapptes Schlagwortregister der FIS Bildung Literaturdatenbank für die Suche über den Index

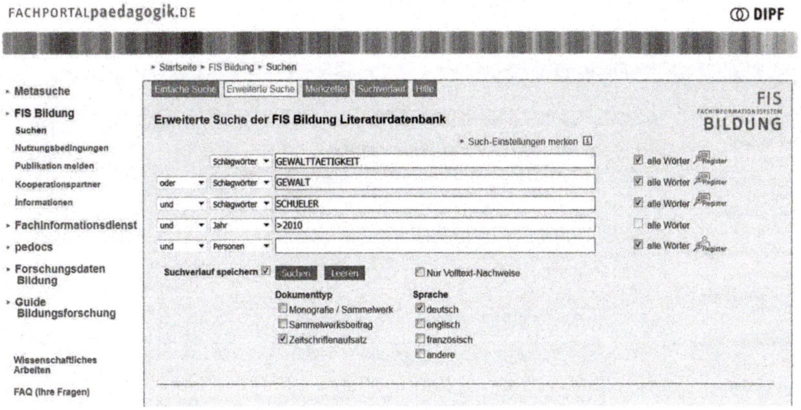

Abb. 8.7 Sucheintrag in die erweiterte Suchmaske der FIS Bildung Literaturdatenbank

In einem Suchkasten nebeneinander stehende Wörter werden bei dieser Datenbank intern mit ODER (= Erweiterung!) verknüpft (wenn das Häkchen hinter dem Eingabefeld nicht entfernt wird); in untereinander liegenden Suchkästen eingetippte Wörter werden intern mit dem voreingestellten UND verknüpft (= Schnittmenge, also Verringerung der Trefferzahl!). Da wir nicht mit dem Freitextfeld in allen Feldern suchen wollen, stellen wir das Kombinationsfeld in der zweiten Reihe auf „Schlagwörter" um und tragen dort „Gewalt" ein. Da wir nur Zeitschriftenaufsätze der letzten Jahre nachgewiesen haben wollen, suchen wir nach Jahr: „> 2010". Wurde diese Sucheingabe am 11.01.2017 abgeschickt, meldet die Datenbank 16 Treffer, deren erste in Abb. 8.8 angezeigt werden.

Wenn wir nun auf die Titelanzeige 3 aus Abb. 8.8 mit dem Mauszeiger klicken, erscheinen die genauen bibliografischen Angaben zu diesem Zeitschriftenaufsatz (s. Abb. 8.9); in diesem Fall sogar mit einem Abstract, also einer Inhaltszusammenfassung. Unter der Quellenangabe sehen Sie das Icon von Acrobat. Wenn Sie dort anklicken, werden Sie in diesem Fall mit einer Seite des Verlags verbunden, über den Sie den Volltext für 4,98 € erwerben können. Rechts neben dem Acrobat-Icon in der derselben Zeile sehen Sie das Wort: „►Verfügbarkeit".

Wenn Sie „Verfügbarkeit" anklicken, werden Sie auf zwei Nachweismöglichkeiten sowie ein bis zwei Onlinebestellmöglichkeiten für den Aufsatz hingewiesen (s. Abb. 8.10): Zum Beispiel „Nachweis im Bestand Ihrer Institution" (über „Linkresolver" wird oft die eigene Institution automatisch eingestellt, manchmal muss

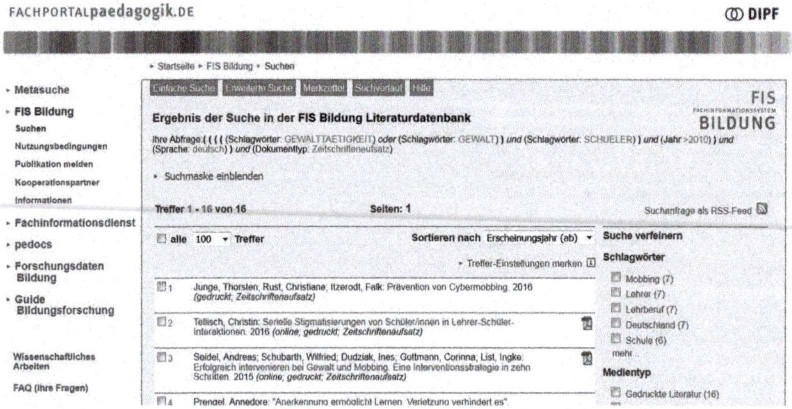

Abb. 8.8 Anfang einer Suchergebnisliste bei der thematischen Suche in der FIS Bildung Literaturdatenbank

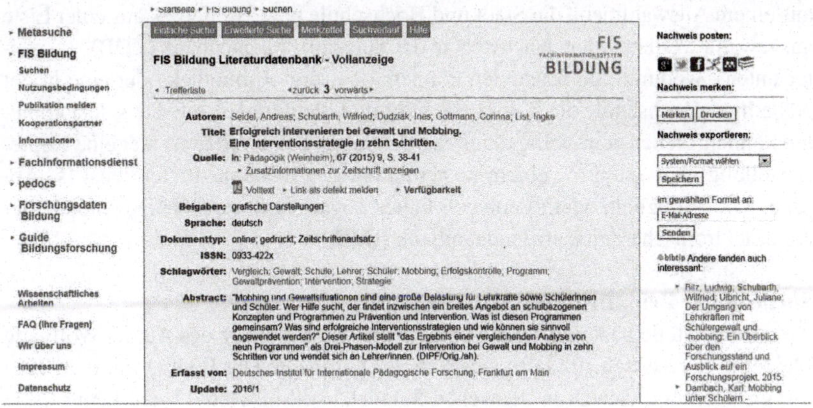

Abb. 8.9 Titelanzeige eines Treffers aus der Beispielrecherche in der FIS Bildung Literaturdatenbank

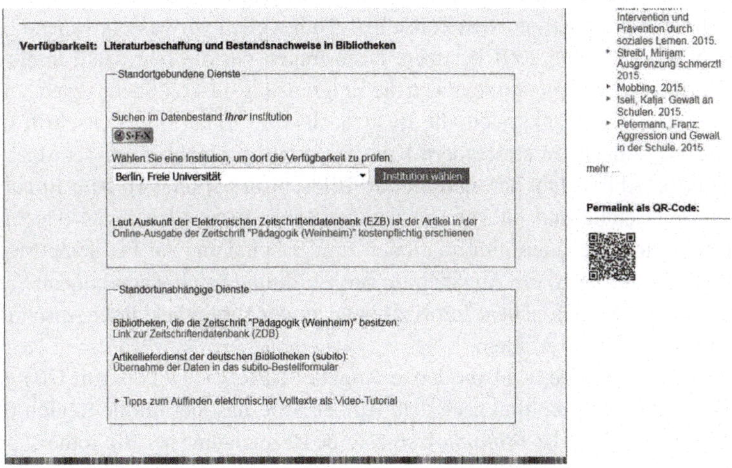

Abb. 8.10 Prüfung der Verfügbarkeit der in Weinheim erscheinenden Zeitschrift „Pädagogik", 2015, z. B. an der Freien Universität Berlin (s. das Auswahlfenster)

aus einem Auswahlmenü die Stadt und Hochschule bzw. Bibliothek aus einer Liste ausgewählt werden) oder „Nachweis in der Zeitschriftendatenbank (ZDB)" (s. weiter unten), wodurch Sie feststellen können, ob „Ihre" Bibliothek oder eine in der Nähe Ihrer Hochschule die Zeitschrift führt und Sie dort den Aufsatz selbst kopieren können. Neben dem Volltextkauf des Aufsatzes beim Verlag ist hier eine Kopie-Bestellung über „subito", einem kostenpflichtigen Dokumentlieferdienst (s. Abschn. 8.4.4) möglich, oder in etlichen Fällen sogar der kostenlose Download über die „Elektronische Zeitschriftendatenbank (EZB)".

Suche in der Zeitschriftendatenbank (ZDB)

An anderer Stelle habe ich einen Hinweis auf einen Aufsatz des Autors Wolfgang Melzer in der Zeitschrift „Lernende Schule" gefunden. Der Beitrag mit dem Titel „Aggression und Gewalt in deutschen Schulen" soll im Heft 13 des Jahres 2001 erschienen sein. In den Bibliotheks-OPACs wird man bei der Suche nach einem *Aufsatz*titel *nicht* fündig, sondern *nur bei der Suche nach dem Zeitschriften*titel! Um herauszufinden, in welchen Bibliotheken das Periodikum „Lernende Schule" verfügbar ist, rufen wir die „Zeitschriftendatenbank (ZDB)" direkt auf. Wenn Sie dort das Kombinationsfeld auf „Titelanfang" umstellen (gemeint ist der des Zeitschriftennamens, *nicht eines Aufsatzes!*), in die Suchzeile „Lernende Schule" eingegeben und die Suche abgeschickt haben, erscheint die bibliografische Beschreibung der gefundenen Zeitschrift. Nun wollen wir wissen, welche Bibliotheken den Jahrgang 2001 besitzen. Dazu tragen wir die Jahreszahl in ein dafür vorgesehenes Feld ein und schicken die Eingrenzung unserer Suche erneut ab, worauf uns das Datenbanksystem die Besitznachweise zu der o. g. Zeitschrift für das Jahr 2001 – nach Bundesländern bzw. Stadtstaaten alphabetisch geordnet – angezeigt (s. Abb. 8.11). Scrollen Sie am Bildschirm herunter zu dem Bundesland Ihrer Hochschule und klicken Sie auf den Link. Es werden Ihnen die Signatur der Zeitschrift, genauere Informationen zum Bestand und zur Fernleihe-Möglichkeit angezeigt. Wenn die Angaben für Sie zielführend sind, dann können Sie über einen weiteren Klick nähere Informationen zu der Bibliothek, ihrer Anschrift und den Öffnungszeiten erfahren.

Wenn wir in Abb. 8.11 die letzte Angabe (BER <517> Potsdam UB) genauer betrachten, dann kommt nach dem Kürzel BER, das hier für die Region Berlin-Brandenburg steht, das *Bibliothekssigel* (eine Bezeichnung der Bibliothek, aus Ziffern und manchmal auch Buchstaben zusammengesetzt), auflösbar durch einen zweimaligen Klick auf den in der ZDB-Anzeige gesetzten Link. Nun erscheinen die genauen Angaben zu der Bibliothek mit Anschrift usw. (s. Abb. 8.12). Beachten Sie bitte auch ein mögliches „Nein" hinter „Fernleihe von Zeitschriften", was bedeutet, dass Sie die Zeitschrift nicht an einen anderen Bibliotheksort ausgeliehen

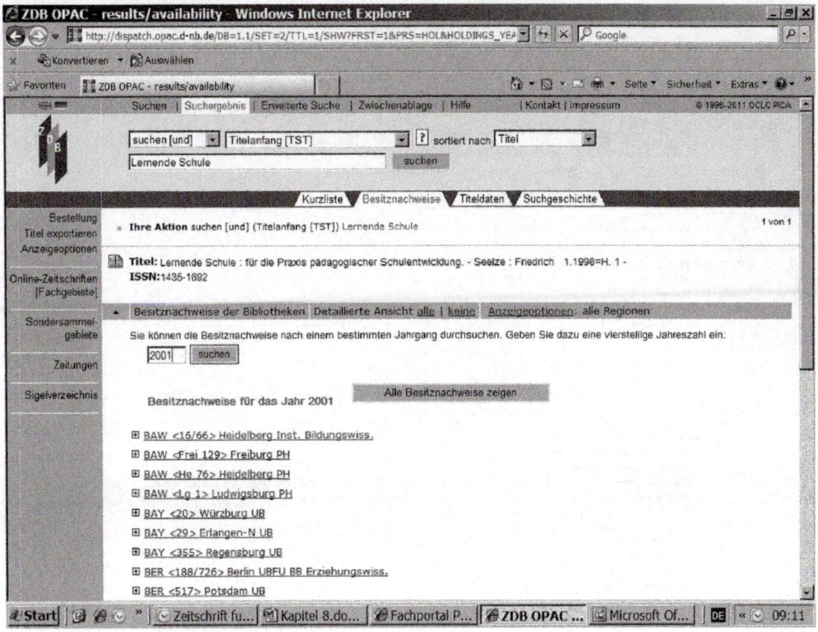

Abb. 8.11 Suche nach der Zeitschrift „Lernende Schule" für das Jahr 2001 in der Zeitschriftendatenbank (ZDB) der Staatsbibliothek zu Berlin

bekommen. Die Universität Potsdam leiht aber ihre „Lernende Schule" an andere Bibliotheken aus (zur Fernleihe s. Abschn. 8.4.4).

► **Tipp** Mittlerweile sind immer mehr Zeitschriften auch online verfügbar. Wenn die regionale Infrastruktur, was Bibliotheken angeht, zu wünschen übrig lässt oder Sie unter Zeitdruck eine Zeitschrift suchen, deren Inhalte elektronisch verfügbar sind, dann suchen Sie die „Elektronische Zeitschriftenbibliothek (EZB)", angesiedelt an der Universität Regensburg, auf.

Suche in Bibliothekskatalogen (OPACs) im Internet

Die für ein Studium benötigten Bücher finden Sie selten in öffentlichen (Stadt-)Büchereien, sondern vor allem in wissenschaftlichen Bibliotheken: solchen, die zu „Ihrer" Hochschule gehören, aber auch in entfernteren Zentral-, Landes-, Staats-

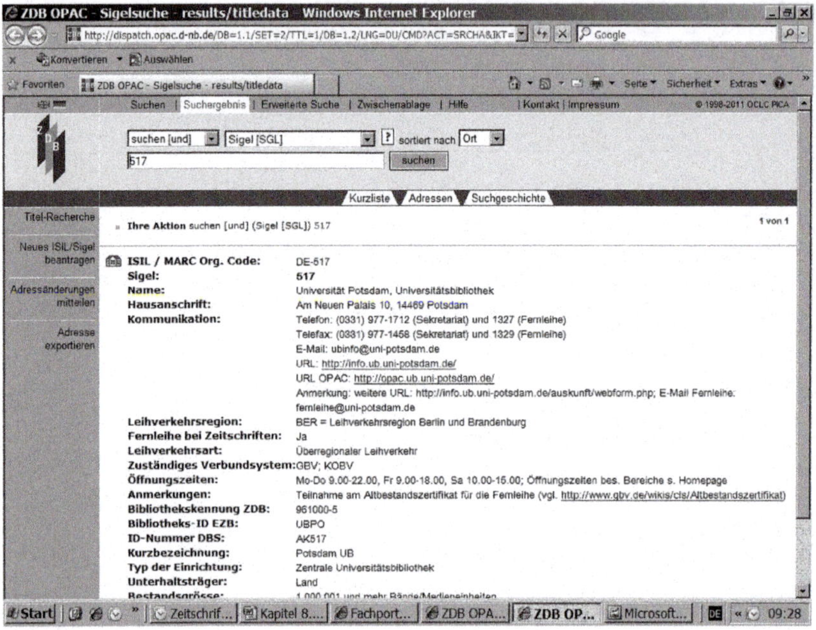

Abb. 8.12 Bibliotheksinformation zur Universitätsbibliothek Potsdam aus der Zeitschriftendatenbank (ZDB)

oder Spezialbibliotheken. Weil keine Bibliothek der Welt jedes wissenschaftliche Buch erwerben kann, hat die Deutsche Forschungsgemeinschaft (DFG) nach dem Zweiten Weltkrieg bis 2015 den Aufbau von Sondersammelgebieten (SSG) an bestimmten Bibliotheken gefördert, um auch die fremdsprachigen Bücher und Zeitschriften zu einem Wissensgebiet wenigstens an einem Ort in der Bundesrepublik Deutschland verfügbar zu halten. Nun werden „Fachinformationsdienste für die Wissenschaft" aufgebaut. Informationen hierzu finden Sie bei der DFG sowie unter WEBIS.

Alle diese Kataloge funktionieren nach den in Abschn. 8.2.3 beschriebenen Prinzipien. Wenn „Ihre" Bibliothek über solch ein Angebot verfügt, dann sollten Sie sich mit der genauen Funktionsweise dieses OPACs (= **O**nline **P**ublic **A**ccess **C**atalogue) vertraut machen (lassen): Denn alle Bücher, die in diesem elektronischen Katalog verzeichnet sind, sind von „Ihrer" Bibliothek angeschafft worden und – sofern sie nicht gerade entliehen oder im Regal verstellt sind – für Sie einsehbar. Ist der OPAC mit einem Ausleihmodul gekoppelt, ist sogar ersichtlich, ob das Buch gerade verliehen ist und bis wann. Oft können Sie ein entliehenes Buch sogar online für sich vorbestellen. Ist es dann zurückgegeben worden, bekommen Sie eine Nachricht (E-Mail, SMS) und sollten es in der angegebenen Frist auch in der Bibliothek abholen.

Gibt es mehrere Bibliotheken in Ihrer Hochschulregion, ist es ausgesprochen lästig, jeden einzelnen OPAC abfragen zu müssen. Aus diesem Grund gibt es sogenannte *Verbundkataloge* und sogar einen Verbundkatalog der Bibliotheksverbundkataloge, den Karlsruher Virtuellen Katalog (KVK).

Verbundkataloge sind hilfreich, um herauszubekommen, was es an Büchern zu bestimmten inhaltlichen Fragestellungen oder von einem bestimmten Autor überhaupt gibt, bei dem gleichzeitigen Nachteil, dass manches Buch nicht in der eigenen Stadt verfügbar ist. Dennoch sind auch solche Bücher über den sogenannten „Leihverkehr" (s. Abschn. 8.4.4) in die Bibliothek des eigenen Hochschulstandortes ausleihbar, sodass Sie mit diesem Buch für einige Zeit zumindest im Lesesaal „Ihrer" Bibliothek lernen und arbeiten können.

Im Folgenden soll der Karlsruher Virtuelle Katalog (KVK), ein vorbildliches und mehrfach prämiertes Angebot der Universitätsbibliothek Karlsruhe, als Beispiel für einen OPAC ausführlicher vorgestellt werden. Die Internetadresse des KVK finden Sie leicht über eine Suchmaschine und dann klicken Sie sich durch zur Standardeingangsseite des KVK (s. Abb. 8.13). Mithilfe eines Klicks auf eins

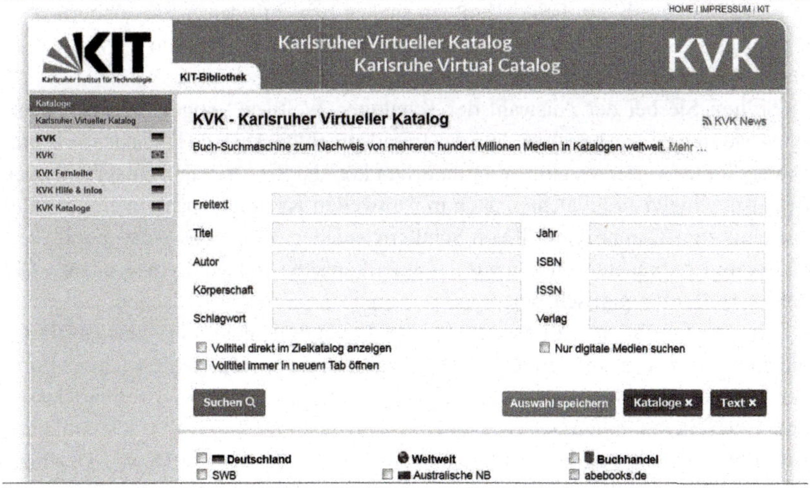

Abb. 8.13 Startseite des Karlsruher Virtuellen Katalogs (KVK), eines Verbundkatalogs

der kleinen Flaggensymbole links oben können Sie zwischen zwei Sprachen in der Benutzerführung und -hilfe wechseln. Darüber hinaus können Sie sich auf Bibliothekskataloge beschränken, die an der Fernleihe von Schriften teilnehmen. Soll die Suche erfolgreich sein, müssen Sie – abgesehen von den Suchwörtern in der Zeile „Freitext", besser aber in den jeweiligen Datenbankfeldern – zumindest unten ein Häkchen bei den auszuwählenden Katalogen setzen, je nachdem, ob Sie in Deutschland, der Schweiz oder in Österreich zuhause sind. Die weiter unten, in Abb. 8.13 nicht sichtbaren Katalog-Angebote ergänzen sich: Im Angebot „Weltweit" sind die Bibliotheken aus Deutschland, Österreich und der Schweiz *nicht* enthalten. Die ganz rechts aufgeführten Buchhandelskataloge suchen nur im noch käuflichen Bestand des Buchhandels bzw. der Antiquariate. Unter Letzteren gibt es noch Suchmöglichkeiten in Digitalen Beständen.

Sie können in allen angebotenen Katalogen zugleich suchen. Das dauert dann etwas länger bei der Auflistung sowie beim Übergehen von nichtrelevanten Treffern, sodass es zweckmäßiger sein kann, sich auf *einen* Verbundkatalog zu beschränken, in dessen Raum Sie wohnen, beispielsweise für die Region Berlin-Brandenburg auf den „KOBV Berlin-Brandenburg". Dazu setzt man in der KVK-Suchmaske nur dort ein Häkchen und gibt oben mindestens einen Suchbegriff ein. Sucht man nach Büchern eines bestimmten Verfassers, so tippt man dessen Namen im Feld „Autor" in der Form „Nachname, Vorname(n)" ein. Bei der inhaltlichen Suche ist die in Abschn. 8.2.3 erklärte Unterscheidung von Schlag- und Stichwörtern wichtig. So ist es ratsam, nacheinander mit allen möglichen Synonyma z. B. mit „Schülergewalt" im Feld „Titel" zu suchen bzw. mit den Schlagwörtern „Gewalttätigkeit Schüler" aus der Schlagwortnormdatei SWD im Feld „Schlagwort". *Schlagwortketten kann man im KVK nicht suchen.*

Sollten Sie bei der Auswahl der Kataloge „Weltweit" angekreuzt haben, so seien Sie sich dessen bewusst, dass das fremdsprachige Ausland keine deutschsprachigen Schlagwörter vergibt. Aber natürlich können Sie unter den entsprechenden fremdsprachigen Äquivalenten auch in weltweiten Katalogen nach internationaler Literatur zum Thema „Gewalt von Schülern" suchen, wobei das Wort „pupil" keine Ergebnisse brachte, sondern nur das amerikanische Teilsynonym „student". Die besten Treffer für englischsprachige Texte ergab das Schlagwort „school violence".

Eine weitere, nicht zu unterschätzende Suchmöglichkeit, die manche OPACs bieten, ist die *klassifikatorische Suche* nach Büchern über die zweite wichtige Form der Inhaltserschließung, nämlich über eine Systematik, die das Wissen in Klassen und Unterklassen einordnet (vgl. Kiel und Rost 2002, S. 65–85). Klassifikationen gibt es etliche, darunter international angewandte wie die Dewey-Dezimalklassifikation (DDC) oder die Universelle Dezimalklassifikation (UDC), sodann länderspezifische wie die Regensburger Verbundklassifikation (RVK), eine Stellsystematik, die viele wissenschaftliche Bibliotheken in Deutschland verwenden, und schließlich einfache hausgestrickte Systematiken von kleinen, spezialisierten Forschungsbibliotheken. Die Suche über eine Klassifikationsnotation gestaltet sich einfach, wenn man denn in einem OPAC ein Buch gefunden hat, das ideal das gesuchte Thema repräsentiert: Ist beispielsweise die RVK-Notation „LC 24000“ angegeben, so kann man in einem OPAC über einen Hyperlink weitere Titel mit dieser Notation suchen. Die Bücher müssten, so sie denn nicht ausgeliehen sind, im selben Regalfach (aber nicht unbedingt nebeneinander) in dieser Bibliothek stehen (vgl. auch Franke et al. 2010, S. 30 ff.). Über die URL „http://rvk.uni-regensburg.de“ können Sie sowohl im RVK-Register, in einem Begriffsfeld oder mithilfe einer Ihnen bekannten RVK-Notation suchen und dann in den teilnehmenden Bibliotheken über die inhaltliche Erschließung mittels Klassifikation nach konkreten Buchtiteln weitersuchen.

► **Tipp** Bibliothekskataloge und OPACs weisen *keine* Aufsätze nach! Deshalb ist es auf jeden Fall wichtig, in Fachdatenbanken zu recherchieren, die auch Artikel in Zeitschriften und Sammelbänden nachweisen. So gibt es z. B. die Aufsatzdatenbanken IBZ online (auch auf CD-ROM), JADE, JSTOR, PIO = Periodicals Index Online, SwetsWise Online Content. Vor der Recherche ist es wieder zweckmäßig, sich über Profil, Bedienung und mögliche Kosten auf den entsprechenden aktuellen Internetseiten zu informieren.

8.3 Recherchen auf CD-ROMs und DVDs

Neben den Datenbanken im Internet gibt es immer noch mindestens 7000 Informationssammlungen auf CD-ROM (**C**ompact **D**isc – **R**ead **O**nly **M**emory) oder DVD (**D**igital **V**ersatile **D**isc), darunter Adress- und Bestandsverzeichnisse, Aufsatz-, Bild-, Biografie-, Dissertations-, Fakten-, Rezensions- und Volltextdatenbanken sowie Nachschlagewerke wie Lexika, Enzyklopädien und Wörterbücher. Die Recherche-Software für solche CD-ROM- oder DVD-Datenbanken ist qualitativ recht unterschiedlich, sodass man sich vor deren Benutzung über die jeweilige Bedienung kundig machen muss.

Obwohl zahlreiche Hochschul- und Zentralbibliotheken diverse Datenbanken im Bibliotheks- oder Campusnetz bereithalten, soll hier lediglich kurz die Software Digibib5 vorgestellt werden, mit der sämtliche CDs und DVDs der Digitalen Bibliothek der Fa. Directmedia funktionieren. Zum Teil sind diese CD-ROMs in sogenannten *juke boxes* in Hochschulbibliotheken untergebracht; Maschinen, die an die alte Musikbox erinnern: Nicht alle CDs sind zur gleichen Zeit im Zugriff. Wenn ein Nutzer auf einer bestimmten CD oder DVD recherchieren will, dann wird diese nach Aufruf automatisch in ein freies Lesegerät befördert, sodass die Auswahl und Ladeprozedur ein wenig Zeit in Anspruch nimmt. Danach meldet sich die Startseite der gewählten CD-ROM.

8.3.1 Suche auf einer Volltext-CD-ROM der Digitalen Bibliothek

Die Firma Directmedia hat zwischen 1997 und 2007 u. a. geisteswissenschaftliche Textsammlungen wie die „Philosophie von Platon bis Nietzsche" und Nachschlagewerke wie „Religion in Geschichte und Gegenwart (RGG)" herausgebracht, die z. T. auch für Studierende erschwinglich und nützlich sind, und hat dazu eine einheitliche Bedienungsoberfläche (für Windows und Mac OS X) entwickelt, die viele sinnvolle Suchmöglichkeiten in *Volltexten* bietet, die in vielen Internet-Datenbanken nicht realisiert sind (z. B. die Wortabstandssuche NEAR). Der große Vorteil dieses Mediums bei einer solch umfangreichen Textsammlung ist offensichtlich: Mehrdimensionale Suchanfragen können – mithilfe von Trunkierungen, Platzhaltern, Booleschen Operatoren und Wortabstandssuche verfeinert – sehr schnell und bequem an einen großen Textkorpus gestellt werden. Die gefundenen Textstellen lassen sich nacheinander anschauen sowie mit verschiedenen Leuchtstiften markieren, kommentieren und speichern. Eine mit einem Markierstift gekennzeichnete Textstelle lässt sich jeweils mit exaktem Quellenbeleg (!), der sich auch auf die seitengenaue Passage der *gedruckten* Ausgabe bezieht, in eine eigene Textdatei übertragen. Einfacher geht das Zitieren nirgends. Kein Mensch könnte dies in so kurzer Zeit für eine Vielzahl von Fragestellungen leisten. Diese Zitate in ihrer historischen und aktuellen Bedeutung dann einzuschätzen, erfordert selbstverständlich gründliche philologische und fachwissenschaftliche Kenntnisse.

8.4 Die Bibliothek als Arbeitsort und Dienstleister

Abgesehen von der Fundgrube Internet, vor deren unreflektierter Nutzung schon in den Abschn. 8.1.2 und 8.1.3 eindringlich gewarnt wurde, sind wissenschaftliche Bibliotheken die Arbeitsorte, an denen eine Vielzahl von seriösen Printmedien vorhanden sind, die zur Nutzung bereitstehen. Viele qualitativ hochwertige Bücher und Zeitschriften sind *nicht* als Volltexte im Internet oder auf CDs/DVDs zugänglich, weil sie urheberrechtlich geschützt sind und die Copyright-Inhaber sich der elektronischen Verbreitung dieser Texte widersetzen. Wenngleich die Kenntnisse zur elektronischen Recherche immer wichtiger werden, benötigen Sie für die weitere Arbeit in Bibliotheken einige Spezialkenntnisse, wenn Sie deren (Alt-)Bestände effektiv nutzen wollen. Viele Bibliotheken legen, oft zum Mitnehmen, *Benutzeranleitungen* aus, die eigens für diese Bibliothek verfasst wurden. Hierin finden Sie wichtige Informationen zur Struktur eben dieser Bibliothek und ihrer Kataloge. Um eine spezielle Bibliothek in ihrem Aufbau kennenzulernen, lohnt es sich auch, eine (virtuelle) *Führung* mitzumachen, wie sie in vielen Bibliotheken meist zu Semesterbeginn angeboten wird. Darüber hinaus hilft das Bibliothekspersonal an den Informationsplätzen, wenn Sie Fragen haben.

► **Tipp** Nehmen Sie an einer Bibliotheksführung teil und lesen Sie die Benutzungsanleitung „Ihrer" Hochschulbibliothek!

Man erfährt durch Anleitungen und Führung recht schnell einiges Wissenswerte, das einem später eventuell Stunden der vergeblichen oder nur teilweise erfolgreichen Suche erspart. *Bibliotheken* sind Orte der Materialanschaffung, -aufbewahrung und -erschließung. Vorwiegend Printmedien eines bestimmten Sammelgebiets, z. B. erziehungswissenschaftliche Fachliteratur und Schulbücher, werden gekauft, in Regalen aufgestellt und mittels *Katalogen* (heute meist elektronischen OPACs) nachgewiesen. Das inhaltliche Sammelgebiet einer Bibliothek, ihr Bestands*umfang* (Zahl der Bände), die von ihr gesammelten Material*arten* (Bücher, Zeitschriften, aber vielleicht auch Tonträger, Dias, ...) sowie ihre weiteren Dienstleistungsangebote charakterisieren diese Bibliothek ebenso wie z. B. die *Bestandsaufstellungsprinzipien*. So differenziert man, was die *Aufstellungsart* angeht, zwischen Magazin- und Freihandbibliotheken einerseits und Ausleih- und Präsenzbibliotheken andererseits. Aus *Präsenzbibliotheken* können Sie keine Literatur entleihen, was den Vorteil hat, dass alle Medien im Gebäude verbleiben, während erhebliche Bestände von *Ausleihbibliotheken* entliehen und somit für Sie u. U. erst nach Wochen verfügbar sind. Die *Magazin-* und die *Freihandaufstellung* unterscheiden sich darin, ob Sie als Besucher direkt an die Regale herankommen (was zeitsparend ist und wobei Sie vielleicht noch andere Bücher zum Thema im Regalfach entdecken) bzw. ob Materialien aus dem geschlossenen Magazin durch Mitarbeiter herangeholt werden müssen (was z. T. mit erheblichen Wartezeiten verbunden ist, sodass Sie eventuell erst nach geraumer Zeit erfahren, dass das gewünschte Buch derzeit ausgeliehen ist).

Des Weiteren unterscheidet man die Aufstellung der Bücher nach *Numerus currens* (= fortlaufende Nummerierung) von der systematischen Aufstellung nach inhaltlichen Gesichtspunkten. Ersteres bedeutet, dass jede Medieneinheit, beispielsweise ein Buch, ohne Rücksicht auf den Inhalt, eine Nummer erhält. Dabei kann im Bibliotheksregal der Universitätsbibliothek ein Chemiebuch neben einem Gedichtband stehen. Im anderen Fall stehen thematisch ähnliche Bücher auch in räumlicher Nähe zueinander (z. B. nach Sachgebietsgruppen der bibliothekseigenen Systematik geordnet oder nach eingeführten Klassifikationen wie etwa der Regensburger Verbundklassifikation – RVK; s. Abschn. 8.2.3).

Eine wissenschaftliche Bibliothek verfügt überwiegend über gedruckte Materialien. Die Materialien werden nach verschiedenen Aspekten klassifiziert, z. B.

- *nach der Erscheinungsform*: (Fach-)Bücher, (Fach-)Zeitschriften, Zeitungen, Handschriften, audiovisuelle Medien, Mikroformen;
- *nach der Verfügbar- und Erhältlichkeit*: über den Buchhandel zu beziehen bzw. nicht über den Handel erhältlich (die sogenannte „Graue Literatur“ = Sammelbegriff für gedruckte Materialien, die *nicht* über den Buchhandel zu kaufen sind, z. B. manche Forschungsberichte, Vereinspublikationen, Kongress- und Tagungsbände);
- *nach dem Status für den wissenschaftlichen Arbeitsprozess*. Man unterscheidet zwischen *Primärdokumenten*, d. h. einem Bereich, der das Originalschrifttum umfasst (z. B. das von Jean Piaget verfasste Buch „Das moralische Urteil beim Kinde“) und *Sekundärdokumenten* (z. B. eine Dissertation, die sich u. a. mit Piagets Theorie der moralischen Entwicklung bei Kindern auseinandersetzt) sowie *Tertiärdokumenten*, die z. B. *über* Dokumente Auskunft geben. Das können Lexika, Enzyklopädien, Hand-, Lehr-, Wörterbücher sein (die teilweise auch zu den Sekundärquellen zählen) oder bibliografische Verzeichnisse, die auf Schrifttum wie Piagets Buch, aber auch die Dissertation über Piagets Theorie hinweisen. Während Primär- und Sekundärquellen zitierfähig sind, wird dies bei Tertiärquellen u. U. problematisch (s. Abschn. 8.4.2).

Die Referenzquellen, deren gedruckte auch *bibliografische Verzeichnisse* oder *Literaturauskunftsmittel* (Bibliografien, Dokumentationen, Referatenorgane) genannt werden, weisen Bestände nach, die nicht unbedingt in der von Ihnen besuchten Bibliothek vorhanden sein müssen. Dennoch sind diese Literaturnachschlagewerke neben den elektronischen Referenzdatenbanken wie dem KVK (s. Abschn. 8.2.3) wichtige Informationsmittel über Schrifttum, um erst einmal herauszufinden, was es denn zu einem Thema überhaupt an Literatur gibt. Da die allermeisten Bibliotheken *keine Zeitschriftenaufsätze* inhaltlich erschließen, sind diejenigen Literaturauskunftsmittel besonders wichtige Informationsquellen, in denen *Aufsätze* nachgewiesen werden, wie z. B. die online verfügbare FIS Bildung Literaturdatenbank (s. Abschn. 8.2.3).

8.4.1 Konventionelle Bibliothekskataloge

Sämtliche in einer Bibliothek vorhandenen Materialien sind in Katalogen inventarisiert, heutzutage für neuere Bestände meist in elektronischen. Die Umstellung ist oft in den 1990er-Jahren erfolgt, wobei große Altbestände meist *nicht* in die Datenbanken übernommen wurden. Für aktuelle *sozial*wissenschaftliche Themen kann man mittlerweile auf die konventionelle Recherche in alten Katalogen verzichten, nicht aber für eine historische Arbeit. Kenntnisse zu den alten Katalogen sind zudem hilfreich bei der Recherche in elektronischen Katalogen, weil die bibliothekarischen Regelwerke auch bei der Eingabe in OPACs angewendet werden. Das gilt insbesondere bei internationalen Institutionennamen und bei transkribierten Namen: In der Personennamendatei (PND) der Deutschen Nationalbibliothek, die nun in die Gemeinsame Normdatei (GND) integriert wird, sind die unterschiedlichen Schreibweisen des russischen Schriftstellernamens Tschechow zusammengeführt unter der wissenschaftlichen Transliteration „Čechov, Anton P".

Bibliothekskataloge weisen – sofern es sich *nicht* um Verbundkataloge mit anderen Bibliotheken handelt – nur den Bestand nach, der sich auch wirklich im Besitz dieser Bibliothek befindet. Wer also Bücher im Lesesaal studieren oder in einer Ausleihbibliothek entleihen möchte, informiert sich an den Katalogen „seiner" Bibliothek.

Bis Mitte der 1990er-Jahre sind die meisten Kataloge noch als *Zettelkataloge* in Form von Karteikarten in Karteischränken geführt worden. Mittlerweile haben die großen wissenschaftlichen Bibliotheken auf Datenbanken und damit auf *einen* computergestützten Katalog umgestellt, mit dessen Hilfe Anfragen unterschiedlicher Art beantwortet werden können. Vorher gab es und gibt es in traditionell geführten Bibliotheken:

- einen Hauptkatalog, den *Alphabetischen Katalog* (AK), der formal vom Titelblatt eines Buchs ausging,
- einen *Sachkatalog* (SK) in der Variante *Schlagwortkatalog* (SWK) und/oder *Systematischer Katalog* (SyK), die vom Inhalt der Bücher ausgehen, sowie meistenteils
- einen *Standortkatalog* bzw. ein Zugangsbuch mit Inventarisierungsfunktion (vgl. Gantert und Hacker 2008).

Manche, vor allem kleine (Instituts-)Bibliotheken, weisen ihren Altbestand in einem *Kreuzkatalog* nach. In ihm sind Alphabetischer Katalog und Schlagwortkatalog alphabetisch ineinander vereinigt.

Mit den Bedienungsprinzipien der OPACs und Verbundkataloge wurden Sie bereits in den Abschn. 8.2.3 und 8.3 vertraut gemacht.

Genannt werden müssen noch Unterscheidungen hinsichtlich der äußeren Form der Kataloge: Neben den elektronischen und schon erwähnten Zettelkatalogen gibt es noch *Mikrofilm-Kataloge*, die platzsparend den Bestand für einen bestimmten Zeitraum verzeichnen, sodass man u. U. mehrere, alphabetisch geordnete Filmkarten (= Mikrofiches) verschiedener Zeitabschnitte in ein Mikrofiche-Lesegerät einlegen muss. Manche Zettel- und Mikroform-Kataloge sind mittlerweile digitalisiert worden, so z. B. der Zettelkatalog des Hamburgischen Weltwirtschaftsarchivs (HWWA). Bei solchen *Imagekatalogen* (IPACs) ist nur jede 50. oder 100. Karte datenbankmäßig erfasst. Dem gewünschten Suchwort bzw. Verfassernamen muss man sich dann an einem Computer durch Blättern in den Abbildungen (images) der Karteikarten nähern.

Für das Suchen und Auffinden in Zettel-, Mikroform- und Imagekatalogen ist das bibliothekarische *Regelwerk* wichtig, nach welchem der Katalog geführt wurde. Darüber muss man sich bei der Benutzung von OPACs in der Freitextsuche keine Gedanken machen, weil alle Wörter indexiert sind. Bei den *konventionellen* Katalogen ergeben sich aus den angewendeten Regeln z. T. gravierende Unterschiede, die Sie eventuell ein gesuchtes Werk nicht finden lassen, obwohl es an dieser Bibliothek vorhanden ist. In wissenschaftlichen Bibliotheken sind neben hauseigenen Sonderregeln sowohl die *Preußischen Instruktionen* (PI) als auch die *Regeln für die alphabetische Katalogisierung für wissenschaftliche Bibliotheken* (RAK-WB) in Gebrauch, z. T. für die älteren Bestände die PI, für die neueren – ab ca. 1970 – die RAK-WB. Seit April 2012 beteiligt sich die Deutsche Nationalbibliothek (DNB) über den Aufbau der Gemeinsamen Normdatei (GND) an der Anwendung und Anpassung des internationalen Regelwerks „Resource Description and Access (RDA)“ (vgl. auch Lauber-Reymann 2010, S. 67–80, insbes. S. 41). Die GND ist über das Kürzel OGND im Internet recherchierbar.

► **Tipp** Wenn Sie mit den Zettel-, Mikroform- und Imagekatalogen in einer Bibliothek nicht zurecht kommen, fragen Sie das Bibliothekspersonal an der Informationstheke!

8.4.2 Allgemeine Auskunftsmittel

Jede Bibliothek verfügt über gedruckte Nachschlagewerke wie Enzyklopädien und Allgemeinlexika, Fachlexika, Hand-, (Sprach-)Wörter- und Adressbücher allgemeiner oder fachspezifischer Art. Darüber hinaus besitzen sie meist biografische

Ressourcen wie „Kürschners Gelehrtenkalender", in dem Professorinnen und Professoren verzeichnet sind, und Werke mit Fakteninformationen, z. B. statistische Jahrbücher o. ä. Diese werden meist an einem zentralen Ort aufgestellt, oft in der Nähe des Informationsplatzes, damit das Bibliothekspersonal bei telefonischen Anfragen rasch auf diese Materialien zugreifen kann. Nachschlagewerke sind in der Regel *nicht* ausleihbar. Solche Auskunftsmittel sind manchmal der erste traditionelle Einstieg in die Bearbeitung einer Fragestellung. Deshalb sollten Sie sich einen Überblick darüber verschaffen, welche Auskunftsmittel und Nachschlagewerke in Ihrer Bibliothek vorhanden sind. Was es an Fachbibliografien und Online-Datenbanken gibt, kann unter dem Stichwort „FabiO" beim Bibliotheksservice-Zentrum Baden-Württemberg recherchiert werden.

Enzyklopädien, (Real-)Lexika und Wörterbücher sind für die Einarbeitung in Begriffe, Gegenstände, Themen unterschiedlich gut geeignet. Allgemeine Nachschlagewerke zu allen Bereichen des Wissens sind sicher weniger fachnah als spezielle Nachschlagewerke für einzelne Wissensgebiete. Da alle Lexika jedoch erst das Wissen aufgreifen, das sich allgemein durchgesetzt hat, und Lexika nicht jedes Jahr überarbeitet werden, sind sie meist veraltet, auch hinsichtlich der Literaturangaben. Nachschlagewerke in den Geistes- und Sozialwissenschaften sind darüber hinaus ziemlich anfällig für weltanschauliche Intentionen des jeweiligen Stichwortautors, Bearbeiters, Herausgebers, Verlags. Darüber hinaus gibt es erhebliche Qualitätsunterschiede in der Bearbeitung und Verlässlichkeit. Positiv hervorzuhebende Werke sind beispielsweise das „Historische Wörterbuch der Philosophie" oder „Religion in Geschichte und Gegenwart (RGG)". Achten Sie auf jeden Fall auf den Redaktionsschluss bzw. das Datum der Drucklegung. Ältere Werke sind oft nur noch historisch interessant. Deshalb: *Alles immer kritisch lesen!*

Auf der anderen Seite muss man sich manchmal schnell und überblicksartig über einen Gegenstand oder Sachverhalt informieren. Dazu schaut man am besten in aktuelle Handbücher. Für sie gilt gleichermaßen wie für die anderen Nachschlagewerke, dass sie von der Aktualität und Ausgewogenheit her qualitativ sehr unterschiedlich sind. Dennoch bekommt man meist, wenn sie von Fachleuten geschrieben sind, eine gewisse Struktur des Fachs bzw. eines Themenbereichs übersichtlich dargelegt, sodass man auf der Grundlage dieses Überblicks die *Wörter* kennt, mit deren Hilfe man in Katalogen, Bibliografien und elektronischen Diensten nach neuester Literatur suchen kann. Für Fortgeschrittene noch lohnenswerter sind „Annual Reviews", in denen renommierte Fachvertreter den Stand und Fortschritt („state of the art") ihres Spezialgebiets darstellen und kritisch kommentieren.

Darüber hinaus benötigt man zuverlässige Nachschlagewerke, die Fachwörter erklären. Hierzu reicht ein Fremdwörterbuch meist nicht aus, weil Termini z. T. in verschiedenen Wissenschaftsdisziplinen eine unterschiedliche Bedeutung haben, oft selbst in einem Fach höchst unterschiedlich definiert werden. Deshalb ist es gut, wenn man in Bibliotheken auf eine Vielzahl von Nachschlagewerken zurückgreifen und vergleichen kann, dabei bedenkend,

- dass Nachschlagewerke nie so aktuell sein können wie die neuesten Forschungsergebnisse und insofern das Jahr des Redaktionsschlusses bzw. der Drucklegung nicht unerheblich ist;
- dass ihre Literaturverweise eher angeben, aus welchen Quellen das Stichwort verfasst wurde, statt dem Leser weiterführende Literaturhinweise zu geben;
- dass Informationen aus Nachschlagewerken der Geistes- und Sozialwissenschaften ideologisch tendenziös sein können und somit über die Zitierfähigkeit von Nachschlagewerken nur im Zusammenhang mit dem Zweck des Zitats und dem zu Rate gezogenen Werk entschieden werden kann.

Gleiches gilt übrigens für die Benutzung der Internet-Enzyklopädie *Wikipedia*, die sich immer größerer Beliebtheit erfreut. Sie nimmt an Umfang weiter zu und wird laufend aktualisiert, sodass einige der o. g. Nachteile auf sie nicht zutreffen, dafür aber andere in umso stärkerem Maße: Da jede(r) mitarbeiten und auch neue Artikel einfügen darf, ist die Qualität der Beiträge schwer einzuschätzen. Bei neuen und auch bei umstrittenen Einträgen wird neuerdings ein roter Warnhinweis angebracht. Nonsens- oder gegen die Wikipedia-Regeln verstoßende Beiträge werden gelöscht, Scherzkekse, Fanatiker und Wirrköpfe als Autoren ausgeschlossen, sobald sie entdeckt wurden.

8.4.3 Konventionelle Literaturauskunftsmittel (Bibliografien, Dokumentationen)

Bei der großen Präferenz des Internets wird oft übersehen, dass viele Bibliotheken noch über konventionelle *Literatur*auskunftsmittel sowie Fachbibliografien, Dokumentationen oder Referatenorgane verfügen, die – auf bestimmte Themen oder Zeiträume beschränkt – spezielle Publikationstypen nachweisen wie Zeitschriftenaufsätze, Zeitungsartikel, Rezensionen oder Hochschulschriften (= Dissertationen und Habilitationen). *Formal* unterscheidet man außerdem zwischen abgeschlossenen und kontinuierlich erscheinenden Bibliografien. Meist sind die Beschreibungen in speziellen Literaturauskunftmitteln viel ausführlicher als in Bibliothekskatalogen oder Allgemeinbibliografien, z. T. mit Schlagwörtern, Inhaltsangaben und ausführlichen Registern. Auch hier gilt, wie bei den elektronischen Datenbanken, dass man die jeweils einleitenden „Benutzungshinweise“ lesen sollte, weil der Aufbau und die Anordnung der Nachweise variieren (ausführlicher: vgl. Kiel und Rost 2002, S. 57 ff.).

8.4.4 Von der Literaturermittlung zur Literaturbeschaffung

Von Volltexten aus dem Internet oder von CD-ROMs oder DVDs (s. Abschn. 8.3.1) einmal abgesehen: Was Sie nach sorgfältigen Recherchen haben, sind erst einmal Literatur*hinweise* in Form von bibliografischen Angaben und noch nicht das Buch oder der Aufsatz selbst. Diese Referenzen sollten bei *selbstständiger* Literatur (Monografien und Sammelwerke) *zumindest* bestehen aus:

- Verfassernamen, inkl. Vornamen(sabkürzung);
- Sachtitel,
- Erscheinungsjahr.

Bei *unselbstständiger* Literatur ist neben dem Verfassernamen für den Aufsatz vor allem der *Quellenvermerk* wichtig, unter dem weiter zu suchen ist: bei Sammelwerken *der genaue Sachtitel* des Sammelbands, bei Zeitschriftenaufsätzen *der Zeitschriftentitel* sowie bei beiden das Erscheinungs*jahr*. Je mehr richtige Angaben Sie haben, desto einfacher gestaltet sich die weitere Suche.

Falls Ihr Hochschulstandort über eine gut ausgestattete Bibliothek verfügt, sollten Sie bei Monografien und Sammelwerken über den OPAC bzw. den konventionellen Bibliothekskatalog und bei Zeitschriftenaufsätzen über die Zeitschriftendatenbank (ZDB) (s. Abschn. 8.2.3) feststellen, ob es in „Ihrer“ Bibliothek die mit diesen Literaturangaben beschriebenen Dokumente gibt. Katalogkarten bzw. OPAC-Titelangaben enthalten einen Hinweis zum Standort, meist in der Form einer *Signatur*. Eine Signatur besteht aus Ziffern und oft auch aus Buchstaben. *Beispiele für ein und dasselbe Buch in unterschiedlichen Bibliotheken*: „AK 39540 R839(7)+3“, „208/000 024 918“, „BV040458535“, „QB-1052“, „“; „AA L 416“, „StudOrga 14“ oder „ba 156“. Solche Signatur-Ungetüme müssen Sie sich merken oder besser aufschreiben, wenn Sie das Buch anschauen wollen. In *Freihandbibliotheken* finden Sie die Hauptgruppen der Signaturen (z. B. „AK 39540“) an den Regalen und die exakte Signatur auf dem Buchrücken. In *Magazinbibliotheken* müssen Sie manchmal noch immer einen Bestellschein ausfüllen und abgeben, auf dem die Signatur die wichtigste Angabe ist, damit der Mitarbeiter das richtige Buch aus dem Magazin holt. Ist der OPAC Ihrer Bibliothek mit dem Ausleihsystem verbunden, müssen Sie sich einloggen und das Buch elektronisch zur Ausleihe bestellen. Nach einer angegebenen Zeit wird das Buch für Sie zur Abholung oder für die Lektüre im Lesesaal bereitgelegt.

Mehr und mehr werden Bücher an der Ausleihtheke elektronisch verbucht. Dazu wird die Vorlage des scanbaren Benutzerausweises, oft der Studentenausweis selbst, verlangt. *Da in Ausleihbibliotheken Etliches verliehen ist, planen Sie bitte Ihre Arbeit so, dass Sie zur rechten Zeit über die benötigte Literatur verfügen.* Bei einigen Bibliotheken kann man Bücher auch elektronisch *vorbestellen*. Manche Ausleihsysteme melden einem sogar auf dem Monitor, ab wann man mit dem Buch rechnen kann. Manche Bibliotheken verschicken sogar automatisch eine E-Mail oder SMS, wenn das für Sie vorgemerkte Buch zurückgegeben wurde.

Sollten Sie in „Ihrer" Bibliothek nicht fündig geworden sein, beginnt die gezielte Suche in anderen Bibliotheken. Hier kommen nun die elektronischen Verbundkataloge (z. B. der KVK – s. Abschn. 8.2.3) sowie die „Zeitschriftendatenbank (ZDB)" (s. Abschn. 8.2.3) zur Ermittlung von Bibliotheken zum Einsatz, die die von Ihnen recherchierte Literatur angeschafft haben. Jeder Besitz wird nachgewiesen durch ein *Bibliothekssigel,* ein Kürzel aus Zahlen und manchmal auch Buchstaben (z. B. „1a" = Staatsbibliothek Preußischer Kulturbesitz, Berlin; „929" = Rheinische Landesbibliothek, Koblenz; „Frei 129" = Bibliothek der Pädagogischen Hochschule Freiburg i. Br.). Alle Bibliotheken, die am regionalen bzw. überregionalen Leihverkehr teilnehmen, haben solch ein Bibliothekssigel, das durch *Sigelverzeichnisse* auflösbar ist.

Haben Sie das gewünschte Buch in einem Verbundkatalog recherchiert, finden Sie dort meist einen S·F·X-Button

(s. a. Abb. 8.10), der anzeigt, dass Bibliotheksressourcen und -dienstleistung mithilfe der SFX-Software miteinander verlinkt sind. Wenn Sie mit der Maus auf den Button klicken, werden Sie zur Aus- bzw. Fernleihe weiterverbunden. Dazu muss man Inhaber/-in eines Studenten- bzw. Bibliotheksausweises sein, sich mit Passwort anmelden und dann online z. B. einen *Online-Fernleihauftrag* ausfüllen und absenden.

Das neue Verfahren verkürzt die Wartezeiten erheblich, wenn das Buch in der ausleihenden Bibliothek nicht gerade anderweitig verliehen ist. – Auf dieselbe Weise können auch *Aufsätze* aus Zeitschriften und Sammelwerken bestellt werden, wobei der genaue Zeitschriften- bzw. Sammelwerkstitel, die Jahreszahl (evtl. mit Heftnummer)sowie die Seitenzahlen des Aufsatzes als Von-bis-Angabe erforderlich sind. *Ein ganzer Zeitschriftenjahrgangsband oder einzelne Zeitschriftenhefte werden nicht nach Hause verliehen.* Bücher werden einem zwei bis vier

Wochen zur Verfügung gestellt; bei wertvolleren Exemplaren nur zur Lektüre im Bibliothekslesesaal. Sehr kostbare, seltene Bücher werden gar nicht ausgeliehen. Eine Verlängerung der Frist ist meist *nicht* möglich. Pro bestellter Einheit (Buch/Aufsatz) ist eine geringe Gebühr zu zahlen. – Es können auch Dokumente aus anderen Ländern im Internationalen Fernleihverkehr bestellt werden; das kann teurer werden, aber man kann eine Kostenbegrenzung in das (Online-)Formular eintragen.

Wer es sehr eilig hat bei Buch- oder Aufsatzbestellungen, wendet sich an „subito", einen *Dokumentlieferdienst* (*document supplier*), bestehend aus großen Bibliotheken, die ihren Versand deutlich beschleunigt haben, was sich jedoch auch in höheren Kosten niederschlägt. Diese sind unterschiedlich hoch, je nach Nutzergruppe, Anbieter und Lizenzvereinbarung sowie der Frage, wie schnell und in welcher Form Sie die Kopien erhalten wollen (Post, Fax, Scan, Mail). Eine Normalbestellung dauert drei Werktage, eine Eilbestellung nur einen.

Die „British Library" oder kommerzielle Anbieter, z. B. große Verlage, bieten ebenfalls die Möglichkeit, direkt Aufsatzkopien zu bestellen (*online ordering*) oder Aufsätze gegen Entgelt (elektronisch) downloaden können, vom Campus Ihrer Hochschule oder Bibliothek eventuell sogar kostenlos aus Volltextdatenbanken wie JSTOR oder Springerlink. Wenn diese im Rahmen eines Lizenzabkommens mit Ihrer Hochschule freigeschaltet sind (was nach Aufruf über Ampelgrün angezeigt wird), dann können auch Sie (zumindest vom Campus Ihrer Hochschule aus) Aufsätze als Volltexte herunterladen oder ausdrucken. An dieser Stelle soll auch noch auf das „Social Science Open Access Repository (SSOAR)" und die Suchmaschine BASE (s. Abschn. 8.2.1) hingewiesen werden, aus dem frei zugängliche „open access" gestellte wissenschaftliche Volltexte abgerufen werden können.

8.5 Die Relevanzprüfung von Literatur

Grundlagenliteratur, die Lehrende zur Anschaffung empfehlen und die Sie für einen längeren Zeitraum benötigen, sollten Sie kaufen. Das hat den Vorteil, dass Sie diese ständig zur Verfügung haben, wenn Sie sie brauchen. Da es jedoch auch Bücher gibt, die die Anschaffung nicht lohnen, sollten Sie vorher sehr genau prüfen, ob sich das ins Auge gefasste Werk für Ihre Fragestellung als relevant erweist. Dieser Vorsatz sollte nicht nur für gekaufte Bücher gelten, sondern auch für Material, bevor man es aus dem Internet herunterlädt oder den Bibliotheken heimschleppt. Wenn Sie für Ihre Themenstellung größere Mengen anscheinend geeigneter Literatur gefunden haben, kommt es darauf an, durch die *Relevanzprüfung* die Spreu vom Weizen zu trennen. Dazu sollte man sich den Aufsatz bzw. das Buch genauer ansehen:

Bevor Sie ein Buch oder einen Aufsatz lesen, sollten Sie prüfen, ob der Text

- zitierfähig und zitierwürdig ist (vgl. Prexl 2015, S. 25),
- für Ihre bzw. die vorgegebene Fragestellung relevant (ebd.) ist und
- Ihrem Wissensstand/Anspruchsniveau entspricht.

Folgende Kriterien sind dabei zu beachten:

- Der *Sachtitel*: Welchen Bezug hat er zur eigenen bzw. vorgegebenen Fragestellung? Welche Erweiterungen, Einschränkungen, Konkretisierungen oder Präzisierungen sind dem *Titel* und *Untertitel* zu entnehmen?
- *Bei Übersetzungen*: Wie lautet der Originaltitel? Weicht der deutsche Titel von Original ab? Ist diese Abweichung für die Fragestellung relevant?
- Die *Reputation des Autors* bzw. der *Autorin*: Ist überhaupt ein Autor genannt? Welche Arbeitsschwerpunkte, weltanschaulichen, wissenschaftstheoretischen und methodischen Auffassungen vertritt die Person? Handelt es sich bei dem vorliegenden Text um einen zu deren Spezialgebiet? Viele Wissenschaftler(innen) haben eine Homepage, auf der Sie sich zu Fachgebiet, Werdegang und Publikationsliste informieren können. Darüber hinaus können Sie bei älteren Wissenschaftlern über die Zitationsdatenbanken „Web of Science" oder „SCOPUS" den „h-Index" recherchieren, der ein internationales Reputationsmaß darstellen soll, das allerdings heftig umstritten ist.
- Das *Erscheinungsjahr*: Trivial, aber wichtig: *Neue Daten, aktuelle Entwicklungen und Theorien finden Sie nicht in Büchern oder Aufsätzen von 1975.* Bei sozialwissenschaftlicher Fragestellung müssen Sie in viel stärkerem Maße die neuesten Veröffentlichungen und Daten verwenden, bei geisteswissenschaftlichen oder historischen Themenstellungen kann das anders sein. Doch neuere Diskurse zu einem Thema finden Sie auch bei geisteswissenschaftlicher Arbeitsweise nicht in Büchern von 1960. Diese lohnen dann nicht einmal den Weg zum Regal. *Die Jahreszahl des Erscheinens finden Sie im Impressum,* meist auf der Rückseite des Titelblattes (meist S. 3/4 eines Werkes). Bei *Übersetzungen* ist übrigens der Zeitpunkt der *Erstveröffentlichung,* der im Copyright-Vermerk zu finden ist, das entscheidende Datum für die Einschätzung der Aktualität; denn die deutschsprachige Ausgabe kommt oft erst einige Jahre später heraus.
- Die *Auflage*: Stellen Sie sicher, dass Sie, so es denn überarbeitete Auflagen gibt, die neueste Auflage eines Buchs lesen. Wenn Sie darauf *nicht* achten, riskieren Sie, Ihre Zeit für die Rezeption eines überholten Diskurses zu opfern bzw. zu übersehen, dass ein Autor seine Auffassung verändert hat oder eine Autorin ihre Thesen mit neuen Forschungsergebnissen stützt.

- Wie seriös ist der *Klappentext?* In dem werbenden Text auf den Umschlagklappen bzw. bei broschierten Büchern auf der Seite 2 oder der Buchrückseite finden Sie erste, *auch inhaltliche* Informationen zur Zielsetzung des Buchs, z. T. auch eine biografische Notiz zum Autor bzw. der Autorin. Vergessen Sie dabei jedoch nicht, dass es Ziel des Klappentextes ist, Käufer zu gewinnen. Vergleichen Sie die Informationen aus dem Klappentext mit dem Inhaltsverzeichnis, dem Vorwort bzw. der Einleitung!
- Hat der *Verlag* einen guten Ruf? Gilt er als ausgewiesener Fachverlag für dieses Gebiet? Publizieren in dem Verlag angesehene Autoren oder ist er weltanschaulich einseitig gebunden?
- Erscheint das Buch in einer *Buchreihe?* Wer gibt sie heraus? Wer publiziert in dieser Buchreihe? Welches Ansehen genießt die Reihe in der Fachwelt? Welche Herausgebernamen bestimmen das Profil der Buchreihe oder Zeitschrift? *Bei Zeitschriften*: Handelt es sich um eine peer-reviewte Zeitschrift, in der ausschließlich von Experten geprüfte Beiträge erscheinen? Wird sie in renommierten Datenbanken (z. B. „Social Sciences Citation Index", „SCOPUS") dokumentiert und ausgewertet? Welches Reputationsmaß („Journal Impact Factor") wird der Zeitschrift international zugesprochen?
- Wie wurde das Werk *rezensiert?* Besprochen werden i. d. R. nur Bücher, keine Aufsätze. Neben den Besprechungen in großen Tages- und Wochenzeitungen, die gelegentlich auch wichtige Sach- und Fachliteratur rezensieren, gibt es anerkannte sozial- und geisteswissenschaftliche (Online-)*Rezensionszeitschriften* wie die „Erziehungswissenschaftliche Revue (EWR)" (nur online), die „Sozialwissenschaftliche Literatur-Rundschau", die „Soziologische Revue", „Literaturkritik.de", „Theologischer Literaturanzeiger", „Historische Literatur" (H-Soz-u-Kult), „Sehepunkte", „arthistoricum.net" (Kunstgeschichte), „IASL" (Germanistik) oder „Querelles-Net" (Genderstudies). Gedruckte Besprechungen sozial- und geisteswissenschaftlicher Veröffentlichungen werden nachgewiesen durch die „Internationale Bibliographie der Rezensionen (IBR)", die online in wissenschaftlichen Universalbibliotheken recherchierbar ist.
- *Inhaltsverzeichnis* und *Register*: Werden die Themen bzw. Fragen behandelt, die für Ihre Fragestellung wichtig sind? Aus dem Inhaltsverzeichnis sollte hervorgehen, ob *längere* Passagen des Buchs für Ihre Fragestellung relevant sind. Dies können Sie auch noch einmal kontrollieren, indem Sie sich die eventuell beigegebenen Sach- und Personenregister anschauen. Tauchen dort die Wörter und Namen auf, die Sie auf Ihrer Stich- und Schlagwortliste gesammelt haben?
- Lesen Sie gegebenenfalls die durch das Inhaltsverzeichnis oder Register ausgewiesenen *Textpassagen!* Welchen Eindruck im Hinblick auf ihre Wissenschaftlichkeit hinterlassen diese bei Ihnen? Sind sie nachvollziehbar, theoriefundiert,

mit Quellenangaben versehen? Sind sie im Niveau zu hoch, zu niedrig oder Ihrem Studienstand angemessen?

- *Literaturverzeichnis*: Die Zahl der angeführten Titel ist kein Gütemaßstab, aber die Aktualität der (Sekundär-)Literatur, auf die sich ein Autor stützt oder eine Autorin bezieht, und deren Relevanz für das bearbeitete Thema: Werden unterschiedliche Ansätze berücksichtigt und die Grenzen des Fachs überschritten? Um von einem Literaturverzeichnis auf die Güte einer Veröffentlichung schließen zu können, müssen Sie sich allerdings bereits in Ihr Thema eingearbeitet haben. Neuere Literatur, die Sie noch nicht kennen und die für Ihre Fragestellung relevant sein könnte, sollten Sie auf jeden Fall notieren und prüfen, selbst wenn sie das vorliegende Werk nicht weiterlesen.
- *Vorwort, Einleitung, Zusammenfassung*: Besonders wichtig sind das Vorwort bzw. die Einleitung, die Auskunft über die Fragestellung und das Ziel des Textes geben (sollten). Auch die Zusammenfassung der Ergebnisse kann Aufschluss darüber geben, ob der Text für Ihre Arbeit geeignet ist.
- Bei *Aufsätzen* sollten Sie eine eventuell vorhandene Zusammenfassung (Abstract, Autorenreferat) und den Schluss lesen sowie die Zwischenüberschriften prüfen.
- Am Ende dieser Relevanzprüfung steht die Entscheidung, ob sich die Lektüre für Sie voraussichtlich lohnen wird – oder nicht (s. a. Abb. 9.10).

► **Tipp** Erscheint Ihnen das Buch oder der Aufsatz interessant, aber sein Inhalt (noch) zu kompliziert, sollten Sie sich den Titel für eine spätere Lektüre in Ihrer Literaturkartei bzw. -datenbank (z. B. Citavi) vormerken. Rechercheergebnisse sollten Sie hinreichend dokumentieren in einem Literaturverwaltungsprogramm (s. Abschn. 5.3.1).

Zusammenfassung

Selbst wenn Sie Ihre Grundkenntnisse der drei Informationsbedarfssituationen sowie der Recherchetechniken im Internet und in (Fach-)Datenbanken durch das Lesen dieses Kapitels erweitert haben, kann es sehr hilfreich sein, das ein oder andere Online-Tutorial (z. B. der Universitätsbibliothek Bamberg zu FIS Bildung) zu nutzen. Dann wird Ihnen die Besorgung der relevanten Informationen, Bücher und Aufsätze keine Schwierigkeiten bereiten, *sofern Sie rechtzeitig beginnen.* Bedenken Sie, dass durch Preissteigerungen der Verlage und Bibliotheksetatkürzungen immer weniger Bücher und Zeitschriften öffentlich angeschafft werden, sodass es lange dauern kann, bis Sie an die für Sie wichtige Literatur herankommen.

Überlegen Sie, welche Suchmaschinen, Internetportale, virtuelle Bibliotheken und Fachdatenbanken für Ihre Fragestellung geeignet sind und wie diese im Modus „Erweiterte Suche" richtig gehandhabt werden. Begnügen Sie sich nicht mit ein oder zwei alltagssprachlichen Suchwörtern, verwenden Sie Fachtermini, beziehen Sie Synonyme mit ein und verwenden Sie Boolesche Operatoren, Trunkierung und Klammern. Haben Sie immer noch zu große Treffermengen, so grenzen Sie Ihre Recherche weiter ein mithilfe von Stoppwörtern, dem Zeitraum der Veröffentlichung, den Veröffentlichungssprachen, dem Publikationstyp. Nutzen Sie neben den Internetmöglichkeiten aber auch das Literaturangebot Ihrer Bibliothek vor Ort. Aus Copyright-Gründen ist vieles an wissenschaftlicher Literatur *nicht* im Volltext im Internet zu finden! Haben Sie in „Ihrer" Bibliothek große Mengen an Literatur im Original vor sich, so prüfen Sie schon in der Bibliothek mithilfe der *Relevanzprüfung*, welche der zahlreichen gefundenen Dokumente exakt zu Ihrer Fragestellung beitragen. Nicht benötigte Literatur brauchen Sie dann gar nicht zu fotokopieren oder auszuleihen.

Bei keiner Recherche, egal ob elektronisch oder konventionell, haben Sie die Gewähr, sämtliche wichtige Literatur ermittelt zu haben. Doch bei sorgfältiger Suche ist die Wahrscheinlichkeit gering, dass Ihnen Wesentliches entgangen ist. All die erklärten Recherchestrategien setzen Kenntnisse, Übung und (selbst-)kritische Reflexion voraus, zumal das Hauptproblem nicht darin besteht, viele Informationen oder Textdokumente zu finden, sondern die entscheidend richtigen! Die Begeisterung über die Schnelligkeit und den Komfort der Internet- und Datenbankrecherche darf jedoch nicht darüber hinwegtäuschen, dass

- es darauf ankommt, aus der Vielzahl der Datenbanken im Internet die für die Fragestellung richtigen auszuwählen,
- man sich die Feinheiten der auf die jeweils gewählte Datenbank abgestimmten Recherchestrategie erst durch Online-Tutorials bzw. das Lesen der Hilfetexte sowie Übung aneignen muss,
- es im Internet, aber auch in Printmedien zahlreiche falsche Informationen und unseriöse Texte gibt, sodass eine kritische Überprüfung und Quellenbewertung im Hinblick auf Relevanz, Zitierfähigkeit und Zitierwürdigkeit unbedingt erforderlich ist (vgl. Prexl 2015, S. 25 f.).

Literatur

Literatur zur Vertiefung

Niedermair, K. (2010). *Recherchieren und Dokumentieren. Der richtige Umgang mit Literatur im Studium*. UTB, 3356. Konstanz: UVK. Das Lehrbuch ist klar strukturiert, fasst etliches in Überblicken prägnant zusammen und enthält Checklisten für effizientes Vorgehen beim Recherchieren

Franke, F., Klein, A., & Schüller-Zwierlein, A. (2010). *Schlüsselkompetenzen: Literatur recherchieren in Bibliotheken und Internet*. Stuttgart: J.B. Metzler. Auch dieses Lehrbuch ist gut gegliedert, enthält Tipps und Beispielrecherchen sowie ein Glossar. Gut gefallen hat mir auch ein Exkurs mit Fragen und Antworten zu misslungenen Recherchen

Hofmann, J. (2013). *Erfolgreich recherchieren – Erziehungswissenschaften*. Erfolgreich recherchieren. Berlin: de Gruyter Saur. Dieses Buch steht hier stellvertretend für die gesamte Reihe „Erfolgreich recherchieren", herausgegeben von Klaus Gantert. Die einzelnen Bände, bisher sind 16 erschienen, stellen Studierenden die Informationsressourcen des jeweiligen Faches vor

Dubben, H.-H., & Beck-Bornholdt, H.-P. (2013). *Der Hund, der Eier legt. Erkennen von Fehlinformation durch Querdenken* (7. Aufl.). rororo Sachbuch, 62196. Reinbek bei Hamburg: Rowohlt TB. Das Erkennen von empirischen Fehlinformationen durch Querdenken vermittelt sehr unterhaltsam dieses empfehlenswerte Buch

Literaturverzeichnis

Dubben, H.-H., & Beck-Bornholdt, H.-P. (2013). *Der Hund, der Eier legt. Erkennen von Fehlinformation durch Querdenken* (7. Aufl.). rororo Sachbuch, 62196. Reinbek bei Hamburg: Rowohlt TB.

Franke, F., Klein, A., & Schüller-Zwierlein, A. (2010). *Schlüsselkompetenzen. Literatur recherchieren in Bibliotheken und Internet*. Stuttgart: Metzler.

Gantert, K., & Hacker, R. (2008). *Bibliothekarisches Grundwissen* (8. Aufl.). München: Saur.

Hofmann, J. (2013). *Erfolgreich recherchieren – Erziehungswissenschaften*. Berlin: de Gruyter Saur.

Kiel, E., & Rost, F. (2002). *Einführung in die Wissensorganisation. Grundlegende Probleme und Begriffe*. Würzburg: Ergon.

Lauber-Reymann, M. (2010). *Informationsressourcen. Ein Handbuch für Bibliothekare und Informationsspezialisten*. Bibliotheks- und Informationspraxis, Bd. 42. Berlin: de Gruyter Saur.

Niedermair, K. (2010). *Recherchieren und Dokumentieren. Der richtige Umgang mit Literatur im Studium*. Studieren, aber richtig. UTB, 3356. Konstanz: UVK.

Prexl, L. (2015). *Mit digitalen Quellen arbeiten. Richtig zitieren aus Datenbanken, E-Books, YouTube und Co*. UTB, 4420. Paderborn: Schöningh.

Schmieder, J. (2011). *Du sollst nicht lügen! Von einem, der auszog, ehrlich zu sein*. München: Goldmann TB.

Schnädelbach, H. (2002). *Erkenntnistheorie zur Einführung*. Hamburg: Junius.

Sutton, M. (2010). SPINACH, IRON and POPEYE. Ironic lessons from biochemistry and history on the importance of healthy eating, healthy scepticism and adequate citation. *Internet Journal of Criminology*. https://www.internetjournalofcriminology.com/Sutton_Spinach_Iron_and_Popeye_March_2010.pdf. Zugegriffen: 29.07.2017.

Weilenmann, A. K. (2011). *Fachspezifische Internetrecherche. Für Bibliothekare, Informationsspezialisten und Wissenschaftler*. Bibliotheks- und Informationspraxis, Bd. 44. München: de Gruyter Saur.

9 Wissenschaftliche Texte lesen, verstehen und verarbeiten

► Bevor jemand selbst wissenschaftlich arbeiten kann, muss er erst einmal viele Texte gelesen und Theorien, Methoden und Ergebnisse gründlich studiert haben. Dabei macht man es Studierenden nicht gerade leicht, weil die meisten Texte nicht an sie, sondern an die „scientific community" gerichtet sind. Die überaus langen, verschachtelten Sätze sind mit Fremdwörtern gespickt, beziehen sich auf einen Forschungsstand, den sie meist nicht kennen, beschreiben Theorieansätze und die verwendete Methode nur in Grundzügen oder Literaturhinweisen, fassen die Ergebnisse in Tabellen zusammen, deren gebündelte Informationen sie nicht recht zu interpretieren wissen und kommen dann zu einem mehr oder minder informativen Ausblick.
Nach Kruse (vgl. 2010, S. 12) werden von Studierenden u. a. folgende typische Leseschwierigkeiten benannt:

- Die Studierenden haben keine Lust, mit dem Lesen anzufangen bzw. überhaupt zum Lesen,
- sie lesen zu langsam und werden müde beim Lesen,
- sie haben zu wenig Zeit und Geduld, lesen unsystematisch „mal dies mal das",
- sie verstehen nicht, was sie lesen,
- sie vergessen vieles schnell wieder.
- Es fehlen ihnen Hintergrundinformationen und der „Text kann nicht in einen Zusammenhang" eingeordnet werden.
- Es besteht Unklarheit über Fachbegriffe und die Logik von Fachtexten.

F. Rost, *Lern- und Arbeitstechniken für das Studium*,
DOI 10.1007/978-3-658-17626-6_9

- Beim Lesen und Exzerpieren wird fast alles für gleich wichtig erachtet.

Dieses Kapitel vermittelt Ihnen Wissenswertes über die komplexe Tätigkeit des Lesens wissenschaftlicher Texte sowie unterschiedliche Lesetechniken, zwischen denen, je nach Zweck der Lektüre, gewechselt werden sollte. Im Mittelpunkt dieses Kapitels steht die „Sechs-Schritt-Methode (PQ4R)" des *lernenden* Durcharbeitens von Texten. Darüber hinaus finden Sie Informationen über Textsorten und -strukturen sowie praktische Hinweise zum Unterstreichen, Randnotizen vornehmen bzw. zum Herausschreiben von Textinformationen. Da das Gehirn denkökonomisch vorgeht, kommt es darauf an, Texte mithilfe einer Fragestellung zu lesen, wichtige von unwichtigeren Informationen zu unterscheiden, Argumentationsstrukturen nachzuvollziehen und zu prüfen, Ungereimtheiten und Lücken zu suchen sowie das Erarbeitete durch Umsetzung in eigene Worte und Komprimierung in Zusammenfassungen, Tabellen und Schaubildern festzuhalten.

9.1 Einiges Wissenswerte über den Lesevorgang

Sie haben soeben links in der Zeile, waagerecht nach rechts fortfahrend, mit dem Lesen dieses Teilkapitels begonnen, weil das in unserer Kultur die Laufrichtung der Schrift ist, die Sie in der Schule gelernt haben. Sie sehen Buchstaben und Wörter, obwohl sich auf dem weißen Blatt oder Display eigentlich nur schwarze Flecken befinden. – Wenngleich es bisher keine umfassende Theorie des Textverstehens gibt, erleichtern Vorkenntnisse der Leser-Text-Interaktion das Verständnis des Lesevorgangs. Lesen ist kein passiv rezipierender Vorgang, sondern Lesende rekonstruieren im Lesevorgang aktiv den Sinn des Gelesenen, wobei sie ihr *Vorwissen* miteinbringen. Das ist jedem plausibel, der z. B. einmal einen japanischen Text gesehen hat. Wenn Sie keine Kenntnis über die Leserichtung und die Bedeutung der Schriftzeichen haben und kein Japanisch können, werden Sie nur wissen, dass es sich um ein Schriftstück handelt, vermutlich mit sinnvollen Informationen, aber Sie werden den Inhalt nicht herausfinden. – Beginnen wir nach der Entzifferung der Schriftzeichen mit den Wörtern.

Die Wörter

Sätze bestehen zunächst einmal aus Wörtern. Liegt der Text in Ihrer Muttersprache vor und ist vom Schwierigkeitsgrad Ihrem Ausbildungsstand angemessen, so werden Sie schätzungsweise 80 bis 90 % der Wörter von ihrer Bedeutung her kennen bzw. aus dem Kontext erschließen. Doch die restlichen 10 bis 20 % der Wörter sind in wissenschaftlichen Texten meist die *Schlüsselwörter,* auf die es ankommt: spezielle *Fachwörter,* ohne deren Kenntnis Sie den wissenschaftlichen Text nicht wirklich verstehen werden.

► **Tipp** Jedes Wort, dessen Bedeutung Sie in dem auftretenden Textzusammenhang nicht hundertprozentig wissen, sollten Sie in einem Fachwörter- bzw. Fremdwörterbuch nachschlagen!

Da Sie die meisten dieser Wörter und ihre Bedeutungen später auch ohne den Gebrauch von Nachschlagewerken kennen sollten, empfiehlt es sich, eine eigene *Fremdwörter-/Definitionskartei* aufzubauen, die – wie beim Vokabeltraining – auch als Lernkartei benutzbar ist (s. Abschn. 5.3.2). Wenn Sie die Bedeutung der Fachwörter kennen, laufen semantische Prozesse des Textverstehens schnell und weitgehend unbewusst ab.

Kennen Sie die genaue Bedeutung von „semantisch"? – Sonst schlagen Sie das Wort bitte nach!

Der Satz

Die nächste Ebene stellen die Sätze dar, die z. B. mit der sokratischen Methode (s. Abschn. 9.2.2) befragt werden können. *Beispiel*: Der Autor eines Textes hat einen Satz formuliert wie folgenden: „Johann Heinrich Pestalozzi wurde am 12.1.1746 in Zürich geboren." Die Bedeutung eines Satzes ist eine Funktion der in ihm enthaltenen Ausdrücke (hier: Eigenname, Datum, geografischer Ort) und der Art ihrer Zusammensetzung (hier: Relation von drei Satzgliedern mittels Passivkonstruktion). In diesem einfachen Aussagesatz wird eine *Behauptung* aufgestellt, die sich auf einen Mann bezieht, was an den Vornamen erkennbar ist. Wer von Ihnen nicht weiß, wer Pestalozzi war, müsste sich nun mithilfe eines Lexikons oder des Internets sachkundig machen. Die o. g. Behauptung bezieht sich offensichtlich auf den berühmten Klassiker der Pädagogik, *den* Johann Heinrich Pestalozzi. Für diesen trifft – nach Lage der Quellen, z. B. einigen Lexika – dieser Beispielsatz zu. Die zu Rate gezogenen Nachschlagewerke weisen die gleichen Vornamen, den gleichen Geburtsort, das gleiche Datum aus. Damit gibt man sich normalerweise zufrieden, denn die genauere Quellenüberprüfung wird meist nicht möglich sein; doch bedenken Sie, dass auch Lexika und andere Quellen Fehler enthalten können.

Bei wichtigen Fakten sollten zumindest zwei voneinander unabhängige Quellen zu Rate gezogen werden. – Falsch wäre der Satz indessen, wenn zu einer anderen Zeit Namensvettern als Verehrer des großen Pädagogen einem ihrer männlichen Nachkommen möglicherweise die gleichen Vornamen gegeben hätten. Meint jemand Pestalozzi (II), *so ist der Satz falsch,* weil zumindest das Geburtsdatum auf diesen gemeinten Namensträger nicht zutreffen wird. – *Die Bedeutung eines Satzes hat man im Grunde erst erfasst, wenn man angeben kann, ob der Satz in seinem Aussagegehalt wahr oder falsch ist.* Eigentlich müsste jede wissenschaftliche Aussage ereignissemantisch bzw. wahrheitswertfunktional überprüft werden, wie dies mittels der sokratischen Methode möglich ist (vgl. dazu Abschn. 9.2.2). Doch in den meisten Fällen geht man allzu oft darüber hinweg. Vieles, was man liest, scheint plausibel und wird schon zutreffen. Leser wissenschaftlicher Texte sollten jedoch besonders auf der Hut sein und viel weniger von dem glauben, was sie so alles lesen, sondern sich häufig fragen, ob aufgestellte Behauptungen, angegebene Fakten und Relationen stimmen. Zweifelsfälle sollten Sie am Rand mit einem Fragezeichen markieren und später an anderen Quellen prüfen.

Das Lesen von Sätzen ist ein faszinierender Vorgang, weil nicht nur semantische und syntaktische Relationen hergestellt werden. Das Gelesene wird im Arbeitsgedächtnis mit dem Vor-, Sprach- und Weltwissen der lesenden Person verbunden und durch diese mit Informationen ergänzt. Zu diesem Phänomen der *Kontextdetermination* und *Kohärenz* ein einfaches Beispiel:

> Karl trägt die Koffer hinunter und verstaut sie im Kofferraum. Gisela gießt noch schnell die Geranien. Dann fahren sie los.

Sie als Leser vermuten richtig, dass es sich um Vorbereitungen für eine Abreise handelt, aber nicht die der Blumen, sondern eines Mannes und einer Frau (worauf die Vornamen schließen lassen), *wahrscheinlich* in einem PKW (in dessen Kofferraum Gepäckstücke verstaut wurden). Geranien sind keine Zimmerpflanzen, sodass in der Kombination mit dem Hinuntertragen, was mit einer Treppe assoziiert wird, spekuliert werden kann, dass die Blumen auf einem Balkon gegossen werden. Die Beschreibung der Szene ist zudem *unvollständig*, denn wahrscheinlich werden die beiden vor der Abfahrt Türen geschlossen haben, die der Wohnung oder des Hauses, auf jeden Fall die des Autos. – Um diese drei einfachen Sätze zu verstehen, müssen in Interaktion mit dem Text mithilfe des eigenen Wissens umfassende kontextuelle Ergänzungen vorgenommen und Lücken geschlossen werden. Dies alles erfolgt bei einfachen Texten flexibel und weitgehend automatisiert. Treten bei wissenschaftlichen Texten dagegen Verständnisprobleme auf, z. B. durch unbekannte Wörter oder komplizierten Satzbau, so ist *mehrfaches Lesen* bzw. eine *bewusste Lesesteuerung* erforderlich (vgl. Willenberg 1999).

Anschlussfähigkeit

Die Denkbewegungen der Textarbeit gehen über die automatische Buchstaben- und Worterkennung und Satz(teil)analyse hinaus, wenn Satz- und Absatzbestandteile auf übergeordnete Sinneinheiten Bezug nehmen, beispielsweise auf Fachbegriffe und -wissen, stützende Argumente, Kontexte und Diskurse. Zugleich vergewissern wir uns aber – insbesondere bei schwierigen Textpassagen – auch umgekehrt aus der Satzfolge bzw. größeren Sinneinheiten, ob wir untergeordnete Einheiten (z. B. einschränkende Randbedingungen) richtig verstanden haben (vgl. Rittelmeyer und Parmentier 2007). Kruse (2010, S. 32) hat diese gegenläufigen hermeneutischen Denkbewegungen des Textverstehens in einer Abbildung visualisiert (vgl. Abb. 9.1).

Ein wissenschaftlicher Text verbindet uns mit einem kulturellen und fachdisziplinären Kontext und lässt uns, wenn wir ihn denn verstehen wollen, lernend teilhaben an diesen Kontexten im Sinne einer Horizonterweiterung. Dazu muss selbstverständlich ein *Mindestmaß an Anschlussfähigkeit* gegeben sein, das sich vielleicht erst durch das gemeinsame Besprechen eines Textes in einer Lehrveranstaltung herstellen lässt oder durch Erläuterungen einer schriftlichen Interpretationshilfe, eines Experten oder einer Expertin bzw. der Diskussion in einer Arbeits-

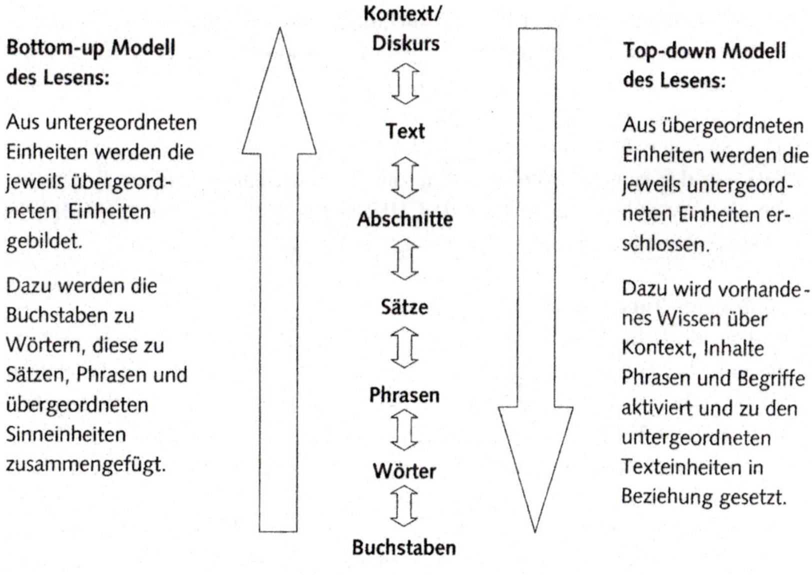

Abb. 9.1 Denkbewegungen beim Lesevorgang. (Quelle: Kruse 2010, S. 32)

gruppe. Viele Studierende „fremdeln" aber mit solchen Texten und haben nicht die Ausdauer, sich durch schwierige Texte durchzubeißen.

Widerspruchsfreiheit der Sätze?
Wenngleich sich Human- und Kulturwissenschaften zunehmend mit Paradoxien in ihren Forschungsbereichen beschäftigen, sind unaufgeklärte Widersprüche in den Behauptungen und Aussagen *eines* Textes sicherlich ein Faktum, das viele Wissenschaftler(innen), deren eines Ideal das der *Widerspruchsfreiheit* ist, nicht akzeptieren können, wenn diese nicht im Verlauf des Textes aufgelöst werden (vgl. dazu z. B. Roth 1997). Falls Sie solche Widersprüchlichkeiten in einem Text finden, müssen Sie sich mit ihnen auseinandersetzen und sich Ihr eigenes Urteil bilden, z. B. durch eigene Nachforschungen oder die Suche neuerer/besserer Quellen.

Absätze und Überschriften
Weitere Merkmale einfacher Textstrukturen sind Absätze und (Zwischen-)Überschriften sowie eine Abfolge von Einleitung, mehr oder weniger breitem Mittelteil und einem Schluss. In der *Einleitung* eines wissenschaftlichen Textes werden – meist von einem Problem oder einer Forschungslücke ausgehend – die Fragestellung und das methodische Vorgehen überblicksartig angerissen. Im *Hauptteil* wird die Untersuchung mehr oder minder ausführlich und aufeinander bezogen dargestellt, während im *Schlussteil* die Ergebnisse zusammengefasst werden. – Bei guten Texten sind Einleitung, Hauptteil und Schluss klar voneinander getrennt, meist durch aussagekräftige Überschriften in größerer oder dickerer Schrift (Fettdruck). So unterstützt eine gute Typografie auch wissenschaftliche Texte durch Absätze an den richtigen Stellen sowie die Hervorhebung wichtiger Textstellen durch die Verwendung von GROSSBUCHSTABEN, KAPITÄLCHEN, **Fettdruck,** *Kursivsatz,* Unterstreichungen oder S p e r r u n g e n.

Abbildungen, Tabellen
Schenken Sie Schaubildern, Statistiken, Flussdiagrammen u. ä. besondere Aufmerksamkeit! Abgesehen davon, dass die Präsentation von Zahlen manchmal dazu angelegt ist, wissenschaftliche Exaktheit vorzugaukeln, die z. T. gar nicht gegeben ist (vgl. Krämer 2015), sind Abbildungen und Tabellen wichtige Bestandteile des Textes. Sie werden im Text meist ausführlich interpretiert. Vergleichen Sie deshalb die Aussagen des Textes mit denen der Abbildungen und Tabellen. Diese Strategie erhöht auch den Behaltenseffekt. Walter Krämer (2001, 2015) hat hervorragend lesbare Bücher geschrieben, in denen er an anschaulichen Beispielen mehr oder weniger seriöser Statistiken deutlich macht, wann Sie misstrauisch werden sollten

und wie Sie Zahlenmaterial interpretieren lernen. Mithilfe welcher Kriterien empirische Untersuchungen zu analysieren und zu bewerten sind, führt Detlef H. Rost (2013) vor.

Die bisherigen Ausführungen haben vielleicht deutlich machen können, dass *ohne* Vorwissen kein Text richtig verstanden werden kann. *Vorinformation* ist deshalb so wichtig, weil wir das Bestreben haben, nur die Informationen aufzunehmen, die für uns Sinn machen und nicht allzu fremd sind. Wenn Sie beispielsweise durch eine Relevanzprüfung (s. Abschn. 8.5) bestimmte Informationen aufgenommen haben (nach denen Sie aktiv gesucht haben, um herauszufinden, ob der Text für Sie wichtige Informationen enthält), tritt beim wiederholten Lesen ein *Wiedererkennungseffekt* ein. Wenn Sie beispielsweise Fragen zu den Textüberschriften generieren, dann haben Sie *Erwartungen* an den Text, nach denen Sie aktiv suchen.

Genauso wichtig wie die oben genannten Vorkenntnisse zur Leser-Text-Interaktion sind aber vielleicht auch folgende Hinweise: Manche

- tragen – trotz Fehlsichtigkeit – keine Brille oder Kontaktlinsen,
- sorgen nicht für eine reflexfreie, ausreichend helle Beleuchtung,
- lesen Wort für Wort und nicht in Wortgruppen,
- lesen zu langsam oder mit Unterbrechungen, was der Konzentration und dem Verstehen abträglich ist, weil Informationen des Textanfangs nicht mehr im Arbeitsgedächtnis verfügbar sind,
- gehen ohne sachliche Vorinformation und Fragestellung an einen Text heran.

Beim Lesevorgang wandern die Augen nicht kontinuierlich, sondern ruckweise durch die Zeilen. Die Anzahl der sog. Fixationen kann man verringern, indem man mit dem Finger als Schrittmacher unter der Lesezeile in Leserichtung entlangstreicht. Außerdem soll damit ein Zurückgehen der Augen vermieden werden, was nicht nur beim Lesen aufhält, sondern auch ein Zeichen mangelnder Konzentration ist. Wenn das nach ca. 45 min auftritt, ist eine Pause angebracht (s. Abb. 3.5). Bemerken Sie ein Zurückschweifen der Augen schon nach 10 min, ist vielleicht eine Unterbrechung hilfreich, in der Sie sich fragen, warum dies geschieht (z. B., weil Sie an etwas anderes denken). Wenn Sie weiterlesen wollen oder müssen – sollten Sie Ihre Konzentration und Motivation stärken, gerade diesen Text jetzt lesen zu wollen, z. B., indem Sie sich eine kleine Belohnung ausloben (s. Abschn. 3.7).

Falls Sie auch beim Lesen wissenschaftlicher Texte Wort für Wort lesen und dabei subvokalisieren, verlangsamt sich Ihre Lesegeschwindigkeit, denn das Mitsprechen vollzieht sich langsamer als das Lesen. Versuchen Sie diese Angewohnheit durch Umstellung des Wahrnehmungsmechanismus von Wort*klängen* auf Wort*bilder* abzuschwächen. Erhöhen Sie Ihre Konzentration, indem Sie schneller lesen und vorher bei der Relevanzprüfung (s. Abschn. 8.5) schon Fremdwörter nachgeschlagen haben, die Sie nicht kennen. Solche Fachtermini sollte man wie Vokabeln lernen (s. Abschn. 5.3.2), weil sich dadurch langfristig die Lesegeschwindigkeit erheblich steigern lässt. Darüber hinaus können Sie

- die Anpassungsfähigkeit Ihrer *Augen durch Augengymnastik verbessern,* indem Sie z. B. eine längere Zeit abwechselnd in die Ferne schauen und dann ein Nahziel in etwa 30 cm Abstand fixieren. Nach einiger Zeit werden Sie Anzeichen eines Augenmuskelkaters bemerken. Da die Sehschärfe durch Kontraktionen an der Augenlinse herbeigeführt wird, stärkt diese Übung die Augenmuskeln sowie die Elastizität der Linsen und damit deren Anpassungsfähigkeit, fixierte Stellen scharf abzubilden.
- Ihr *Blickfeld beim Lesen erweitern,* sodass Sie mehrere, nebeneinanderstehende Wörter als Wortgruppe auf einen Blick erfassen können. Dafür gibt es spezielle Übungen in Schnelllesebüchern (z. B. Koch 2015; Schmitz et al. 2013).
- *angepasst lesen lernen.* Bei Unterhaltungslektüre liest man durchschnittlich ca. 250 Wörter pro Minute, bei einfachen Informationstexten 180; bei komplizierten Texten sinkt die durchschnittlich gelesene Wörterzahl von 135 bis auf 75, je nach Schwierigkeitsgrad (vgl. von Werder 1994, S. 39). Das ist vielen zu langsam angesichts der großen Menge Fachliteratur, die während eines Studiums gelesen werden soll. Deshalb sind viele bestrebt, schneller lesen zu lernen. Versuchen Sie es doch einmal mit folgender Methode: Nach dem orientierenden Überfliegen eines Absatzes beginnen sie wieder am Absatzanfang, erhöhen langsam die Geschwindigkeit innerhalb des Absatzes und verlangsamen diese wieder zum Absatzende hin. Dabei kann der in Leserichtung unterstreichende Finger Schrittmacherdienste leisten. Nach dem Absatz legen Sie eine kurze Unterbrechung ein, in der Sie sich das Gelesene vergegenwärtigen und bewusst einprägen. Darüber hinaus bedeutet angepasst lesen zu lernen aber auch, unterscheiden zu lernen, ob man einen Text nur zur Kenntnis nimmt, um in etwa zu wissen, was in ihm steht, ob man auf der Suche nach präzisen Informationen (z. B. Fakten) ist oder ob man etwas von A–Z gründlich durcharbeiten und unter die Lupe nehmen will.

Auf jeden Fall kann durch Augenübungen, visuelles Wahrnehmungstraining, insbesondere die Vergrößerung des Blickfelds, durch den Einsatz des Lesefingers, durch Fremd-/Fachwörter-Vokabeltraining und vermehrte Lektüre die Lesegeschwindigkeit in gewissen Grenzen erhöht werden. Die Lesegeschwindigkeit muss selbstverständlich *dem Lektürezweck und Schwierigkeitsgrad des Textes angepasst* sein. Für Prüfungszwecke zu Lesendes sollte wiederholt gelesen werden. *Begründung*: Durch erhöhtes Vorwissen und den Wiedererkennungseffekt wird nicht nur das Verstehen verbessert, sondern auch der Lernerfolg gefestigt.

► **Tipp** Wenn Sie wissen wollen, wie viel Zeit Sie für einfache im Vergleich zu schwierigen Texten brauchen: Schreiben Sie sich zu Beginn der Lektüre die Uhrzeit auf und jeweils zu Beginn einer neuen Seite die Zwischenzeit. – Wer es noch exakter wissen will, zählt dann die Buchstaben in 10 beliebigen Zeilen des Textes, addiert die 10 Werte und teilt die Summe anschließend durch 10. Damit wäre die durchschnittliche Zeichenzahl pro Zeile ermittelt, die dann mit der genauen Zeilenzahl pro Seite multipliziert wird. Denn Seite ist nicht gleich Seite.

9.2 Lesetechniken

Es gibt ganz unterschiedliche Lesetechniken und -strategien (vgl. Stary und Kretschmer 1999; von Werder 1994). Gedichte und belletristische Texte sind anders zu lesen als Sach- oder Fachtexte. Aber auch für die letzteren Textsorten sind die Zwecke der Lektüre und die sich daraus ableitenden Strategien höchst variabel. Neben individuell unterschiedlich erfolgreich eingesetzten Lesetechniken sollte nicht vergessen werden, dass diese etwa von folgenden Zwecken bestimmt werden:

- Muss ich einen Text pflichtgemäß für einen Kurs/für eine Prüfung (gründlich) lesen?
- Handelt es sich um eine mir völlig neue Materie oder ein vertrautes Sachgebiet?
- Will ich aus eigener Motivation mein Wissen vertiefen und einen wichtigen Text wirklich verstehen?
- Soll ich zwei Texte unter bestimmten Aspekten vergleichen?
- Will/muss ich den Text für eine schriftliche Ausarbeitung verwenden?
- Suche ich in Texten nur bestimmte Informationen, die mir noch fehlen?

Die Antworten auf solche Fragen bestimmen den Einsatz unterschiedlicher Lesetechniken und dementsprechend verschiedene Arbeitsergebnisse: Exzerpte zum ganzen Text oder nur zu den besonders interessierenden Textpassagen, Fakten,

Informationen. – Wer gar nicht gern liest, muss vor allem das konzentrierte kursorische Lesen und die Relevanzprüfung (s. Abschn. 8.5) perfektionieren. Für das lernende Lesen wird im Folgenden die „Sechs-Schritt-Methode“ empfohlen.

9.2.1 Die „Sechs-Schritt-Methode“ (PQ4R)

Für das lernende Durcharbeiten von Texten wird neben anderen Methoden (vgl. Stary und Kretschmer 1999, S. 60 ff.) die sogenannte „Sechs-Schritt-Methode“ empfohlen, die eine Weiterentwicklung der von Francis P. Robinson entwickelten SQ3R-Methode ist (vgl. z. B. Koch 2015, S. 128 ff.). PQ4R steht für die einzelnen Schritte und deren Abfolge: **P**review, **Q**uestions, **R**ead, **R**eflect, **R**ecite, **R**eview.

1. Preview = Übersicht gewinnen
Durch *kursorisches Lesen,* also das Überfliegen des *gesamten* Textes, gewinnen Sie einen ersten Eindruck und Überblick. Außerdem sammeln Sie dabei Informationen, worum es in dem Text geht und worauf er hinausläuft. Machen Sie sich auch mit der *Struktur* des Textes und seiner Abschnitte vertraut: Bis wohin geht die Einleitung? Wo beginnt und endet der Hauptteil, in wie viele (Lese-)Abschnitte kann er sinnvoll eingeteilt werden? Was gehört zur Zusammenfassung? – Falls diese Abschnitte keine Überschriften tragen, formulieren Sie selbst Zwischenüberschriften und schreiben diese auf.

2. Questions = Fragen an den Text formulieren und niederschreiben
Wer wenig fragt, bekommt wenige Antworten. Falls Sie mit dem Fragen Schwierigkeiten haben, können Sie solche mit den sogenannten „W-Fragewörtern“ (Was?, Warum?, Wozu?, Wie?, Wer?, Wo?, Wann?) systematisch erzeugen und aufschreiben (s. a. Abschn. 7.4). *Beispiel*: Vor Ihnen liegt ein Aufsatz mit dem Titel: „Peter stört“ (Henningsen 2010). Allein schon aus dem Haupttitel lassen sich folgende Fragen ableiten: Wer ist Peter? – Wie stört Peter? – Wen stört Peter? – Warum stört Peter? – Was versteht der Autor unter „stören“? – usf. *Zwischentitel oder Kapitelüberschriften können in gleicher Weise in Fragen umgeformt werden.* – Durch Fragen werden Interessen und Erwartungen geweckt, die eventuell erfüllt werden, vielleicht aber auch einen Überraschungseffekt beinhalten. Lernen gelingt leichter, wenn Sie interessiert, neugierig und zielgerichtet sind. Zudem stellen Sie leichter fest, ob Ihnen der Text zu Ihrer Fragestellung überhaupt etwas zu sagen hat.

3. Read = den Text auf die Fragen hin lesen

Lesen Sie jeden Abschnitt gründlich, indem Sie die erzeugten Fragen zu beantworten suchen. – Wer mit Fragestellungen an einen Text herangeht, liest ihn zielgerichteter und die Antworten des Textes prägen sich einem besser ein. Dabei können Sie in *eigenen* Büchern und Fotokopien bei diesem zweiten, gründlichen Lesegang unterstreichen oder markieren, was Ihnen in Bezug auf Ihre Fragestellung wichtig ist. Markieren und unterstreichen Sie jedoch sparsam (s. Abschn. 9.4).

4. Reflect = Denken Sie nach der Lektüre eines Abschnitts über dessen Inhalt nach

Diese, die ursprüngliche SQ3R-Methode ergänzende Reflexion dient nicht nur dem Einprägen im intermediären Gedächtnis, sondern auch der lebhaften Auseinandersetzung mit dem Text. Versuchen Sie einerseits, den Text in seinen Aussagen und seiner Argumentation zu verstehen, bleiben Sie aber andererseits kritisch: Trifft das zu, was der Text behauptet? Wäre das wünschenswert und weshalb? Gibt es (Gedanken-)Experimente, dass das funktioniert, was in diesem Abschnitt vorgeschlagen wird? Nehmen Sie den geistigen Dialog mit dem Text auf!

5. Recite = Wiederholen des Gelesenen durch schriftliche Beantwortung des Gelesenen aus dem Gedächtnis

Ausführliche Notizen auf Texträndern, Zetteln oder Karteikarten sollten Sie erst machen, wenn Sie ein Kapitel eines Buches oder einen größeren Abschnitt eines Aufsatzes zu Ende gelesen haben. Bringen Sie zentrale Aussagen des Textes und – davon getrennt – Ihre eigene Ansicht kurz und prägnant in *Ihren* Worten auf das Papier. Wenn Sie nicht weiterwissen, lesen Sie diese Passage im Text noch einmal. Doch danach sollten Sie wieder aus dem Kopf und in eigenen Worten fortfahren, beispielsweise Ihre Fragen an den Text zu beantworten. Lassen Sie dabei ausreichend Platz für spätere Ergänzungen. – Wenn Sie festen Willens sind, nach der Lektüre *auswendig* Ihre Erinnerungen aufzuschreiben, merken Sie sich Inhalte auch besser, als wenn Sie dies nicht wirklich beabsichtigen. Dieser Schritt braucht einige Übung und trainiert obendrein das Gedächtnis.

6. Review = Rückblick und Überprüfung

Kontrollieren Sie nun am Text noch einmal Ihre Aufzeichnungen, ob Ihnen Wesentliches entgangen ist. Schreiben Sie zuletzt eine kurze, nochmals verdichtete Zusammenfassung oder veranschaulichen Sie sich das Ganze durch ein Schaubild, eine Tabelle oder ein Schema, beispielsweise der Argumentationskette, die den Text durchzieht (s. Abb. 9.6). Die Technik des Visualisierens in Schaubildern wird im Abschn. 9.8.2 erläutert. Doch die schönsten Exzerpte und Schaubilder helfen wenig, wenn Sie nicht öfter mit ihnen arbeiten, sie rekapitulieren und mit neu erworbenem Wissen verknüpfen.

9.2.2 Weitere Lesemethoden

Vom lernenden Lesen zu unterscheiden ist das *kursorische Lesen,* um beispielsweise

- Ausgangspunkt, Fragestellung, methodisches Vorgehen und Ergebnisse eines Textes kennenzulernen,
- die Relevanz eines Textes zu prüfen (s. Abschn. 8.5) oder
- sich einen Überblick für die weitere Erarbeitung eines Textes zu verschaffen.

Um eine bestimmte Sachinformation zu finden, ist *punktuelles Lesen* angebracht (s. a. Brun und Hirsch Hadorn 2009, S. 32 f.); das meint eine gezielte Suche nach der Information, die man benötigt. Alles andere zu lesen wäre in diesem Fall überflüssig und würde nur aufhalten. Lutz von Werder (1994, S. 26–96) beschreibt insgesamt neun „Techniken kreativen Lesens", von denen einige hier kurz vorgestellt werden sollen: Beim *übersetzenden Lesen* werden die Fachwörter in die Alltagssprache, der Fachdiskurs in einen des Alltags transferiert. Dies hilft sicher denjenigen, die noch Schwierigkeiten mit der wissenschaftlichen Fachsprache und Stilistik haben. Manche Texte, die mit Fremdwörtern und verschachtelten Satzkonstruktionen „gespickt" sind, lassen sich auf diese Weise wunderbar entzaubern; und zwar mit Gewinn, weil durch die transferierende Bearbeitung das dabei Gelernte besser behalten wird. Allerdings werden diese alltagssprachlichen Übersetzungen länger als die Ursprungstexte.

Als *traditionelles Lesen* bezeichnet Lutz von Werder (1994, S. 43–46) die im Wissenschaftsbetrieb häufig angewandte Lesetechnik, beim ersten Lesen schon Wichtiges zu markieren und beim zweiten Lesen das Wesentliche herauszuschreiben. Für *ungeübte* Leser wissenschaftlicher Literatur ergibt sich hierbei das Problem, dass sie vielleicht beim ersten Mal noch nicht sicher entscheiden können, was wichtig sein könnte und darum zu viel anstreichen. Darüber hinaus wird bei dieser Methode dem Text affirmativ gefolgt, anstatt eigene Fragen an den Text zu richten. Dementsprechend wird weniger behalten.

Sokratisches Lesen besteht nach Lutz von Werder (1994, S. 60–65) darin, so lange die „W-Fragen" (s. Abschn. 9.1) der griechischen Rhetorik an den Text zu richten, bis – durch die prüfende Fragetechnik – hinter dessen konventionellen Behauptungen ein Wahrheitswert deutlich wird. Sokratische Leser werden daher alle Termini, Definitionen, Argumentationen, Hypothesen, Schlussfolgerungen mit Fragen wie „Was meint … ?“ usw. auf ihre dahinter verborgenen Grundannahmen und Auswirkungen theoretischer wie praktischer Art hinterfragen. Diese sokratische Methode der „Hebammenkunst“ (Mäeutik) ist sicherlich anstrengend, jedoch hilfreich, wenn man Texte genau auf ihre versteckten Grundannahmen und Implikationen prüfen will. Insofern leistet diese Technik auch sehr gute Dienste beim Durchdenken *eigener* Texte.

Beim *rhetorischen Lesen* (vgl. von Werder 1994, S. 66–79) dagegen wird der Leseprozess über *formale* Personal-, Sach- oder Gliederungs*kategorien* der griechisch-römischen Rhetoriktradition gesteuert, die nach dem Lesen in einem Arbeitsblatt notiert werden (s. Abb. 9.2). Solche Kategorien könnte man für die Kondensierung der Textinformation in einer Tabelle anwenden. Durch die Vorgabe jener Kategorien kann die Lektüre bzw. die Reflexion der Lektüre Orientierung bekommen. Allerdings werden die gesammelten Informationen in ein statisches Raster gepresst, das dem Text und seiner Linearität *nicht* entspricht. Die Bezüge der einzelnen Textabschnitte zueinander gehen dabei verloren. Gleiches gilt jedoch für sämtliche Kategorienschemata.

Wie das sokratische und das rhetorische Lesen geht auch das kritische Lesen über eine affirmative Textrezeption hinaus. *Kritisches Lesen* orientiert sich an der Prämisse, dass wissenschaftliche Texte von Menschen in einem historischen und gesellschaftlichen Kontext produziert wurden und werden. Rationale Textproduktion ist außerdem durchtränkt von Unbewusstem (vgl. von Werder 1994, S. 80). Insofern kann mancher Text aus wissenssoziologischer und/oder psychoanalytischer Perspektive hinterfragt werden; im Hinblick auf ein immanentes Gesellschaftsbild

Thema:	
Ursache:	
Ort:	
Zeit:	
Art und Weise:	
Möglichkeiten:	
Definitionen:	
Ähnlichkeiten:	
Vergleich:	
Fingierte Annahme:	
Umstände:	
Interdisziplinäre Aspekte:	

Abb. 9.2 Rhetorisches Kategorienschema mit den sachlichen Suchkategorien. (Quelle: von Werder 1994, S. 72)

bzw. auf möglicherweise in den Text eingeflossene unbewusste Anteile der Autorenpersönlichkeit.

► **Tipp** Einmaliges Lesen wissenschaftlicher Texte reicht in der Regel nicht aus, zumindest nicht beim lernenden Lesen.

9.3 Textsorten

Wissenschaftliche Texte gehören zur Sorte der *Sachtexte;* doch auch im Wissenschaftsbereich gibt es davon höchst unterschiedliche: Zu unterscheiden sind von der Funktion her *fachspezifische*, *didaktische* und *jounalistische* Texte, wobei diese Kategorisierung nicht immer ganz trennscharf ist.

Zur ersten Gruppe gehören: die *Monografie* (= bibliothekarisch ein Buch, das ein bis drei Personen gemeinsam geschrieben haben), der *wissenschaftliche Zeitschriftenaufsatz,* nochmals unterschieden in *Reviewartikel*, *empirische Forschungsarbeit* und andere Abhandlungen wie *Essay, wissenschaftliche Rezension; Sammelwerksbeitrag, Forschungsantrag,* das *fachinterne Gutachten* und der (Forschungs-)*Bericht,* das *Abstract* und *Protokoll* sowie die *Replik.* Diese Texte richten sich in erster Linie an Wissenschaftlerinnen und Wissenschaftler und sind mittels Fachsprache in den Spezifika der Textart sowie in den standardisierten Formen der jeweiligen Disziplin verfasst.

Zu den *didaktischen* Texten werden *Vortragsskripte*, *Lehrbuchtexte* und *Nachschlagewerkbeiträge* gezählt. Sie dienen vornehmlich dazu, Wissen an Menschen weiterzugeben, die von dem Gegenstand noch nicht sonderlich viel wissen. Zu den didaktischen Prinzipien gehört es beispielsweise, vom Leichteren zum Schwereren fortzuschreiten, Begriffe zu definieren, das Wichtigste deutlich hervorzuheben, wobei sich ein Lehrbuchtext in seiner Informationsdichte deutlich unterscheidet von einem Nachschlagewerkbeitrag, der hinsichtlich der Informationsfülle wiederum einem Reviewartikel nahekommt.

Zeitungsartikel, Interview, Kommentar und Leserbrief gelten als journalistische Textsorten, die sich an Laien wendet. Dort wird zwar immer noch eine Bildungssprache verwendet, nach Möglichkeit aber in sprachlich noch einfacherer Weise.

Weinrich (1993) hat aufgezeigt, dass beispielsweise *Forschungsarbeiten* strukturell aus vier Textteilen bestehen:

- Erstens ist der aktuelle *Forschungsstand* darzustellen (d. h. für einen bestimmten Zeitraum vergangener Jahre, die zum Gegenstand gehörige Literatur zu rezipieren und ggf. zu kritisieren) und die erkannte *Forschungslücke* als Frage- bzw. Problemstellung zu nennen.

- Zweitens schließt sich die *Darstellung der eigenen Untersuchung* an von der Hypothesenbildung bis zur Ergebnisniederlegung.
- Drittens erfolgt die *Diskussion der Ergebnisse.* Diese Resultate der eigenen Untersuchung werden mit denen der im ersten Teil rezipierten früheren Arbeiten konfrontiert und in einem fiktiven Dialog argumentativ verteidigt. In der Diskussion wird versucht, die Erweiterung des Wissens durch die eigene Untersuchung darzulegen.
- Viertens folgt ein *Ausblick,* der weiterhin offene Fragen oder Problembereiche benennt bzw. für die eigene Weiterarbeit reklamiert.

Solche *Makrostrukturpläne* zu kennen bzw. durch metasprachliche Bezeichnungen (wie „Forschungslücke", „Fragestellung", „Hypothese", „Theorie/Modell", „Methode", „Ergebnis", „Anwendung", ...) sich selbst bei der Lektüre von Texten zu vergegenwärtigen, hilft erheblich bei der geistigen Verarbeitung der Themen und dazugehörigen Aussagen eines Textes sowie des ihm zugrunde gelegten Argumentationsschemas (s. Abb. 9.5).

Generelles Ziel des Lesens wissenschaftlicher Texte ist es ja erst einmal, die sachliche (und argumentative) Struktur eines Textes zu erfassen und nachzuvollziehen, d. h., den Text aus seinem Kontext heraus zu interpretieren und zu verstehen. Aus kritischer Distanz und von der eigenen Fragestellung ausgehend, gilt es aber auch, gegebenenfalls Widersprüche und Brüche im Text, offene Fragen und ungeklärte Probleme zu finden sowie die theoretischen, praktischen und innovativen Implikationen eines Textes zu überdenken. Dazu muss ein für das Studium zu lesender Text durchgearbeitet werden, wobei Techniken des Markierens, des Herausschreibens und der Verdichtung in Tabellen und Schaubildern die wissensmäßige Aufnahme fördern.

9.4 Das Unterstreichen und Markieren

Anfängerinnen und Anfänger sollten einen Text einmal überflogen und sich mittels eines Fremdwörterbuchs bzw. Fachlexikon Klarheit über die Bedeutung aller wichtigen Wörter verschafft haben, bevor es an die eigentliche Lektüre geht. Nach der *kursorischen Lektüre* wissen Sie eher, welche Textstellen die wirklich wichtigen des Textes sind, die unterstrichen bzw. markiert werden sollten. Das am Rande Anstreichen resp. das Unterstreichen von wichtigen Textstellen mit Stiften bzw. das Markieren mit fluoreszierenden Textmarkern fördert zugleich das Behalten; allerdings nur, wenn Sie *sparsam* an- oder unterstreichen. Wenn Sie 80 % einer Seite unterstreichen oder farbig markieren, fällt gerade *der* Teil des Textes ins Auge, der von Ihnen *nicht* hervorgehoben wurde.

Selbstverständlich sollte sein, dass man nur in Texten markiert und unterstreicht, die einem selbst gehören. In Bibliotheksexemplaren oder privat entliehenen Büchern kann man sehr schön mit *Buchstreifen* arbeiten (s. Abb. 9.4) oder mit Haftnotizzetteln, die sich später leicht und ohne Rückstände von den Seitenrändern entfernen lassen (s. Abschn. 9.5). Manche unterstreichen mit Vierfarbstift (z. B.: rot = besonders wichtig; schwarz = Schlüsselwörter und Definitionen; grün = Beispiele; blau = was sonst wichtig ist) oder verschiedenfarbigen Leuchtmarkern. Solch ein Farbsystem erfordert allerdings, dass die gewählten Farbstifte immer zur Hand sind. Ich selbst gebe dem Bleistift den Vorzug, weil dessen Spuren bei Irrtümern wieder ausradierbar sind und nicht ständig die Farbe bedacht und gewechselt werden muss.

9.5 Randbemerkungen (Marginalien)

Manche notieren sich nach der kursorischen Lektüre bei zweiten Lesegang am Seitenrand wichtige Wörter aus dem Text (= Stichwörter), prägnante Satzteile oder zusammenfassende Schlagwörter zum Inhalt. Zentrale Wörter des Textes bzw. des Studiengebietes können dabei abgekürzt werden (z. B. „Erz." = Erziehung, „Ki." = Kind, Kinder; „Psych." = Psychologie). Am besten geht man absatzweise vor und benennt für jeden Absatz mit einem Stich- oder Schlagwort das Thema sowie durch Wortkombinationen dessen inhaltliche Aussage (z. B. „Familienkonstellation beachten"). Diese sogenannte *Thema-Rhema-Analyse* wird in Abschn. 9.7 ausführlicher erläutert. Zum Schluss der Lektüre sollte eine verdichtete Zusammenfassung in eigenen Worten geschrieben werden. Fragen, Kritik und zu prüfende Sachverhalte sollten abschließend davon getrennt aufgelistet werden (vgl. Abb. 9.3).

Außerdem kann man die Argumentationskette eines Textes sozusagen aus der „Vogelperspektive" rekonstruieren, indem man der Orientierung dienliche, metasprachliche Wörter wie „Fragestellung", „Hypothese", „Ziel", „Randbedingungen" u. a. an den Rand schreibt (s. in Abb. 9.3: „Einwand" sowie „Gegenargument"). Welche problemstrukturierenden Ausdrücke dafür zweckmäßigerweise infrage kommen, hat Norbert Franck (2013, S. 162) aufgelistet. Viele verwenden für die am häufigsten vorkommenden metasprachlichen Kennzeichnungen eigene *Abkürzungen* (etwa: B oder Bsp. = Beispiel, D oder Def. = Definition, H oder Hyp. = Hypothese, Q oder Qu. = Quelle, Th = Theorie oder These, Z = Zusammenfas-

Selbständigkeit ermutigen Die Förderung des »Selbst«, der eigenen Persönlichkeit des Kindes, hängt eng mit dem »Verstehen« zusammen und macht ebenfalls eines der großen Leitthemen der modernen Erziehung aus. Mindestens drei Dimensionen sind dabei besonders in jüngerer Zeit in den Blick gekommen: einmal die immer wieder überraschende *Eigenart* schon kleinster Kinder, die Individualitäten und Charaktere, die Kinder von früh an sind und die sich, je genauer wir sie beachten, desto deutlicher und vielseitiger zeigen. Dem wachsenden Interesse für die Differenzen, für die Originalität schon im frühen Alter hat eine differenzierende Kinderpsychologie auch mit erstaunlichen Forschungsergebnissen Nahrung gegeben: Je mehr wir über Kinder forschend erfahren, um so reicher und farbiger zeigen sich Originalität und Selbstkompetenz des einzelnen Kindes schon vom Beginn seines Lebens an (vgl. Stone/Smith/Murphy 1974, Kap. I).	Selbstständigkeit zu fördern = 1 Leitthema mod. Erz. 3 Dimensionen 1. Individualität von Geburt an Ki.psych. sieht Ki. mittlerweile wesentl. differenzierter
Zum anderen stärkt und entwickelt oder auch versteckt sich das »Selbst« des Kindes in dem Gefüge der frühen Beziehungen, in denen das Kind aufwächst; das »Selbst« als ein dynamisches Konzept, als ein Finden und Entwickeln der geschlechtlichen und emotionalen Identität. Dabei ist die frühere Sicht, die auf die Mutter-beziehung konzentiert war, ergänzt worden und die Familien-konstellation im ganzen mehr in das Blickfeld gekommen (Richter 1963; Bittner u.a. 1981).	2. Bedeutg. d. frühen Beziehungen (insbes. Fam.konstell.) wichtig f. Entwickl. d. kindl. Selbstkonzepts
Und schließlich hat man vom Lernen her die Selbständigkeit als eigene, selbst gesteuerte Tätigkeit mit immer größerer Aufmerk-samkeit bedacht. Die generelle reformpädagogische Forderung nach aktivem und »selbsttätigem« Lernen wird gestützt durch die Lernpsychologie und eine kognitiv orientierte Didaktik (Aebli 1975). Aber sie spielt auch im pädagogischen Verständnis des Lernens eine immer größere Rolle.	3. Lernen als selbst gesteuerter Prozess wird zunehm. durch Psych. + Did. gestützt
„In der Regel wird doch rezeptiv gelernt", wendet mancher Kollege ein; das ABC, der Dreißigjährige Krieg, die Englische Sprache sind doch nicht aktiv hervorzubringen oder neu zu erfinden, sondern sie bestehen an sich und müssen, mit Lehrer- und Bücherhilfe, angenommen werden. Das bildet die Argumentation, die Macht des traditionellen Lernens. Aber das Lernen wird nun einmal in dem Maße als fremdbestimmt und unwichtig erfahren, als es nicht in Beziehung zum Denken, Tun und Fühlen der lernenden Kinder steht. Erst die Verbindung mit dem eigenen Tun und Denken, mit der eigenen Biographie macht das Lernen zur eigenen Sache des Kindes. Erst wenn das Kind Interesse gewinnt und das zu Lernende annimmt als etwas, das es selber wissen und können will und von sich aus in Besitz nehmen kann, bleibt das Lernen nicht mehr nur äußerlich, sondern wird Teil des eigenen Selbst (vgl. Messner 1985).	Einwand: Traditioneller Lernstoff wird rezeptiv gelernt Gegenargument: Dieses Lernen ist bloß aufgesetzt. Gelerntes wird erst Teil d. eig. Persönlichk., wenn Lernen in Verbind. tritt m. eigenem Handeln + Denken (biograph. Bezug)
Daß das Lernen so viel wie möglich zu einer eigenen Aktivität der Lernenden werden und mit ihrer eigenen Aktivität verbunden werden soll, gilt für alle Altersstufen. Aber es gilt für Kinder mit ihrem Handlungs- und Bewegungsbedürfnis, ihrem Mitgehen des Körpers und der Sinne in aller geistigen Tätigkeit in höchstem Maße. Gewiß, auch das genaue Zuhören und stille Aufnehmen sollen sie lernen, auch das Arbeiten mit Symbolen will gelernt sein. Es aber von früh an zum herrschenden Typus des Lernens zu machen, zeugt von wenig Verständnis für Kinder und bleibt in den Ergebnissen bei vielen von ihnen kümmerlich.	Einbezug d. kindl. Handlungs- + Bewegungs-bedürfnisses, aller seiner Sinne wichtiger als abstraktes, theor. ab-gehobenes Lernen

Abb. 9.3 Beispiel für das Unterstreichen mit Randnotizen. (Textpassage aus Flitner 1992, S. 212 f., © Piper 1997 und Flitner-Erbinnengemeinschaft 2017)

Nochmals verdichtete Zusammenfassung in eigenen Worten: Selbständigkeit zu ermutigen, ist Forderung mod. Erz. 3 Dimensionen werden dabei zunehmend beachtet: – die Individualität des Menschen von Geburt an – die Bedeutung (familialer) Beziehungen für kindl. Selbstkonzept/Identitätsentwickl. – die Bedeutung des selbsttätigen Lernens, wobei der Lerngegenstand mit eigenem Denken, Handeln sowie der eigenen Biografie verbunden wird. Beim Lernen sollen alle Sinne sowie d. kindl. Handlung- und Bewegungsbedürfnis einbezogen sowie aktivem Lernen der Vorzug gegeben werden vor abstrakter, symbolischer Rezeption.
Zu klären, unbeantwortete und kritische Fragen: – Was ist eigentlich das „Selbst“ genau? (nachschlagen in psychologischem Wörterbuch) – Beispiele zur Eigenart kleiner Kinder fehlen (bei Stone/Smith/Murphy 1974, Kap. 1 nachlesen, wenn es Sie stärker interessiert) – Ebenso zu den Auswirkungen der Familienkonstellation (bei Richter 1963 bzw. Bittner u. a. 1981 nachlesen, wenn Sie dieser Aspekt stärker interessiert) – Sind die Begriffe „Selbst“ und „Identität“ Synonyme? (Vergleich in psycholog. Wb.) – Warum bleiben die Ergebnisse rezeptiven und symbolischen Lernens bei vielen Ki. nach Ansicht Flitners „kümmerlich“?

Abb. 9.3 (Fortsetzung: Verdichtete Zusammenfassung und Fragen zur Textpassage Flitner 1992)

sung, . . .) oder bestimmte Zeichen und Symbole (! = wichtig, !! = sehr wichtig, ? = fraglich, →← = Widerspruch, ⊙ = Kernthese).

Auch hier ist darauf hinzuweisen, dass Randbemerkungen *nur in eigenen Texten* infrage kommen. Für geliehene Literatur gibt es die Möglichkeit, entweder mit *Haftnotizzetteln* aus Papier bzw. mit „Tape flags“ (kleinen, verschiedenfarbigen, selbsthaftenden und beschreibbaren Kunststoff-Fähnchen) zu arbeiten oder mit den altbewährten *Buchstreifen* (s. Abb. 9.4): Papier- oder leichte Kartonstreifen (etwa 7–10,5 cm breit) werden in der Länge so zugeschnitten, dass sie als Einlage im Buch etwa 1–2 cm über den Buchblock hinausragen. Auf dem Abschnitt ganz unten sollte auf jeden Fall die Seitenzahl notiert werden, auf die sich der Buchstreifen bezieht. Darüber hinaus könnten Stichwörter notiert sein, worum es auf der jeweiligen Doppelseite geht, denn die Rückseite des Buchstreifens wird für die rechte Buchseite verwendet. Die Breite der Streifen sollte je nach eigener Handschrift so gewählt werden, dass sich Platz für lesbare Randnotizen ergibt, die man so schreibt, dass sie zeilengenau neben dem Text stehen, auf den sie sich beziehen, wenn die untere Kante des Buchstreifens mit der unteren Kante des Buchblocks abschließt. Wenn Sie das entliehene Buch zurückgeben müssen, sollten Sie Ihre Buchstreifen entfernen und in einem Briefumschlag aufheben, auf dessen Vorder-

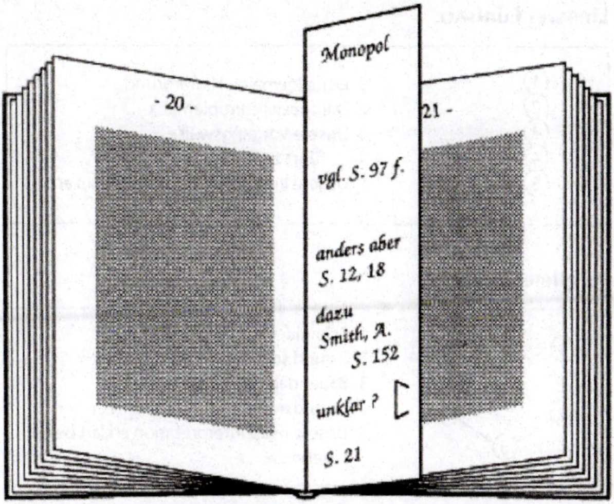

Abb. 9.4 Buchstreifen. (Quelle: Theisen 2002, S. 122)

seite Sie noch einmal die bibliografischen Angaben notieren. Vielleicht benötigen Sie das Buch noch einmal und finden dann die entsprechenden Textstellen schneller.

9.6 Das Argumentationsschema eines Textes analysieren und Aussagen prüfen

Im Abschn. 9.3 ist schon einiges über Textsorten, Textart und Textstrukturen gesagt worden. Studierende haben oft Schwierigkeiten damit, die Argumentation eines Textes wiederzugeben und zu den Argumenten Stellung zu beziehen. Dieses Problem liegt m. E. an der fehlenden *Verarbeitungstiefe*, die sich erst ergibt, wenn Studierende sich intensiv mit einem Text auseinandersetzt haben. Der Textaufbau folgt in den Wissenschaften meist formalen Textbauplänen (s. Abschn. 9.3) und Argumentationsfiguren (s. Abb. 9.5) und ist mithilfe

- der Gliederung bzw. des Inhaltsverzeichnisses,
- der Thema-Rhema-Analyse (s. Abschn. 9.7) sowie
- der Beachtung der „Gelenkstellen" eines Textes („... Im Folgenden soll das methodische Vorgehen kritisiert werden ...") und deren Kennzeichnung durch

Linearer Fünfsatz

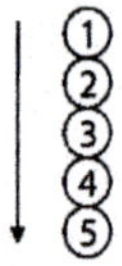

1 Der allgemeine Hintergrund …
2 Die spezielle Problematik …
3 Unsere Vorgangsweise …
4 … führt zu folgenden Daten:
5 Unsere Interpretation/Konsequenzen

Paralleler Fünfsatz

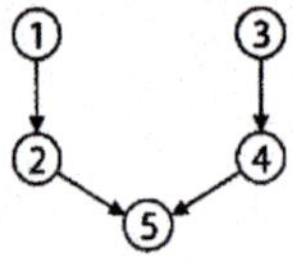

1 Schneider hat festgestellt …
2 … und so interpretiert …
3 Bauer dagegen stellt fest …
4 … und interpretiert anders …
5 Unsere neue Interpretation erklärt beide Ergebnisse …

Diskrepanz-Fünfsatz

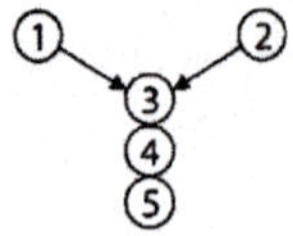

1 Schneider stellt fest …
2 Bauer stellt fest …
3 Das ergibt folgende Diskrepanz:
4 Was wir untersucht haben …
5 … weist in folgende Richtung …

Divergierender Fünfsatz

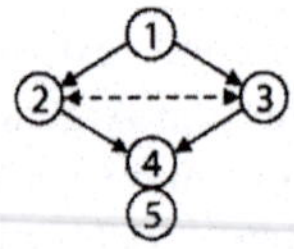

1 Problemstellung
2 Bisher unerklärbare Daten …
3 … dagegen unsere Resultate …
4 Das ergibt eine neue Interpretation …
5 Die Konsequenz daraus …

Abb. 9.5 Beispiele für Argumentationsfiguren in Texten oder Vorträgen. (Quelle: Will 2011, S. 31 f.)

die lesende Person mit metasprachlichen Wörtern („Methodenkritik") herauszuarbeiten.

Die Linearität des Textes lässt sich dementsprechend visualisieren (s. Abb. 9.5). Die Argumentationsstruktur kann auch in grafischer Form abgebildet werden, etwa mit der Hilfe von Pfeilen (A → B = A führt zu B, B folgt aus A; A ≠ B = A und B sind nicht miteinander vereinbar; A →← B = Widerspruch zwischen A und B).

Aussagen	Beispiele	Geltungsmodus/ Testfragen	Mittel der kritischen Prüfung
informative	Es gibt Quastenflosser. Alle Planetenbahnen sind Ellipsen. Bei irreversiblen Prozessen nimmt die Entropie zu. Wenn Menschen großem Stress ausgesetzt sind, dann nimmt die Fähigkeit ab, Probleme zu lösen.	*Wahrheit* Stimmt die Aussage mit der Wirklichkeit überein?	– logische Prüfung – Vergleiche mit konkurrierenden Aussagen – Prüfung an der Realität – ideologiekritische Aspekte: geringer Informationsgehalt? Absolutheitsanspruch Vermengung mit normativen Aussagen? Schwarz-Weiß-Malerei? Verschwörungsideen? Überzogene Erwartungen? Rekurs auf autoritäre Quellen?
technologische	Verwende Kamillentee, um deine Beschwerden zu lindern. Militärische Aktionen außerhalb der Nato sind unverzichtbare Maßnahmen zur Begrenzung lokaler Konflikte.	*Geeignetheit* Führt das Mittel wirklich zum Ziel?	– Mutmaßliche Wirkungen herausarbeiten – Prüfung der zugrundeliegenden Hypothesen – Nebenwirkungsanalyse, Kollision mit anderen Zielen und Werten?
normative	Du sollst nicht töten. Den Frieden sollten wir erhalten. Was du nicht willst, das man dir tu, das füg' auch keinem andren zu. Es ist besser, Unrecht zu erleiden, als Unrecht zu tun. Leben ist das höchste Gut	*Erwünschtheit* Sollen wir das tun? Ist dieser Zustand gut so? Wie würde sich die Welt verändern?	– logische Prüfung – Wertkonflikte herausarbeiten – Konsequenzen herausarbeiten – faire Wirkungen für alle? – Realisierbarkeitspostulat anwenden – Kongruenzpostulat anwenden
außermoralische Werturteile	Deine Niere funktioniert gut.		– Umformulieren in informative Aussagen – Kriterien festlegen

Abb. 9.6 Mittel der kritischen Prüfung von Sätzen. (Quelle: Alt 2003, S. 63)

Was immer Sie sich ausdenken, Ihre Zeichen müssen eindeutig sein, sodass Sie die intendierte Aussage zweifelsfrei rekonstruieren können.

Die verwendeten Aussagen wiederum lassen sich in vier Klassen einteilen, die die Abb. 9.6 wiedergibt. Für jede dieser Klassen werden Beispielsätze genannt. Danach wird die Frage nach dem Geltungsmodus gestellt und es werden die Möglichkeiten der kritischen Überprüfung der vier Aussagetypen benannt.

9.7 Exzerpieren und Texte zusammenfassen

Neben dem Markieren von wichtigen Textstellen, dem Anbringen von Randnotizen oder Symbolen am Seitenrand bzw. auf Buchstreifen (s. Abb. 9.4), ist der Textauszug (das Exzerpt) ein wichtiges Hilfsmittel, um Gelesenes – möglichst in eigenen Worten und knapper Form – schriftlich festzuhalten. Dabei entscheidend ist die Differenz zwischen wichtigen und unwichtigeren Textinformationen. Ein Exzerpt sollte auf jeden Fall kürzer sein als der zu exzerpierende Text. Exzerpieren sollten Sie alle wichtigen Texte, auf die Sie für die eigene (Examens-)Arbeit zu einem späteren Zeitpunkt noch einmal zurückgreifen wollen oder müssen, z. B. wenn Modulprüfungen anstehen. Exzerpieren, d. h. das Herausschreiben, dient nicht nur der vertieften Verarbeitung von Gelesenem, sondern das Exzerpt hilft später bei der Wiederauffrischung von Gelerntem. *Deshalb*: Schauen Sie sich Ihre Unterlagen – in einigem zeitlichen Abstand – des Öfteren wieder einmal an, um Gelerntes dem Vergessen zu entreißen.

Nicht jeder Text muss komplett exzerpiert werden. Beim *auszugsweisen Exzerpieren* konzentrieren Sie Ihr Exzerpt auf die Aussagen des Gesamttextes im Hinblick auf Ihre Fragestellung. Sowohl beim kompletten wie auch beim auszugsweisen Exzerpt wird das Wichtigste *in eigenen Worten* umschrieben (= paraphrasiert), in Einzelfällen aber auch – und dieses dann unbedingt mit An- und Abführungszeichen – wortwörtlich abgeschrieben (Zitat – s. Abschn. 10.5). Für beide Formen des Herausschreibens ist wichtig, dass Sie zumindest *einmal* die genaue bibliografische Angabe (s. Abschn. 10.5.5) notiert haben und die jeweils dem Ursprungstext entsprechende Seitenzahl fortlaufend in Ihrem Exzerpt festhalten. Die *Seitenzahl* ist ebenso für die Paraphrase wie für das wortwörtliche Zitat erforderlich, wenn Sie später die Passagen für Ihre (Examens-)Arbeit verwenden wollen. Achten Sie also darauf anzugeben, wo ein Seitenwechsel in einem Zitat oder Paraphrase-Teil vorliegt, sonst müssen Sie dieses bei späterer Verwendung eventuell am Originaltext noch einmal nachprüfen!

Inhaltlich ist ein Exzerpt ausführlicher als die Randbemerkungen (s. Abb. 9.3); besonders dann, wenn es sich um ein häufig verliehenes Buch aus der Bibliothek handelt und der Originaltext später nicht zusätzlich zum Exzerpt vorliegt. Wie bei den Randnotizen geht man beim vollständigen Exzerpieren *absatzweise* mithilfe der *Thema-Rhema-Analyse* vor: Als erstes wird das *Thema des Absatzes* ermittelt und als Wort oder Wörterkombination niedergeschrieben. Davon getrennt sollte zumindest die *Kernaussage zu diesem Thema* notiert werden (*Beispiel*: [Thema:] Lehrerrolle (LR) [Rhema:] keine Erweiterung der LR, sond. Konzentration auf Kernkompetenz). – Jedes Komprimieren eines Absatzes (s. a. Abschn. 10.4.4) beginnt auf einer neuen Zeile. Kapitelüberschriften werden wortwörtlich abgeschrieben und durch Unterstreichung als solche kenntlich gemacht. Achten Sie insbesondere auf Schlüsselbegriffe und deren Definition sowie die Abfolge der Argumentation. Und bitte die Seitenzahlen nicht vergessen, die den Bezug zur Originalseite herstellen (wichtig für Paraphrase *und* Zitat! – s. Abschn. 10.5.1).

Will ich den Text nur unter einer bestimmten Fragestellung exzerpieren (*Beispiel*: Es liegt ein Buch vor mit dem Titel: „Das Bildungswesen der Bundesrepublik Deutschland“, aus dem mich nur die Aussagen über die „Inklusion“ interessieren), so überfliege ich den Text, sofern das Buch kein gutes Sachregister hat, und schreibe nur die Angaben heraus – sinngemäß oder wortwörtlich (im letzteren Fall mit An- und Abführungszeichen) –, die Aussagen über „Inklusion“ betreffen.

▶ **Tipp** Ein Exzerpt taugt allerdings nur dann, wenn Sie auch ohne die Textvorlage Ihre Zusammenfassungen für weitere Arbeitsgänge verwenden können, also auch irrtumsfrei Ihre Schrift lesen bzw. Abkürzungen auflösen können. Und lassen Sie bitte Platz für spätere Zusätze und Anmerkungen.

9.7.1 Formales zu den Exzerpten

Exzerpte kann man auf Karteikarten (DIN A5 quer) niederschreiben oder auf einseitig zu beschreibenden DIN-A4-Blättern. (Einseitig nur deshalb, weil manchmal Schere und Klebstoff der schnellste Ausweg sind, Textteile zu übernehmen, anstelle sie abschreiben zu müssen. Für handschriftliche Exzerpte verwende ich die Rückseiten von nicht mehr benötigten Computerausdrucken als Konzept- bzw. Exzerptpapier.) Lochen Sie einen Papierstapel *vorher* mit einem Locher (mit richtig eingestellter Anschlagschiene), damit keine wichtigen Informationen beim späteren Lochen ausgestanzt werden. Knicken Sie sich für den Anfang an allen Seiten etwa 4 cm breite Ränder, sodass Sie neun unterschiedlich große Flächen haben, die für unterschiedliche Informationen vorzusehen sind (s. Abb. 9.7).

Blatt n des Exzerptes	Bibliografische Angabe des exzerpierten Textes, auf der 1. Seite komplett, auf den Folgeseiten gekürzt	Platz für Sach-gruppenangabe, Exzerptnr.
Lochrand (Seiten-zahlen des exzerpier-ten Textes) S. 173	Kapitelüberschrift wortwörtlich Thema des Absatzes 1 Kernaussage in eigenen Worten zu Absatz 1 Darunter ein „Zitat in An- und Abführungszeichen" .... Thema des Absatzes 2 Kernaussage in eigenen Worten zu Absatz 2 .... usf.	Ihre Leitworte, Kommentare, Ergänzungen
	nochmals verdichtete Zusammenfassung in eigenen Worten	Evtl. Hinweis auf Folgeblatt n + 1

Abb. 9.7 Exzerptpapier DIN-A4 (Ausschnitt)

► **Tipp** Wer mit einem Literaturverwaltungssystem wie z. B. „Citavi" arbeitet, sollte seine Notizen, Exzerpte und Aufbewahrungsorte mit dieser Software verwalten.

Darüber hinaus stellt sich die Frage der *Aufbewahrung der Exzerpte.* An eigene Fotokopien von Texten kann man die dazugehörigen Exzerpte anheften, in eigene Bücher die Zettel gefaltet einlegen. Doch sollen ja gerade Exzerpte für wichtige Bücher aus der Bibliothek angefertigt werden, die dann, wenn man dringend auf die Bücher zurückgreifen möchte, meist ausgeliehen sind. Solche Exzerpte können Sie in Archivboxen, Stehsammlern, Ordnern oder Karteikästen aufbewahren (s. Abschn. 5.4). Ich hefte meine Exzerpte fortlaufend nummeriert (z. B. „E46" = Exzerpt 46) in Exzerpte-Ordnern ab und notiere mir in meiner Literaturdatenbank, dass es zu dem Buch aus der Bibliothek mit der Signatur „AP 15640 W689(5)" ein Exzerpt mit der Standort-Nr. „E46" gibt. Das Ein- und Rücksortieren nach laufenden Nummern hat sich bewährt, weil erst ein neuer Ordner beschafft und eingerichtet werden muss, wenn der alte gefüllt ist. Selbstverständlich kann man handschriftliche Exzerpte auch einscannen und elektronisch speichern.

Als Dateinamen würde ich dann „E46_Will-2011.pdf" vergeben und die Datei im (elektronischen) Verzeichnis „Exzerpte" speichern.

Führt man darüber hinaus noch ein *Verweissystem* (elektronisch z. B. mittels „CUEcards" – s. Abb. 5.8), können auch dort Hinweise auf entsprechende Exzerpte vermerkt werden. – Karteikarten für *Exzerpte* sollten mindestens DIN-A5-Querformat haben, sonst geht zu wenig Text auf eine Karte. – Die Karteikartentechnik eignet sich allerdings besser für eine Definitions- oder *Zitaten*kartei auf DIN-A6-Karteikarten (s. Abb. 9.8), die dann – nach Schlagwörtern geordnet – in einem Karteikasten abgestellt werden, der so auch als Lernkartei dienen kann, z. B. für eine Klausurvorbereitung.

Ein weiteres Karteikarten-Verfahren besteht darin, einseitig beschriebene DIN-A4-Exzerptblätter (diesmal die Rückseite unbedruckt bzw. unbeschrieben) so auf DIN-A6-Format zu falten, dass der Exzerpt-Text nicht mehr zu sehen ist (s. Abb. 9.9). Dieses nun zweimal gefaltete Blatt kann wie eine Karteikarte nahe des Faltrandes beschriftet werden, indem die vollständige bibliografische Angabe (bei Büchern aus einer Bibliothek mit Signatur) auf dieser „Karteikarte" notiert wird. Handelt es sich nicht um allzu viele Folgeblätter, z. B. eines auszugsweisen Exzerptes, können diese gemeinsam in der beschriebenen Weise gefaltet (s. Abschn. 5.3.1) und in die Literaturkartei einsortiert werden.

Diese Methode kann auch für eine *tabellarische Auswertung* eines Buches oder Aufsatzes genutzt werden (s. Abschn. 9.8.1). Hat man ein unbeschriebenes DIN-A4-Blatt zweimal so gefaltet, dass die längere Strecke jeweils halbiert wird, sind auf der Vor- und Rückseite insgesamt acht gleich große Flächen gegeben. Die

	Handeln, soziales (Definition)	**Sozialpsych.**
S. 321	„Zusammenfassend definieren wir Handeln als das *bewusst*	s. H. = Verhalten eines
	zielgerichtete und *geplante, gewollte* und *von Emotionen*	Aktors, und zwar:
	begleitete, sozial gesteuerte und *kontrollierte* Verhalten	1. bewusst zielgerichtet
	eines Handelnden *(Aktors).*"	2. geplant
		3. gewollt
		4. von Emotionen begleitet
		5. sozial gesteuert & kontrolliert
	CRANACH, Mario von & KALBERMANN, Urs: Soziales Handeln.	Hinweis auf mögliche
	In: *Sozialpsychologie.* Dieter Frey & Siegfried Greif (Hrsg.). –	Folgekarten
	München 1983, S. 321-325	

Abb. 9.8 Beispiel einer Definitions- oder Zitationskarteikarte

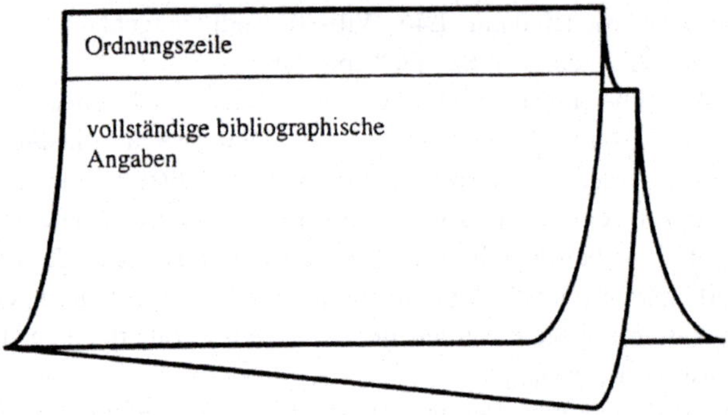

Abb. 9.9 Von DIN-A4 auf DIN-A6 gefaltetes Karteiblatt für Lektürenotizen oder auszugsweise Exzerpte

durch Faltung entstandenen vier Innenflächen könnten jeweils links oben Überschriften tragen wie: „Ziel des Textes", „Inhalt", „Problem-/Fragestellung", „Problemlösung/Antworten". Bei der Beschriftung der Außenseite muss darauf geachtet werden, dass nahe am Faltrücken die Ordnungszeile angelegt wird, unter der die „Karteikarte" alphabetisch/systematisch in den Kasten einsortiert werden soll (s. Abb. 9.9). Unter der Ordnungszeile sollten die vollständigen bibliografischen Informationen stehen einschließlich der *Bibliothekssignatur*, wenn Sie die Literatur entliehen haben. Auf die übrigen Flächen Ihres gefalteten Blattes können Sie Textauszüge als Zitate oder Paraphrasen eintragen oder die Kategorien der Rhetorik (s. Abb. 9.2) nutzen. Empfehlenswert ist auf der „Rückseite" eine „Zusammenfassung zum Inhalt" und/oder Ihre persönliche Einschätzung des Aufsatzes oder Buches (z. B.: „sehr wichtiges Buch für die Klausur in Soziologie!", „+ neueste Literatur verarbeitet", „– implizit normativ"), sodass Sie nach dem Ziehen dieser „Karte" eine schnelle Übersicht haben. Wenn Sie solche Blätter dann mit dem Faltrücken nach oben in einen Karteikasten stellen, kann man sich aus DIN-A4-Blättern eine kostengünstige und informative Kartei schaffen, die z. B. auf 1–2 weiteren Seiten zusätzliche Ausarbeitungen aufnimmt oder die zwischen Karteikarten sortiert werden können, entweder in der Literaturkartei oder in der Lern-/Arbeitskartei (wenn beide im Format DIN-A6 geführt werden).

9.8 Gelesenes verarbeiten

Da das Behalten verbessert wird, indem Sie sich immer wieder in Abständen mit bereits Gelerntem beschäftigen, sollten Sie wichtige Literatur nicht nur exzerpieren, sondern Texte weiter verdichten bzw. mit Ihrem Vorwissen und dem neu Gelernten vernetzen. Die Komprimierungstechniken helfen, die *Verarbeitungstiefe* im Rahmen der Rekapitulation des Gelesenen (vgl. Kretzenbacher 1990) zu erhöhen, weil Sie sich etliche Gedanken bezüglich der Zusammenfassung bzw. zu den einzelnen Kategorien machen müssen, die Sie darstellen wollen, und zu möglichen Relationen zwischen den Begriffen. Bei der Relationen-Darstellung gibt es unterschiedliche Möglichkeiten wie z. B. Flussdiagramme (s. Abb. 9.10) oder die Netzwerk-Technik (s. Abb. 9.13) (vgl. dazu auch Stary und Kretschmer 1999, S. 120–129).

9.8.1 Tabellen

Gelesenes kann auch in eine Tabellenform gebracht werden, was besonders bei Unterscheidungen von zeitlichen Phasen oder Epochen (s. Abb. 9.11) oder bei Vergleichen von Standpunkten, alternativen Lösungswegen bzw. hinsichtlich bestimmter Merkmale oder Kategorien angebracht sein kann (s. Abb. 9.12).

Solche Tabellen eignen sich nicht nur für einen wichtigen Text, sondern auch für ein größeres Themengebiet, wozu Sie „thematische Zwischenbilanzen" (Püschel 2010, S. 45) z. B. für Prüfungen zusammenstellen: Sie verarbeiten Ihre Exzerpte weiter, indem Sie Aussagen verschiedener Wissenschaftler und Wissenschaftlerinnen zu einem prüfungsrelevanten Thema tabellarisch auflisten. Über die Kernbegriffe lösen Sie sich von den einzelnen Texten und kommen so zu – möglicherweise eigenen – Konzepten (ebd.), die später in Concept- oder in Cluster-Maps visualisiert werden können (s. Abschn. 9.8.2).

Durch die intensive, wiederholte Beschäftigung mit dem Lernstoff werden mithilfe von didaktischen Prinzipien wie Einfachheit bzw. Übertreibung/Kontrastverstärkung die Gemeinsamkeiten und Unterschiede herausgearbeitet. Selbstverständlich müssen die Schemata und Tabellen noch die notwendige wissenschaftliche Differenzierung aufweisen, aber durch die Elaboration wird das Gelernte hervorragend in das vorhandene Wissen integriert und das Ganze kann bei der Vorbereitung auf Prüfungen sehr hilfreich sein.

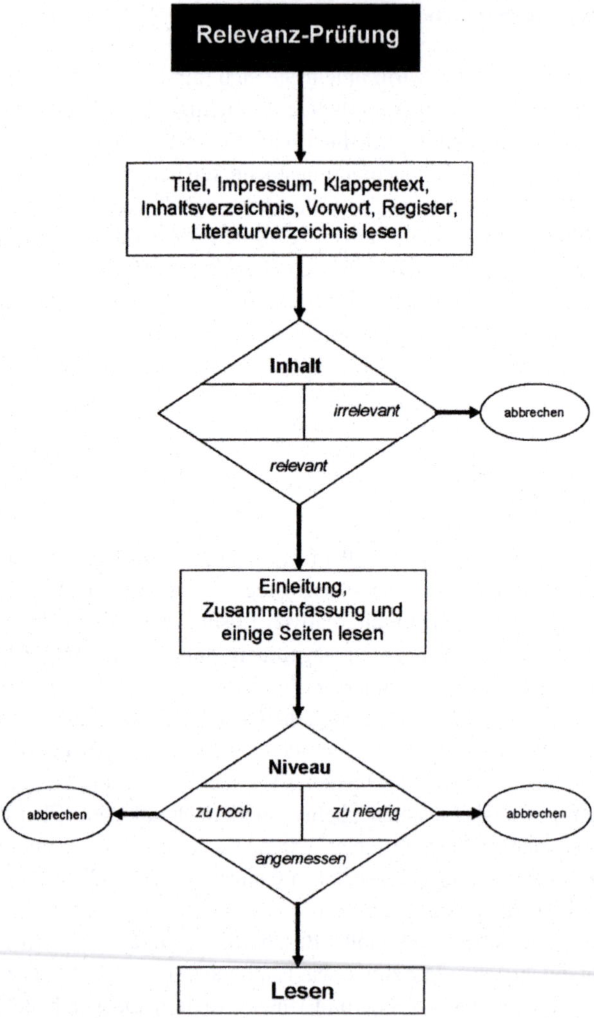

Abb. 9.10 Flussdiagramm Relevanzprüfung bei einem Buch. (Quelle: Franck und Stary 2006, S. 46)

1. Phase: 1779 – ca. 1890	2. Phase: ca. 1890 – 1963	3. Phase: seit 1963
Wurzeln d. Päd: Theologie u. prakt. Philosophie Gesellschaftserwartungen an Päd.: Deutungsmuster + Handlungsorientierungen Schriften alltagsfixiert, stark normativ Begriffe aus der Erz.praxis in päd. Wiss. übernommen	bestandskrit. Phase durch 2 Provokationen: (1) Reformpäd. + (2) Historismus *zu 1.:* Gegenbewegung zur bürokrat. + entfremdeten Schule; Kritik am Herbartianismus *zu 2.:* geschichtsphilosoph. Relativierung; *Diltheys* Grundlegung d. Geisteswiss. + Ausbau d. Hermeneutik → *Geisteswiss. Päd.* Relativierung der Erziehungswirklichkeit Begriffe aus der Erz.praxis in päd. Wiss. übernommen	(vereinzelte erfahrungswiss. Vorläufer ab 1900: *Meumann, Lochner*) 1963 „realistische Wendung" (*Heinrich Roth*, Göttingen) Entwickl. zur sozialwiss. orientierten Erziehungswissenschaft; starke Anlehnung an US-amerikanische Psychologie und Soziologie Neue Paradigmen: *Empir.-analyt. Erzwiss.* und *Kritische Erzwiss.*, orientiert an psycholog. Unterrichtsforschung resp. Frankfurter Schule (*Horkheimer/Adorno*); Auslöschung geisteswiss. Terminologie, Einsetzung neuer, weniger nationalsprachl. Termini; charakteristische Differenz zw. handlungswiss. u. analytischem Selbstverständnis Begriffe aus der Erzwiss. z. Teil in die Erz.praxis diffundiert
Textsorten: fiktionale Lit. erziehungstheoret. Monografien 200 Jahrbücher/Zs./Reihen Kompendien (= kurzgefasste Lehrbücher) staatl. Richtlinien Nachschlagewerke	*Textsorten:* wie 1. Phase + Polemiken und Streitschriften	*Textsorten:* – erzwiss. Lit. (Monografien, Abhandlungen) – Lehrbuch – Praxisanleitung – Einführungen, Grundkurse – Propädeutiken – Geschichten der Päd. – kasuistische Lit. – Streitschriften + Polemiken – empir. Untersuchungen
weitere Charakteristika: keine rein wiss. Semantik, kaum nichtsprachl. Mittel; Sprechakttypus der Aufforderung sehr häufig; positivistische Faktendarstellung, Behauptungen von Bewertungen nicht getrennt; Interjektionen, indoktrinärer Stil, aber auch Ausnahmen: z. B. Herbart (differenziert, konditional, argumentativ)	*weitere Charakteristika:* vertikale Schichtung zw. (A) Lebenspraxis u. (B) akadem. Literatur nicht immer durchgehalten *zu A:* futurische Form, tendenziell prophetisch, religiös bekehrend; Metaphern, Semantik antiszientifisch; performatorischer Sinn indoktrinär; Behauptungssätze mit implizitem Aufforderungscharakter *zu B:* Ausbildung der geisteswiss. Fachterminologie; Präteritum anstelle Futur, dennoch stark affirmativ; ungebrochene Semantik, Interpretation im hermeneut. Zirkel; wenig nichtsprachl. Mittel, stattdessen Metaphern	*weitere Charakteristika:* Syntax schwer klassifizierbar; hochkomplex und oft unverständlich. Nichtsprachl. Mittel haben beträchtl. Stellenwert. Im Streit zw. geistesw. Päd., krit. Erzwiss. u. empir.-analyt. Erzwiss. spielten Begriffe als Leitformeln wichtige Rolle zur Erkennung von In- und Outgroup – Dennoch: gemeinsame Orientierung an Rationalität **Fazit:** diskontinuierliche Entwicklung; schwindende nationalsprachl. Terminologie, wenig terminolog. Eigenständigkeit, rascher Modenwechsel, semantisch selten trennscharf; von Berufspraxis zurückhaltend rezipiert. Polit. Teilung Dtschl. in Terminologie bemerkbar, muss noch erforscht werden **Ausblick:** Postmoderne-Diskussion: „anything goes"

Abb. 9.11 Die Fachsprache der Erziehungswissenschaft seit dem Ende des 18. Jahrhunderts. (Zu dem Text Lenzen und Rost 1998)

Alltagssprache, Umgangssprache (Us), Laienspr. (Ls)	Bildungssprache (Bls)	„Jargon"	Berufssprache (Brs) (= Werkstattsprache)	Fachsprache (Fs)	Wissenschaftssprache (Ws)
Us = Spr., die d. Angehörigen e. Sprachgemeinschaft im Alltag benutzen. Us wird naturwüchsig gelernt. Mind. 1 Us beherrscht jeder Mensch. *(H., 328)* Wissensfortschritte gehen als Worte (od. syntakt. Formen) in Us ein (Gewöhnungseffekt ohne exakte Verwendungsregeln od. präzisen begriffl. Kontext, dennoch Wandel der Us) *(H., 329)* Berufspraxis & Öffentlichk. sind d. Einfallstore f. Ws [& Fs] üb. d. Bls in d. Us *(H., 330)* In d. Alltagswelt von Erziehung hat d. Ls primär d. Funktion der Ermöglichung & Absicherung ‚natürlicher', eingespielter Abläufe & Verständigungsprozesse, wobei insbes. die ‚natürliche' Einbettung von Erz. in d. gesamten Handlungs- & Erlebensstrom aller Beteiligten von Bedeutung ist. *(T., 208, These 2)* Reden üb. Erz. eher mündl. *(T., 208, These 3)*	Bls= Spr. d. Massenmedien Unterschied zur Us: Disziplin d. schriftl. Ausdrucks & differenzierter Wortschatz Bls steht grundsätzl. allen offen, die sich mit Mitteln der Schulbildung e. Orientierungswissen verschaffen. O.wissen ermögl. Verbindungslinien d. Fachs mit d. Grenzen d. Welt & d. Lebensaufgaben (Scheler) Bls hat d. Funkt., Fachwissen i. d. einheitstiftende Alltagsdeutung einzubringen; Medium f. Transfer v. Ws in Us; Übergang Ws & Bls fließend *(H., 330)*. Z. histor. Wandel v. Bls. s. *H., 335* wicht. Vermittlungsfunkt. *(T., 210)*	(Negativbezeichn. f. Gruppenspr. (= Soziolekte). Grupp.spr. dienen d. Untersch. v. In- und Outgroup Jargon = intellekt. Mode, komisch, z. T. ärgerlich, kurzlebig Funkt.: Zugehörigkeit *(H., 332)* erregt Reformwiderstände *(H., 338)* Berufstyp. Jargon = Imponiergehabe *(T., 199)* → Spott, Hohn *(T., 201)*	dient der berufsinternen Komm., verkürzt, standardisiert; reguliert Handlungsanlässe & -strategien, vermittelt berufl. Identität *(T., 196)* Brs generationsspezif. unterschiedlich, sozialisiert in gemeinsame Denk- & Wissensmuster *(T., 199)* In päd. Berufen tritt päd. Ambition gebündelt auf, im Vergleich z. Alltag sozusagen verschärft. Dies impliziert Konzentration, Verbesonderung; Spezialisierung im Blick auf d. kulturelle Funkt. d. Institution, in der e. päd. Beruf ausgeübt wird. Brs in Erzieher-Berufen = spezialisierter, konzentrierter, unnatürlicher als Alltags-Reden üb. Erz. *(T., 208, These 2)* Reden üb. Erz. eher mündl., manchmal Gutachten *(T., 208, These 3)*	Fs erwirbt man, indem man sich spezielle Kenntnisse aneignet, z. B. Berufskenntnisse. Fs erlauben f. spezielle Lebensbereiche größere Präzision der Rede. Diese ist nicht immer explizit geregelt *(H., 328)*. Fs nicht eindeutig & präzise def. *(T., 196, FN 4)* Fs schottet ab *(T., 199)*	Problem der Unverständlichkeit *(H., 327)*. Im Unterschied zu Fs ist Ws explizit geregelt. Ws muss sich f. d. Funktion d. tatsachenfeststellenden Rede eignen & speziell für d. Prüfung von Aussagen. Hoher Grad der Normierung. Kontextfreier Gebrauch d. sprachl. Ausdrücke *(H., 328)* & deren Einbett. i. e. theoret. Zusammenhang. Wer wiss. Termini verwendet, erweckt Begründungserwartungen & belastet sich mit Verteidigungspflichten. Ws von Us abhängig. Mind. 1 Us nötig, um Ws anzueignen. Meth. Aufbau erfordert e. andere Sprache, in der wir explizit Regelungen vornehmen [Us, Bls als Metasprache?] *(H., 329)* In der EWI steht das sprachl.-begriffl. Instrumentarium unter d. Primat d. Erkenntnisbildung in theoret. wie empir. Hinsicht. Im Blick auf ihren Gegenstand – d. Erziehungswirklichkeit – hat sie qua Analyse & Kritik Aufklärungsarbeit zu leisten. Im Blick auf die Praxis hat sie Voraussetzungen bereitzustellen für eine verantwortliche Gestaltung von Erziehung im Alltag & in päd. Institutionen. Hinzu kommt reflexive Selbstvergewisserung hinsichtl. der Tauglichkeit d. eigenen sprachl.-begriffl. Instrumentariums. Insofern ist eine gewisse „Esoterik" (Tenorth 1987) Kennz. erzwiss. Argumentation. *(T., 208, These 2)* In d. Ausbildung päd. Berufe: Reden üb. Erz. eher mündl. und in anderer Ausdrucksform als in d. schriftl. Komm. *(T., 208, These 3)*

Tabellarisch-vergleichendes Teilexzerpt zu den Aussagen aus zwei Texten: HABERMAS 1978 (= H.) und TERHART 1992 (= T.)

Abb. 9.12 Differenzierungen und Relation zwischen Sprachformen

9.8.2 Texte visualisieren

Eine weitere Verdichtung von Textinformationen kann in *Schaubildern* erfolgen. Deren Erarbeitung erfordert zwar auf der einen Seite eine noch intensivere Auseinandersetzung mit dem Text, auf der anderen Seite kann der Inhalt solcher Schaubilder schneller erfasst und wiederholt werden als durch das Durchlesen von Exzerpten. Schaubilder bleiben im Gedächtnis viel besser haften, weil solche Schemata, so sie denn übersichtlich sind, ganzheitlich erinnert bzw. rekonstruiert werden können, zumindest von eher visuell Lernenden. – Deshalb soll an dieser Stelle noch einmal daran erinnert werden, dass Sie beim Lesen auch den Abbildungen in Texten Beachtung schenken sollten!

Stary und Kretschmer (1999, S. 121–129) stellen Texte und deren Bearbeitung mithilfe der Netzwerk-Technik und des Mind-Mappings vor (vgl. auch Buzan

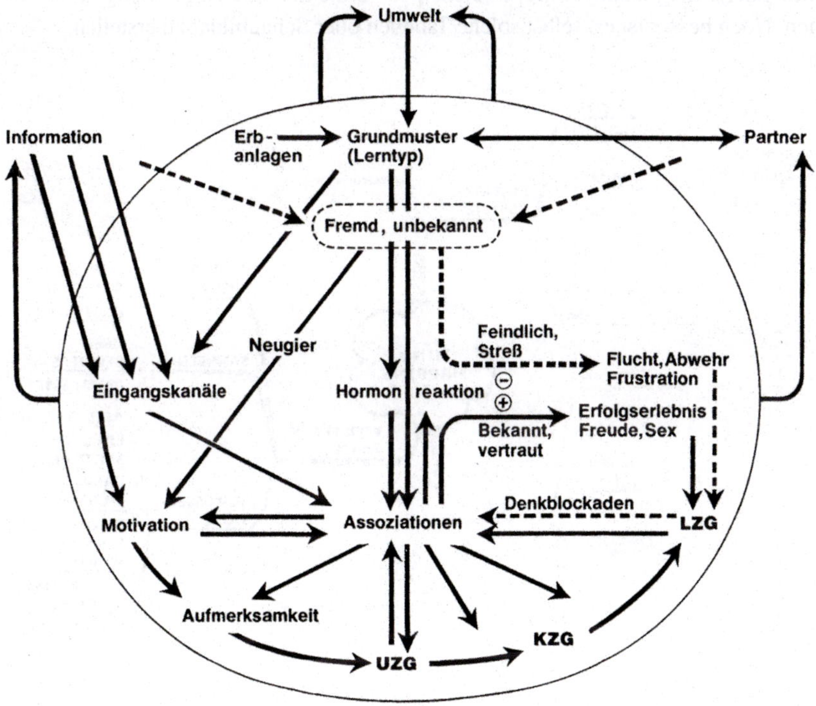

Abb. 9.13 Visualisierungsbeispiel zum Netzwerk Lernen. (Quelle: Vester 2001, S. 176)

2006; Hertlein 2010). Während bei der Netzwerktechnik oftmals Begriffe in Kästchen, Kreisen oder Rauten und Relationen durch verschiedene Pfeilformen dargestellt werden (s. Abb. 9.10), geht die „Mindmap-Technik" von einem zentralen Thema aus, das in die Mitte der Seite geschrieben wird. Von dort aus werden dicke „Äste" und dünnere Zweige angelegt, die für zusammenhängende bzw. gesonderte Aspekte stehen (s. Abb. 9.14). Gerade das „Mindmapping" eignet sich für die Strukturierung von Inhalten zu einer Wissenslandkarte oder für die Exposition eines Textes (s. a. Abb. 11.3), bevor man ihn schreibt. Das Mindmapping ist weiterentwickelt worden zum Verfahren des Cluster-Mappings (s. Abb. 9.15). Hierbei wird nicht von *einem* zentralen Thema in der Mitte des Blattes ausgegangen, sondern ein Cluster- oder Concept-Map (s. Abb. 9.16) kann mehrere Zentren auf dem Blatt haben, die miteinander in Relationen stehen (vgl. Nückles et al. 2004). – Anhand einiger Beispiele soll demonstriert werden, dass solche Schaubilder Aussagekraft haben (s. die Abb. 9.13 bis 9.16). Die Auseinandersetzung mit ihnen hilft besonders, Lerninhalte zu Superzeichen zu verdichten und längerfristig zu behalten. Noch besser ist es, selbst solche Tabellen oder Schaubilder zu erstellen.

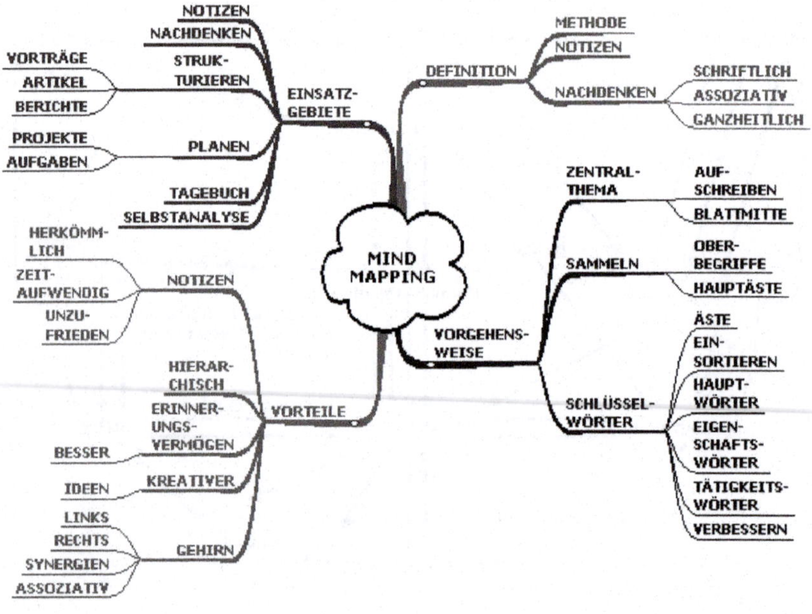

Abb. 9.14 Mindmap zum Thema Mindmapping. (Quelle: http://www.zeitzuleben.de/zzlwp1892/wp-content/uploads/2010/12/1Of9gcKfbs.gif)

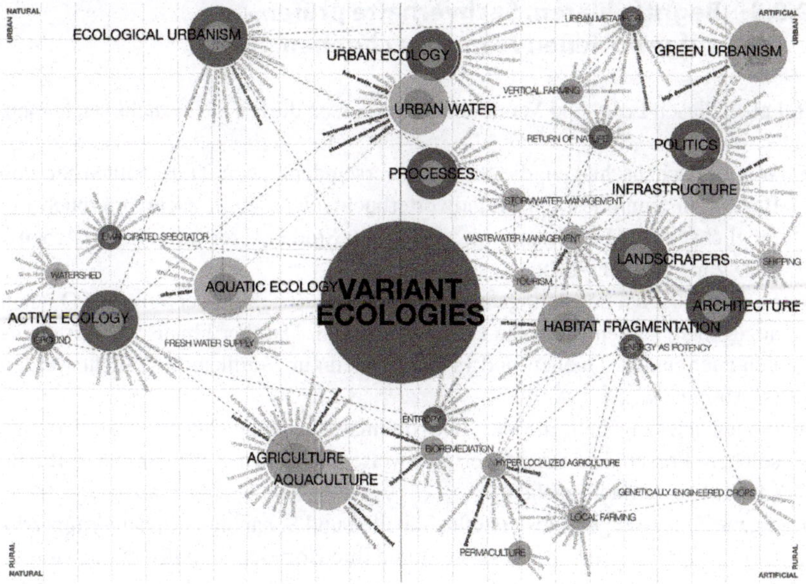

Abb. 9.15 Cluster Map zu verschiedenen Ökologien. (Quelle: http://this-clonic-earth.blogspot.com/2010_10_24_archive.html)

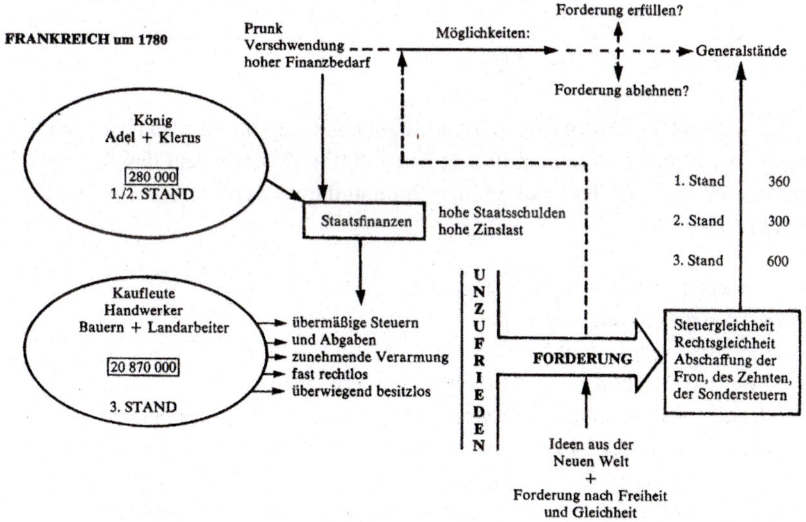

Abb. 9.16 Concept Map zum Thema Französische Revolution. (Quelle: Seel 2000, S. 177)

9.8.3 Begriffe klären, Sachverhalte prüfen, aufgeworfenen Fragen nachgehen

Bei allen diesen Lese- und Verarbeitungsprozessen dürfen Sie es nicht versäumen,

- Wörter nachzuschlagen, die Sie nicht verstanden haben. Dazu sollten Sie von Beginn an zumindest ein Fremdwörterbuch sowie je ein Fachwörterbuch mit möglichst vielen Fachtermini zu jedem Ihrer Studienbereiche an Ihrem Arbeitsplatz zur Verfügung haben.
- Sachverhalte bei den geringsten Zweifeln zu prüfen. Sind Verweise auf Quellen angegeben, sollten Sie diese als Erstes prüfen. Darüber hinaus können natürlich auch andere Quellen und Informationen zur Verifikation gesucht werden (s. Abschn. 8.1.3).
- Fragen nachzugehen, die der Text offenlässt und die Sie interessieren. Aus solchen Fragen kann sich beispielsweise das Thema für eine schriftliche (Abschluss-)Arbeit ergeben.
- eigene Textauszüge, selbsterstellte Tabellen und Schaubilder in der Gruppenarbeit (s. Kap. 4) anderen zu erläutern und ihre Korrektheit in der Diskussion zu überprüfen. Dazu sollten sich andere genauso viel Mühe geben wie Sie bei der Erstellung dieser Materialien. Oft kommen in diesem Gedankenaustausch noch gute Ideen hinzu.

9.9 Kritik an Texten üben

Textkritik und Sachkritik sollten nach Möglichkeit getrennt werden (vgl. zum Folgenden u. a. Hackenbroch-Krafft und Parey 2003). *Textkritik* legt das Augenmerk auf den Aufbau, die Textstruktur, den Stil und die verwendete Sprache, etwa mit den Fragen:

- Von welchen Voraussetzungen geht der Text aus?
- Werden diese Voraussetzungen im Blick behalten?
- Wie wird argumentiert?
- Gibt es Widersprüche oder Brüche in der Argumentation?
- Stehen Voraussetzungen, Argumentation und Schlussfolgerung in einem stimmigen, d. h. widerspruchsfreien Zusammenhang?

Die *Sachkritik* hingegen kann nicht so formal erschlossen werden. Der Schwerpunkt liegt nun auf der inhaltlichen Reflexion des Textes mithilfe des eigenen

Vorwissens; d. h. seiner Prüfung an der je eigenen Erfahrung bzw. an der sekundär vermittelten Erfahrung anderer. Im Wissenschaftsbereich setzt dies Fachwissen bzw. die Bereitschaft voraus, sich fehlendes Fachwissen anzueignen. Folgende Fragen führen zu einer Sachkritik eines Textes:

- Werden Probleme angemessen bzw. sachlich richtig dargestellt?
- Wie ist der methodische Ansatz einzuschätzen?
- Können Aussagen des Textes kritisiert werden, indem sie mit Aussagen, Hypothesen, Theoremen anderer Texte verglichen oder durch sie ergänzt werden?
- Welche Quellen wurden herangezogen?

Zusammenfassung

Selbst wenn Sie lieber empirisch oder praktisch arbeiten würden: Am Lesen führt kein Weg vorbei, weil wissenschaftliche Ergebnisse zumeist schriftlich vorliegen. Wer nicht so gerne liest, sollte einerseits seine Motivation zum Studium überprüfen, andererseits vielleicht mit kleinen Belohnungen versuchen, die Abneigung gegen das Lesen zu überwinden. Vor allem sollten jene die Methode der Relevanzprüfung (s. Abschn. 8.5) anwenden, um herauszufinden, ob ein Text für sie und ihre Fragestellung wichtig ist oder nicht. Danach kommt es wiederum auf die richtige Lesestrategie an, je nachdem, was mit dem Text bezweckt wird. *In der Regel reicht jedoch einmaliges Lesen eines wissenschaftlichen Textes für Lehrveranstaltungen nicht aus.* Da Sie die meisten Wörter aus dem alltäglichen Sprachgebrauch kennen, kommt denjenigen Termini besondere Aufmerksamkeit zu, deren Bedeutung Sie nicht oder nur vage kennen. Dies sind meist die Schlüsselwörter, die Sie nachschlagen und deren Bedeutung Sie lernen sollten. Danach laufen semantische Prozesse automatisch ab. (Na, wissen Sie noch die Bedeutung von „semantisch"?) – Für das lernende Durcharbeiten empfehle ich die „Sechs-Schritt-Methode" (PQ4R). Hier kommt es besonders darauf an, Themen und Aussagen des Textes zu identifizieren und später aus dem Kopf niederzuschreiben. Wichtig ist jedoch die abschließende Überprüfung am Text, um Wahrnehmungsfehler richtigzustellen und Erinnerungslücken zu füllen. Zwingen Sie sich dazu, das Gelesene in eigene Worte zu fassen, weil dadurch ebenso eine bessere Verarbeitungsqualität erreicht wird wie durch die Verdichtung von Gelerntem in Exzerpten, Kategorienschemata oder Schaubildern.

Literatur

Literatur zur Vertiefung

Brun, G., & Hirsch Hadorn, G. (2009). *Textanalyse in den Wissenschaften. Inhalte und Argumente analysieren und verstehen.* UTB Schlüsselkompetenzen, Arbeitshilfen, 3139. Zürich: vdf Hochschulverl. Wie erfasse ich das Wichtigste, was steht genau im Text, wie wird argumentiert? – Diese Fragen zur Fach- und Sachkritik werden ausführlich behandelt

Willenberg, H. (1999). *Lesen und lernen. Eine Einführung in die Neuropsychologie des Textverstehens.* Heidelberg: Spektrum Akad. Verl. Dieses Buch vermittelt in verständlicher Sprache Wissenswertes zum Lesevorgang in Kombination mit Lernvorgängen sowie den daran beteiligten Emotionen

Koch, G. (2015). *Speed Reading für das Studium.* UTB 4422. Paderborn: Schöningh. Wer seine Lesegeschwindigkeit erhöhen möchte, greife zu diesem Buch

Rost, D. H. (2013). *Interpretation und Bewertung pädagogisch-psychologischer Studien. Eine Einführung* (3. Aufl.). UTB, 8518. Bad Heilbrunn: Klinkhardt. Mithilfe dieses Buches lernen Sie viel zur richtigen Einschätzung und Interpretation von empirischen Untersuchungen und wie Sie Fehler bei eigenen empirischen Projekten vermeiden

Literaturverzeichnis

Alt, J. A. (2003). *Richtig argumentieren oder wie man in Diskussionen Recht behält* (5. Aufl.). Beck'sche Reihe, 1346. München: Beck.

Brun, G., & Hirsch Hadorn, G. (2009). *Textanalyse in den Wissenschaften. Inhalte und Argumente analysieren und verstehen.* UTB Schlüsselkompetenzen, Arbeitshilfen, 3139. Zürich: vdf.

Buzan, T. (2006). *Kopftraining. Anleitung zum kreativen Denken; Tests und Übungen* (20. Aufl.). Goldmann, 10926. München: Mosaik Goldmann.

Flitner, A. (1992). *Reform der Erziehung. Impulse des 20. Jahrhunderts. Mit e. Beitrag von D. Knab.* Serie Piper, 1546. München: Piper.

Franck, N. (2013). Lust statt Last: Wissenschaftliche Texte schreiben. In N. Franck & J. Stary (Hrsg.), *Die Technik wissenschaftlichen Arbeitens* (17. Aufl., S. 111–172). UTB, 724. Paderborn: Schöningh.

Franck, N., & Stary, J. (2006). *Gekonnt visualisieren. Medien wirksam einsetzen.* UTB Arbeitshilfen, 2818. Paderborn: Schöningh.

Habermas, J. (1978). Umgangssprache, Wissenschaftssprache, Bildungssprache. *Merkur, 32*, 327–342.

Hackenbroch-Krafft, I., & Parey, E. (2003). *Training Umgang mit Texten. Fachtexte erschließen, verstehen, auswerten [Sekundarstufe II]* (4. Aufl.). Stuttgart: Klett.

Henningsen, J. (2010). Peter stört. In A. Flitner & H. Scheuerl (Hrsg.), *Einführung in pädagogisches Sehen und Denken* (3. Aufl., S. 46–66). Beltz-Taschenbuch Pädagogik, 68. Weinheim: Beltz.

Hertlein, M. (2010). *Mind mapping – die kreative Arbeitstechnik. Spielerisch lernen und organisieren* (6. Aufl.). rororo Sachbuch, 61190. Reinbek bei Hamburg: Rowohlt TB.

Koch, G. (2015). *Speed Reading für das Studium*. UTB, 4422. Paderborn: Schöningh.

Krämer, W. (2001). *Statistik verstehen. Eine Gebrauchsanweisung* (9. Aufl.). Serie Piper, 3039. München: Piper.

Krämer, W. (2015). *So lügt man mit Statistik*. Frankfurt am Main: Campus.

Kretzenbacher, H. L. (1990). *Rekapitulation. Textstrategien der Zusammenfassung von wissenschaftlichen Fachtexten*. Tübingen: Narr.

Kruse, O. (2010). *Lesen und Schreiben. Der richtige Umgang mit Texten im Studium*. UTB, Studieren, aber richtig, 3355. Konstanz: UVK Verlagsgesell.

Lenzen, D., & Rost, F. (1998). Die neuere Fachsprache der Erziehungswissenschaft seit dem Ende des 18. Jahrhunderts. *Fachsprachen – Languages for special purposes. Ein internationales Handbuch zur Fachsprachenforschung und Terminologiewissenschaft* (Bd. 1.1, S. 1313–1321). New York Berlin: de Gruyter.

Nückles, M., Gurlitt, J., Pabst, T., & Renkl, A. (2004). *Mind maps und concept maps. Visualisieren, Organisieren, Kommunizieren*. dtv Beck-Wirtschaftsberater, 50877. München: Dt. Taschenbuch-Verl.

Püschel, E. (2010). *Selbstmanagement und Zeitplanung*. UTB, Uni-Tipps, 3430. Paderborn: Schöningh.

Rittelmeyer, C., & Parmentier, M. (2007). *Einführung in die pädagogische Hermeneutik*. Mit einem Beitrag von W. Klafki (3. Aufl.). Darmstadt: Wiss. Buchgesell.

Rost, D. H. (2013). *Interpretation und Bewertung pädagogisch-psychologischer Studien. Eine Einführung* (3. Aufl.). UTB, 8518. Bad Heilbrunn: Klinkhardt.

Roth, G. (1997). *Das Gehirn und seine Wirklichkeit. Kognitive Neurobiologie und ihre philosophischen Konsequenzen*. Suhrkamp-Taschenbuch Wissenschaft, 1275. Frankfurt am Main: Suhrkamp.

Schmitz, W., Hasse, F., & Sösemann, B. (2013). *Schneller lesen – besser verstehen*. Bd. 63045. Reinbek bei Hamburg: Rowohlt TB.

Seel, N. M. (2000). *Psychologie des Lernens. Lehrbuch für Pädagogen und Psychologen*. München: Reinhardt.

Stary, J., & Kretschmer, H. (1999). *Umgang mit wissenschaftlicher Literatur. Eine Arbeitshilfe für das sozial- und geisteswissenschaftliche Studium* (3. Aufl.). Darmstadt: Wiss. Buchgesell.

Terhart, E. (1992). Reden über Erziehung. Umgangssprache, Berufssprache, Wissenschaftssprache. *Neue Sammlung*, *32*(2), 192–214.

Theisen, M. R. (2002). *Wissenschaftliches Arbeiten. Technik, Methodik* (11. Aufl.). WiSt-Taschenbücher Wirtschaftswissenschaftliches Studium. München: Vahlen.

Vester, F. (2001). *Denken, Lernen, Vergessen. Was geht in unserem Kopf vor, wie lernt das Gehirn, und wann lässt es uns im Stich?* (33. Aufl.). dtv Wissen, 33045. München: Dt. Taschenbuch-Verl.

Weinrich, H. (1993). Wissenschaftssprache, Sprachkultur und Einheit der Wissenschaften. In H. Mainusch & R. Toellner (Hrsg.), *Einheit der Wissenschaft. Wider die Trennung von Natur und Geist, Kunst und Wissenschaft* (S. 111–127). Opladen: Westdt. Verl.

Werder, L. von (1994). *Wissenschaftliche Texte kreativ lesen. Kreative Methoden für das Lernen an Hochschulen und Universitäten*. Berlin: Schibri.

Will, H. (2011). *Mini-Handbuch Vortrag und Präsentation. Für Ihren nächsten Auftritt vor Publikum* (7. Aufl.). Beltz Taschenbuch, 615. Weinheim: Beltz.

Willenberg, H. (1999). *Lesen und lernen. Eine Einführung in die Neuropsychologie des Textverstehens*. Heidelberg: Spektrum Akad. Verl.

Das Schreiben wissenschaftlicher Texte 10

► Vielen Studierenden in den Bachelor- und Master-Studiengängen fällt das Schreiben wissenschaftlicher Texte schwer. Eingangs werden auftretende Schwierigkeiten thematisiert, die auch Wissenschaftler(innen) beim Verfassen ihrer Texte kennen. Dieses Kapitel vermittelt Ihnen darüber hinaus,

- auf welche Faktoren es ankommt (Verständlichkeit, Sprachstil und Satzbau) und welche Grundformen des wissenschaftlichen Schreibens es gibt,
- welche Typen schriftlicher Leistungsnachweise – von Seminarprotokoll bis Prüfungsarbeit – Ihnen üblicherweise abverlangt werden,
- welche Formalia zu berücksichtigen sind, insbesondere wie man richtig zitiert und die dazugehörigen Quellenangaben gestaltet.

10.1 Auftretende Probleme beim Schreiben wissenschaftlicher Texte

Nach dem „Handbuch Hochschullehre" (vgl. Hollmann et al. 1995) gibt es einige typische Schreibprobleme von Studentinnen und Studenten, die auch etliche Profis kennen (vgl. Becker 2000):

1. *Unwissenheit über den Arbeitsprozess an wissenschaftlichen Texten sowie Unsicherheit bezüglich der wissenschaftlichen Anforderungen.* Studierende wissen nicht, wie viele und welche Arbeitsgänge sich hinter wissenschaftlichen Texten verbergen. Zudem seien sämtliche Arbeitsschritte des Schreibens wissenschaftlicher Texte von Unsicherheit und dem Unbehagen begleitet, die wissenschaftlichen Standards nicht richtig zu erfüllen. Hierbei können Bücher wie

F. Rost, *Lern- und Arbeitstechniken für das Studium*,
DOI 10.1007/978-3-658-17626-6_10

dieses helfen, die Kriterien kennenzulernen. Wichtiger ist es jedoch, kleinere Texte selbst zu schreiben und jenen zur Diskussion und konstruktiven Kritik vorzulegen, die vielleicht schon mehr Erfahrung im Hochschulbereich haben.

2. *Diskrepanz zwischen Selbstanspruch und eigenen Schreibversuchen.* Studierende erwarten von sich, dass ihnen Texte auf Anhieb gelingen. Da jedoch Studentinnen und Studenten i. d. R. immer noch zu selten schreiben, wobei sie ihre inhaltlichen Ansprüche sehr hoch ansetzen und ihre Themen oft zu breit anlegen, ergibt sich eine Diskrepanz zwischen dem, wie Studierende schreiben *wollen,* und dem, was sie aus ihrer bisherigen Schreibpraxis heraus schreiben *können.* Ist das Missverhältnis zwischen sehr hohem Selbstanspruch (Ich-Ideal) und dem tatsächlich Geschriebenen zu groß, erscheinen die Probleme unüberwindbar. Die Folgen sind Frustration und abnehmendes Zutrauen in die eigenen Schreibfähigkeiten.
3. *Das Schreiben wird hinausgezögert.* Zu hohe Erwartungen an sich selbst, vielleicht auch Unsicherheit oder die Angst, keine gute Note zu bekommen, führen dazu, dass viele Studierende den Schreibprozess möglichst lange hinausschieben und sich zu lange den Vorarbeiten widmen, z. B. der Literatursuche oder der Lektüre, bevor überhaupt mit dem Schreiben begonnen wird. Zudem werden inhaltliche Festlegungen und deren schriftliche Fixierung in einem Arbeitsplan vermieden.
4. *Unsystematische, oberflächliche Lektüre und ungenaue oder fehlende Exzerpte behindern eine präzise Themenwahl und sinnvolle Strukturierung des Materials.* Da viele flüchtig und unsystematisch lesen und entweder gar nicht oder unpräzise exzerpieren (s. Kap. 9), wählen sie oft eine zu breite Thematik, die in der Kürze der Zeit und in einer 12- bis 30-seitigen Arbeit nicht seriös zu bewältigen ist, denn vage Literatureindrücke lassen sich nicht in eine geeignete Themenwahl und eine dementsprechende Fragestellung umsetzen (s. a. Kap. 2). Die zu breit angelegte und unsystematische Lektüre führt dazu, dass das Thema auszuufern droht; denn das Wissen, das man sich angeeignet hat, möchte man auch in der Arbeit anbringen. Fehlende Exzerpte – besonders dann, wenn zwischen Lese- und Schreibprozess eine längere Zeit verstrichen ist – führen dazu, dass das Gelesene „verblasst" und der Aufsatz oder das Buch nochmals gelesen werden muss. Dabei kann der Stress wachsen, wenn eine termingebundene Arbeit zu schreiben ist. Schlampige Exzerpte können Unsicherheit verursachen, besonders wenn ausgeliehene Literatur wieder abzugeben war und somit eine Kontrolle anhand der Originalliteratur erst durch erneute Ausleihe möglich ist. Sorgfältige Exzerpte dagegen sind eine gute Grundlage für die Strukturierung des Materials (s. Abschn. 9.7).

5. *Diskrepanz zwischen Planung und Ergebnis.* Beim Niederschreiben gelingt es Studierenden nicht annähernd, ihre Arbeitsplanung umzusetzen. Doch Schreiben ist ein Prozess, in dessen Verlauf sich auch *Erkenntnisinteresse und Zielsetzung ändern* können. Da Studentinnen und Studenten nicht wissen, dass dieses auch vielen wissenschaftlich Tätigen passiert und diese ebenso aus Zeit- und anderen Gründen Abstriche bei ihren Plänen machen müssen, kann – aus mangelnder Erfahrung – die erkannte Diskrepanz zwischen Anspruch und dem Schreibergebnis Arbeitsstörungen verursachen (s. Abschn. 11.5).

Viele gehen von der irrigen Annahme aus, dass wissenschaftlich Tätige ihre Texte „spielend" herunterschreiben, dass jeder ihrer Sätze in seiner Aussage durchdacht und in der Form auf Anhieb perfekt sei. Dies ist mitnichten der Fall. Bis Autor(inn)en mit ihren Texten zufrieden sind, durchlaufen Manuskripte viele verschiedene Arbeitsphasen und Fassungen. Verfasser(innen) formulieren, verwerfen, stellen Passagen um, revidieren Teile und geben dann ihre Texte vielleicht Kolleg(inn)en zu lesen, die diese freundschaftlich-konstruktiv kritisieren sowie konkrete inhaltliche und stilistische Verbesserungen vorschlagen. Gleiches geschieht oft in mehreren Arbeitsgängen durch etwaige Herausgeberinnen, Gutachter, Lektorinnen, Redakteure, Korrektorinnen, bevor ein Text gedruckt wird. Obwohl Autor(inn)en Rat und Hilfe erfahren und eventuell in Konfliktfällen mit der Schriftleitung oder dem Verlag Kompromisse (z. B. wegen Kürzungen oder Ergänzungen) eingehen, haben sie in inhaltlichen Dingen das letzte Wort, denn ohne die sogenannte Druckreife-Erklärung („Imprimatur") dürfen die Texte nicht gedruckt werden. Insofern sind wissenschaftlich Tätige letztendlich verantwortlich dafür, was in ihren gedruckten Texten steht.

Die während des Redaktionsprozesses durch einigen zeitlichen Abstand wiedergewonnene Distanz zum eigenen Text wird zu weiteren Verbesserungen genutzt und gute Autoren werden nicht ruhen, bevor sie mit ihren Elaboraten zufrieden sind. – Ob das die Leserinnen des Textes auch sind, ist eine andere Frage. Wie gesagt: Obwohl die wissenschaftlich Tätigen Unterstützung erfahren, fällt vielen von ihnen das Schreiben schwer. Dabei spielen einige Aspekte eine Rolle, die über die oben genannten hinausgehen: Wer möchte nicht gern „groß herauskommen", einen besonderen Beitrag zu seinem Fachgebiet leisten, Lob und Anerkennung ernten für seine „bahnbrechenden" Forschungsergebnisse? Diese meist verheimlichten, im „Ich-Ideal" versteckten Phantasien sind jedoch oft gepaart mit uneingestandenen Ängsten, sich mit seinem „Werk" zu blamieren: sich möglicherweise geirrt, etwas falsch oder missverständlich dargestellt zu haben, etwas übersehen oder nichts Bedeutendes herausgefunden zu haben. Beide, die Omnipotenzphantasien und die Ängste, sind in manchen Texten deutlich spürbar: „Bedeutendes" muss offensichtlich so formuliert sein, dass es nicht jeder verstehen kann, sonst wäre es ja kein wissenschaftlicher Text. Meine Kritik richtet sich nicht generell gegen eine fachsprachliche Ausdrucksweise. Die Verwendung der jeweils für die Wissenschaftsdisziplin spezifischen Fachsprache ist hilfreich, denn sie vereinfacht die Kommunikation unter Fachwissenschaftler(inne)n, sofern einigermaßen Einigkeit herrscht über die Verwendung und den Bedeutungsgehalt der Fachwörter (was in vielen Disziplinen nicht unbedingt der Fall ist) oder sofern der Sinngehalt der wichtigsten Termini aus dem Text hervorgeht, etwa durch Definitionen. Auf der anderen Seite schließen Fachsprachen „Laien" aus der Kommunikation weitgehend aus (vgl. Thiel und Rost 2001). Was die Verwendung von Fremdwörtern anbelangt, so teile ich die Auffassung der Dudenredaktion:

> Ein Fremdwort kann dann nötig sein, wenn es mit deutschen Wörtern nur umständlich oder unvollkommen umschrieben werden kann. Sein Gebrauch ist auch dann gerechtfertigt, wenn man einen graduellen inhaltlichen Unterschied ausdrücken, die Aussage stilistisch variieren oder den Satzbau straffen will. Es sollte aber überall da vermieden werden, wo Gefahr besteht, dass es der Hörer oder Leser, an den es gerichtet ist, nicht oder nur unvollkommen versteht, wo also Verständigung und Verstehen erschwert werden. Abzulehnen ist der Fremdwortgebrauch da, wo er nur zur Erhöhung des eigenen sozialen bzw. intellektuellen Ansehens oder zur Manipulation anderer angewendet wird (*Duden Fremdwörterbuch* 1990, S. 13).

Wissenschaftssprachliches „Imponiergehabe" und die Manipulation anderer sind strikt abzulehnen (vgl. dazu auch Stary und Kretschmer 1999, S. 143–148). Auf der anderen Seite gibt es aber auch durchaus berechtigte Erwartungen, dass sich Wissenschaftler(innen) anders ausdrücken sollten als „Hinz und Kunz". Außerdem lässt sich Kompliziertes und zu Differenzierendes nicht ausschließlich mit einfachen Worten und in kürzesten Sätzen darlegen. Dennoch sollten wissenschaftlich Tätige überlegen, ob sie die jeweiligen Sachverhalte, ihre Gedanken und die Ergebnisse ihrer Arbeit nicht einfacher darstellen können. Nachdenklich und kritisch sollten wir allerdings in *den* Fällen werden, in denen Texte vor Substantivierungen und Fremdwörtern strotzen; in denen Sätze nicht enden wollen, in sich verschachtelt sind oder vollgestopft mit umständlichen Phrasen. Im Ernst: Manches scheint mit Absicht so geschwollen formuliert zu sein, um Eindruck zu schinden. Fehlende bzw. unpräzise Kenntnisse werden hinter einschränkenden Bemerkungen verborgen und gegen mögliche Kritik abgeschottet (vgl. dazu Becker 2000, S. 46 ff.). Bei manchen Autoren hat man den Eindruck, dass sie ihren Lesern gar keine Informationen, geschweige denn Erkenntnisse übermitteln wollen. Diese Verfasser nutzen „Sprachnebel" und bedenken nicht die Auswirkungen eines solchen Schreibstils: Nach kurzer Zeit stellt sich bei Studierenden demotivierende Langeweile ein oder sogar das Gefühl von Dummheit, weil diese Texte selbst nach mehrmaliger Lektüre nicht zu verstehen sind. Deshalb sollten Sie beim Schreiben immer an diejenigen denken, an die Sie sich richten (Ihre Zielgruppe mit einigem oder gar erheblichem Vorwissen zu Ihrem Thema) und für mündliche Referate oder Vorträge *in jedem Fall* einen noch einfacheren Satzbau wählen als für schriftlich vorzulegende Arbeiten.

10.1.1 Verständlichkeit

Von welchen Faktoren die Verständlichkeit von Texten abhängt, haben Inghard Langer, Friedemann Schulz von Thun und Reinhard Tausch herausgefunden. Sie nennen vier Merkmale (vgl. Langer et al. 2015, S. 21–30):

- **Einfachheit.** Diese Kategorie bezieht sich auf die sprachliche Formulierung. Geläufige Wörter in kurzen Sätzen, erklärte Fachwörter, einfacher Satzbau und anschauliche Darstellung sind die besonderen Merkmale für Einfachheit.
- **Innere Ordnung – Äußere Gliederung.** Sätze sollten nicht beziehungslos nebeneinander stehen, sondern folgerichtig aufeinander bezogen sein. Wichtig ist eine sinnvolle Reihenfolge der Informationen, der sog. „rote Faden". Dieses Reihungsprinzip kann auch durch den Textaufbau, also die äußere Form, optisch unterstützt werden: Miteinander in Zusammenhang stehende Sätze gehören in einen Absatz. Folgt ein anderer Gesichtspunkt, wird ein neuer Absatz begonnen. Ein längerer Text sollte zudem durch Vorbemerkungen, Zwischenüberschriften, Überleitungen und Zusammenfassungen gegliedert sein. Sehr Wichtiges sollte auch im Schriftbild optisch hervorgehoben werden durch *Kursiv*- oder **Fett**druck.
- **Kürze – Prägnanz.** Hier geht es darum, ob die Textlänge in einem angemessenen Verhältnis steht zum Informationsziel. Beim Schreiben müssen Sie Wesentliches in die Hauptsätze packen und Unwesentliches herauskürzen oder gleich vermeiden. Weitschweifigkeit lenkt vom Thema und Lehrziel ab, etwa durch die Darstellung unnötiger Details und die Verwendung leerer Floskeln bzw. zahlreicher Füllwörter.
- **Anregende Zusätze.** Dieses Merkmal scheint im Widerspruch zur Forderung nach Kürze und Prägnanz zu stehen, denn Zusätze verlängern ja den Text. Anregende Zusätze sind jedoch wichtig, damit sich Ihre Leser nicht langweilen. Doch auch hier gilt: Die Anregungen selbst kurz halten, auf das Informationsziel ausrichten und nicht zu häufig einsetzen, schon gar nicht mehrere in einem Satz.

Sich verständlich auszudrücken, setzt Übung voraus, die mit der Schulung der eigenen Wahrnehmung beginnt. Dabei schärfen vorbildliche Texte ebenso den Blick wie die kritische Lektüre weniger guter Beispiele, deren Mängel durch Eigenformulierungen im Exzerpt „übersetzt“ werden sollten (s. Abschn. 9.2.2). Auch die bei Langer et al. (2015) vorgeschlagenen Übungen können helfen, sich verständlicher auszudrücken.

10.1.2 Sprachstil und Satzbau

Verständlichkeit ist eine berechtigte Forderung, die nicht unbedingt schon gutes Deutsch beinhaltet. Während *Verständlichkeit* mit wenigen, geläufigen Worten, vertrauten Metaphern und gängigen Redensarten erreicht werden kann, zeichnet sich *gutes Deutsch* zuallererst durch einen *großen Wortschatz* und *präzise Wortwahl* aus (vgl. Schneider 2011). Hier kann ein ordentliches Synonymenlexikon helfen, einerseits monotone Wortwiederholungen zu vermeiden, andererseits das treffendere oder unverbrauchtere Wort zu finden. Von Ihrem Wortschatz hängt nicht nur die Zahl der Ihnen selbst verfügbaren sprachlichen Differenzierungen ab, sondern diese ermöglichen wiederum genauere Wahrnehmungen und Denkoperationen sowohl bei Ihnen als auch beim „Nach“-Lesen *und* -Denken Ihrer Leser(innen): Wenn Sie beispielsweise „Heilpädagogik“ als Begriff verwenden, assoziieren Laien eventuell damit die Vorstellung einer heilenden Erziehung, weil die Vorsilbe „Heil“ mehrdeutig interpretierbar ist. Heilpädagog(inn)en arbeiten mit verhaltensauffälligen bzw. verhaltensgestörten Menschen mit dem Ziel, durch ganzheitliche Sicht und Behandlung deren Beeinträchtigungen zu verringern und deren Inklusion zu fördern. Wenn Sie genau das deutlich machen, ist die Verwendung des Wortes „Heilpädagogik“ angebracht. In anderen Kontexten wären die Wörter „Sonderpädagogik“, „Behindertenpädagogik“ oder „Rehabilitationspädagogik“ vielleicht treffender für das, was Sie sagen wollen. – Nehmen wir ein anderes Beispiel: Wenn Sie die beiden Wörter „Stigmatisierung“ und „Etikettierung“ für die Zuschreibung von Eigenschaften auf bestimmte Menschen abwägen, kann festgestellt werden, dass der mit „Etikettierung“ bezeichnete Prozess gedanklich neutraler und umfassender ist als der der „Stigmatisierung“. Man kann jemanden als „guten Schüler“ *etikettieren,* nicht aber mit solch einer Bezeichnung *stigmatisieren,* sofern gute Leistungen keine Diskreditierung darstellen. Die Psychologie verwendet übrigens das Wort „Attribuierung“. *Kurz*: Die Suche nach dem treffenderen Wort sollte auch die Reflexion seines Bedeutungsumfangs und seines (wissenschaftlichen) Sinngehalts umfassen. Gute Autor(inn)en reflektieren in der Überarbeitungsphase des Schreibprozesses noch einmal die von ihnen verwendeten Wörter. Sollten Vagheiten bezüglich der Begriffe denkbar sein, so definieren sie explizit die zentralen, von ihnen verwendeten Termini. Wenngleich Verständlichkeit ein wichtiges Kriterium ist, sollte es vor allem Ihr Ziel sein, die Aufmerksamkeit Ihrer Leser zu erhalten. Dazu muss ein Text *interessant* sein und Neuigkeiten enthalten. Ein Optimum an Aufmerksamkeit und Verständnis lässt sich erzielen, wenn man die Erwartungen der Leser(innen) *mäßig* verletzt und ihrem Verstand ein wenig Anspannung zumutet (vgl. Schneider 2011). Bei aller Wichtigkeit der Stilistik verlieren Sie bitte nicht Ihr Thema und die Sachverhalte aus den Augen: *Nennen Sie die Gegenstände (Themen, Personen, Objekte) bei ihren Namen!* Eine Lehrerin sollten Sie als Lehrerin bezeichnen und nicht gender-neutral als „Lehrperson". Körperliche Züchtigung ist zwar eine Strafform, die auch viele Pädagogen legitimierten, aber etwas anderes als Taschengeldentzug. Wer erstere meint, jedoch unanschaulich von „Strafe" schreibt oder gar „geeigneter Erziehungsmaßnahme", obwohl jemand verprügelt wurde, hat im zweiten Fall nicht nur rechtfertigend geurteilt; er hat das Problem versteckt und bringt seine Leser(in) um substanzielle Informationen zum Sachverhalt und damit um ein eigenes Nachdenken, wenn die Worte „Schläge", „Prügel" oder gleichwertige im Text nicht auftauchen. Auf der anderen Seite sollten Sie Ihre Leser(innen) durch Ihre Wortwahl auch nicht voreinnehmen, indem Sie übertreiben.

Neben Wortreichtum und Anschaulichkeit, Neuigkeit des Inhalts bzw. der Darstellung sollten Sie *grammatisch korrekt* formulieren (vgl. Hoffmann 2015). Aus Wörtern bilden Sie bitte vollständige Sätze. Hoffmann (2015, S. 111 ff.) plädiert entschieden für einen kurzen, klar gegliederten Satzbau. Selbstverständlich darf ein Hauptsatz einen Nebensatz haben; jedoch möglichst nicht mehrere, derart in sich verschachtelte, dass zuletzt unklar ist, was eigentlich die Hauptaussage des Satzes ist. *Wichtige Aussagen gehören in den Hauptsatz.* Und stopfen Sie Ihre Sätze nicht mit umständlichen Einschränkungen oder „doppelt-gemoppelten" Floskeln voll („in einer nicht unerheblichen Zahl von Fällen" → „oft"; „deskriptive Beschreibung" → „Beschreibung")! Solche Floskeln sind in der Überarbeitungsphase umzuformulieren bzw. zu eliminieren. Vermeiden Sie auch rhetorisches Beiwerk wie „den werten Leser" oder stereotypen Medienstil wie in folgendem Beispiel zum Thema Vandalismus: „Die Schadenssumme derartig sinnloser Aggressionshandlungen geht in die Millionen. Der Dumme ist wieder einmal der Steuerzahler." Auch für die Position der Wörter im Satz gibt es beherzigenswerte Regeln. In der Normalstellung steht das Subjekt vor dem Prädikat und das wiederum vor dem Objekt. Rückt ein anderer Satzteil nach vorne, ist dies ungewöhnlich und steigert die Betonung dieses Teils, beispielsweise des Objekts: „*Die Grundschule* wollte er reformieren." Diese Form darf nur selten eingesetzt werden, weil darunter die Verständlichkeit und der Lesefluss leiden können. Oft liest man Satzkonstruktionen aus blassem Verb und Substantiv („besteht Handlungsbedarf", „Unterricht machen“) oder Hilfsverb und Adjektiv („ist lernmotiviert“). Solche Sätze lassen sich auch mit den starken Tätigkeitsworten „handeln“, „unterrichten“ bzw. „lernt gerne“ formulieren. Gerade die Vollverben hauchen auch Wissenschaftstexten Leben ein und verhindern Langeweile. Das Verb sollte im Satz eine mittlere Position einnehmen und nicht nachkleckern wie in der folgenden sog. „Klemmkonstruktion“: „Die Psychoanalyse ist geeignet, Neurosen, die während des Entwicklungs- und Sozialisationsprozesses entstanden sind, *zu behandeln.*“ Solch ein Satz kann ganz einfach verbessert werden, indem das Verb vorgezogen wird: „Die Psychoanalyse ist geeignet, Neurosen *zu behandeln,* die während des Entwicklungs- und Sozialisationsprozesses entstanden sind.“ Versuchen Sie selbst einmal, Ihre Sätze zu kürzen und durch Umstellungen deutlicher zu gliedern. Und setzen Sie dabei Verben ein anstelle von Substantiven.

Ausschmückungen und nähere Beschreibungen sollten in einem Satz sparsam eingesetzt werden, nicht etwa so übertrieben wie im folgenden Beispiel: „Der zornesrote und tobende Schüler schlug wutentbrannt nach der zuerst sichtlich fassungslosen, sich dann jedoch heftig wehrenden Lehrerin.“ Wenn die zentralen Satzbestandteile Subjekt, Prädikat und Objekt präziser beschrieben oder sprachlich nachdrücklich veranschaulicht werden sollen, dann sollten Sie niemals mehrere „anregende Zusätze“ (s. Abschn. 10.1.1) in einem Satz verwenden.

Eine weitere verbreitete Unart betrifft Präpositionen, die unmittelbar aufeinander folgen (Negativ-Beispiel: „Die Lehrerkonferenz trat zusammen, um *über im unter* erschwerten Bedingungen abzuhaltenden Unterricht auftretende Probleme zu diskutieren.“). Ebenso sollten Sie „Genitivtreppchen“ vermeiden von der Sorte „die Ermittlung *der* Höhe *der* Bildungsausgaben *der* Länder *der* Bundesrepublik Deutschland“.

Allzu oft wird das *Passiv* eingesetzt. Darunter leidet wiederum der Leser resp. die Leserin (und zwar unter zunehmender Langeweile). Forschende sind tätige Menschen, Wissenschaft wird von ihnen aktiv betrieben. Wenngleich immer noch umstritten, ist die 1. Person Singular, das „Ich“, m. E. *in Maßen* in Wissenschaftstexten ebenso erlaubt wie das „Wir“ eines Teams, damit klar erkennbar wird, wer entschieden, interpretiert, bewertet, begründet hat. Allerdings kann die gehäufte Verwendung des „Ich“ in wissenschaftlichen Texten distanzlos oder egozentrisch wirken, zumal die Gefahr besteht, Objektivierbares so subjektiv zu beschreiben, dass eine wissenschaftliche Arbeit einem schulischen Besinnungsaufsatz ähnelt. Umberto Eco ist in Bezug auf das „Ich“ und das „Wir“ anderer Meinung:

> *Ich oder wir?* Muß man in der Arbeit die eigenen Auffassungen in der ersten Person bringen? Muß man sagen. „Ich bin der Auffassung, daß ...“? Einige halten es für wissenschaftlich aufrichtiger, so zu verfahren, als den „pluralis maiestatis“ zu

> gebrauchen. Ich würde das nicht sagen. Man sagt „wir", weil man davon ausgeht, daß eine Feststellung von den Lesern geteilt werden kann. Schreiben ist ein Akt der Mitteilung: ich schreibe, damit du, der du liest, das akzeptierst, was ich vorschlage. Allenfalls kann man versuchen, Personalpronomen ganz zu vermeiden, indem man auf unpersönliche Ausdrücke ausweicht wie: „Man muß also zu dem Schluß kommen, daß; [...] so ergibt sich, daß", etc. Man muß weder „Der Aufsatz, den ich oben zitiert habe", noch „Der Aufsatz, den wir oben zitiert haben" schreiben, wenn „der oben zitierte Aufsatz" ausreicht. Aber ich meine, man kann durchaus schreiben: „Der oben zitierte Aufsatz zeigt *uns*", weil ein solcher Ausdruck der wissenschaftlichen Diskussion nichts von ihrer Objektivität nimmt (Eco 2010, S. 195 f.; Auslassung: F. R.).

In Bezug auf das „Wir" bin *ich* dagegen der Auffassung, dass Ecos Argumentation nicht überzeugend ist, denn Lesende können sehr wohl ganz anderer Meinung sein als Schreibende. Insofern sollten m. E. Schreibende ihre Leser nicht in einer Art Rollenvermischung vereinnahmen wie die Krankenschwester den Patienten mit dem (höchst missverständlichen) Satz: „So, jetzt gehen *wir* schön ins Bett!" – Wie Sie sehen, es gibt durchaus unterschiedliche Auffassungen. Es bleibt Ihnen nichts anderes übrig, als sich im konkreten Fall Ihren eigenen Standpunkt zu solchen Fragen zu bilden.

Gleiches betrifft auch den nächsten heiklen Abschnitt: Eine relativ neue Mode ist der Umgang mit dem *generischen Maskulinum* bzw. dessen Ablehnung, wobei diese Modeschöpfer(innen) wissentlich oder unwissentlich *Genus* mit *Sexus* verwechseln, Personen oder Personengruppen aber in ihren Texten dezidiert genderneutral ansprechen wollen. Mittlerweile ist es üblich geworden, dass Autoren ausdrücklich – meist in einer Fußnote zu Beginn ihres Textes – versichern, dass sie auch für Leserinnen schreiben (vgl. z. B. Eco 2010, S. 5, der sich ganz raffiniert aus der Affäre zieht!). Thorsten Bohl (2008, Kopiervorlage K8 und S. 51 ff.) hat eine Zusammenstellung von sieben mustergültigen Beispielen veröffentlicht und diskutiert deren Vor- und Nachteile. Neben den verschiedenen Fußnotenerklärungen gibt es Schreibalternativen, wie die mit dem großen I, das die taz-Setzer erfunden haben („LehrerInnen"), die Beidnennung mit Schrägstrich („Lehrer/innen") oder eingefügtem Unterstrich „Lehrer_innen" bzw. „*" sowie das substantivierte Partizip Präsens („Lehrende"). Andere Formen dieses Sprachk(r)ampfes sind Kunstwörter wie „man/frau" usw. Ich empfinde zumindest solche Kunstwörter als eine Verballhornung der Sprache, weil sie kaum sprechbar sind, den Satzbau erschweren, den Lesefluss hemmen und damit das Verstehen erschweren können.

Damit kein Missverständnis aufkommt: Sexismus ist auf jeden Fall auch im Sprachgebrauch zu vermeiden. Solange ausschließlich Frauen schwanger werden können, kann ein wahrer Aussagesatz zur Schwangerschaft nur lauten: „Jede erlebt ihre Schwangerschaft anders." Auch in Fällen, in denen Frauen und Männer gemeint sind, können differenzierte Formen gefunden werden, z. B. durch Verwendung des Plurals („Menschen sind ..." statt: „der Mensch ist ...").

Wenn Sie selbstkritisch feststellen, dass Ihr Schreibstil verbesserungswürdig ist, dann üben Sie das Schreiben von eigenen kleinen Texten und überarbeiten Sie diese, bis Sie bzw. Ihre Testleser(innen) zufrieden sind. Hierbei ist ein PC mit Textverarbeitungsprogramm eine große Hilfe. Bessere Software verfügt sogar über eine (allerdings nicht fehlerfreie) Rechtschreibprüfung und ein brauchbares Synonymenlexikon (die sog. Thesaurusfunktion). Doch das kann die Überarbeitung im Hinblick auf Stil, sprachliche und grammatische Form, Zeichensetzung, Wortwiederholungen etc. nicht ersetzen, zumal durch die Rechtschreibreform (1996–2006) ein weiteres Problem auftaucht: Zitate aus der Zeit *vor* der Rechtschreibreform sollen unverändert bleiben, sodass die automatische Rechtschreibänderung unterbleiben und jeder Einzelfall in Augenschein genommen werden muss. *Lautes Lesen des eigenen Textes* macht außerdem auf Holprigkeiten aufmerksam, die man beim stummen Lesen oft nicht wahrnimmt.

► **Tipp** Rechtschreib- und Fremdwörterbuch gehören zur Standardausstattung des eigenen Arbeitsplatzes (s. Abschn. 5.1). Einzelfragen kann man auch im Internet unter „www.duden.de" recherchieren. Bei argen Problemen z. B. mit der Rechtschreibung empfehle ich die Software „DUDEN-Rechtsschreibprüfung".

10.2 Grundformen wissenschaftlichen Schreibens

Zu den Grundformen wissenschaftlichen Schreibens (vgl. auch Kruse 1995, S. 111–154) gehört das möglichst präzise und differenzierte *Beschreiben,* d. h. die genaue Darstellung von wahrgenommenen bzw. systematisch beobachteten Objekten, Ereignissen und Sachverhalten. Zudem erfordert es das *Zusammentragen* von Daten, Informationen, schriftlichen und mündlichen Aussagen über Objekte, Sachverhalte oder Ereignisse, die man dann *darstellen, vergleichen* und hinsichtlich Unterschieden und Ähnlichkeiten *kontrastieren* kann. Aussagen, Daten und Informationen müssen kritisch auf ihre Richtigkeit *geprüft* und eventuell an (unabhängigen) Quellen *verifiziert* werden. Sich widersprechenden Informationen ist nachzugehen. Gegenstände der Untersuchung und Dokumente, die man verarbeiten möchte, müssen *interpretiert* und verstanden werden. Handelt es sich um eine größere Menge von Informationen, Daten oder Aussagen können bzw.

müssen diese auf ausgewählte Aspekte hin *geordnet* werden. Es gibt unzählige Systematisierungsmöglichkeiten, je nach den Gesichtspunkten, die in der Untersuchung eine Rolle spielen.

Man kann seinen Untersuchungsgegenstand auch *analysieren und kategorisieren,* d. h. ihn in seine abstrakten Eigenschaften und Bezüge zerlegen. Diese können u. U. als Gliederungspunkte eingesetzt werden. Begriffe sind differenziert zu beschreiben und explizit zu *definieren.* Weiterhin ist es erforderlich, Untersuchungs-*Hypothesen* zu bilden, d. h. Behauptungs-/Protokoll-/Aussagesätze aufzustellen, die in ihrer semantischen Bedeutung eindeutig, aussagekräftig und *falsifizierbar* sind. Mit Falsifizierbarkeit ist eine auf Popper (1992) zurückgehende Forderung gemeint, der zufolge die Sätze von ihrer Wortwahl und Struktur her so konstruiert sein müssen, dass ihre Widerlegung prinzipiell möglich ist. Damit sind Sätze etwa folgender Struktur ausgeschlossen, weil sie immer gelten und nicht widerlegbar sind: „Kräht der Hahn auf dem Mist, ändert sich das Wetter oder ’s bleibt, wie ’s ist.“ Sätze dürfen sich auch in ihren syntaktischen Verknüpfungen logisch nicht widersprechen und sollten den jeweiligen Bedingungs- und Geltungsrahmen für diese Sätze (= die Randbedingungen) nennen. Ein solches Bündel von Sätzen kann man als *Hypothesenbündel* bezeichnen, das beispielsweise (Wirkungs-)Zusammenhänge behauptet und nun daraufhin überprüft werden soll, ob es den Widerlegungsversuchen standhält. Will man eine Fragestellung empirisch untersuchen, so müssen nun die verwendeten *Begriffe operationalisiert* werden, d. h., es müssen im Vorhinein *Indikatoren* bestimmt und Regeln aufgestellt werden, wie beobachtete, erfragte oder gemessene Ereignisse bewertet und eingestuft werden sollen, z. B. welche konkreten Verhaltensweisen auf so etwas wie „Umweltbewusstsein“ schließen lassen und welches Verhalten auf ein *höheres* Umweltbewusstsein schließen lässt als ein anderes (vgl. Diekmann 1995, S. 182–190). Aber nicht nur in empirischen Untersuchungen müssen Sie *Bewertungen* vornehmen. Gleiches gilt für geisteswissenschaftliche Verfahren, wo Sie Sachverhalte nach definierten Kriterien bewerten oder „Quellen“ interpretieren und einschätzen müssen, z. B. hinsichtlich ihrer Exemplarität oder Zuverlässigkeit. Solche Werte und Kriterien lassen sich nicht logisch als „wahr“ oder „falsch“ ableiten. Sie lassen sich nur setzen und sollten in wissenschaftlichen Texten beschrieben und begründet werden, d. h. nicht einfach als gegeben und nicht hinterfragbar vorausgesetzt werden. Aufgestellte Behauptungen sollten *belegt* werden (s. Abschn. 10.5.4), am besten durch Verweis auf glaubwürdige und seriöse Quellen bzw. entsprechende empirische Daten. Insofern sind Bezüge zum Denken und Forschen anderer herzustellen, indem Ihre Behauptungen durch vorhandene und für andere nachprüfbare wissenschaftliche Literatur gestützt werden. Selbstverständlich darf man auch Behauptungen aufstellen, die sich noch nicht belegen lassen. Allerdings muss man solche mit

Argumenten schlüssig und für andere nachvollziehbar *begründen,* so etwa die Auswahl der herangezogenen Quellen oder die angewendete Untersuchungsmethode.

Zu den Idealen wissenschaftlicher Forschung (s. a. Kap. 2) gehört außerdem, dass man methodisch sauber arbeitet und planvoll vorgeht. Schließlich mündet jede Untersuchung in eine Zusammenfassung der Ergebnisse, die hinsichtlich ihres Stellenwertes abzuwägen sind. Letztlich kommen noch etliche Prüf- und Korrekturgänge hinzu, bis ein Text abgabe- bzw. publikationsreif ist. Sie sehen, dass sich wissenschaftliches Schreiben aus einer Vielzahl einzelner Tätigkeiten zusammensetzt, die hier erst einmal genannt werden sollten. Weitere Ausführungen zu den wissenschaftlichen Diskurstätigkeiten im Einzelnen finden Sie bei Ewald Kiel (2001, S. 56–68). Im Kap. 11 dieses Buches werden diese Schritte im Kontext eines schriftlichen Projekts ausführlicher dargestellt. Schon an dieser Stelle sei dem Irrtum vorgebeugt, dass die obige analytische Beschreibung von Tätigkeiten in dieser Reihenfolge zu erledigen sei! Da wissenschaftliche Arbeit Denkarbeit und viele Entscheidungsprozesse, Anpassungen oder gar Revisionen vorheriger Zwischenergebnisse erfordert, müssen die einzelnen Grundformen je nach Situation und Erfordernis des Öfteren angewandt werden und das möglicherweise in einer anderen Abfolge als der hier beschriebenen.

10.3 Schreiben will geübt sein

Wichtig ist vor allem eines: *Schreiben, schreiben und immer wieder schreiben!* Und dies von Studienbeginn an, denn wissenschaftliches Schreiben lernt man durch ebensolches. Sollten Sie Schreibschwierigkeiten haben, so empfiehlt Lutz von Werder (1993), dass Sie erst einmal über diese Probleme schreiben. Das müssen keine ellenlangen Ausarbeitungen werden. Es geht lediglich darum, dass Sie *wieder zu schreiben anfangen und dabei Ihre Kreativität entwickeln.* Dazu rät er, ein *Journal* zu führen, eine Art Lern- oder Studientagebuch, in das Sie Ihre Gedanken und Ideen, Ihre Anmerkungen zu Gelesenem und Gehörtem eintragen mögen. – Bei Otto Kruse (1995, S. 162) sind Fragen aufgelistet, die Ausgangsfragen sein könnten bei der *Themensuche für schriftliche Arbeiten,* die sich jedoch m. E. ebenso vorzüglich für das Journal eignen:

> Was hat mich in letzter Zeit überrascht?
> Was müßte ich wissen?
> Was sollte ich wissen?
> [...]
> Was für ein Wissen habe ich, das für andere nützlich sein könnte?
> Wen würde ich es gerne wissen lassen?

Was geschieht im Moment nicht, müßte aber geschehen?
[...]
Was habe ich gelesen, gehört, gedacht, das mich verwirrt?
Wie hat sich das Verhalten der Menschen verändert?
Wie hat sich das verändert, woran Menschen glauben?
Was macht mich wütend, traurig, glücklich, besorgt, ängstlich, zufrieden?
(Kruse 1995, S. 162; Auslassungen: F. R.)

Ihr Journal sollten Sie regelmäßig auswerten (vgl. auch Kruse 2007). Daraus ergeben sich wichtige Aufschlüsse darüber, welche Fragen nun beantwortet sind und an welchen Problemen Sie weiterarbeiten könnten. Wichtig ist Lutz von Werder, dass Sie Ihre „innere Sprache" kennenlernen, mit der Sie Ihre Fragen und Hypothesen, Ihre Gedanken und Erfahrungen formulieren. Diese innere Sprache muss beim Niederschreiben in eine öffentliche äußere Sprache transformiert werden, die während des Studiums um die Syntax und Formen des wissenschaftlichen Diskurses und die Semantik einer Fachsprache erweitert wird (vgl. von Werder 1995, S. 11–14; vgl. Kiel 2001). Dabei sollten Sie sich in der Anfangsphase nicht zu sehr Ihrem wissenschaftlichen „Ideal" unterwerfen, etwas Besonderes hervorbringen zu wollen und das in perfekter Form, sondern das Schnellschreiben und andere grundlegende Schreibtechniken einüben wie beispielsweise das Erzählen, das Beschreiben, das Erfinden und Erkunden, das Assoziieren, Visualisieren, Definieren, Gliedern und Argumentieren (vgl. von Werder 1993, S. 67–85). Sandra Hübner und Kollegen (vgl. Hübner et al. 2010) haben die Effekte von Lerntagebüchern untersucht und deren Wirksamkeit für den selbstgesteuerten Wissenserwerb festgestellt.

Lutz von Werder (1993) und auch Otto Kruse (2010) raten dazu, das *Lesen und Schreiben miteinander zu verbinden.* Angelesene Gedanken sollten Sie beim Exzerpieren (s. Abschn. 9.7) in Ihre eigene Sprache umsetzen (= paraphrasieren). Vorbildliche Texte sollten Sie daraufhin analysieren, *was* Ihnen an der Darstellungsweise so gefällt. Ahmen Sie (zu Übungszwecken) ruhig diesen Stil nach. Sollten bestimmte Wissenschaftlerinnen und Wissenschaftler Sie beeindrucken, versuchen Sie hinter deren „Textgeheimnisse" zu kommen.

10.4 Unterschiedliche Typen schriftlicher Leistungsnachweise

Die nun folgenden schriftlichen Ausarbeitungsformen (Protokoll, Bericht, Thesenpapier, Abstract/Rezension, Essay, Seminararbeit/schriftliches Referat, Portfolio, Klausur, Prüfungsarbeit) sind – in unterschiedlichem Maß – *Vorstufen* eigenständiger wissenschaftlicher Arbeit. Zumindest in Seminar- und Prüfungsarbeiten soll gezeigt werden, dass die Studentin bzw. der Student

- die Techniken wissenschaftlicher Arbeit kennt und richtig anzuwenden weiß sowie
- eine (selbst-)gestellte Aufgabe – unter Verwendung von Literatur bzw. nach Durchführung einer kleinen (empirischen) Untersuchung – strukturiert auf die (selbst-)gestellten Fragen bzw. Hypothesen hin bearbeiten kann.

So wachsen die Anforderungen von den ersten schriftlichen Referaten im ersten Semester über die Bachelorarbeit bis zu der Masterarbeit, in der der Nachweis erbracht werden soll, dass die Studentin bzw. der Student bei genügendem Zeit- und Mittelaufwand in der Lage wäre, ein größeres wissenschaftliches Projekt (z. B. eine Doktorarbeit) zu bewältigen.

► **Tipp** Für alle hier behandelten Schriftformen gilt vorweg: Erkundigen Sie sich bitte nach den in „Ihrer" Institution üblichen *formalen Standards* für die von Ihnen abzugebende Arbeit (Mindestlänge und maximale Seitenanzahl, Seitenränder, Zeilenabstand, Form der Literaturangaben, Umfang des Literaturverzeichnisses). Suchen Sie dazu die Homepage Ihrer Hochschule, des Instituts, der wissenschaftlich Tätigen danach ab, ob es dort Aussagen zu den Anforderungen und Formalia gibt! Die Prüfungsordnungen, Modulpläne und Vorstellungen der einzelnen Hochschullehrerinnen und -lehrer sind höchst unterschiedlich, auch was die Zitierform und die Quellenbelege angeht. Diese Vorstellungen der Prüfer(innen) nicht zu berücksichtigen, hat u. U. Auswirkungen auf die Bewertung Ihrer Arbeit! Bis auf die Klausuren gilt, dass die Arbeiten sauber und möglichst fehlerfrei unter Beachtung der DIN-Norm 5008 „Schreib- und Gestaltungsregeln für die Textverarbeitung" getippt sein sollen (s. a. Kasten in Abschn. 11.9); kleinere Fehler, die Sie nach dem Ausdruck noch bemerken, dürfen Sie handschriftlich verbessern. Was Sie abzugeben gedenken, sollten Sie mindestens *zweimal* laut und langsam durchgelesen haben: Einmal in Bezug auf den Inhalt und ein weiteres Mal auf Rechtschreibung, Interpunktion und grammatische Korrektheit.

10.4.1 Das Protokoll

Die Aufgabe dieser Berichtsform besteht im Wissenschaftsbetrieb darin, Verlauf, Inhalte, Ergebnisse, konträre Positionen von Gesprächen, Gremiensitzungen oder Konferenzen verbindlich festzuhalten. Denjenigen, die sich bereit erklärt haben, bestimmte Aufgaben zu erledigen, dient es als Unterlage für ihren Auftrag. Argumentationen bzw. Beschlüsse sind auch nach längerer Zeit nachlesbar, so auch für neue Mitglieder in Arbeitsgruppen (s. Abschn. 4.2.3), die sich einarbeiten sollen. Abwesende haben durch das Protokoll die Möglichkeit, den Verlauf bzw. die Ergebnisse nachzuvollziehen. Im *Seminarprotokoll* kommt es darauf an, den Verlauf bzw. die Ergebnisse der Lehrveranstaltung zu sichern, um später ein schriftliches Dokument für die Weiterarbeit zu haben. Grundsätzlich unterscheidet man folgende *Protokollarten*:

Wortgetreues Protokoll. Hier wird die Sitzung entweder stenografiert (z. B. in den Parlamenten) oder mit einem Tonbandgerät aufgenommen. Der Wortlaut wird danach transkribiert.

Gedächtnisprotokoll. Eine wichtige Protokollart, insbesondere wenn nicht offiziell protokolliert wird, um für sich selbst Ablauf und Ergebnisse bestimmter Telefonate, Sitzungen oder Gesprächssequenzen im Nachhinein schriftlich festzuhalten. Es hat allerdings geringere „Beweiskraft" als ein gemeinsam verabschiedetes Protokoll.

Versuchs- bzw. Beobachtungsprotokoll. Bei Experimenten oder Beobachtungen – beispielsweise Unterrichtshospitationen – werden, je nach Forschungsfrage, die wahrgenommenen Ereignisse und Sachverhalte nach bestimmten methodischen Anweisungen protokolliert bzw. in Beobachtungsbögen eingetragen.

Verlaufs- bzw. Verhandlungsprotokoll. Das Wichtigste, wie etwa gegensätzliche Auffassungen und erreichter Konsens, wird in *chronologischer* Reihenfolge dargestellt, in der sich das Geschehen zugetragen hat. Dabei ist insbesondere auf Vollständigkeit zu achten.

Ergebnis- bzw. Beschluss-Protokoll. Hier werden kurz und prägnant die zentralen Argumente der Redebeiträge (Pro und Contra) inhaltlich zusammengefasst und strukturiert wiedergegeben, also nicht unbedingt in der Reihenfolge, in der die Argumente tatsächlich vorgetragen wurden. Beschlüsse werden ungekürzt im Wortlaut niedergeschrieben, bei Abstimmungen wird auch das Abstimmungsergebnis mitgeteilt, z. B. in der Form „Zustimmung : Ablehnung : Enthaltung" (8 : 5 : 1).

Seminarprotokoll. Dies wird in der Regel eine Mischung aus Verlaufs- *und* Ergebnisprotokoll sein. Besonderer Zweck des Seminarprotokolls ist es, für die Teilnehmer(innen) die wichtigsten Äußerungen, kontroverse Auffassungen, offen gebliebene Fragen etc. festzuhalten. Für die weiteren Seminarsitzungen dient es als Arbeitshilfe, indem die Besprechung und Verabschiedung des Protokolls noch einmal den Verlauf und die Ergebnisse der vorherigen Sitzung in Erinnerung rufen, speziell die Punkte, die konträr waren bzw. die Fragen, die weiterer Klärung bedürfen. Für Nicht-dabei-Gewesene besteht durch das Protokoll die Möglichkeit, sich über den Ablauf und die Ergebnisse der Sitzung zu informieren. Später sind die Protokolle u. U. eine Hilfe zur Rekapitulation und Prüfungsvorbereitung. Darüber hinaus sollen das Protokollschreiben an sich und damit das Beschreiben, das Unterscheidenkönnen von Wichtigem und Unwichtigem sowie das Zusammenfassen eingeübt werden. Es ist eine beliebte Form des Leistungsnachweises für die aktive Mitarbeit in einer Lehrveranstaltung.

► **Tipp** Sämtliche Protokollarten beginnen mit dem sogenannten Protokoll„kopf", das sind formale Angaben, etwa zu der *Gruppe* (Gremium, Team, Seminar), die zusammengekommen war, mit den *Namen* (der Sitzungsleiterin bzw. des -leiters sowie des Protokollanten bzw. der Protokollantin), dem *Termin* (Datum, Beginn und Ende der Zusammenkunft), dem *Ort* (Anschrift, Gebäude, Raum) und den *Themen* bzw. den *Tagesordnungspunkten*. Bei *wichtigen* Protokollen wird auch die An- bzw. Abwesenheit von Teilnehmer(inne)n festgehalten, was in Seminarprotokollen *nicht* nötig ist. Stattdessen werden das laufende Semester, die Lehrveranstaltungsnummer und der Lehrveranstaltungstitel sowie der Name des Dozenten bzw. der Dozentin angegeben.

Die *Aufgabe* der Protokollantin/des Protokollanten besteht darin,

- nach Möglichkeit *schon vor der Sitzung* geklärt zu haben, welcher Protokolltyp gewünscht wird (dementsprechend wird mitgeschrieben),
- *während der Sitzung* besondere Aufmerksamkeit und Sorgfalt aufzuwenden und sich auf das Zuhören und Mitschreiben zu konzentrieren,
- dementsprechend eigene Redebeiträge einzuschränken,
- sofort nachzufragen, wenn man etwas nicht mitbekommen hat,
- Nebensächlichkeiten und Unwichtiges wegzulassen,
- sich eigener Interpretationen/Wertungen zu enthalten, um sachliche Präzision und neutrale „Korrektheit" wahren,
- *nach der Sitzung* mögliche Unklarheiten oder Lücken in den Notizen durch Fragen an die betreffenden Personen zu klären,
- aus den Notizen baldmöglichst das Protokoll zu erarbeiten, damit keine Erinnerungslücken auftreten,

- *beim Schreiben* die Gegenwartsform Präsens zu verwenden,
- auf Klarheit, Präzision und Sachlichkeit zu achten,
- darüber hinaus zu überlegen, ob das Protokoll auch für nichtanwesende Gruppenmitglieder verständlich und informativ ist,
- es in getippter Form termingerecht vorzulegen und
- bei sachlichen Unrichtigkeiten bzw. Änderungswünschen das Protokoll zu überarbeiten.

Ein Protokoll wird in vollständigen Sätzen im Tempus des *Präsens* geschrieben, um den dokumentarischen Abbildcharakter zu verstärken. Außerdem wird die indirekte Rede verwendet, d. h. wiedergegebene Redebeiträge werden in den *Konjunktiv* gesetzt (Ausnahme ist natürlich das Wortlautprotokoll), da das Protokoll nur wiedergibt, was gesagt wurde, ohne Anspruch darauf, ob die gemachte Aussage richtig ist. Deshalb sollte es heißen: „Es wird entgegnet, dass bei den historisch-systematischen Untersuchungen geisteswissenschaftlich orientierter Pädagogen der realgeschichtliche Bezug *fehle*.“ Jeder Gesprächsbeitrag mit neuem Inhalt wird zusammengefasst und beginnt auf einer neuen Zeile. Der Übergang zu einem weiteren Tagesordnungspunkt/anderem Thema wird durch eine Leerzeile und Nennung des neuen Themas kenntlich gemacht (vgl. Weiß 2000, S. 150–157). Kirsten Schindler (2011, S. 41–54) gibt Tipps für die Protokollführung und ihr Text enthält ein Seminarmusterprotokoll, dessen Stärken und Schwächen analysiert werden (S. 46 ff.).

10.4.2 Der (Praktikums-)Bericht

Es gibt unterschiedliche Berichtsformen, wie Jahres- oder Rechenschaftsberichte, Berichte über besondere Vorkommnisse (zur Sicherung des Hergangs, z. B. nach einem Unfall) oder über Vorträge, Tagungen etc. In einem Bericht wird das Wesentliche zu einem Sachverhalt eingehend und möglichst sachlich für eine Zielgruppe dargestellt, und zwar in den Vergangenheitsformen *Präteritum/Plusquamperfekt.* Ähnlich wie beim Protokoll sollten in einem Berichtskopf die formalen Angaben zu dem Berichtsanlass zu finden sein. Darüber hinaus sollte er, je nach den Adressaten, Angaben machen, die auch mit den sogenannten *W-Fragen* (Wer? Was? Wo? Wann? Wie? Womit?) erzeugt werden können.

Die Fragen nach dem „Warum“ oder „Weshalb“ führen von den Sachverhalten weg, sind schon Interpretationen oder Reflexionen. Dennoch werden sie in einigen Berichtsformen, besonders in *Praktikumsberichten,* ausdrücklich gewünscht, um die Reflexionsfähigkeit der Praktikantin bzw. des Praktikanten erkennen zu

Hier kommt der Name Ihrer (Fach-)Hochschule hin
darunter der der Fakultät/des Fachbereichs/des Instituts,
bei dem der Prüfer/die Prüferin tätig ist,
und hier der vollständige Name der prüfenden Person

Sommer- bzw. Wintersemester und Jahreszahl

Angabe zur Art und Funktion der Arbeit

Hier kommt die Hauptüberschrift Ihrer Arbeit hin in halbfetter Schrift und auf Mitte gestellt

Bei längeren Arbeiten oder einer gewünschten Einschränkung/Ergänzung der Überschrift kann ein Untertitel hilfreich sein, der auch auf Mitte zentriert wird

Vorgelegt von
((hier kommt nun Ihr Vor- und Nachname hin))
Matrikel-Nr. 123456789

((Hier sollte die Postanschrift
Ihrer Studienadresse stehen
mit Telefonnummer und
E-Mail-Adresse))

((Hier sollte der von Ihnen
studierte Studiengang stehen,
darunter „X. Fachsemester")

Tag der Einreichung:
TT.MM.JJJJ

((Manchmal ist auch die Anzahl
der Wörter/Zeichen
anzugeben))

Abb. 10.1 Titelblatt einer Seminararbeit/schriftlichen Ausarbeitung können. Wesentliche Grundform des Berichts ist das *präzise Beschreiben.* Im Unterschied zum Protokoll, das bewertungsneutral zu verfassen ist, dürfen Berichte u. U. auch *begründete Bewertungen* enthalten. Diese sollten jedoch nicht mit dem „objektiven" Teil vermischt, sondern in eigenen Abschnitten dargestellt werden. Für den *Praktikumsbericht* wichtig sind

- ein *Deckblatt* (s. Abb. 10.1) und ein differenziertes *Inhaltsverzeichnis* (s. a. Abschn. 11.8),
- eine *Einleitung*, in der die Entscheidung für diesen Praktikumsplatz, die Zielsetzung und die Erwartungen, die an dieses Praktikum geknüpft waren, das weitere Vorgehen im Bericht (und ggf. die Themenwahl für den wissenschaftlich-reflektierenden Teil) dargestellt und begründet werden,
- eine faktenreiche Kurzcharakteristik der Institution, in der das Praktikum stattgefunden hat, ihrer Ziele und Aufgabenfelder, ihrer Rechtsform und Organisationsstruktur, ihrer Mitarbeiter, Adressaten usw.
- eine Darstellung der Kontraktbedingungen sowie der im Praktikum kennengelernten und ausgeübten Tätigkeiten sowie der dabei gemachten Erfahrungen, Schwierigkeiten und Probleme, eventuell in Form von Tagesberichten,
- eine kritisch-bilanzierende, auch theoretisch-reflexive *Zusammenfassung* der eigenen (Lern-)Erfahrungen im betreffenden Arbeitsfeld sowie zu den Bezügen zwischen Praktikum und Studieninhalten sowie
- ein *Anhang* (Literaturverzeichnis, Selbstdarstellungsmaterialien der Institution, eigene Arbeitsproben, Bescheinigung der Praktikumsstelle).

Kirsten Schindler (2011, S. 101–112) gibt weitere Anregungen für das Abfassen von Praktikumsberichten. Speziell für das sozialpädagogische Praktikum finden sich hilfreiche Tipps bei Walter Ellermann (2013), auch zum Praktikumsbericht. Gleiches gilt für Böhmann und Schäfer-Munro (2008, S. 156–159) in Bezug auf das Schulpraktikum.

10.4.3 Das Thesenpapier

Eine These ist ein möglichst kurzer, eventuell provokanter Behauptungssatz, der einer argumentativ stichhaltigen Begründung und Erläuterung bedarf. Ein Thesen*papier* wiederum setzt sich aus mehreren Thesen zu einem Thema zusammen, ist demnach weder eine Stichwortsammlung noch eine Gliederung. Thesen werden auf- und möglichst schriftlich zur Verfügung gestellt, um

- eine Diskussion zu eröffnen bzw. in Gang zu halten, u. a. in einer mündlichen Prüfung (s. Kap. 12),
- pointiert einem Publikum eine zentrale Position als gut merkbare Botschaft zu vermitteln,
- eine (kontroverse) wissenschaftliche Auseinandersetzung zu inszenieren,
- zentrale Aussagen zusammenzufassen und über sie zu informieren.

Thesen sollten sprachlich klar und verständlich sowie *inhaltlich zugespitzt* sein. Dazu als berühmtes Beispiel, die elfte „Feuerbach-These" von Karl Marx: „Die Philosophen haben die Welt nur verschieden *interpretiert,* es kömmt drauf an, sie zu *verändern.*" So lautet diese 1845 verfasste These zu Ludwig Feuerbach (Marx, Karl: 1. ad Feuerbach. In: Marx, Karl/Engels, Friedrich: Studienausgabe in 4 Bänden. Hrsg. von Iring Fetscher. Bd. 1: Philosophie. – Frankfurt am Main 1966, S. 139–141, Zitat: S. 141).

Selbstverständlich darf das Thesenpapier nicht schon alles vorwegnehmen, sonst geht die Spannung der mündlichen Begründungen verloren und eine Diskussion kommt gar nicht erst in Gang. Verkaufen Sie jedoch bitte keine faktischen Trivialitäten als Thesen: Die Tatsache, dass alle Menschen sterblich sind, kann nicht diskutiert werden.

Für den strukturierten Aufbau des Thesenpapiers gibt es mehrere Möglichkeiten:

1. Der ersten These folgt deren (mündliche) Begründung. Es folgt die zweite These und die dazugehörige (mündliche) Begründung usf.
2. Auf These 1 folgen eine Begründung und eine Schlussfolgerung. Daran schließen sich These 2, deren Begründung sowie eine weitere Schlussfolgerung an usf.
3. Beim Vergleich verschiedener Auffassungen kann der These 1 eine Antithese 1 gegenübergestellt werden usw. Sollten Sie zwei Auffassungen nebeneinander darstellen wollen, sollten Sie die von Ihnen gewählte Reihenfolge für alle Thesen und Antithesen durchhalten.

Inhaltlich kann es sich um Ihre Auffassungen, die anderer Personen oder einen Vergleich Ihrer und anderer Standpunkte handeln. Welches wessen Position ist, muss aber klar erkennbar sein. Fremde Auffassungen sollten namentlich im Thesenpapier gekennzeichnet werden. *Beispiel*:

„‚Schule, die sich nicht um Bildung bemüht, betreibt den Meuchelmord der Schule.' (*Theodor Ballauff*) Vor allen anderen Aufgaben, Funktionen, Reglements und Prozeduren hat sich die Schule um die Bildung der ihr anvertrauten Schüler [. . .] zu bemühen." (Winkel, Rainer: Was macht eine Schule zu [k]einer guten Schule? In: *Was ist eine gute Schule?* Hamburg 1989, S. 26–31; Zitat: S. 26; Auslassung: F. R.).

Zu den Formalia: Ein Thesenpapier von zwei DIN-A4-Seiten in 12-Punkt-Schrift, 1 1/2-zeilig, ist bei einer Diskussionszeit von 30 min schon zu lang. Thesenpapiere für Seminare sollten vorweg die auch für Seminarprotokolle üblichen Angaben aufführen, also die Nennung des laufenden Semesters, Lehrveranstaltungsnummer und -titel, Name des Lehrenden, Name der Thesenverfasserin, Datum.

Wenn Ihr Thesenpapier zur Diskussion ansteht, müssen Sie gut vorbereitet sein, Ihre Thesen mündlich überzeugend zu begründen und auch zu *verteidigen.* Dafür sollten Sie noch „Trümpfe in der Hinterhand" haben, die *nicht* im Thesenpapier stehen und die Sie erst in der Diskussion ausspielen. Weitere Anregungen finden Sie bei Kirsten Schindler (2011, S. 55–67).

10.4.4 Das Abstract/die Rezension

Manchmal sollen Studierende (komprimierte) Inhaltsangaben von Büchern oder gar bewertende „Rezensionen" als schriftliche Leistungen verfassen. Bei Bachelor- und Masterarbeiten werden mittlerweile an einigen Hochschulen auch Zusammenfassungen in Form eines Abstracts verlangt, z. T. sogar in englischer Sprache. Beim Abstract bzw. einer Zusammenfassung geht es um die verdichtete Inhaltsangabe und Rekapitulation eines vorliegenden Textes. Dies erfordert als Ausgangspunkt ein solides, verlässliches Exzerpt (s. Abschn. 9.7) und das Einüben folgender Schritte der *Textverdichtung*:

1. *Selektion.* Damit ist das Weglassen aller unwesentlichen Textinformationen gemeint, und zwar unwichtiger *im Hinblick auf den Informationszweck* und abhängig von der verlangten Kompressionsdichte. „Der jugendlich-dynamische Studienrat Emil Kluge kam schwitzend und 15 min zu spät in den verwahrlost aussehenden Klassenraum der Klasse 9b, weil er mit seinem Auto nach einem Unfall im Stau stand." könnte werden zu: „Studienrat kam wegen eines Unfallstaus zu spät." (gibt den Grund mit an) oder: „Lehrer kam zu spät."
2. *Verallgemeinerung.* Damit ist das Ersetzen von Aufzählungen oder Beispielen durch Oberbegriffe bzw. Fachwörter gemeint. „Das Werfen mit Gegenständen, das Spritzen mit Wasser, das Zerstören von Gegenständen, das laute Rufen und Schreien, . . . " → Disziplinlosigkeiten und Vandalismus . . . – „Prozesse

des Wahrnehmens, Begreifen, Klassifizierens, Planens und Entscheidens ...“ → „Kognitive Prozesse ...“

3. *Konstruktion.* Hier handelt es sich um eine Kombination und Integration von Beschreibungen zu einem *neuen* umfassenden Hauptgedanken. „Während Gerda aus der Ganzschrift ‚Kalif Storch‘ vorliest, die Lehrerin daran denkt, dass Dieter übernächtigt aussieht und dass ihr Auto in die Werkstatt muss, bekritzelt Peter sein Schulbuch und zeigt sein ‚Kunstwerk‘ Mitschülern, die dadurch abgelenkt werden.“ (*Jürgen Henningsen*) → „Ausgehend von der Beschreibung einer Unterrichtsstörung entwickelt Henningsen ...“

Je nachdem, wie lang der Kurztext im Verhältnis zur Länge des Ausgangstextes werden soll, muss jeweils entschieden werden, ob und wie der Text weiter komprimiert werden kann, wobei Kuhlen (1997, S. 100; suche auch im Internet nach „DIN 1426“) folgende Kriterien für die Abfassung von Abstracts nennt:

a) *Vollständigkeit.* Im Abstract sollten Textaussagen zu *Gegenstand, Zielsetzung, Hypothese, Verfahren* bzw. *Methode, Raum-Zeit-Angaben, Anwendungsbezug, Ergebnissen* und *Schlussfolgerungen* enthalten sein. Der Inhalt des beschriebenen Dokuments sollte für Fachleute der entsprechenden Disziplin ohne Vorlage des Originaldokuments im Großen und Ganzen erschöpfend sein.
b) *Genauigkeit.* Inhalt und Meinung der Ausgangsarbeit sollen ohne Akzentverschiebung und Zusätze dargestellt werden.
c) *Objektivität.* Der Kurztext soll nur darstellen, nicht bewerten.
d) *Kürze.* So kurz wie möglich soll es sein, was erheblichen Zeitaufwand beim Abfassen erfordert.
e) *Verständlichkeit.* Durch die Verwendung national wie international eingeführter Fachausdrücke und die Vermeidung kaum bekannter Abkürzungen bzw. Termini soll es verständlich sein.

Während beim Abstract das komprimierende Wiedergeben und Beschreiben im Vordergrund steht, kommt bei der wissenschaftlichen Rezension die *Bewertung* noch hinzu. Martha Ripfel (1998, S. 490) nennt folgende Textfunktionen einer Rezension: beschreiben, informieren, aktivieren, erörtern und vor allem *bewerten.* Um fundierte Text- und Sachkritik üben zu können (s. Abschn. 9.9), erfordert dies vom Rezensierenden einen gereiften Überblick über das Fachgebiet, aus dem das zu rezensierende Buch stammt, sodass eine Übungsrezension m. E. erst im Masterstudium wirklich sinnvoll ist. Hochschuldidaktisch zielgerecht ist das Rezensieren insofern, als die Verfasserin/der Verfasser zu einem begründeten Urteil gelangen sollte.

Ripfel (1998, S. 490) stellt zwei charakteristische Grundstrukturen von Einzelrezensionen dar:

1. BESCHREIBUNG der Teilaspekte 1 … n
   BEWERTUNG der Teilaspekte 1 … n
   BEGRÜNDUNG der BEWERTUNGEN
   EMPFEHLEN/ABRATEN
2. BESCHREIBUNG des Teilaspektes 1
   BEWERTUNG des Teilaspektes 1
   BEGRÜNDUNG der BEWERTUNG von Teilaspekt 1
   BESCHREIBUNG des Teilaspektes 2
   BEWERTUNG des Teilaspektes 2
   BEGRÜNDUNG der BEWERTUNG von Teilaspekt 2 bis
   BESCHREIBUNG des Teilaspektes n
   BEWERTUNG des Teilaspektes n
   BEGRÜNDUNG der BEWERTUNG von Teilaspekt n
   EMPFEHLEN/ABRATEN,

die im Grunde – alternativ – als Schemata für eine Übungsrezension genutzt werden können. Formal hat eine Einzelrezension meist keine Überschrift, sondern beginnt mit den bibliografischen Angaben des rezensierten Werks. Sie endet mit Ihrem getippten Vor- und Nachnamen (vgl. weiterführend auch Porombka 2006).

10.4.5 Der Essay

Der (seltener auch das) Essay (von frz. *essai* = Versuch, Kostprobe) ist eine Textsorte, die ihren Ursprung in Frankreich hat und über den angloamerikanischen Bereich auch in viele deutsche Hochschulen Einzug als studentische Leistungsform gehalten hat. Der Essay hat eine sehr freie Form und daher gibt es viele unterschiedliche Ansichten, was einen guten Essay ausmacht. Allen Ansichten gemeinsam scheint die Vorstellung zu sein, dass es sich um einen kurzen, klar strukturierten, kritisch-interessanten und diskussionswürdigen Text handeln sollte. Insofern beinhaltet der Essay *Elemente*

- des Thesenpapiers (indem auch im Essay eine dezidierte These vertreten wird und i. d. R. die besten Argumente zum Schluss ausgespielt werden),
- des Abstracts (z. B. im Hinblick auf Kürze, Verständlichkeit sowie Konzentration auf das Wichtigste) und
- der Rezension (kritische, zuspitzende Darstellung, bewertende Stellungnahme).

Zu unterscheiden sind der literarische, der philosophische und der wissenschaftliche Essay. In allen drei Spielarten geht es um den *Versuch,*

- über eine *Frage* interessant nachzudenken und zu einer vorläufigen Antwort zu kommen,
- ein *Problem* kreativ anzugehen,
- eine *These* argumentativ-schlüssig zu vertreten oder
- eine Auffassung zu einem *Thema* originell zu entwickeln.

Ein Essay darf auf keinen Fall langweilen. Insofern sollte er stilistisch elegant, anregend und temporeich formuliert sein. Dazu dienen kurze, prägnante Hauptsätze mit unverbrauchten Wörtern. Auch beim wissenschaftlichen Essay geht es darum, den in wissenschaftlichen Texten sonst üblichen Nominativstil und einschränkende Schachtelsätze zu vermeiden. Die schlüssige Argumentation wird, eventuell gestützt auf ein Beispiel oder Gedankenexperiment, geradlinig auf ein Ziel hin entfaltet, wobei die eigene, vorläufige Position zum Schluss explizit hervortritt.

Für den wissenschaftlichen Essay unabdingbar ist das gezielt ausgewählte Heranziehen von wenigen wichtigen Quellen. Allenfalls kurze Kernthesen werden zitiert, der Anteil an Paraphrasen ist auch geringer als bei Seminararbeiten. Die Darstellung der Sachverhalte, Positionen, Theorien und Modelle sollte i. d. R. sachlich bleiben. Es geht in dieser Spielart des Essays *nicht* um die eigene Meinung, sondern das stichhaltige Argumentieren. Dabei kann der Verfasserstandpunkt beim Lesenden nur überzeugen, wenn der Text gute Argumente vorweisen kann, die nicht so einfach zu widerlegen sind. Wenn Sie ein Essay zu schreiben haben, sollten Sie

- das Thema und die Aufgabenstellung genau analysieren und beim Schreiben berücksichtigen,
- Texte, die herangezogen werden sollen, vorher genau lesen und (auszugsweise) Exzerpte anfertigen im Hinblick auf die Fragestellung bzw. die ins Auge gefasste Argumentation.

Ein Essay verfügt meist über eine passgenaue interessante Überschrift, aber keine Zwischenüberschriften. Er besteht jedoch aus Einleitung, Hauptteil und Schluss(-folgerungen) wie die Seminararbeiten. Die kurze Einleitung sollte beim Essay neugierig machen, aber nichts vorwegnehmen. Wichtig wäre es, eine „zündende Idee“ für die ersten Sätze zu finden. Das kann auch eine gute Frage sein. Der breitere Hauptteil sollte auf das Thema konzentriert sein und einen klar erkennbaren „roten Faden“ verfolgen. Zum Schluss werden die Argumente *nicht* noch einmal zusammenfasst, sondern der Essay endet mit einem prononcierten Vorschlag, als Denkanstoß für weiteres Nachdenken oder Diskussionen. – Bei der Überarbeitung des Textes sollten Sie den Satzbau Ihres Textes durch lautes Lesen kontrollieren und Füllwörter eliminieren. Einleitung, Hauptteil und Schluss sollten durch Leerzeilen voneinander getrennt sein. Darüber hinaus sind Absätze im Text sinnvoll, wenn ein anderer Gedankengang beginnt (aber nicht nach jedem Satz!).

Was die Länge angeht, so variiert diese beim Essay extrem: 1000 bis 10.000 Wörter, je nach Vorgabe. Formal ist für studentische Arbeiten ein Deckblatt (s. Abb. 10.1) erforderlich. Auf ein Inhaltsverzeichnis wird bei Essays verzichtet. Haben Sie mit Literatur gearbeitet, so ist ein sehr kurzes Literaturverzeichnis (s. Abschn. 11.7) beizufügen (vgl. Redman und Maples 2011; Schindler 2011, S. 69–84).

10.4.6 Die Seminararbeit/das schriftliche Referat

Mit Seminararbeiten, auch Hausarbeiten genannt, sind in erster Linie bei einem Dozenten bzw. einer Dozentin einzureichende schriftliche Arbeiten gemeint, in denen der Stoff eines mündlichen Referats oder ein selbst gestelltes bzw. zur Bearbeitung vorgeschriebenes Thema ausgearbeitet wird. Diese Arbeiten dienen vorwiegend Übungszwecken, werden aber mittlerweile meist als Modulprüfungsleistung *bewertet* und sind in diesen Fällen Bestandteil der Modulnote. Ein weit verbreiteter Irrtum besteht darin, dass es sich bei dem schriftlichen Referat lediglich um die getippte Fassung eines mündlichen Referats handele. Während Vorträge weniger komplex sein müssen, damit Zuhörende ihnen folgen können (s. Abschn. 7.7), sollte das schriftliche Referat fachsprachlich deutlich anspruchsvoller ausformuliert sein. Außerdem müssen die formalen Regeln der Paraphrase, der Zitation und des Quellenbelegs korrekt angewendet werden, was in mündlichen Präsentationen oft vernachlässigt wird. Seminararbeiten sind daher gute Möglichkeiten, das eigenständige wissenschaftliche Arbeiten sowie die sprachlichen und formalen Anforderungen wissenschaftlichen Schreibens einzuüben.

Wenn Sie ein erstes Exposé zum Thema ausgearbeitet haben, können Sie dieses bei großer Unsicherheit vor der Abfassung Ihrer ersten Arbeit noch einmal dem Dozenten bzw. der Dozentin zumailen oder vorlegen, damit Sie das Thema nicht zu breit anlegen und die bestmögliche Literatur heranziehen. Neue Erkenntnisse müssen Sie mit Ihrer Arbeit nicht produzieren, aber Sie sollten die Forschungslage recherchiert und die beste Literatur zu dem Thema verarbeitet haben. In den nichtreproduzierenden Teilen sollte erkennbar sein, dass Sie sich *eigene* Gedanken zum Thema gemacht haben und diese argumentativ entfalten.

Was den Seitenumfang angeht, werden (je nach Anzahl der zu vergebenden Leistungspunkte) höchst unterschiedliche Vorgaben gemacht. Gleiches gilt in Bezug auf die Formalia sowie Schriftgröße und Seitenränder. Alle Vorschriften fordern ein *Deckblatt* (s. Abb. 10.1) sowie ein *Inhaltsverzeichnis* (s. Abschn. 11.8); die meisten Standards auch ein *Literaturverzeichnis* (s. Abschn. 11.7) mit sämtlichen verwendeten Quellenangaben, die restlichen Vorschriften vollständige Quellenangaben in Fuß- bzw. Endnoten (s. Abschn. 10.5.4). Sie sollten sich auf das stark eingegrenzte Thema konzentrieren und nicht zu viel Literatur verarbeiten. – Wie bei der Erstellung einer größeren schriftlichen Arbeit vorzugehen ist, wird im 11. Kap. genauer beschrieben.

Hinsichtlich der Arbeitsplanung müssen Sie davon ausgehen, dass Sie bei einer anzufertigenden Seminararbeit, zu der Sie nur wenige Vorkenntnisse haben, ca. 6–8 Wochen veranschlagen müssen (wobei Sie nicht nur an der Seminararbeit arbeiten). Von der Gesamtplanung her müssen Sie insgesamt 2–3 Wochen für die Themenanalyse, die Literaturrecherche samt Relevanzprüfung und das Exposé rechnen. Daran schließen sich 2–3 Wochen für die Lektüre und das Schreiben der Rohfassung an sowie zwei weitere Wochen für die Überarbeitung samt Zeitpuffer. Je nachdem, wie viele Wochen Sie Zeit und wie viele Seiten Sie abzugeben haben, sollten Sie die wöchentliche bzw. tägliche Schreibleistung für die Rohfassung errechnen. Und wenn Sie nicht unter Druck geraten wollen, müssen Sie sich auch in etwa an Ihren Arbeitsplan halten, d. h. vor allem: rechtzeitig beginnen.

Über die Note hinaus sollten Sie von der Dozentin bzw. dem Dozenten ein Feedback einfordern oder im Prüfungsbüro die schriftliche Notenbegründung einsehen. Falls Sie etwas nicht nachvollziehen können, scheuen Sie sich nicht, in der Sprechstunde nachzufragen. Nur über ein Feedback können Sie feststellen, was Ihnen in Ihrer Arbeit gelungen ist und wo Verbesserungsbedarf besteht.

10.4.7 Das Portfolio

Einen im geistes- und sozialwissenschaftlichen Bereich relativ neuen Leistungsnachweis stellt das sog. *Portfolio* dar, das – die Sammelmappe mit eigenen künstlerischen Werken nachahmend – vor allem der Dokumentation, Präsentation und Reflexion der besten eigenen Produkte dient. Im Hinblick auf eine neue Lernkultur geht es nicht nur darum, Ergebnisse zu sammeln und durch Prüfer bewerten zu lassen, sondern um die Verdeutlichung von (Entwicklungs-)Prozessen selbstgesteuerten Lernens, indem die Eigentätigkeit und (Selbst-)Reflexivität von Studierenden z. B. durch dialogische Portfoliobesprechungen gefördert wird.

1. So sehen manche Module in den neuen BA-/MA-Studiengängen die Zusammenstellung eines *themaerschließenden Portfolios* vor, das nach bestimmten Vorgaben zu einem wissenschaftlichen Gegenstand erstellt und abschließend von Prüfungsberechtigten bewertet und mit einem Feedback versehen wird. Die Vorgaben, wie ein solches Portfolio inhaltlich und formal auszusehen hat, sind ebenso heterogen wie die Kriterien, nach denen es bewertet wird. So können Prüfende Wert darauf legen, dass die Bewältigung einer gestellten Aufgabe von den eigenständigen Recherchen über ein Arbeitsergebnis bis hin zu einer reflexiven Selbstevaluation des bewältigten Arbeitsprozesses dargestellt wird.
   Varianten in Form eines *Kurs-* oder *Seminar-Portfolios* sollen Protokolle (s. Abschn. 10.4.1) zu den einzelnen Sitzungen, Nachbereitungen und Vertiefungen zu Seminarinhalten umfassen und/oder Hausaufgabenerledigungen bzw. Lerntagebucheinträge zu dieser Lehrveranstaltung. Einige Lehrende interessiert insbesondere der *aufgabenorientierte Lernprozess,* manchmal auch in seinen Umwegen, z. B. niedergeschrieben im Studien- bzw. Lerntagebuch; andere interessiert dies nicht im eben genannten Umfang, sondern nur im Hinblick auf eine abschließende (kriterienorientierte) Kommentierung von Arbeitsergebnissen seitens der Studentin bzw. des Studenten. Das Besondere an diesem Portfolio besteht einerseits in der Betonung der *Eigenverantwortlichkeit* und *Reflexivität* der Lernenden, andererseits in den Kontroll- und Bewertungsmöglichkeiten durch Lehrende. Letztere erhalten so u. a. auch ein Feedback zu ihrer Lehrveranstaltung in Bezug auf die geistige Verarbeitung der Lerninhalte.
   Für die Erstellung werden die Arbeitsschritte *Stoffsammlung, Auswahl, Reflexion* und *Projektion* im Hinblick auf die Zielerreichung vorgeschlagen, die den prozessualen Charakter des Portfolios betonen sollen (vgl. Stangl o. J.). Dies darf jedoch angesichts der Variantenvielfalt nicht verabsolutiert werden. Achten Sie auf jeden Fall auf die schriftlichen Hinweise derjenigen, die Ihr Portfolio kommentieren/bewerten werden! Auch die Beurteilungskriterien sind von den Zielvorgaben abhängig (vgl. Stangl o. J.).
2. Im *Entwicklungs-* oder *Studien-Portfolio* werden Artefakte und Leistungsnachweise für einen bestimmten Studienabschnitt gesammelt. Zweck ist es, den individuellen Studiengang als Lernprozess und die Entwicklung einer Studentin bzw. eines Studenten über einen längeren Zeitraum genauer nachvollziehen zu können. Dieses kann für Lern- und Studienberatungszwecke, auch hinsichtlich künftiger Arbeitsfelder, sehr hilfreich sein. In manchen Hochschulen bzw. Studiengängen dient ein solches Portfolio als obligatorische Grundlage für mündliche Prüfungen (s. Kap. 12).
3. Außerdem gibt es (interdisziplinäre) *Projekt-/Gruppen-Portfolios*, die ebenfalls prozess- oder ergebnisorientiert anzulegen sind, je nach Vorgabe. Hierbei

können mehrere Arbeiten zu einem Problembereich, auch aus unterschiedlichen fachlichen/disziplinären Perspektiven, zusammengestellt und (gemeinsam) präsentiert werden. Interessant sind solche Portfolios hinsichtlich der (gruppen-)dynamischen Entwicklung von Lösungsansätzen bzw. der Vernetzung und Interpenetration der Ergebnisse. Beim Projekt- bzw. Gruppen-Portfolio in Lehramtsstudiengängen werden nicht nur die Darstellung der Ausgangsbedingungen (Rahmenlehrplan, Anknüpfung an Gelerntes etc.) und didaktische Analysen zur mehrstündigen, fächerübergreifenden Unterrichtseinheit erwartet, sondern auch Kopien von den einzusetzenden (evtl. selbstverfertigten) Unterrichtsmedien, Quellen, Arbeitsmitteln wie Übungsbögen usw. – Hierzu ist eine weitere Variante möglich und sinnvoll, nämlich die Unterrichtseinheit *nach ihrer Erprobung* reflexiv in der Gruppe zu evaluieren und zu verbessern, eventuell sogar Arbeitsergebnisse aus Schülerarbeiten beizufügen und diese zu kommentieren.

4. Ein *Vorzeige-* oder *Präsentations-Portfolio* mit den besten Arbeiten ist für Bildende Künstlerinnen und Architekten eine lang gepflegte Tradition, ihr Können zu dokumentieren, zu präsentieren und sich mit ihren Arbeiten zu empfehlen. Dies wird zunehmend auch von anderen Berufsgruppen übernommen: Journalisten bemühen sich mit ihren besten, bereits veröffentlichten Artikeln um potenzielle Auftraggeber; auch andere Bewerber legen ihren Bewerbungsunterlagen nicht nur die üblichen Zeugniskopien und Referenzen bei, sondern zunehmend eine CD/DVD mit mustergültigen Arbeitsproben. Im Hinblick auf eine solche (Initiativ-)Bewerbungspraxis versuchen Lehrende, Studierende, die vor ihrem Studienabschluss stehen, hinsichtlich der Zusammenstellung eines solchen Präsentations-Portfolios zu unterstützen, wenn es um einen attraktiven Praktikums-/Arbeitsplatz geht oder um das Thema für eine Abschlussarbeit. Bei der Erarbeitung solcher Portfolios werden praxisgerechte Fertigkeiten verbessert, die einem später bei Stellenbewerbungen oder der Akquise von Projektaufträgen ebenso hilfreich sein können wie bei der Präsentation von Arbeitsergebnissen oder Lehrinhalten.

Hinsichtlich der Form gibt es bis heute noch keine deutlich erkennbaren Standardisierungen. Meist werden *Sammelmappen* empfohlen, in denen die losen Blätter sortiert abgelegt werden. Dabei sind ein *Deckblatt* (s. Abb. 10.1) und ein *Inhaltsverzeichnis* (s. Abb. 11.5) erforderlich, denn bei der Entnahme aus der Mappe kann deren Inhalt schon einmal durcheinander gebracht werden. Insofern sollten auch alle Materialien durchnummeriert oder mittels einer Klassifikation (1.0, 1.1, 1.2, 2.0, 2.1, usw. oder A 1, A 2, A 3, B 1, B 2 . . .) geordnet sein.

Werden die Blätter (meist einheitlich im DIN-A4-Format) nicht wieder mit Sorgfalt in die Sammelmappe zurückgelegt, so können sie leiden. Um Eselsohren oder Verschmutzungen zu vermeiden, können die losen Blätter durch Klarsichthüllen geschützt werden. Sollen die Materialien systematisiert werden, empfiehlt sich anstelle der Sammelmappe die Ablage in einem Ringbuchordner.

Teilweise werden Portfolios nur noch virtuell auf E-Learning-Plattformen eingereicht bzw. auf CDs bzw. DVDs dokumentiert und vervielfältigt. Auch hier sollte auf eine einheitliche Form und ein Startbild geachtet werden, von dem aus zu einer Inhaltsübersicht weitergeleitet wird.

Handelt es sich um Gruppenarbeiten bzw. Einzelbeiträge von Gruppenmitgliedern, so ist es wichtig, dass die Materialien den Personen eindeutig zugeordnet werden können, insbesondere dann, wenn eine Einzelbewertung vorgesehen ist. Weitere hilfreiche Anregungen finden Sie bei Kirsten Schindler (2011, S. 113–128).

10.4.8 Die Klausur

Klausuren sind Prüfungsleistungen, die in einer begrenzten Zeit in einem dafür hergerichteten Raum unter Aufsicht und meist ohne Hilfsmittel zu schreiben sind oder am Computer bearbeitet werden sollen. Da bei den BA/MA-Studiengängen die Module studienbegleitend abgeprüft und mit Leistungspunkten belohnt werden, hat diese Art von Prüfungen zugenommen, um größere Kohorten „gerechter" prüfen zu können. Solche Klausuren zum Erwerb von Leistungspunkten sollen darüber Aufschluss geben, inwieweit sich die Kursteilnehmer(innen) die Inhalte einer Lehrveranstaltung/eines Moduls angeeignet haben und diese nun reflexiv anwenden bzw. reproduzieren können. Derartige Klausuren bestehen aus Aufgaben oder Fragen, wobei die Aufgaben gelöst bzw. die Antworten entweder selbst formuliert, in Lücken eingesetzt oder bei vorgegebenen Antwortmöglichkeiten angekreuzt werden sollen. Bei letzteren Klausuren, den sogenannten *Multiple-Choice-Klausuren,* besteht u. U. auch die Möglichkeit, durch Raten die richtige Antwort zu markieren; insofern sollte man auf jeden Fall zum Schluss bei jeder Aufgabe zumindest ein Kreuz gesetzt haben. Allerdings sind manchmal mehrere Antwortvorgaben anzukreuzen. Die volle Punktzahl erhalten nur diejenigen, die die Kreuzchen vollständig richtig gesetzt haben.

► **Tipp** Beantworten Sie bei Multiple-Choice-Klausuren in einem Schnelldurchgang erst einmal alle Fragen, auf die Sie sicher die richtigen Antworten wissen. Achten Sie dabei aber wirklich auf jedes Wort, denn die

Antwortvorgaben sind oft sehr ähnlich formuliert (was unfair ist gegenüber Nicht-Muttersprachlern). Danach wenden Sie sich den Aufgaben zu, für die Sie länger überlegen müssen. Falls höhere Punktwerte für solche Aufgaben angegeben sind, schauen Sie sich zuerst die Aufgaben an, die offenbar schwieriger zu lösen sind.

Da insbesondere in den BA/MA-Studiengängen zum Semesterende oder für die vorlesungsfreie Zeit nicht nur eine Klausur vorzubereiten ist, sollten Sie mit Ihren Vorarbeiten für die Klausuren rechtzeitig beginnen. Formal dürfen nur Dinge geprüft werden, die in der Lehrveranstaltung/dem Modul gelehrt wurden. Drei Tage vor einer Klausur sollten Sie den „Stoff" nur noch wiederholen und keinen neuen mehr hinzulernen. Hilfreich ist der Einsatz von Visualisierungstechniken (s. Abschn. 9.8.2), weil Bilder und Mindmaps in ihren Strukturen und Komponenten besser behalten werden als komprimierte Texte. Durch die längere Beschäftigung und Elaboration mittels Visualisierung wird das Behalten intensiviert.

Am Tag vor der Klausur sollten Sie gegen Abend etwas ausspannen, damit Sie die Nacht gut schlafen. Ihre zu Schaubildern und Schemata verdichteten Unterlagen sollten Sie sich im Bett noch einmal in Ruhe einprägen und 60 bis 90 min vor der Prüfung das allerletzte Mal anschauen, um sie zu festigen.

Manche können es nicht lassen, in Prüfungssituationen zu mogeln und die Möglichkeiten sind dank der Smartphones kaum noch zu verhindern. Bei Täuschungsversuchen erwischt zu werden, ist nicht nur peinlich, die Klausur wird darüber hinaus als „nicht bestanden" bewertet.

Neben den neuen, zeitlich auf 60–120 min begrenzten Modulklausuren gibt es weiterhin noch die traditionellen Klausuren als (hand-)schriftliche Prüfungsbestandteile, wie sie manche Prüfungsordnungen für Abschlussprüfungen vorsehen, die auch die Einzelheiten zum Verfahren nennen. An manchen (Fach-)Hochschulen erhalten alle Prüflinge dieselben drei Themenvorschläge für ein zu prüfendes Fachgebiet, von denen eines auszusuchen und in 3–4 h zu bearbeiten ist. An anderen Hochschulen dürfen sich die Kandidatinnen und Kandidaten zu dem Prüfungsbereich einen breiteren Themenkomplex individuell aussuchen, aus dem die Erstgutachterin drei engere Themenstellungen entwickelt, die der Kandidatin bzw. dem Kandidaten vorher nicht bekannt sein sollen.

In der Klausursituation selbst geht es darum, dass Sie zu einem der Themen Stellung nehmen, jedoch *nicht* im Sinne eines Besinnungsaufsatzes. Stattdessen sollen Sie fundierte Kenntnisse zu dem Themenbereich nachweisen, indem sie diese aus dem Kopf heraus möglichst prägnant und argumentativ zu Sätzen verbinden und *leserlich* niederschreiben. Wichtig ist dabei, dass Sie

- das zum Thema Gehörige von Unwichtigerem unterscheiden,
- *nicht* wie eine „Faktenschleuder" alles, was Sie gelernt haben, assoziativ aneinanderreihen, sondern – aus Ihren Gedanken und Ihrem Wissen – themenbezogen dasjenige auswählen, das der Aufgabenstellung entspricht, und es derart strukturiert darlegen, dass ein „roter Faden" erkennbar wird.

Konzentrieren Sie sich dabei völlig auf das gewählte bzw. vorgegebene Thema und analysieren Sie dessen Elemente gründlich. Lassen Sie ruhig das weg, was nicht unmittelbar dem Gedankengang dient. Fertigen Sie *vor* der Niederschrift auf jeden Fall eine *Gliederungsskizze* an. Wenn Sie Ihre Gliederung kontrollieren, bemerken Sie u. U. Widersprüche, Brüche oder Lücken in der von Ihnen geplanten Argumentation oder Ungleichgewichte der einzelnen geplanten Abschnitte. Diese Gliederungsskizze ist dann bei der Niederschrift Ihr „Ariadne-Faden", an dem Sie Ihre Gedankengänge entwickeln. Außerdem dient die *Gliederung als Kontrollinstrument,*

- damit Sie beim Thema bleiben,
- um die einzelnen Aspekte der Aufgabenstellung angemessen zu berücksichtigen,
- um abzuprüfen, wie Sie im Wettlauf gegen die Zeit liegen.

Eine besondere Klippe stellt der „Einstieg" ins Thema dar. Gundolf Seidenspinner (1994, S. 22–28) stellt den *begrifflich orientierten Einstieg* neben den *problemorientierten* und den *chronologischen.* Bei Letzterem ist Vorsicht geboten, weil er rasch langweilig wird und wenig Eigenleistung erfordert, wenn man beispielsweise mit einem Gesetzgebungsverfahren beginnt, etwa der „Ablösung des Jugendwohlfahrtgesetzes durch das Kinder- und Jugendhilfegesetz". Beim *problemorientierten* Einstieg stellen Sie das *Ausgangsproblem* kurz dar und danach die Lösungs- und dazugehörigen Theorieansätze. Ein dritter Einstieg wäre der *begriffsorientierte,* bei dem Sie erst einmal die Begriffe entwickeln, diskutieren und definieren, mit denen Sie dann an das Thema herangehen.

Manche Klausurkandidat(inn)en lernen vorher ganze Passagen auswendig. Wichtiger scheint mir, während der Klausur klaren Verstand zu bewahren, die Themenvorschläge genau zu lesen und kurz zu analysieren, sich möglichst rasch für eines der Themen zu entscheiden, es intensiver zu analysieren und eine Gliederungsskizze zu entwickeln, die Sie anschließend erweitern. Liegt Letztere vor, fällt die Niederschrift nicht mehr schwer. Stilistische Fragen sind angesichts des Zeitdrucks nicht ganz so bedeutend wie bei den zu Hause zu schreibenden Leistungsnachweisen; dennoch sollten Sie in ganzen Sätze schreiben und nicht nur

Stichwörter aneinanderreihen (es sei denn, es handelt sich um eine kurze veranstaltungsbezogene Lernzielkontrolle). Die Struktur der Arbeit sollte nicht nur durch Zwischenüberschriften erkennbar sein, sondern auch durch Absätze. Jeder neue Themenaspekt beginnt auf einer neuen Zeile.

Vermeiden Sie

- *extreme Umgangssprache* und *Illustriertenstil* („Der Schaden geht in die Millionen. Der Steuerzahler ist wieder einmal der Dumme."),
- *subjektive Glaubensbekenntnisse* („Ich dagegen glaube an das Gute im Menschen") und
- *Anbiederungen* an Prüfer(innen) oder deren Vorlieben („Ihr Buch gilt als das beste") ebenso wie
- *Sprachnebel* („Es ist keine Purifikation des Zentralbegriffes intendiert, keine Ausblendung jener Bedeutungskomponenten, die eine negative Bewertung beinhalten, zugunsten eines eigentlichen, mit der Primärbedeutung identifizierten Gehaltes.") oder
- *Dogmatismen* („Im Zentrum des Unterrichts *muss* der Mensch stehen.").

Versuchen Sie stattdessen

- präzise zu formulieren,
- Begriffe sauber herauszuarbeiten und zu definieren,
- Probleme differenziert darzustellen,
- sachlich und logisch zu argumentieren sowie
- Behauptungen zu begründen bzw. durch Namen von Wissenschaftler(inne)n zu stützen, die dazu geforscht haben.

Die *äußere Form* ist zwar nicht so wichtig wie bei den anderen schriftlichen Arbeiten, doch auch nicht unwichtig. Einige Flüchtigkeits- oder Zeichensetzungsfehler allein werden keine Gutachterin zu einem schlechten Urteil kommen lassen. Aber es beeinflusst Prüfende schon, wenn die Handschrift kaum entzifferbar ist, wenn „wild" verbessert, krakelig durchgestrichen, zwischen die Zeilen geschmiert oder ständig mit Sternchen und anderen Einfügungszeichen nicht eindeutig angezeigt wird, dass da und dort noch Einschübe existieren, die irgendwo noch dazwischen gehören. Die falsche Verwendung von Fremdwörtern und grobe Orthografiefehler, z. B. bei zentralen Begriffen, die man bei der vorbereitenden Lektüre garantiert gelesen haben müsste und jedes Mal falsch schreibt („Intregation" statt „Integration"), gehören zu der Sorte Fehler, die Prüfer(innen) nicht schätzen. Deshalb lesen Sie nach Möglichkeit *zweimal* Korrektur: im ersten Berichtigungsgang allein auf den Inhalt konzentriert, im zweiten hinsichtlich Rechtschreibung, Grammatik und Zeichensetzung.

Die traditionelle (Abschluss-)Klausur wird nach der Abgabe von zwei Prüfungsberechtigten gelesen und benotet, die Klausuren in BA/MA-Studiengängen meist nur von der jeweiligen Lehrkraft, teilweise Hilfskräften ausgewertet. Bei Nichtbestehen muss die Klausur erneut geschrieben werden. Oft darf man sie sogar zweimal wiederholen und danach stehen einem aufgrund von möglichen Verfahrensfehlern eventuell noch juristische Möglichkeiten offen.

Besonders wegen des Zeitdrucks ist es ratsam, sich intensiv vorzubereiten und das Klausurenschreiben zu üben. Dazu ist es zweckmäßig,

- die Lehrveranstaltung regelmäßig zu besuchen
- sich inhaltlich auf sie vorzubereiten, denn Vorwissen erhöht das Wiedererkennen und Behalten
- während der Veranstaltung mitzuschreiben (s. Abschn. 7.5) und sich inhaltlich zu engagieren
- die Veranstaltungsinhalte noch einmal rekapitulierend nachzubereiten
- sich zur Mitte des Semesters mit anderen zu einem Lerntandem/einer Lerngruppe zusammenzuschließen, um Inhalte, die Klausurthema sein werden, schriftlich aufzubereiten, diskutierend zu klären und sich später gegenseitig abzufragen.

► **Tipp** Klausuren zu schreiben können Sie üben, indem Sie sich selbst ein (leichteres) Thema stellen bzw. in einer Lerngruppe stellen lassen, das in einer bestimmten Zeit bewältigt werden soll. Manche Hochschullehrer(innen) bieten vorbereitende kleine Probeklausuren an. Solche Chancen sollten Sie nutzen! Das gilt vor allem für Menschen, die selten schriftlich arbeiten oder bei Stress unter Denkblockaden oder Schreibhemmungen leiden. – Bei allen Klausuren sollten Sie sich eine Uhr bereit legen, da Handys oft deaktiviert bzw. abgegeben werden müssen. – Sollten Sie bei einer Klausur durchgefallen oder mit der Note unzufrieden sein, so bitten Sie um Klausureinsicht, um zu sehen, welche Fehler Sie wo gemacht haben. Fehler sind Lerngelegenheiten. Weitere wertvolle Hinweise und Beispiele für Klausurthemen finden Sie bei Kirsten Schindler (2011, S. 85–100).

10.4.9 Die Prüfungsarbeit

Als Prüfungsarbeiten gelten die hochschulinternen Bachelor-, Diplom-, Magister- und Master-Arbeiten sowie die Staatsexamens- und Zulassungsarbeiten, z. B. für das Lehramt an Schulen (auch „Wissenschaftliche Hausarbeiten" genannt). Sie dienen dem Nachweis der selbstständigen Bearbeitung eines Themas, müssen aber keine neuen wissenschaftlichen Ergebnisse hervorbringen. In der Examensarbeit geht es darum, ein auch für Dritte erkennbares, abgegrenztes wissenschaftliches Thema darstellend zu erschließen und Lösungen zu einem Problemzusammenhang zu diskutieren bzw. Antworten zu einer Fragestellung zu erarbeiten. Im Schwierigkeitsgrad ist sie zwischen Seminararbeit (s. Abschn. 10.4.6) und Doktorarbeit angesiedelt.

Für die Beurteilung von Prüfungsarbeiten sind Kriterien wichtig, die die Prüfungsberechtigten von BA- oder Master-Arbeiten jedoch selten schriftlich offenlegen. Mittlerweile sind jedoch in Büchern über das Schreiben wissenschaftlicher Arbeiten solche Kriterien publiziert (vgl. z. B. Schenk 2005, S. 183–193; Bänsch und Alewell 2009, S. 89–92; Stickel-Wolf und Wolf 2016, S. 268–277). Sie sollten die von Ihnen ins Auge gefassten Gutachter(innen) auf die Kriterien ansprechen, zumal unterschiedlich gewichtet wird. Hier seien folgende Kriterien genannt, die auch als Bewertungselemente für die Text- und Sachkritik an wissenschaftlichen Texten (Aufsätze, Monografien, Rezensionen) verwendet werden können:

1. **Thema, Fragestellung, Zielsetzung.** Wie ist das Anspruchsniveau der Themenstellung bzw. der Schwierigkeitsgrad seiner Umsetzung einzuschätzen? Ist das Thema deutlich erkennbar und sinnvoll abgegrenzt? Ist die Begründung der Themenwahl durchdacht? Wird das Thema im Rahmen der Arbeit klar verfolgt? Ist eine konkrete Fragestellung vorhanden und ist diese von Interesse? Wird die Fragestellung so eingegrenzt, dass sie im Rahmen des gesetzten Umfangs seriös bearbeitet werden kann? Wird eine Zielsetzung angegeben und letztendlich erreicht? Wird die Zielsetzung der Arbeit in den Rahmen disziplinär bzw. interdisziplinär anerkannter Theoriebildung plausibel eingebunden?
2. **Aufbau und Anlage der Arbeit.** Wie sind die Gliederung und der Aufbau der Arbeit zu beurteilen? Ist die Gliederung strukturiert, differenziert und stimmig? Ist die Vorgehensweise nachvollziehbar? Wie sind Einleitung, Hauptteil und Schluss proportioniert? Gibt es prägnante Überschriften der Kapitel und den Überblick erleichternde Kapitelanfänge (advance organizer) bzw. wird orientierend übergeleitet zum folgenden Abschnitt? Wird die Fragestellung klar im Blick behalten und zielstrebig auf das Wesentliche hingearbeitet? Sind die jeweiligen Kapitel relevant für die Bearbeitung der Aufgabenstellung? Werden

die Themenschwerpunkte gründlich durchdrungen? Werden Ergebnisse an den Kapitel-Enden kurz resümiert?

3. **Methodeneinsatz, -beherrschung und -reflexion.** Werden Aussagen zur Methode gemacht? Wird ein disziplinüblich anerkanntes Paradigma/eine bewährte Methode richtig eingesetzt? Eignet sich die Methode für die Fragestellung? Bei empirischen Arbeiten: Werden die Standards empirischer oder qualitativer Sozialforschung eingehalten? Bei didaktischen oder anderen Arbeiten mit Praxisbezug: Erfolgt eine theoretische Durchdringung der Praxisschritte? Erfolgt eine kritische Paradigmen-/Methodenreflexion?
4. **Sachlich-fachlicher Gehalt.** Ist die Problemdarstellung gelungen? Wird der aktuelle Forschungsstand angemessen berücksichtigt und sorgfältig referiert? Wurde dabei das Wichtige/Wesentliche erkannt und dargestellt? Welche Qualität haben die in der Arbeit herangezogenen Quellen, nach denen der Forschungsstand referiert wird? Bei sozialwissenschaftlicher Themenstellung: Werden aktuelle Quellen benutzt? Erfolgt eine kritische Auseinandersetzung mit anspruchsvoller wissenschaftlicher Literatur? Werden auch einschlägige fremdsprachige Arbeiten herangezogen? Wie wird mit den Quellen umgegangen? Scheint die Quellenwahl beliebig, einseitig oder wurde sorgfältig recherchiert? Wie ist die Verarbeitungsgüte zu beurteilen? Werden Aussagen lediglich referiert oder kontextadäquat interpretiert, weiter denkend modifiziert, kritisiert, widerlegt? Steht die inhaltliche Argumentation klar im Vordergrund vor detailverliebter „Faktenhuberei"? Erfolgt eine problemorientierte, kritische Auseinandersetzung mit dem Thema? Wie reflexiv wird mit den referierten Theorien und Forschungsdesigns, den eingesetzten Methoden, den empirischen Befunden umgegangen? Werden systematische und empirische Begründungsdefizite ausgemacht? Wenn die Frage- oder Themenstellung praxisrelevant ist: Wie steht es um das Problembewusstsein der Verfasserin/des Verfassers hinsichtlich Planung, Durchführung und Evaluation?
5. **Wissenschaftssprache, Argumentations- und Sprachstil.** Welche (Grund-)Begriffe, Modelle, Theorien werden zur Beschreibung des Forschungsstands herangezogen und erläutert? Wird deren Wahl begründet und wenn ja, wie wird sie begründet? Sind die zentralen Begriffe definiert sowie eindeutig, einheitlich und richtig verwendet? Wie werden fremde Argumente und empirische Befunde diskutiert und in die eigene Argumentation eingebaut? Werden lediglich Zitate und Paraphrasen aneinandergereiht oder sind eigene Gedankengänge erkennbar? Werden Sachverhalte mit Quellenangaben belegt, Behauptungen mit guten Argumenten untermauert? Ist die Trennung eigener und fremder Gedanken klar erkennbar? Werden die relevanten Einzelaspekte des Themas analytisch erfasst und argumentativ plausibel miteinander verbunden? Sind Theorie-,

Empirie- und Praxis-Aussagen stimmig aufeinander bezogen? Stimmen die Argumentationsketten und Schlussfolgerungen? Werden die Teilergebnisse abschließend zu einem Gesamtergebnis zusammengeführt? Wie sind gedankliche Klarheit, differenzierte Wortwahl und verständliche Darstellung einzuschätzen? Ist der Schreibstil flüssig und anregend?

6. **Formales.** Ist der Umfang der Arbeit im Hinblick auf deren Themenstellung angemessen? Sind die Zitate originalgetreu abgeschrieben? Sind auch Paraphrasen mit Quellenbeleg einschließlich Seitenzahl versehen? Sind sämtliche verwendeten Quellen im Literaturverzeichnis vollständig, korrekt und formal einheitlich in richtiger alphabetischer Reihung aufgenommen? Wie steht es um die grammatische und orthografische Korrektheit nach dem „Duden" (vgl. Dudenredaktion 2013) oder „Wahrig" (vgl. Wahrig-Redaktion 2011). Ab 01.08.2006 ist die neue Rechtschreibung – nicht aber in Zitaten! – verbindlich! Wie ist das Layout zu beurteilen (u. a. von Deckblatt, Inhaltverzeichnis, Literaturverzeichnis? Wurden gängige Formatierungsvorgaben eingehalten? Sind Tabellen- und Abbildungsüberschriften aussagekräftig?)?
7. **Sonstiges.** Wurde die Themenstellung selbstständig entwickelt oder war sie vorgegeben? Wurde die Arbeit relativ selbstständig angefertigt oder war der Beratungs-/Betreuungsaufwand hoch? Wie ist die Originalität und Eigenständigkeit der Arbeit einzuschätzen? Gibt es kreative Ansätze? Führt die Arbeit zu einem Erkenntnisgewinn? Weist die Arbeit positive oder negative Aspekte auf, die durch die hier versammelten Kriterien nicht ausreichend bedacht worden sind?

Selbstverständlich ist die inhaltliche Qualität Ihrer Arbeit wichtiger als die formale Korrektheit oder das äußere Erscheinungsbild. Das werden Ihnen alle Prüfungsberechtigten versichern. Doch formale Unzulänglichkeiten lenken Gutachterin wie Gutachter von den möglicherweise hohen inhaltlichen Qualitäten ab, weil sie ständig Formalia zu korrigieren haben. Formale Mängel ergeben meist einen Abzug in der Note. Es gibt mehrere Gerichtsurteile, wonach die formale Seite einer Arbeit in die Bewertung eingehen darf (vgl. Theisen 2002, S. 137).

Hinsichtlich der Gewichtung der Kriterien gibt Hans-Otto Schenk (2005, S. 188) ein transparentes Beispiel für literaturgestützte Examensarbeiten in den Wirtschafts- und Sozialwissenschaften. Anhand eines Mustergutachtens wird auch die Errechnung der Note nachvollziehbar (vgl. a. a. O., S. 191 ff.). Das Zentrum für Bildungsforschung und Lehrerbildung der Bergischen Universität Wuppertal hat 2006 einen Bewertungsbogen für Examensarbeiten ins Netz gestellt, der sich sehr gut – auch in anderen Fächern – zur Evaluation der eigenen Arbeit vor deren Abgabe eignet (vgl. *Empfehlungen für wissenschaftliches Arbeiten*

2006, S. 13 – Verfügbar unter: http://www.ifb.uni-wuppertal.de/fileadmin/zbl/Zentrumshinweise.pdf – Zugriff am: 20. Juli 2017).

10.5 Das Belegen und Zitieren

Zu den wichtigsten Formalia wissenschaftlicher Arbeit gehört der angemessene Umgang mit den Quellen, vor allem: das richtige Zitieren und der dazugehörige Quellenbeleg; denn behaupten und niederschreiben kann man viel – Papier ist bekanntlich geduldig. Wenn Sie Erfahrungen, Erkenntnisse, Behauptungen, Textpassagen von anderen verwenden und darauf aufbauen, gehört es zu den guten Manieren des Wissenschaftsbetriebs, Übernommenes mit einer Quellenangabe zu belegen. Quellenangaben dienen dazu, die Urheberschaft und Herkunft der verwendeten Aussagen, Fakten, Forschungsergebnisse und Literatur aufzuzeigen. Damit dokumentieren Sie einerseits, was von anderen stammt und was von ihnen (vgl. auch Baumgartner 2008). Andererseits machen Sie deutlich, dass Ihre Arbeit eingebunden ist in den aktuellen Forschungsstand einer *scientific community*: Sie stellen gerafft die Ergebnisse der Wissenschaftlerin XYZ durch sinngemäße Anlehnung, die sogenannte *Paraphrase,* dar und belegen die Übernahme in der Kurzbelegform als Klammerausdruck im Text mit den Elementen „(XYZ, Jahreszahl, Seitenzahl)“. Sind Sie anderer Auffassung als der Autor OPQ, ist es dennoch nicht ratsam, dessen Auffassung zu verschweigen, sondern deutlich zu machen, dass Ihnen auch seine Auffassung bekannt ist, und zwar mithilfe der Kurzbelegform „(vgl. dagegen OPQ Jahreszahl, Seitenzahl)“. Im letzteren Fall müssen Sie allerdings gute Argumente dafür haben, warum Sie zu anderen Ergebnissen kommen als OPQ. Mit allen Ihren Belegen geben Sie dem Leser Ihrer Arbeit die Möglichkeit, die von Ihnen gemachten Angaben anhand der Originalquellen selbst zu vertiefen und zu überprüfen. *Die Nachprüfbarkeit ist ein wesentliches formales Kriterium für eine wissenschaftliche Arbeit.* Da niemand alle Voraussetzungen seiner Arbeit aus sich heraus schaffen kann, ist es in einem arbeitsteiligen System auch ökonomisch sinnvoll, das Rad nicht immer wieder aufs Neue zu erfinden, sondern sich auf die verlässlichen Forschungsergebnisse anderer zu stützen. Peinlich wird es allerdings, wenn

- Argumentationen falsch referiert,
- Aussagen sinnentstellend zitiert oder
- wesentliche Argumente oder Einschränkungen übersehen werden.

Der schlimmste Fall ist jedoch das *Plagiat*, also das „Abkupfern“ oder „copy and paste“ *ohne Angabe der Quelle* (vgl. Weber-Wulff 2010). Das Plagiieren nimmt insbesondere unter Schülern und Studierenden zu. Deshalb setzen Hochschulen mittlerweile spezielle Software und Suchmaschinen ein, um solche Fälle aufzudecken; denn es handelt sich keineswegs um Kavaliersdelikte, sondern das Sichschmücken mit fremden Federn kommt einem Täuschungsversuch gleich und hat Folgen, wenn es entdeckt wird. Bei Prüfungsarbeiten kann dies empfindliche Folgen haben, z. B. die Aberkennung des akademischen Grades, und das nicht nur bei Doktortiteln, denken Sie an Karl-Theodor Freiherr von und zu Guttenberg! – Nun reicht es allerdings auch nicht, ein halbes Buch zu zitieren und getreulich die jeweiligen Seiten anzugeben. Dies wäre zwar kein Plagiat, aber eine Urheberrechtsverletzung.

Die Zitationsregeln sind – wie die Tischsitten – zwar in Büchern wie diesem niedergeschrieben, haben allerdings nur den Rang einer Soll-Erwartung. Das Nichteinhalten wird zunehmend von Autor(inn)en, Verlagen und Urheberrechtsspezialisten verfolgt, weil der wirtschaftliche Schaden gestohlenen geistigen Eigentums zunimmt. *Sie sollten sich an die Spielregeln halten.* Da formale Dinge viel leichter zu kritisieren sind als inhaltliche, tun Sie der *scientific community* nicht den Gefallen, in so belanglosen Dingen gegen das Althergebrachte zu verstoßen.

10.5.1 Allgemeine Regeln des Zitierens oder Paraphrasierens

A) Als Erstes muss unterschieden werden zwischen einer unverfälschten, sinngemäßen Anlehnung an eine Quelle (= *Paraphrase*, auch indirektes Zitat genannt) und dem wortwörtlichen (direkten) Zitat. *Grundsätzlich gilt, dass Zitate und Paraphrasen mit der Seitenzahl aus dem als Vorlage verwendeten Primärdokument, Ihrer Quelle, belegt werden müssen. Zitate müssen außerdem originalgetreu sein.*

Das heißt nicht, dass jedes Fachwort in Anführungszeichen gesetzt und mit einer Quellenangabe belegt werden muss, weil Sie dieses Wort in einem Text gelesen haben. Wenn es sich jedoch um einen neu eingeführten oder *anderweitig* anders verstandenen Terminus handelt, und sei es nur eine eigenwillige Sprachschöpfung (denken Sie an Heideggers „Geworfenheit“!), so ist es hilfreich, diese Benennung bei ihrem ersten Auftreten in An- und Abführungszeichen zu setzen und in Ihrer Arbeit zu belegen. Wenn Sie beispielsweise von der „Eigendynamik des pädagogischen Establishments“ oder dem „pädagogischen Establishment“ schreiben, so ist ein solches *Kurzzitat* zu belegen mit „(Luhmann und Schorr 1988, S. 343)“.

Wenn Sie kurze Zitate (= weniger als 40 Wörter) in ihren fortlaufenden Text einbauen, sind sie immer mit An- und Abführungszeichen (den sog. „Gänsefüßchen“) als Zitate zu kennzeichnen.

Letzteres gilt auch für Textstellen, die Sie aus einer anderen Sprache übersetzen (s. unten I). Manche Menschen kennzeichnen Zitate nicht nur durch „Gänsefüßchen“, sondern formatieren sie auch noch kursiv. Das ahmen Sie bitte nur nach, wenn die Richtlinie Ihres Institutes das so vorgibt und Ihre Prüfer(innen) das so haben wollen.

Kurzzitat aus dem Buch von Klaus Mollenhauer: *Vergessene Zusammenhänge*. 7. Aufl. Weinheim: Juventa 2008, in den eigenen Text eingebaut. Das Wort „unser“ ist im Buch auch *kursiv* gedruckt, was beibehalten wird:

> Doch es bleibt uns nichts anderes übrig: „Sofern wir mit Kindern leben, müssen wir – es geht gar nicht anders – mit ihnen *unser* Leben führen. Das ist zwar eine Trivialität, aber die gleichsam erste und ernsteste pädagogische Tatsache“ (Mollenhauer 2008, S. 20). Dabei kann das Vor-Leben anderer Personen …

Handelt es sich um ein *längeres Zitat* (mehr als 40 Wörter), so wird dieses Zitat als eigener Absatz formatiert, meist etwas eingerückt, in kleinerer Schrifttype und mit engerem Zeilenabstand. Ein solches *Blockzitat,* das nicht zu umfangreich sein sollte (maximal 200 Wörter, weil darüber hinaus eine Druckgenehmigung bei dem Copyrightinhaber einzuholen ist), wird eigentlich *nicht* in Anführungszeichen gesetzt, allerdings sieht man dies immer öfter, d. h., die Praxis ändert sich.

Blockzitat (weil mehr als 40 Wörter) aus der Monografie von Hermann Giesecke: Das Ende der Erziehung. Neuausg. Stuttgart: Klett-Cotta 1996:

Ihr anderer Text … Giesecke weist mit Nachdruck auf die zunehmende Bedeutung der Peergroup hin:

> Das Verhältnis der Generationen, also zwischen Kindern und Erwachsenen, genauer: der darin vermutete Unterschied an Reife, Wissen und Erfahrung, galt bisher als entscheidende Voraussetzung des Erziehungsverhältnisses. Aber dieses Verhältnis hat sich so verändert, daß pädagogisch bedeutsame Wechselwirkungen zwischen den Generationen nur noch sehr eingeschränkt stattfinden, dafür die Sozialisationswirkungen der Gleichaltrigengruppe eine

kaum noch zu überschätzende Bedeutung bekommen haben (Giesecke 1996, S. 11).

Weiter geht es hier mit Ihrem Text ...

Eine sinngemäße, in eigene Worte gefasste Umschreibung eines Zitats (= Paraphrase) kommt *niemals* in Anführungszeichen. Beide, Zitat und Paraphrase, *müssen* mit einer Quellenangabe *einschließlich der entsprechenden Seitenzahl(en)* belegt werden, wobei der Beleg zur Paraphrase oft mit einem „vgl." (= vergleiche) eingeleitet wird. Diese Praxis mit dem „vgl." ist an sich sinnvoll, weil dadurch klar wird, dass es sich um eine sinngemäße Anlehnung handelt, was durch die Belegangabe nachprüfbar ist.

Als *Paraphrase*, also starke Anlehnung an den eben zitierten Text von Giesecke, könnten folgende zwei Sätze in Ihrem fortlaufenden Text stehen:

Hier stehen Ihre vorherigen Sätze. Entscheidender Ausgangspunkt für das Erziehungsverhältnis war der angenommene Reife-, Wissens- und Erfahrungsunterschied zwischen Erwachsenen und Kindern. An die Stelle der pädagogisch relevanten Interdependenz der Generationen ist weitgehend die nicht zu unterschätzende sozialisatorische Bedeutung der Peergroup getreten (vgl. Giesecke 1996, S. 11). *Hier geht Ihr eigener Text mit anderen Sätzen weiter...*

B) *Zitate müssen in Inhalt und Form immer genau sein, – also wortwörtlich mit Druckfehlern, veralteten Worten und Schreibweisen* (erlaubte Eingriffe s. Abschn. 10.5.2). Das bedeutet beispielsweise, dass eine Anpassung älterer Zitate an die Regeln der neuen amtlichen Rechtschreibung (die seit dem 01.08.2006 verbindlich gilt) zu unterbleiben hat. Bei (historischen) Quellen folgen Sie der Ihnen vorliegenden Ausgabe, was Sie aber nicht von der Pflicht entbindet, die Qualität Ihrer Textvorlage *quellenkritisch* zu prüfen, z. B. darauf, ob nicht im Laufe der Zeit Zitatverfälschungen vorgekommen sind, die nicht nur die Schreibweise betreffen. (Hat man Unterschiede entdeckt, kann man sich von Experten beraten lassen, welcher Edition man folgen soll.)

All das, was im Original steht und von Ihnen in der gleichen Form drucktechnisch wiedergegeben werden kann, das gilt z. B. für GROSSBUCHSTABEN,

Unterstreichungen und S p e r r u n g e n, nicht aber die Schriftart und Schriftgröße, wird in gleicher Weise wie im Original wiederholt und muss *nicht* erläutert werden.

Müssen oder wollen Sie etwas *ändern*, z. B. eine Unterstreichung in eine kursive Hervorhebung umwandeln, müssen Sie das angeben (s. F). Wollen Sie bei ungewöhnlichen Schreibweisen deutlich machen, dass es sich *nicht* um einen Tippfehler Ihrerseits handelt, kann man ein Ausrufezeichen in Klammern „(!)" oder ein „[sic!]" einfügen. Es handelt sich dann jedoch um einen Zitatzusatz (s. F), der zu kennzeichnen und zu erläutern ist.

Beispiel für Letzteres

Schon Christian Fürchtegott Gellert (1774, S. 212; Einfügungen: F. R.) weist auf die Auswirkungen zu heftiger Leidenschaften hin und mahnt zur Disziplinierung:

> Jeder kennt die uebeln [!] Folgen der heftigen Leidenschaften. Er sieht und fuehlt, daß sie den Verstand blenden, den Willen zum Sklaven machen, daß sie durch die Befriedigung beynahe unbezwinglich werden, daß sie dem Leben und der Gesundheit, der Ehre, dem gemeinen Wesen [Gemeinwesen] und der Glueckseligkeit der Andern schaden; und doch bringen es nur wenige durch diese Bewegungsgruende [sic!] dahin, sich von ihnen loszureissen.

Ihre Quellenangabe im Literaturverzeichnis: GELLERT, C. F. (1774). *Gellerts moralische Vorlesungen.* Carlsruhe: Schmieder (Sammlung der besten deutschen prosaischen Schriftsteller und Dichter; Achter Theil).

C) *Zitate sollten aus erster Hand sein.* Finden Sie bei Autor X ein Zitat der Verfasserin Y, das gut in Ihre Arbeit passen würde, dann haben Sie, wenn Sie diese Passage zitieren wollen, die (Sorgfalts-)Pflicht, die entsprechende Literatur von Y in einer Bibliothek zu suchen (die bibliografischen Angaben samt Seitenzahl sind ja bei X hoffentlich richtig zu finden), das Zitat an der Originalliteratur zu überprüfen und von Letzterer zu übernehmen. Das heißt, der Autor X, dem Sie dieses Zitat eigentlich verdanken, taucht in der dazugehörigen Belegangabe Ihrer Arbeit nicht auf, es sei denn, weil Sie X an anderer Stelle selbst zitieren.

Lässt sich die Originalliteratur nicht auftreiben, sollten Sie das Zitat besser nicht übernehmen, denn *Sekundärzitate* sind riskant. (Denken Sie an das „Stille-Post"-Spiel!) Wenn Sie das Risiko dennoch eingehen wollen bzw. müssen, weil es sich beispielsweise um anderweitig nicht veröffentlichtes Material aus Forschungskontexten handelt, erhält die Belegangabe folgende Form „Y 2013 zitiert nach X 2016, S. 54" oder in kürzester Form: „Y 2013 zit. n. X 2016, 54".

Was allerdings vorkommen, aber genauso problematisch sein kann, ist ein *Kurzzitat im Zitat,* wobei das Kurzzitat in Ihrem Zitat durch einfache An- und Abführungszeichen (Apostrophe) kenntlich gemacht wird. *Die Quelle zum Kurzzitat im Zitat muss nicht belegt werden. Die Umwandlung der Gänsefüßchen in Apostrophe muss auch nicht deklariert werden.*

Ihre Quelle ist ein Zeitschriftenaufsatz von Annette Stroß: „Gesundheitserziehung" zwischen Pädagogik und Medizin. In: *Zeitschrift für Pädagogik* 41(1995), S. 169–184:

> Einer der herausragenden Vertreter der „medicinischen Volksaufklaerung", der Nürnberger Arzt J. K. Osterhausen, bemängelt im Jahre 1798: „Meine erste Einwendung ist: *daß mehrere dieser Schriften von Nichtaerzten geschrieben sind*" (ebd., S. 42).

Ihr Zitat mit Kurzzitat aus einer anderen Quelle:

> *Hier steht einer Ihrer Sätze, dann folgt das Zitat.* „Einer der herausragenden Vertreter der ‚medicinischen Volksaufklaerung', der Nürnberger Arzt J. K. Osterhausen, bemängelt im Jahre 1798: ‚Meine erste Einwendung ist: *daß mehrere dieser Schriften von Nichtaerzten geschrieben sind*'" (Stroß 1995, S. 171 f.). *Hier geht es weiter in Ihrem Text …*

Zitate und Paraphrasen sind mit der *Seitenzahl* aus der Ihnen vorliegenden Originalquelle zu belegen. In älteren Schriften finden Sie statt einer Seitenzahl manchmal ein „passim" (= da und dort, allenthalben). Bitte ahmen Sie dies *nicht* nach! Es mag sein, dass die zitierte Bezeichnung im ganzen Buch vorkommt und „passim" durchaus berechtigt erscheint, doch meist wird ja zu Beginn des Werks der Terminus eingeführt oder sogar definiert, sodass diese Seitenangabe für Leser Ihrer Arbeit hilfreich wäre. Steht das Zitat im Ihnen vorliegenden Text, aus dem Sie zitieren möchten, auf Seite 123 unten und 124 oben, schreibt man: „S. 123 f." (und zwar mit einem geschützten Leerzeichen nach der letzten Ziffer und einem Punkt nach dem „f"). Das „f." bedeutet „folgende" und somit die Seite 124. *Zitate* mit „ff." darf es nicht geben: Sie wären zu lang, weil nur 200 Wörter am Stück ohne Genehmigung zitiert werden dürfen bzw. das Zitat wäre durch Auslassungen aus dem Sinnzusammenhang gerissen. Für die Zusammenfassung von längeren Passagen eignet sich die *Paraphrase*, also eine sinngemäße Anlehnung, die mit „(vgl. XYZ 2017, S. 123–126)“ besser belegt ist als mit der Angabe „S. 123 ff.“. Nur bei generellen Hinweisen auf die Forschungen zu einem bestimmten Gegenstandsbereich, z. B. in einem Überblick gebenden Beitrag können Seitenzahlangaben weggelassen werden.

D) *Zitate sollten zweckentsprechend sein,* d. h. in den Zusammenhang der Darstellung passen und das argumentativ unterstützen, was Sie untermauern wollen bzw. die Stelle präzise wiedergeben, die Sie kritisieren möchten. Die Quellen sollten relevant, zitierwürdig und zitierfähig sein. Die geforderte Relevanz hebt darauf ab, dass die Quelle im Zitatkontext Ihrer Arbeit eine wichtige Argumentationsstütze darstellt, zumal wenn Ihre Quelle ein wissenschaftlicher Text ist. Diese gelten als zitierwürdig, wohingegen die Zitierfähigkeit abhängig ist von der allgemeinen Zugänglichkeit des Dokuments z. B. im Internet oder Bibliotheken (vgl. Prexl 2015, S. 25–29).

10.5.2 Spezielle Regeln, die bestimmte erlaubte Veränderungen von Zitaten betreffen

Veränderungen von Zitaten wie Auslassungen, Einfügungen, grammatische Anpassungen oder Übersetzungen müssen sehr behutsam und umsichtig erfolgen. Es dürfen Ihnen *keine* Sinn- oder gar Wahrheitsverfälschungen unterlaufen. *Sämtliche Eingriffe sind kennzeichnungspflichtig*. Sollten Sie mit Ihrem Drucker *eckige Klammern* „[]“ darstellen können, sollten Sie diese generell für sämtliche Zitatveränderungen verwenden, weil Zitate selbst runde Klammern beinhalten können und im bibliothekarischen Bereich kommentierende Zusätze und Veränderungen in eckige Klammern gefasst werden.

E) *Auslassungen* (= *Ellipsen*) dürfen auf keinen Fall den Sinn des Zitats verfälschen oder gar ins Gegenteil verkehren (man denke an ein ausgelassenes „nicht“!). Auslassungen werden mit drei Auslassungspunkten gekennzeichnet. Zum Beispiel so: „. . . “ oder so: „(. . .)“ oder am besten so: „[. . .]“. Dem Quellenbeleg wird hinzugefügt: „Auslassung: d. Verf.“ oder *besser*: „Auslassung: N. N.“, wobei N. N. hier für Ihre Namenskürzel steht, was eindeutiger und darum vorzuziehen ist.

Ihre Zitatvorlage (Ellen Key: *Das Jahrhundert des Kindes*. 14. Aufl. Berlin: S. Fischer 1908, S. 143):

> Schläge rufen die Tugenden des Sklaven, nicht die des freien Menschen hervor. Schon Walter von der Vogelweide wusste, dass „wer zu Ehren kommen mag, dem ist ein Wort mehr als ein Schlag". Prügel überliefern den Schwächeren, den Wehrlosen in die Hand des Stärkeren, und noch nie hat ein Kind in seinem Herzen geglaubt, was es mit seinen Lippen bejahte, wenn der Erzieher versuchte, es zu überzeugen, dass er es aus Liebe schlage, es schlage, weil er m ü s s e ! Das Kind ist ein zu scharfsinniges Wesen, um nicht zu wissen, dass es kein solches „Muss" giebt, und dass die Liebe sich in besserer Weise äussern könnte!

Ihr Blockzitat mit zwei Auslassungen könnte folgendermaßen aussehen:

Ellen Key sprach sich schon zu Beginn des 20. Jahrhunderts gegen Körperstrafen aus:

> Schläge rufen die Tugenden des Sklaven, nicht die des freien Menschen hervor. [. . .] Prügel überliefern den Schwächeren, den Wehrlosen in die Hand des Stärkeren, und noch nie hat ein Kind [. . .] geglaubt, was es mit seinen Lippen bejahte, wenn der Erzieher versuchte, es zu überzeugen, dass er es aus Liebe schlage, es schlage, weil er m ü s s e ! Das Kind ist ein zu scharfsinniges Wesen, um nicht zu wissen, dass es kein solches „Muss" giebt, und dass die Liebe sich in besserer Weise äussern könnte! (Key 1908, S. 143; Auslassungen: F. R.).

Hier geht es (nicht eingerückt und in größerem Schriftgrad) weiter in Ihrem Anschlusstext . . .

F) *Einfügungen* (= *Interpolationen*) und Erläuterungen im Zitat sind Textzusätze des Zitierenden, die als solche in (vorzugsweise: eckige) Klammern gesetzt und als Einfügung gekennzeichnet werden müssen.

Beispiel für eine erläuternde Einfügung, ohne die das Blockzitat nicht verständlich wäre:

> Sie [die hermeneutische Methode] hat keinen archimedischen Punkt außerhalb dessen, was dem Konsensus einer Zeit als „pädagogisch" gilt, von dem aus sie dieses „Pädagogische", was auch immer dies sei, als solches in Frage stellen könnte: Sie ist der Geschichtlichkeit unterworfen wie keine andere Methode sonst (Henningsen 2010, S. 65; Einfügung: F. R.).

Quelle des Zitats: HENNINGSEN, Jürgen (2010). Peter stört. In: Andreas FLITNER & Hans SCHEUERL (Hrsg.): *Einführung in pädagogisches Sehen und Denken.* 3. Aufl. Weinheim: Beltz (Beltz-Taschenbuch Pädagogik, 68), S. 46–66.

G) *Grammatische Anpassungen* des Zitats sowie *Umstellungen von Wörtern* im Zitat werden durch (vorzugsweise: eckige) Klammern um die geänderten Buchstaben bzw. die eingefügten Wörter gekennzeichnet. Bei Umstellungen wird der ursprüngliche Platz der umgestellten Worte mit Auslassungspunkten kenntlich gemacht.

Bei Gisela Clausen (Schenken und Unterstützen in Primärbeziehungen. Frankfurt a. M.: Peter Lang 1991) steht auf S. 83:

> … Ein Sympathiegeschenk beginnt also erst dort, wo die Pflicht aufhört …

Sie wollen die in einem größeren Zusammenhang stehende Aussage von Gisela Clausen kritisieren und dazu das Zitat als Beleg verwenden:

> Implizit normierend wird die Aussage Clausens, wenn sie in der Abwägung von Freiwilligkeit und Pflicht zu dem Schluss kommt, dass „[e]in Sympathiegeschenk […] also erst dort [beginnt], wo die Pflicht aufhört." (Clausen 1991, S. 83; Umstellung und Anpassung: F. R.).

Umstellung und Anpassung hätten in diesem Fall vermieden werden können durch einen Doppelpunkt nachdem Wort „kommt". Eine solch bessere Lösung sollten Sie immer vorziehen. Müssen noch kompliziertere Umstellungen und grammatische Anpassungen vorgenommen werden, sollten Sie sich für die Paraphrase entscheiden (s. A).

H) *Hervorhebungen,* die im Zitat schon vorhanden sind, werden in der eigenen Arbeit möglichst in gleicher Form wiedergegeben: Kursive Textstellen z. B. bleiben kursiv. Dazu müssen Sie *keine* Erläuterung geben. Wollen Sie die im Original gegebene fette Hervorhebung in Ihrem Zitat anders wiedergeben, z. B. kursiv, so ergänzen Sie die Belegangabe um den Hinweis „Hervorhebung im Original fett".

Vom Zitierenden *neu in ein Zitat gebrachte Hervorhebungen* müssen in Ergänzung der Belegangabe ausdrücklich als eigene kenntlich gemacht werden: „Hervorhebung: N. N.". – *Hier zeigt sich wieder der Vorteil von „N. N.". Bei „d. Verf." ist nicht eindeutig klar, von wem die Hervorhebung stammt: Vom Autor der verwendeten Quelle oder der Verfasserin der Seminararbeit.*

I) Wenn Sie Primärdokumente in fremden Sprachen verwenden und daraus zitieren wollen, können Sie Zitate übersetzen (lassen). Wenn es sich nicht um eine Prüfungsarbeit zu einer Fremdsprache handelt, ist dies sicher im Sinne Ihrer Leser, sofern es sich um eine weniger geläufige Fremdsprache handelt als Englisch, mittlerweile die „*lingua franca*" der Wissenschaften. Wenn Ihre Arbeit viele Übersetzungen von Zitaten beinhaltet, sollten Sie an geeigneter Stelle – z. B. in einer Anmerkung, im Vorwort, der Einleitung oder beim ersten Zitat – einmal ausdrücklich darauf hinweisen, von wem die Übersetzungen stammen, etwa in der Form „Sämtliche Zitate aus dem Schwedischen übersetzte Erik Palm". Sollte es sich um nur ein übersetztes Zitat handeln oder verschiedene Personen diverse Zitate übersetzt haben, so kann jeweils im dazugehörigen Quellenbeleg kenntlich gemacht werden, von wem die Übersetzung stammt: „Übersetzung: E.P.". *Die Angabe der Übersetzerin bzw. des Übersetzers ist nicht erforderlich, wenn Sie aus einem schon in deutscher Sprache vorliegenden Text zitieren!*

10.5.3 Sonderregeln, die die Zitation aus Werken mit speziellen Gliederungseinheiten betreffen

Für Werke mit bekannter, standardisierter Gliederung (wie die Bibel, von Immanuel Kant und anderen wichtigen Philosophen, bei Gesetzestexten und Gerichtsurteilen) kann durch die Angabe der entsprechenden Gliederungseinheiten (also z. B. der eingeführten Abkürzung für den Gesetzestitel, der Angabe des Paragrafen, Absatzes, Satzes usw.) darauf verzichtet werden, die Quellenangabe an eine bestimmte Ausgabe des Dokuments zu binden. Werden allerdings aktualisierte Gesetzestexte oder -kommentare bzw. bei religiösen und schöngeistigen Werken überarbeitete Textfassungen (z. B. Neuübersetzungen) verwendet, so ist es sicher hilfreich, die dazugehörige genaue Literaturangabe im Literaturverzeichnis aufzulisten.

Mehrere Beispiele

Und Gott schuf den Menschen ihm zum Bilde, zum Bilde Gottes schuf er ihn (Bibel, 1. Mose 1, 27).

Sich selbst besser machen, sich selbst kultivieren, und wenn er böse ist, Moralität bei sich hervorbringen, das soll der Mensch. Wenn man das reiflich überdenkt, so findet man, daß dieses sehr schwer sei. Daher ist die Erziehung das größeste Problem, und das schwerste, was dem Menschen kann aufgegeben werden. Denn Einsicht hängt von der Erziehung, und Erziehung hängt wieder von der Einsicht ab (Kant VI 702/A 14).

„Da der ungerechte Mensch die gleichmäßige Verteilung der Güter missachtet, so richtet sich sein Streben natürlich auf den Besitz von Gütern." (Aristoteles NE V 3, 1129b)

„Aristoteles NE V 3, 1129b" bezieht sich auf eine Textstelle bei Aristoteles in der Schrift „Nikomachische Ethik", V. Buch, drittes Kapitel, Seite 1129. Das kleine „b" bezieht sich auf die rechte Spalte der Seitenangabe. Diese in der Aristoteles-Forschung übliche Zitierweise richtet sich nach der ersten kritischen Gesamtausgabe der Werke von Aristoteles, herausgegeben von Immanuel Bekker.

Gemäß BGB (idF v. 16.7.1977) § 839 Abs. 1 Satz 2 iVm GG (idF v. 21.12.1977) Art. 34 wird darauf verwiesen, dass …

BGB = Bürgerliches Gesetzbuch; idF = in der Fassung, § = Paragraf; Abs. = Absatz; iVm = in Verbindung mit; GG = Grundgesetz; Art. = Artikel

10.5.4 Verschiedene Quellenbelegverfahren

Es gibt *verschiedene* Möglichkeiten des Zitatbelegs und der Quellenangabe, so das sog. „Harvard-System" der Zitierung im Text, auch die „amerikanische Zitierweise" genannt, versus die ältere „europäische Zitierweise" in Anmerkungen, entweder in Fußnoten unten auf der Seite oder als Endnoten nach einem Kapitel oder am Ende des gesamten Textes. Die eben vorgenommene Etikettierung hat nur mit der Herkunft zu tun, nicht etwa damit, dass es *regional* differente Anwendungsgebiete gäbe: Im Rahmen der Internationalisierung geht der Trend in Richtung „Harvard", nicht jedoch für alle Fachrichtungen gleichermaßen. In den technischen Wissenschaften, der Mathematik und Informatik wird das „Endnotensystem“ bevorzugt, in den Geisteswissenschaften das „Fußnotensystem“. Die Geisteswissenschaften verwenden aber auch die Zitierung im Text, allerdings in der Form „Autor Sachtitelwort“ (so der MLA Style) anstelle von „Autor Jahr“, den die Natur- und Sozialwissenschaften bevorzugen, etwa die Psychologen mit dem APA Style.

Welches Zitierschema und welche Quellenbelegform Sie verwenden, steht Ihnen nicht immer frei, deshalb müssen wissenschaftlich Arbeitende flexibel auf die jeweiligen Anforderungen reagieren können: Manchmal machen Ihnen „Ihre“ Prüfer(innen) bzw. Ihre Hochschule bestimmte Vorschriften (die Sie auf deren Homepage bzw. der des Institutes finden), später sind es die unterschiedlichen Manuskriptregeln von Herausgeber(inne)n, Zeitschriftenredaktionen und Verlagen, die Ihre Arbeit für eine Veröffentlichung akzeptieren sollen. Über die Mindestbestandteile von Quellenangaben herrscht weitgehende Einigkeit (s. Abschn. 10.5.5). Darüber hinaus gibt es mittlerweile so zahlreiche formale Spitzfindigkeiten in den Zitierschemata und den Quellenbelegformen, dass diese von inhaltlichen Kriterien der Arbeiten ablenken (vgl. Baumgartner 2008).

Wie Sie Ihre Quellenangaben machen, hängt in erster Hinsicht davon ab,

- ob Sie am Ende der Arbeit ein *Literaturverzeichnis* anlegen wollen bzw. sollen oder nicht; sowie
- ob Sie mit *Anmerkungen* (Fuß- bzw. Endnoten) arbeiten dürfen/möchten oder nicht.

Literaturverzeichnis oder keines?

Oftmals wird ein Literaturverzeichnis von Prüfern oder Verlagen ausdrücklich gefordert. Theisen (2002, S. 189) erachtet es als zwingend notwendig für *jede* wissenschaftliche Arbeit. Letzteres ist übertrieben, denn vom Literaturverzeichnis *allein* ist die wissenschaftliche Leistung nicht abhängig, wenn die Quellen anderweitig in der Arbeit akkurat zu finden sind. So kann man auch mit bibliografischen Vollbelegangaben in Anmerkungen wissenschaftlich arbeiten. *Für* ein Literaturverzeichnis spricht allerdings, dass die verwendete Literatur am Ende der Arbeit übersichtlich alphanumerisch aufgelistet ist und der Leserin bzw. dem Gutachter einen kompletten Überblick über das herangezogene Schrifttum bietet, wodurch Prüfer(innen) schneller feststellen können, ob die für die Fragestellung relevante Literatur verarbeitet wurde oder entscheidende fehlt. Ein Literaturverzeichnis ist obendrein für alle, die selbst weitere Quellen für ihre Arbeiten suchen, einfacher „auszuschlachten“ als bibliografische Angaben in Anmerkungen. Insofern ist ein Literaturverzeichnis auf jeden Fall hilfreich.

Wenn Sie ein Literaturverzeichnis erstellen müssen bzw. wollen, sind *in den Anmerkungen* keine vollständigen bibliografischen Angaben nötig. Insofern bietet sich – parallel zu der Entscheidung *für* ein Literaturverzeichnis – auch die Entscheidung für die Belegform „Autor Jahr" im Text an. Diese Kurzbelegform „(Autor Jahreszahl, S. Seitenangabe)", wie sie auch dieses Buch favorisiert, erspart eine Menge an Schreibarbeit, weil die Titelangaben zu den verwendeten Quellen nur einmal, nämlich im Literaturverzeichnis, vollständig getippt bzw. *besser*: aus einem Literaturverwaltungsprogramm einkopiert werden müssen. Voraussetzung für Letzteres ist, dass Sie alle Literaturangaben standardisiert erfasst bzw. aus Datenbanken heruntergeladen haben.

Im Gegensatz zu dem Belegverfahren, das ausschließlich mit Anmerkungen arbeitet, kommt es beim Erstellen von Literaturverzeichnissen leider häufig vor, dass Literaturangaben fehlen.

Anmerkungen oder keine?

Ob Sie mit *Anmerkungen* arbeiten dürfen oder gar müssen, ist teilweise auch von den an Ihrem Fachbereich üblichen Richtlinien abhängig. Bitte erkundigen Sie sich danach! Wenn Sie mit Anmerkungen arbeiten werden, ist zu entscheiden bzw. wieder vorgeschrieben, welche Form diese haben sollen:

- *Fußnoten* (auf der gleichen Seite unten, meist in kleinerer Schrifttype und/oder engerem Zeilenabstand) *oder*
- *Endnoten* (am Ende [eines Kapitels] Ihrer Arbeit bzw. z. T. erst am Ende eines Sammelwerks; meist in kleinerer Schrifttype und/oder engerem Zeilenabstand).

Wenn Sie mit Fuß- bzw. Endnoten arbeiten, verweisen hochgestellte Ziffern im Text eindeutig auf die betreffende Anmerkung. Die Arbeit mit *Fußnoten* hat den Vorteil, dass Ihre Leser die Belege bzw. näheren Erläuterungen oder längeren Exkurse (Paratexte) auf derselben Seite finden und der eigentliche Text selbst nicht durch längere Quellenbelege im Text belastet wird. Deshalb lesen sich Arbeiten mit Fußnoten deutlich angenehmer als Arbeiten mit Endnoten.

Bei Letzteren müssen gründliche Leser(innen) (wie auch bei Kurzbelegen in der amerikanischen Zitierweise) den Lesevorgang oftmals unterbrechen, um sich in den Anmerkungen bzw. im Literaturverzeichnis zu informieren. Dadurch wird der Lesefluss unterbrochen. Wenn Ihre schriftliche Arbeit ein kurzes Referat sein wird oder Sie insgesamt nur wenige Endnoten benötigen, dann kann die Entscheidung für Endnoten durchaus richtig sein.

Wer mit Fuß- oder Endnoten arbeiten will und über einen PC verfügt, ist einerseits gut beraten, eine Textverarbeitungssoftware mit *automatischer* Fußnoten-/

Endnotenverwaltung einzusetzen, weil bei Textumstellungen die Nummerierung automatisch angepasst wird. Bei der Arbeit *mit gekürzten Quellenbelegen* durch die Verwendung von „a. a. O.“ (= am angegebenen Ort) und „ebd.“ (= ebenda) ist bei Textlöschungen und -umstellungen größte Sorgfalt geboten, weil jede verwendete Quelle bei ihrer ersten Erwähnung in Ihrem Text mit der vollständigen bibliografischen Angabe in Langform zu belegen ist (s. Abschn. 10.5.5) und bei Textumstellungen die Verweise auf die Anmerkungen inkorrekt werden können.

Die markanten Unterschiede bei den Quellenbelegverfahren
Wenn Sie mit einem *Literaturverzeichnis* arbeiten, – können Sie mit dem „Harvard-System (Autor Jahr)“ im Text (vgl. Abb. 10.2) *oder* in den Anmerkungen arbeiten. Die Verwendung der amerikanischen Zitierweise *in Fuß- oder Endnoten* widerspricht eigentlich ihrem Ziel, die Zahl der Anmerkungen zu reduzieren bzw. gar keine Anmerkungen zu verwenden. Üblicherweise verweisen die Kurzbelege

...

Die Analyse der schriftlichen Äußerungen muss darüber hinaus die Verschiedenartigkeit von schriftlicher und mündlicher Kommunikation berücksichtigen (vgl. AUGST und DEHN 1998). Bei schriftlicher Kommunikation spricht man wegen der raum-zeitlichen Trennung von *gedehnter* Kommunikation. Optisch wie akustisch vermittelte Signale (Gestik, Mimik, Körpersprache, Sprechgeschwindigkeit, Intonation etc.), die Äußerungen in der mündlichen Kommunikation begleiten, fallen hier weg. Schreiben ist zudem zehnmal langsamer als Sprechen (AUGST und DEHN 1998, S. 20). Die Langsamkeit des Schreibens ermöglicht Schreibenden, ihre Gedanken länger zu reflektieren und passend zum Schreibtempo zu formulieren. Die Gedanken können während und nach dem Eintippen einer Kontrolle unterzogen werden, bis die Formulierungen adäquat konstruiert sind. Das gelingt nicht auf Anhieb, was sich manche als Unvermögen zurechnen, doch: „Erfährt ein Text mehrere Überarbeitungen, so ist das kein Zeichen von Schwäche beim Autor, sondern ein Beweis seines Strebens nach Präzision und Klarheit.“ (SCHNUR 2010, S. 85) Erst nach dem Absenden der Nachricht ist diese verdinglicht. Damit hat diese Form der Kommunikation sehr viel von dem, was Studierende viel zu selten tun: Sich schriftlich zu äußern und ihre Gedanken tiefer auszuarbeiten.
Ein Kennzeichen von Wissenschaft ist die Verschriftlichung von Untersuchungsergebnissen. Erst die Veröffentlichung stellt die Überprüfbarkeit der Prämissen, Behauptungen, Methode und Ergebnisse sowie die Anschlussfähigkeit der wissenschaftlichen Kommunikation sicher (vgl. THIEL und ROST 2001, S. 121 f.). Insofern sollte die Einübung in wissenschaftsorientierte schriftliche Kommunikationsformen verstärkter Bestandteil des Grundstudiums sein. Das Messageboard könnte dazu eine Hilfe sein, wenn die Hemmungen abgelegt und technische Hindernisse beseitigt sind.

...

Literaturverzeichnis:
AUGST, Gerhard und Mechthild DEHN, 1998. *Rechtschreibung und Rechtschreibunterricht. Können – Lehren – Lernen.* Stuttgart: Klett.
SCHNUR, Harald, 2010. *Schreiben. Eine lebensnahe Anleitung für die Geistes- und Sozialwissenschaften.* Wiesbaden: VS Verlag für Sozialwissenschaften.
THIEL, Felicitas und Friedrich ROST, 2001. Wissenschaftssprache und Wissenschaftsstil. In: Theo HUG, (Hrsg.): *Einführung in die Wissenschaftstheorie und Wissenschaftsforschung.* Baltmannsweiler: Schneider Hohengehren, 2001, S. 117–134 (Wie kommt Wissenschaft zu Wissen, Bd. 4).

Abb. 10.2 Ausschnitt eines Textes in amerikanischer Zitierweise. (Belegform „Autor Jahr“ im Text und mit einem Literaturverzeichnis nach Norm DIN ISO 690)

„Name Jahreszahl" im Text (dort in Klammern) bzw. in der Anmerkung auf das Literaturverzeichnis, wo die vollständige Literaturangabe zu finden ist. Die Seitenzahl nennt die Seite der angegebenen Quelle, der das Zitat entnommen ist.

Je nachdem, welche Darstellungsmöglichkeiten Ihr Drucker bietet bzw. welche Form der Zeichendarstellung Ihnen durch Manuskriptregeln vorgeschrieben werden, wählen Sie *gar keine* oder die in Abb. 10.2 dargestellten Hervorhebungsform der Verfassernamen und behalten Sie sie für Ihre Arbeit konsequent bei. Die Zeichenformatierung ist ein aufwendiger Arbeitsschritt, weswegen viele Verlage mittlerweile aus Kostengründen *keine* Hervorhebungen von Autorennamen im Text mehr vornehmen. Dennoch hatte die Hervorhebung einen Sinn: Sie verweist auf das Literaturverzeichnis. Die Norm DIN ISO 690 empfiehlt für Autorennamen im Text die Verwendung von Großbuchstaben, z. B. für Hans-Günther Roßbach „(ROSSBACH 2011, S. 35)" oder „(ROSSBACH, 2011: 35)", was im Deutschen Schwierigkeiten mit dem „ß" bereitet.

Ob Sie im Kurzbeleg jeweils ein Komma *vor* der Jahreszahl machen und/oder ein Komma oder einen Doppelpunkt *nach* der Jahreszahl bzw. ein „S." vor die Seitenzahl zu tippen haben, ist gleichfalls den Manuskriptregeln zu entnehmen bzw. bleibt Ihnen überlassen. *Auf jeden Fall sollte dies für einen kompletten wissenschaftlichen Text einheitlich gehandhabt werden.*

Wenn Sie den Lesefluss verbessern wollen und mit *Fußnoten* arbeiten dürfen, sollten Sie dies tun. Falls Sie allerdings sehr viel Literatur verarbeiten, kann dies dazu führen, dass viele Fußnoten unten auf der Seite stehen und wenig Text. – In der Fußnote können Sie mit dem Harvard-System arbeiten, wenn ein Literaturverzeichnis gefordert ist. Wenn Sie Ihren Lesern das Blättern ersparen wollen, kann der Beleg in der Fußnote mit einer Kurztitelangabe erfolgen, z. B.: „[31] s. Abb. 3 bei PREXL, *Mit digitalen Quellen arbeiten,* 2015, S. 41." In diesem (besseren) Fall haben die Leser eine genauere Vorstellung von der Quelle. Die vollständige bibliografische Angabe findet sich dann im Literaturverzeichnis (vgl. Abb. 10.3).

► **Tipp** Anmerkungstexte, so auch Literaturangaben in Fuß- oder Endnoten, werden grundsätzlich mit einem Satzschlusszeichen, meist einem Punkt, abgeschlossen.

Wenn Sie *ohne* Literaturverzeichnis arbeiten wollen bzw. sollen, – können Sie mit Fuß- *oder* Endnoten arbeiten, wenn Ihnen das freigestellt ist. Bei Fußnoten- oder Endnotensystemen *ohne Literaturverzeichnis* (s. Abb. 10.4) wird selten eine Quellenangabe vergessen. Die Arbeit ohne Literaturverzeichnis hat den Vorteil, dass Sie die verwendeten Quellen in der Reihenfolge angeben, in der Sie sie in Ihrem Text verwenden. Der Nachteil liegt darin, dass Sie gleiche Literaturanga-

Die Ars donandi an den Höfen Europas – Ideal und Realität[1]

Die Geschichte des Schenkens blitzt nur sporadisch in den historischen Quellen auf und ist noch nicht systematisch für alle Kulturepochen erforscht worden.[2] So kann ich hier – auch der Kürze der Zeit geschuldet – nur einzelne Aspekte aufzeigen und exemplarische Begebenheiten schildern, wobei ich mich in der Betrachtung der Kunst des Schenkens auf die Beziehungen zum russischen Hof konzentrieren will.

Ein übergroßes Hofgeschenk

Fangen wir gleich mit einem Paukenschlag an, der Schenkung des legendären Bernsteinkabinetts anno 1716 durch den preußischen „Soldatenkönig" Friedrich Wilhelm I.[3] an den Zaren Peter „den Großen".[4] Der kunstsinnige Vorgänger Friedrich Wilhelms hatte das Zimmer 1701 in Auftrag gegeben und es war auch im Berliner Schloss Charlottenburg aufgebaut, aber unvollendet, als Friedrich I., König *in* Preußen, 1713 starb. Friedrich Wilhelm I. ließ die Arbeiten an dem Bernsteinkabinett einstellen und es in der Rüstkammer einlagern. Als Zar Peter im November 1716 auf der Heimreise von Paris, wo er seinen Verteidigungsbund mit Frankreich bekräftigt hatte, fünf Tage Station in Havelberg machte, begegneten sich ihre Majestäten, „haben sie ihre Freundschaft bekräftigt und vertrauliche Gespräche miteinander geführt."[5] In den bilateralen Verhandlungen ging es um die gemeinsamen, gegen Schweden und Polen gerichteten Interessen im Ostseegebiet. Als der Abschied nahte, sollten die zu solchen Anlässen nach der Hofetikette üblichen Geschenke überreicht werden. Da der Besuch jedoch kurzfristig zustande kam und der Aufenthalt schon 6.000 Taler verschlungen hatte, wollte der sparsame König, der für seine eigene Krönung genau 2.547 Taler und 9 Pfennige ausgegeben hatte, dem Zaren eigentlich „nur" einen Kunstgegenstand aus Bernstein schenken. Doch es fand sich in der Schatzkammer nichts Passendes, weswegen Friedrich Wilhelm in einer für ihn eigentlich untypischen, aber höchst großzügigen Geste Peter das unvollendete Bernsteinkabinett *und* eine *Yacht* schenkte. Peter war – wie aus seinem Brief vom 17. November 1716 hervorgeht – erfreut: „P.S. Der König hat mich großzügig beschenkt: mit einer in Potsdam prachtvoll ausgestatteten Yacht und einem Bernsteinkabinett, das wir uns schon lange gewünscht haben."[6] – Peter versprach dem Soldatenkönig als Gegengabe Soldaten und reiste ab.

[1] Leicht veränderte und erweiterte Fassung eines Vortrags, gehalten am 29.4.2004 in der Kunst- und Ausstellungshalle der Bundesrepublik Deutschland in Bonn anlässlich der Ausstellung „Der Kreml – Gottesruhm und Zarenpracht". Für Anregungen und Informationen danke ich Frau Dr. Sybille Schröder, TU Berlin, und Frau Dr. Ursula Timann, Nürnberg.
[2] Ausnahmen: vgl. Wagner-Hasel 2000 für die griech. Antike; vgl. Davis 2002 für die französische Renaissance.
[3] Geboren: 1688; Regierungszeit: 1713-1740.
[4] Geboren: 1672; Regierungszeit: 1682-1725.
[5] Tagebuchaufzeichnung von Peter dem Großen, zit. n. Semjonowa 2003, S. 16.
[6] Aus einem Brief Peter I. aus Havelberg vom 17. November 1716, zit. n. Semjonowa 2003, S. 16.

Literaturverzeichnis [am Ende des Textes]:

Davis, Natalie Z., 2002. *Die schenkende Gesellschaft. Zur Kultur der französischen Renaissance*. München: C. H. Beck
Semjonowa, Natalja, 2003. *Das Bernsteinzimmer. Ein Weltwunder kehrt zurück*. Köln: DuMont
Wagner-Hasel, Beate, 2000. *Der Stoff der Gaben. Kultur und Politik des Schenkens und Tauschens im archaischen Griechenland*. Frankfurt/M.: Campus

Abb. 10.3 Musterseite für Arbeiten mit Fußnoten *und* Literaturverzeichnis mit Literaturangaben gemäß Norm DIN ISO 690

ben u. U. mehrfach tippen/einkopieren müssen, wenn Sie eine Quelle wiederholt verwenden. Das bedeutet bei kompletten bibliografischen Angaben in Langform deutlich mehr Schreibarbeit und größeren Platzbedarf, wenn Sie nicht – beim wiederholten Auftreten – mit Kurzbelegangaben bzw. mit „a. a. O." oder „ebd." arbeiten wollen, was einerseits nicht mehr leserfreundlich ist und andererseits Probleme bei Textumstellungen und -löschungen bereiten kann. Bei der ersten Nennung ist *auf jeden Fall* die Quellenangabe in der Vollbelegform erforderlich, da ja kein Lite-

Schafft Wissenschaft Wissen?

Trotz allen Streits gibt es wenigstens *eine* Gemeinsamkeit: Alle Wissenschaften geben an, Wissen schaffen zu wollen (und sprechen eben dieses z. T. anderen ab). Sie wollen Wissen schaffen, indem sie über Gegenstände (das sind Ereignisse, Gegebenheiten, Dinge, von denen die Rede ist) nachdenken und forschen und diese zu verstehen bzw. zu erklären suchen. Inwieweit dieses Wissen in theoretischer Verallgemeinerung, in der Aufklärung des Einzelfalls oder in konkreten Handlungsanleitungen besteht, auch da gibt es unterschiedliche Positionen. Gehen Wissenschaftlerinnen und Wissenschaftler in ihrer Profession traditionsgemäß vor, so bedienen sie sich i. d. R. rationaler, methodischer Verfahren, um sich über ihre Konzepte und Modelle zu *Theorien* vorzuarbeiten, die Aussagen über eine wie immer geartete Wirklichkeit beinhalten.[1] Ausgangspunkt aller Wissenschaften sind Fragen bzw. Probleme, auf die erst durch *Forschung*, Nachdenken oder Eingebung eine Antwort oder Lösung gefunden werden muss. Idealiter darf die Antwort oder Lösung nicht schon irgendwo, z. B. in den Bibliotheken, existieren, sondern – ähnlich wie beim Patent – soll eine entscheidende, in dieser Form noch nicht vorhandene schöpferische Leistung erbracht werden.

Bleiben wir noch ein wenig bei den Wissenschaften und dem, was sie tatsächlich produzieren oder vorgeben zu produzieren: dem Wissen[2]. Für das Wissen spielt es erst einmal keine Rolle, ob es anderen mitgeteilt wird und ob es dadurch zu einer *Nachricht* wird. Man kann Wissen auch geheim halten. Wissen muss auch nicht mit einer Handlung oder einer Handlungsänderung verbunden sein. Für das Wissen an sich spielt es auch keine Rolle, ob es, wenn es verbreitet und damit zu einer *Nachricht* wird, eine Zustandsänderung bei einem oder mehreren Empfängern auslöst und damit für diese zu einer mehr oder weniger wichtigen *Information* wird.[3]

Für *wissenschaftliches* Wissen trifft der erste Teil meines Satzes allerdings nicht zu. Dazu ein Zitat von Schriewer und Keiner: „Erst durch die Publikation wird eine Beobachtung, eine Entdeckung, ein Forschungsergebnis in den Kommunikationsprozeß der Wissenschaft eingeführt. Erst durch die Publikation wird mithin eine gegenstandsbezogene Erkenntnis zur disziplinförmig diskutierbaren Erkenntnis."[4]

Fazit: Wissenschaften schaffen erst einmal kein Wissen, sondern Publikationen.

---

[1] 82,8 % der befragten Erziehungswissenschaftler (*N* = 559) sehen sich in der Tradition einer praxisorientierten Wissenschaft, d. h. dass sie Handlungen anleiten und steuern wollen – vgl. Jürgen BAUMERT und Peter Martin ROEDER: Expansion und Wandel der Pädagogik. Zur Institutionalisierung einer Referenzdisziplin. In: *Professionswissen und Professionalisierung*. Braunschweig: Techn. Univ. 1990, S. 79–128, hier: S. 113; vgl. auch Lutz-Michael ALISCH: *Grundlagenanalyse der Pädagogik als strenge praktische Wissenschaft*. Berlin: Duncker & Humblot 1995.

[2] Es gibt eine Vielzahl von Vorstellungen zum Begriff Wissen – vgl. Ewald KIEL und Friedrich ROST: *Einführung in die Wissensorganisation*. Würzburg: Ergon 2002, S. 27 ff.

[3] Zum Wissensbegriff vgl. KIEL und ROST, a.a.O., S. 41.

[4] Jürgen SCHRIEWER und Edwin KEINER: Kommunikationsnetze und Theoriegestalt: Zur Binnenkonstitution der Erziehungswissenschaft in Frankreich und Deutschland. In: *Sozialer Raum und akademische Kulturen*. Frankfurt a. M.: Peter Lang 1993, S. 277–341, Zitat: S. 283.

Abb. 10.4 Musterseite für Arbeiten mit Fußnoten *ohne* Literaturverzeichnis, mit Vollbeleg beim 1. Auftreten einer Quelle und anschließender Kurzbelegform raturverzeichnis erstellt wird. Bei Autoren- und Herausgebernamen sind zumindest die Vornamensabkürzungen (*besser*: die Vornamen) anzugeben.

► **Fazit** Quellenangaben können Sie *entweder*

- unten auf jeder Seite anbringen (in Form von Fußnoten) *oder*
- am Schluss eines Kapitels bzw. an Ende Ihrer Arbeit (in der Form der Endnote) ausweisen

oder

- im Text in der Form des „Harvard-Systems" (Autor Jahr).

Im letzten Fall ist ein Literaturverzeichnis am Ende Ihrer Arbeit zwingend erforderlich.

10.5.5 Welche Bestandteile gehören zu den bibliografischen Titelangaben?

Noch einmal: Es gibt zahlreiche Varianten der sogenannten *Zitierstile.* Sie stellen mehr oder minder verbindliche *Regelwerke* dar, manche in Anlehnung an angloamerikanische Standards, teilweise mit lateinischen Relikten (z. B. „et al." = „*et alii*" = „und andere", bei uns oft abgekürzt mit „u. a." bei drei bzw. vier und mehr gemeinschaftlich *einen* Text verfassenden oder herausgebenden Personen). Neben den zahllosen Manuskriptregeln von Zeitschriften und Verlagen (Endnote, Marktführer unter den Literaturverwaltungsprogrammen, bietet mehr als 3000 Zitierformate an – vgl. Baumgartner 2008, S. 2), die bei der Annahme von Manuskripten auf die Einhaltung ihrer Gepflogenheiten Wert legen, gibt es verbindlichere Versuche von wissenschaftlichen Fachgesellschaften wie der American Psychological Association (APA) oder Normungsinstituten, eine gewisse Einheitlichkeit stiften zu wollen, so die internationale Norm ISO 690, die in der Fassung vom September 2013 die deutsche Norm DIN 1505 ersetzt.

Die folgenden Ausführungen orientieren sich in der *Ansetzung und Formatierung* weitgehend an der Norm ISO 690-2013-10 (D), ohne ihr sklavisch zu folgen. Was die Interpunktion und Typografie angeht, so will die neue ISO-Norm keine exakten Vorgaben machen (s. dort 4.4), aber es soll in einer Arbeit einheitlich vorgegangen werden. Ich werde Abweichungen meinerseits begründen, wie ich überhaupt versuche, argumentativ den Wert mancher Angaben bzw. Vorschriften zu erläutern bzw. zu hinterfragen. So hilft m. E. die Aufnahme der Internationalen-Standard-Buch-Nummer (ISBN), die die Norm DIN ISO 690 fordert, wenig, solange ein und dieselbe ISBN für die erste und für die „4., verbesserte und stark erweitere Auflage" verwendet wird, Verlage also Neuauflagen nicht konsequent mit neuen ISB-Nummern ausstatten.

Sklavisches Befolgen der Regeln ist bei den vielen Besonderheiten, die in der Praxis auftreten können, kaum möglich, weil in der Norm DIN ISO 690 auch nicht alle in der Praxis vorkommenden Fälle abgehandelt werden. So fehlen Vorgaben für den Quellenbeleg für Normen. Zudem ist und bleibt es Geschmackssache, ob

- Sie die typografischen Hervorhebungen (Nachnamen von Personen und Institutionennamen in GROSSBUCHSTABEN; Sachtitel und Zusätze wie Untertitel *kursiv*) in Ihrer wissenschaftlichen Arbeit vornehmen wollen, denn das erfordert zusätzliche Formatierungsarbeit
- Sie ein Semikolon, einen Schrägstrich, ein „&" oder ein „und" (so die Norm DIN ISO 690) zwischen zwei Verfassernamen verwenden wollen
- nur der Vorname der jeweils erstgenannten Person nachgestellt wird und die Vornamen möglicher Ko-Autor(inn)en oder Ko-Herausgeber(innen) vorangestellt werden (so die Norm DIN ISO 690)
- die Jahreszahl vor die Sachtitelangabe vorgezogen wird (so die Norm DIN ISO 690 für das Harvard-System) oder erst nach dem Erscheinungsort aufgeführt wird (so nach Norm DIN ISO 690 bei den Belegverfahren mit Anmerkungen).

Für mich zählt nur, ob und dass manche Entscheidungen zweckmäßiger sind (z. B. die Vornamen zumindest der erstgenannten Person in Literaturverzeichnissen hinter deren Nachnamen zu stellen, weil so wenigstens eine grobe Alphabetisierung des Literaturverzeichnisses mit der Sortierfunktion des Textverarbeitungsprogramms vorgenommen werden kann). Wichtiger ist selbstverständlich, dass die Nachnamen stimmen, also keine Tippfehler die Namen verfälschen, denn durch solche Fehler kann die Suche nach einem Dokument und damit die Nachprüfbarkeit für die Leser(innen) Ihrer Arbeit erschwert sein. Die Jahreszahl weiter nach vorne zu bringen, ist in umfangreichen Literaturverzeichnissen auch sinnvoll, weil es bei der chronologischen Sortierung von mehr als einer Schrift einer Person hilft.

Manche Bücher zum wissenschaftlichen Arbeiten oder den Formalia wissenschaftlichen Schreibens (*academic writing*) gehen so weit, dass sie alles bis in die kleinsten Einzelheiten (z. B. die Interpunktion) vorschreiben wollen (vgl. Turabian et al. 2010). Peter Baumgartner (2008, S. 2) sieht ein „[k]ommerzielles

Interesse hinter dem Zirkus mit den Zitierstilen", denn die Bücher zu den *citation styles* (AAA, APA, MLA, Turabian etc.) erreichen hohe Millionenauflagen, weil die Überbetonung formaler Regeln anstelle der inhaltlichen und argumentativen Qualität einer wissenschaftlichen Arbeit die Studierenden stark verunsichere. Für Prüfer(innen) ist es in der Tat leichter, eine schlechtere Note mit formalen als mit inhaltlichen Unzulänglichkeiten zu begründen.

Da Ihr Rückgriff auf Materialien und wissenschaftliche Autoritäten nachprüfbar sein soll, sollten Sie die Titelangaben in einer möglichst vollständigen Form angeben, in der die Literatur in Bibliotheken, Archiven oder im Internet auffindbar wird. Allerdings ist hierzu – trotz Suchmaschinen und Datenbanken – immer noch wichtig zu wissen, dass es einen Unterschied zwischen *selbstständig* und *unselbstständig* erschienenen Schriften gibt. Letztere sind solche, die *in* selbstständigen Schriften veröffentlicht sind. Das erkennt man in deutschen Literaturangaben meist daran bzw. kennzeichnet man selbst durch ein *„In:"* in der Mitte der bibliografischen Angabe, wobei die auf das „In:" folgenden Angaben diejenigen zu der selbstständigen Schrift sind, die für das Auffinden des Dokuments in Datenbanken und Bibliotheken weit wichtiger sind als die Angaben vor dem „In:". Bei Aufsätzen aus Zeitschriften fehlt bei einigen Zitierstilen das „In:", aber der *Zeitschriftentitel* oder dessen eingeführte Abkürzung wird dann kursiv hervorgehoben und nicht der Aufsatztitel.

Warum ist die Unterscheidung von selbstständiger und unselbstständiger Literatur so wichtig? – Bibliotheken nehmen in ihre Kataloge (OPACs) ausschließlich selbstständige Literatur auf, z. B. ein Buch als Ganzes, während *Aufsätze* in Sammlungen, in Sammelwerken oder Zeitschriften in OPACs *nicht* nachgewiesen werden. Deshalb sind die nach dem „In:" folgenden Angaben besonders wichtig für die Suche in Bibliothekskatalogen (OPACs) und in Datenbanken (z. B. der Zeitschriftendatenbank).

Selbstständig erschienene Werke sind Bücher, Zeitungen und Zeitschriften als Ganze. Dazu gehören im Einzelnen:

- *Monografien* (= von einer Autorin allein bzw. bis zu drei Verfassern gemeinschaftlich geschrieben)
- *Vielverfasserschriften* (= gemeinschaftlich erarbeitete Werke von mehr als drei Personen)
- *anonyme Werke* (= Schriften, bei denen kein Verfasser angegeben bzw. ermittelbar ist)
- *Sammlungen* mit Werken *eines* Autors oder *einer* Autorin (das können auch mehrere Bände sein)
- *Sammelwerke,* die von einer oder mehreren Personen veranlasst, bearbeitet oder herausgegeben wurden (z. B. eine Anthologie, ein Reader)

- *Urheberwerke,* die von einer oder mehreren Körperschaften (= Institutionen wie Forschungsinstitute, Behörden, Vereine etc.) veranlasst, bearbeitet oder herausgegeben wurden,
- *Zeitungen* und *Zeitschriften,* die als periodisch erscheinende, fortlaufende Sammelwerke angesehen werden, sowie
- *Loseblattsammlungen,* deren Aktualität durch einzusortierende Ergänzungslieferungen und auszutauschende Textteile aktuell erhalten wird.

Mindestangaben für selbstständig erschienene Schriften
Für bibliografische Angaben zu selbstständiger Literatur sind *mindestens* erforderlich:

- 1–3 Verfasser- bzw. Herausgebername(n) und ggf. die dazugehörigen Vornamen(sabkürzungen),
- der komplette Sachtitel,
- der Erscheinungsort und
- das Erscheinungsjahr

Nach den Richtlinien für gute wissenschaftliche Praxis der Deutschen Forschungsgemeinschaft (DFG) und vieler wissenschaftlicher Fachgesellschaften (Leibniz-Gemeinschaft, DGPs, DGfE, ...) sollen zu einer wissenschaftlichen Publikation alle Personen genannt werden, die zu dieser einen wesentlichen (wissenschaftlichen) Beitrag geleistet haben. Inwiefern diese Empfehlung zwingend auch für diejenigen gilt, die aus solchen Arbeiten zitieren, ist unklar. *Bibliothekarisch* wird bei vier und mehr Autor(inn)en eine Schrift wie ein „anonymes Werk" behandelt, das unter dem *Sachtitel* in den Alphabetischen Katalog aufgenommen wird (§ 17 RAK-WB)! Nur die erstgenannte bzw. die auf dem Titelblatt möglicherweise besonders hervorgehobene Person erhält zusätzlich einen Registereintrag in den elektronischen Katalog. Ob dies für die in den nächsten Jahren folgende Internationalisierung der Bibliothekskataloge mittels „Resource Description and Access" (RDA) so bleibt, ist unwahrscheinlich. Aus diesem Grund *können Sie* bei mehr als drei Autorennamen (müssen es aber nicht!) nach dem 1. Verfassernamen die anderen durch „und andere" ersetzen (so die Norm DIN ISO 690), müssen aber in jedem Fall *den Sachtitel vollständig angeben,* weil dieses Werk seinen Haupteintrag in OPACs unter dem Sachtitel hat. Anstelle des „u. a." kommt durch die Internationalisierung das gleichbedeutende „et al." (= et alii) wieder in Mode, insbesondere in angloamerikanischen Literaturangaben. Ist wirklich überhaupt kein Name zu ermitteln, schreibt man „Anonym", dann kommen die übrigen bibliografischen Angaben.

Vorlage
Ein Sammelwerk mit sechs Verfassernamen auf der Titelseite (= S. 3): Gunter Gebauer, Dietmar Kamper, Dieter Lenzen, Gert Mattenklott, Christoph Wulf, Konrad Wünsche
Sachtitelangabe: Historische Anthropologie
Untertitel: Zum Problem der Humanwissenschaften heute oder Versuche einer Neubegründung
Erscheinungsvermerk auf S. 4: Originalausgabe, veröffentlicht im Rowohlt Taschenbuch Verlag, Reinbek bei Hamburg, 1989
Copyright © 1989 by Rowohlt Verlag GmbH, Reinbek bei Hamburg ...
ISBN 3-499-55486-0

Ihre Mindestangabe:
GEBAUER, G. [u. a.]: *Historische Anthropologie*. Reinbek 1989.
Besser und typografisch korrekt nach Norm DIN ISO 690:

GEBAUER, G. und andere, 1989. *Historische Anthropologie. Zum Problem der Humanwissenschaften heute oder Versuche einer Neubegründung*. Reinbek bei Hamburg: Rowohlt. ISBN 3-499-55486-0.

Bei fast allen Zitierstilen entfallen *Titel* und *Berufsbezeichnungen* der Autorinnen und Herausgeber (wie „Graf", „Ministerialrätin", „Prof.", „Dr.", „Dipl.-Psych.", „M. A.", „Abteilungsleiterin" usw.), selbst wenn sie auf dem *Titelblatt* (meist S. 3 und 4) angegeben sind. *Verwandtschaftsbezeichnungen* dagegen, wie das schottische „Mac" oder „Mc" bleiben vorangestellt (= alphabetische Einsortierung unter „M"). *Adelsprädikate* (z. B. „v.", „von", „van" „de") gelten bibliografisch als Namensbestandteile und werden angegeben: Bei deutschen Staatsangehörigen wird gemäß RAK-WB § 314 das Präfix *im Literaturverzeichnis* dem Familiennamen und Vornamen *nach*gestellt (bis auf wenige Ausnahmen wie „auf dem", „von der" oder „zur"): Aus „Rosemarie v. Schweitzer" wird für das Literaturverzeichnis: „SCHWEITZER, R. v.", aus „Andreas von Prondczynsky" im Literaturverzeichnis „PRONDCZYNSKY, A. von". Dagegen wird aus dem amerikanischen Psychoanalytiker Lloyd de Mause: „DE MAUSE, L." (als amerikanischer Staatsbürger ist er in unseren nach RAK geführten Bibliothekskatalogen unter „D" zu finden wie Wernher von Braun, der ehemals deutsche, dann amerikanische Raketeningenieur, unter „V"!).

Eine andere Frage: *Sollen die Vornamen ausgeschrieben oder abgekürzt werden?* – Antwort: Beides ist im Wissenschaftsbereich üblich und die Norm DIN ISO 690 ist in dieser Hinsicht für beide Varianten offen. Unter dem Aspekt des Gender-Mainstreamings wird empfohlen, bei Quellenbelegen auch die *Vornamen* schon im Text anzugeben, damit schon dort und nicht erst im Literaturverzeichnis sichtbar ist, ob auf eine Autorin oder einen Autor Bezug genommen wird. Wer sich entscheidet, dieser Empfehlung zu folgen, sollte sich darüber im Klaren sein, dass dann bei *jedem* personenbezogenen Quellenbeleg Vornamen in den Text aufzunehmen sind.

Umberto Eco (2010, S. 85) plädiert mit guten Gründen für das Ausschreiben zumindest des ersten Vornamens einer Person. Tatsächlich gibt es etliche Namensgleichheiten (Eco nennt u. a. die beiden Philosophen Pietro und Paolo Rossi), sodass der ausgeschriebene Vorname erst erkennen lässt, um welchen der zwei es sich tatsächlich handelt. Manche Verfasser, um ihre Singularität bemüht, geben auch noch ihren zweiten Vornamen (oft auch als Abkürzung) an, was bei Namen wie „Meier“ oder „Schulz“ für die Suche und Unterscheidung sehr hilfreich sein kann. (So gibt es z. B. Schriften des Didaktikers „Schulz, W.“, eines Drogenexperten „Schulz, W.“ und eines Kulturtheoretikers „Schulz, W. K.“.)

Das hilft bei dem eben genannten Beispiel nicht sonderlich, denn alle drei haben den Vornamen „Wolfgang“. Würden Schriften der ersten beiden in *einer* Arbeit verarbeitet, also völlige Namensgleichheit, aber keine Identität der Personen vorliegen, müsste im Text und im Literaturverzeichnis deutlich gemacht werden, dass es sich einmal um „Schulz [I]“ und das andere Mal um „Schulz [II]“ handelt.

Den Zusatz „[I]“ bekommt derjenige, der im Text *zuerst* als Beleg angeführt wird. Bei Gleichheit *nur des Nachnamens* wird bei der amerikanischen Zitierweise in den eingeklammerten Kurzbelegen unterschieden zwischen „(W. SCHULZ 1980, S. 234)“ und „(W. K. SCHULZ 2000, S. 789)“. In der alphabetischen Reihung des Literaturverzeichnisses kommen die Schriften von „Schulz, Wolfgang“ vor denen von „Schulz, Wolfgang K.“ (s. Abschn. 11.7).

Im internationalen, insbesondere im angloamerikanischen Bereich werden die Vornamen in bibliografischen Angaben meist *abgekürzt* (was allerdings mit der Ausweitung des Wissenschaftssektors und bei der Suche im Internet zunehmend Probleme bereitet). Teilweise ist es schwierig, die ausgeschriebenen Vornamen herauszufinden, weil selbst aus dem Originalaufsatz und der ganzen Zeitschrift samt deren Register der Vorname eines Verfassers oder einer Autorin *nicht* zu ermitteln ist.

Hinsichtlich der von Gutachterinnen und Prüfern erhobenen Forderung nach formaler Einheitlichkeit der Titelangaben ist diese *eher durch die Abkürzung von Vornamen zu erreichen,* weil es Recherchen erspart. – *In Ihre Literaturkartei bzw. -datenbank sollten Sie auf jeden Fall die Vornamen komplett aufnehmen.* Kein

Problem in dieser Angelegenheit haben übrigens diejenigen, die über ein gutes elektronisches Literaturverwaltungssystem (z. B. Citavi, Endnote, ..., Zotero) verfügen, in das die vollständigen Vornamen importiert oder eingegeben werden, bei der *Ausgabe* jedoch zwischen verschiedenen Zitierformen gewählt werden kann, so auch solchen mit der nachträglichen Abkürzung der Vornamen, ohne dass die Daten in der Literaturverwaltung verändert werden.

Der *Sach- = Haupttitel* wird vollständig ausgeschrieben, während der Untertitel abgekürzt oder völlig weggelassen werden kann.

Der *Erscheinungsort* ist wichtig, weil aus ihm das wahrscheinliche Erscheinungsland für die Ermittlung in (National-)Bibliografien abzuleiten ist. Als *Erscheinungsort* gilt der Firmensitz des erstgenannten Verlags, der zumeist aus den Angaben des Titelblattes (bei Büchern meist S. 3 und 4) hervorgeht, *ersatzweise* der Ort der herausgebenden Körperschaft (z. B. ein Ministerium in Berlin) und als wirklich letzter Notnagel der Ort der Druckerei. Ist überhaupt keine Ortsangabe zu finden, so schreibt man „ohne Ort". Sind mehrere Erscheinungsorte aufgeführt, so wird nach Norm DIN ISO 690 nur der erste genannt. Der Verlagsname ist ein nicht ganz so wichtiger bibliografischer Bestandteil, wird aber in vielen Zitierregeln nach dem Erscheinungsort aufgenommen (ebd.).

Vorlage: Verlag Hans Huber Bern Stuttgart Wien
Ihre Angabe: Bern: Hans Huber [Hans wird mitaufgenommen, weil es weitere Huber-Verlage gibt]

Das richtige *Erscheinungsjahr* ist bei über 100.000 Neuerscheinungen und Neuauflagen pro Jahr wichtig für die vollständige Ermittlung einer bibliografischen Angabe, z. B. in (National-)Bibliografien. Das Jahr ist i. d. R. auf der Titelblatt*rückseite* (meist S. 4) oder in dem Kleingedruckten am Ende eines Buches zu finden. Dort stehen manchmal mehrere Jahreszahlen, von denen diejenige der vorliegenden Ausgabe (meist die neueste) genommen werden muss.

Vorlage: „5. Auflage Januar 2002
[...]
Reinbek bei Hamburg, Juni 1994
Copyright © 1994 by Rowohlt Taschenbuch Verlag GmbH, [...]"

Ihre Angabe: 2002 (keine Monatsangabe!)

Wäre für dieses Beispiel keine neuere Jahreszahl für die fünfte Auflage auf der Titelblattrückseite ersichtlich (z. B. bei einem unveränderten Nachdruck), wird die Jahreszahl aus dem Copyright-Vermerk übernommen (erkennbar an dem ©).

Bei *mehrbändigen* Werken kommt es vor, dass die Einzelbände in unterschiedlichen Jahren erschienen sind. Dann schreibt man *nach* Titel und Untertitel beispielsweise „3 Bde." und als Erscheinungsjahre: „2001–2003". Besser ist allerdings eine genaue Zuordnung der Jahreszahlen zu den Bandnummern: „Bd. 1: 2001; Bd. 2: 2002; Bd. 3: 2003".

Bei gänzlich fehlender Jahresangabe, ergänzen Sie „ohne Jahr". Haben Sie einen ziemlich sicheren Anhaltspunkt für den Erscheinungstermin, z. B. aus einer Datumsangabe des Vorwortes („im Dezember 1999"), so fügen sie beispielsweise in einer eckigen Klammer hinzu: „[ohne Jahr; ca. 2000]". Eckige Klammern zeigen an, dass es sich um eigene Hinzufügungen handelt, die keine Bestandteile des beschriebenen Originaldokuments sind.

Herausgeberwerke Bei Urheberwerken, also Schriften, die von Institutionen erarbeitet oder veranlasst und herausgegeben wurden, z. B. einem Verein, einem Ministerium oder einer Behörde, oder bei Sammelwerken, die von einer oder mehreren Personen herausgegeben wurden, ist in erster Linie der genaue Sachtitel wichtig für das Auffinden des Werks in einer Bibliothek. (Dies gilt zumindest immer noch für ältere Bestände, die nach den Preußischen Instruktionen [PI] katalogisiert wurden.)

Zu den Mindestangaben gehören außerdem der erstgenannte *Erscheinungsort* sowie das *Erscheinungsjahr.* Person(en) bzw. Körperschaft(en) als Herausgeber sollten Sie jedoch angeben, wobei aus dem Titelblatt ersichtliche Verfassernamen bei der Zusammenstellung von Literaturangaben Vorrang haben vor den Herausgeber- und Mitarbeiternamen (s. fünftes der folgenden Beispiele).

Herausgeberwerke werden durch ein „(Hrsg.)" oder „Hrsg." (so die Norm DIN ISO 690), oder durch ein „(Hg.)" bzw. – für englischsprachige Bücher – im *APA style* mit „(Ed.)" bzw. „Eds." (für „editor" resp. „editors") kenntlich gemacht. Hinsichtlich „Hrsg." bzw. „Hg." sollten Sie sich für *eine* Abkürzung entscheiden und diese in Ihrer Arbeit einheitlich verwenden. – Bei *englischsprachigen* Buchtiteln werden *in Literaturverzeichnissen* nur Eigennamen, das jeweils erste Wort am Titelanfang, nach einem (Doppel-)Punkt oder Gedankenstrich großgeschrieben.

Fünf Beispiele für Werke mit Herausgebern in unterschiedlichen Zitierstilen, gekennzeichnet mit der Abkürzung Hg., Hrsg. resp. Ed.:

Beispiel 1: SCHEUERL, Hans (Hrsg.), 1992. *Die Pädagogik der Moderne.* München: Piper

Beispiel 2: KRAPP, Andreas & Bernd WEIDENMANN (Hrsg.) (2006). *Pädagogische Psychologie. Ein Lehrbuch.* 5., vollst. überarb. Aufl. Weinheim: Beltz

Beispiel 3: STATISTISCHES BUNDESAMT (Hg.): *Datenreport 1994.* – Durchges. u. aktualis. Nachdruck 1995. – Bonn 1995

Beispiel 4: Wulf, Ch. (Ed.): *Education for the 21st century*, Münster 1998

Beispiel 5: SCHLEIERMACHER, F.D.E. [= *Verfasser*]: *Pädagogische Schriften. Bd. 1: Die Vorlesungen aus dem Jahr 1826.* Unter Mitwirk. von Th. SCHULZE hrsg. von E. WENIGER [= nachrangiger Herausgebervermerk]. Frankfurt/M.: Ullstein 1983

Mindestangaben bei unselbstständig erschienenen Schriften

Bei *unselbstständig erschienener Literatur* (also Aufsätzen *in* Büchern, Loseblattsammlungen, Zeitschriften oder Zeitungen) sind mindestens notwendig:

- Verfassername(n), Vornamen(sabkürzung),
- zumindest die ersten sinntragenden Worte des Aufsatztitels einschließlich eines Substantivs (danach kann man drei Pünktchen setzen),
- es folgt meist (aber nicht immer!) ein „In", um zu signalisieren, dass es sich um eine unselbstständige Schrift handelt,
- danach folgen die Angaben zur Sammlung bzw. Sammelwerksbezeichnung
  - bei Aufsätzen aus *Büchern und Loseblattsammlungen*: meist zumindest der erste Herausgebername, auf jeden Fall der genaue Sachtitel, der oft kursiv formatiert wird, der erste Erscheinungsort und das Erscheinungsjahr
  - bei Aufsätzen aus *Zeitschriften*: zumindest der meist kursiv formatierte Zeitschriftenname (oder dessen eingeführte Abkürzung) nebst Jahrgangs- bzw. Bandangabe, dem Erscheinungsjahr in Klammern und ggf. der Heftnummer
  - Bei Aufsätzen aus *Zeitungen*: zumindest der Zeitungsname, die Jahrgangsangabe und Nummer der Ausgabe – so vorhanden – sowie das *Datum der Ausgabe*

- und zu guter Letzt *bei allen* die Seiten- bzw. Spaltenangaben als Von-bis-Angabe („S. 361–398“, „Sp. 276–288“).

Vier Beispiele für Angaben zu unselbstständiger Literatur (Zeitschriftenaufsätze) nach verschiedenen Regelwerken:

EHRENSPECK, Yvonne, 1996. Der „Ästhetik“-Diskurs und die Pädagogik. *Pädagogische Rundschau,* **50**, S. 247–264. [So nach Norm DIN ISO 690]

Richter, D., Kunter, M., Lüdtke, O., Klusmann, U., & Baumert, J. (2011). Soziale Unterstützung beim Berufseinstieg ins Lehramt. Eine empirische Untersuchung zur Bedeutung von Mentoren und Mitreferendaren. *Zeitschrift für Erziehungswissenschaft, 14*(1), 35–59. [So nach Springer-APA]

THIEL, Felicitas (1996): „Pädagogik und Politik“, in: Vierteljahrsschrift für wissenschaftliche Pädagogik, 72. Jg., H. 4, S. 440–454. (So nach der Manuskriptregel eines anderen Verlags)

Wu, Nancy S., Laura C. Schairer, Elinam Dellor, and Christine Grella. „Childhood trauma and health outcomes in adults with comorbid substance abuse and mental health disorders.“ *Addictive Behaviors* 35, no. 1 (January 2010): 68–71. [So der Chicago Style, auch Turabian genannt.]

Im ersten Fall wird durch die *Kursiv*-Formatierung des Zeitschriftennamens deutlich gemacht, dass dieses die wichtige Angabe ist, nach der z. B. in der Zeitschriftendatenbank (ZDB) zu suchen ist (s. Abschn. 8.2.3); im zweiten Beispiel werden die Vornamen abgekürzt und der letzte Namen mit einen „&“ angehängt. Die Jahreszahl kommt in Klammern hinter die Namen. Vor dem Zeitschriftentitel kommt bei den APA-Regeln *nie* ein „In“, aber der Zeitschriftenname und die Jahrgangsziffern (nicht aber die Heft-Nr.) werden *kursiv* formatiert. Im dritten Beispiel wird der Aufsatztitel in Anführungszeichen gesetzt (so z. B. beim MLA- und Chicago-Style), obwohl die Angabe nach dem kleingeschriebenen „, in:“ die selbstständige Quelle nennt, nach der zu suchen ist. Die Zeitschrift heißt übrigens wirklich „Vierteljahrsschrift ...“, was bei der elektronischen Recherche (z. B. in der ZDB) zu beachten ist! Vierteljahresschrift ergibt keinen Treffer. Beachten Sie beim vierten Beispiel, dass nur die Vornamen der Erstautorin nachgestellt werden und – bei mehreren Verfassern – der letzte Name mit einem „und“ bzw. „and“ angehängt wird. Bei diesem Stil wird ebenfalls der Zeitschriftentitel *kursiv* formatiert.

Abkürzungen Sollten Sie sich entschließen, Zeitschriftentitel (am besten nach ISO 4) und andere Sachtitelangaben im Text und/oder in den Anmerkungen (Endnoten, Fußnoten) abzukürzen (z. B. bei Werkausgaben: „KrV“ oder Enzyklopädien: „In: EE, Bd. 1, S. 12–34“), müssen Sie für den Anhang Ihrer Arbeit ein Abkürzungsverzeichnis (s. Abschn. 11.8) erstellen, das die Abkürzungen in Langform ausweist („EE = Enzyklopädie Erziehungswissenschaft“, „KrV = Kant, Kritik der reinen Vernunft“).

Die oben genannten Elemente für selbstständig und unselbstständig erschienene Schriften sind unverzichtbar. Allerdings sollte Ihre Arbeit mustergültige Titelangaben enthalten (s. Abschn. 10.5.6), die die Nachprüfung nicht unnötig erschweren. Hierbei kann jede Mehrangabe hilfreich sein: „Fischer, Bildung 2001“ (solche Angaben kommen tatsächlich manchmal in Lexika vor!) kann mithilfe von Internetsuchmaschinen oder der „Deutschen Bibliografie“ gefunden werden (sofern der Name richtig geschrieben ist, das Wort „Bildung“ tatsächlich vorkommt und die Jahreszahl stimmt!). Diese Beispielangabe als Erstangabe in einer Fußnote Ihrer Arbeit ohne Literaturverzeichnis wäre jedoch unzureichend, weil nicht eindeutig. Zudem kann man froh sein, dass der Autor nicht „Müller“ heißt! Bei der in diesem Buch vorgeschlagenen Mindestform „Fischer, E. P.: Die andere Bildung. München 2001“ weiß man schon viel mehr und die Dokumentrecherche gelingt.

„HENNINGSEN: Peter ... In: *Einführung* ... 2010“ wäre nur über langwierige Recherchen auffindbar, aber: „HENNINGSEN, J.: Peter stört. In: *Einführung in pädagogisches Sehen und Denken.* Weinheim 2010“ ist für *gekürzte* Literaturangaben ausreichend (wenngleich nicht vorbildlich, weil die Seitenangaben fehlen!) und in Bibliothekskatalogen direkt ermittelbar, weil der Sachtitel des Sammelwerks komplett und richtig angegeben ist.

„Gangl: Bildung ... In: *ZfE* (2003), S. 72 ff.“ ist sofort umsetzbar, wenn man weiß, dass es sich bei „Gangl“ um einen Verfassernachnamen, bei „ZfE“ um eine in der Erziehungswissenschaft bekannte Zeitschriftenabkürzung für die „Zeitschrift für Erziehungswissenschaft“ handelt. Aber weiß das jede Leserin, jeder Leser? Es gibt nämlich noch die „Zeitschrift für Erlebnispädagogik“, die „Zeitschrift für Energiewirtschaft“ und die „Zeitschrift für Familien- und Erbrecht“, die alle das Kürzel „ZfE“ verwenden. Besser ist der ausgeschriebene Zeitschriftentitel, da sonst für den Anhang der Arbeit noch ein Abkürzungsverzeichnis erstellt werden muss.

Insbesondere in Referenzverfahren mit Anmerkungen (Fuß- oder Endnoten) begegnen einem oft *gekürzte Literaturangaben* mit „a. a. O.“ (= am angegebenen Ort) oder „ebd.“ (= ebenda), womit eine Menge Tipparbeit und Platz für zweite und weitere Belege aus derselben Quelle gespart werden kann. Die älteren Abkürzungen „loc. cit.“ (= loco citato), „ed. cit.“ (= editione citata), „op. cit.“ (= opere citato), „ib.“, „ibid.“ (= ibidem = ebenda), „idem“ (= derselbe) und „item“ (= ebenfalls) sollten Sie nicht mehr verwenden.

Beispiel für gekürzte Literaturangaben – beim 1. Auftreten:

Lenzen, Dieter: *Mythologie der Kindheit.* Reinbek 1985, S. 110.

beim 2. Bezug auf dieses Werk und darauf folgenden Bezügen:

Lenzen, *Mythologie* ..., a. a. O., S. 135.

Bezieht man sich bei einer unmittelbar folgenden Fuß-/Endnote auf dasselbe Werk, wird z. T. das noch kürzere: „Ebd., S. 136.“ eingesetzt.

10.5.6 Mustergültige Literaturangaben

Eminent wichtig ist, dass alle zu einer wissenschaftlichen Arbeit verwendeten Quellen in korrekter, standardisierter Form angegeben werden. Zu den einzelnen Bestandteilen der Mindestangaben ist schon einiges im Abschn. 10.5.5 ausgeführt. In diesem Abschnitt wird dafür plädiert, dass Sie noch weitere Bestandteile wie den Verlagsnamen oder Reihentitel angeben und dies in einer einheitlichen Form und Reihenfolge. Letzteres hängt mit der maschinellen Verarbeitung von Literaturangaben zusammen und deren Eingabe in spezielle Datenbankfelder. – Manche Manuskriptanweisungen und auch Bücher zu den Techniken wissenschaftlichen Arbeitens messen den Interpunktionszeichen mehr Bedeutung zu als den inhaltlichen Problemen (vgl. auch Baumgartner 2008). Was soll man beispielsweise tun, wenn die Manuskriptregel einen Punkt nach dem Titel verlangt, der Titel eines Aufsatzes jedoch mit einem Fragezeichen endet? – Schreiben Sie dann „?.“? – Bitte nicht! – Ob Sie beispielsweise zwischen mehreren Verfassern einen Schrägstrich, ein (freigestelltes) Semikolon oder ein Komma verwenden, ist Geschmackssache. Ob Sie „(Hrsg.)“ oder „(Hg.)“ als Kürzel für Herausgeber(innen) verwenden, ist den meisten Prüfern egal, doch vergessen dürfen Sie den Hinweis auf eine Herausgeberschaft nicht, weil sonst das Finden der Quelle u. U. erschwert ist.

Die Ihnen von Ihrer Hochschule vorgeschriebene oder frei gewählte Form für Literaturreferenzen sollten Sie für die abzugebende Arbeit konsequent durchhalten. Was die Interpunktion, also die Zeichensetzung zwischen den einzelnen Bestandteilen der Quellenangabe angeht, so schlage ich Ihnen vor, dass Sie sich an der Interpunktion der Norm DIN ISO 690 orientieren. Ob Sie mit den Hervorhebungen GROSSBUCHSTABEN, *kursiv* und **fett** arbeiten wollen, bedeutet immer wieder Aufwand, der Zeit kostet. Schauen Sie sich die folgenden Beispiele an und achten Sie auch auf die Formatierung, die Interpunktion und meine Kommentare.

Selbstständig erschienene Literatur

► **Tipp** *Grundsatzentscheidung*:
Entweder *alle* beteiligten Personen in ihren jeweiligen Funktionen aufnehmen *oder* 1–3 Verfasser werden angegeben, ab 4 und mehr Verfassern wird nur der 1. angegeben und die weiteren werden durch „und andere" (so Norm DIN ISO 690) oder „[u. a.]", „u. a." oder „et al." ersetzt.

Verfasserwerke
Mustergültige Literaturangaben nach Norm DIN ISO 690 (s. a. Abb. 10.5)

Beispiel mit einem Verfasser:

RITTELMEYER, C., 2012. *Bildung. Ein pädagogischer Grundbegriff.* Stuttgart: Kohlhammer. ISBN 978-3-17-021905-2

Rittelmeyer, Christian (2012). *Bildung. Ein pädagogischer Grundbegriff.* Stuttgart: Kohlhammer

oder bei Vollbeleg in Anmerkungen:

Rittelmeyer, Christian. *Bildung: Ein pädagogischer Grundbegriff.* Stuttgart: Kohlhammer, 2012.

Der Nachname kann in Grundschrift oder in GROSSBUCHSTABEN (so Norm DIN ISO 690) formatiert sein. Der erste Vorname jeder Person soll ausgeschrieben werden, kann aber auch abgekürzt werden. Die Jahreszahl kann mit oder ohne Klammer nach den Namen und ggfs. „(Hrsg.)" stehen oder weiter hinten. Der Titel kann kursiv formatiert werden. Da es sich um eine Erstauflage handelt, wird die Auflage in diesem Fall nicht angegeben. Der Erscheinungsort soll, der Verlagsnamen kann angegeben werden.

	Hinweis	Bestandteil	Formatierung	Interpunktion zwischen den Bestandteilen	Zusätze/ Schlusszeichen
1	neue Literaturangabe auf neuer Zeile beginnen	NACHNAME des erstgenannten Verfassers	In Großbuchstaben oder große Buchst. in VERSALIEN und kleine in KAPITÄLCHEN	Komma	
2	weiter in derselben Zeile	1. Vorname des erstgenannten Verfassers, falls 2. Vorname diesen abkürzen	Grundschrift	ggf. Abkürzungspunkt nach Vornamensabkürzung	
	Name von 2. Verfasser(in)?	Wenn ja, dann folgt ein „und" wenn nicht, weiter mit 5	Grundschrift		
3	weiter in derselben Zeile	Erst Vornamen, Zweitvornamen abkürzen!	Grundschrift	ggf. Abkürzungspunkt nach Vornamensabkürzung	
4	weiter in derselben Zeile	dann NACHNAMEN	In Großbuchstaben oder große Buchst. in VERSALIEN und kleine in KAPITÄLCHEN	Komma	
5	weiter in demselben Absatz	Erscheinungsjahr	Grundschrift	Punkt	
6	weiter in demselben Absatz	*Vollständiger Haupttitel. Untertitel*	*kursiv*	zwischen Titel & Untertitel Punkt & Leerzeichen	Schlusszeichen: Punkt, wenn (Unter-)Titel nicht mit Frage- bzw. Ausrufezeichen endet
7	weiter in demselben Absatz	ggf. Ausgabebezeichnung = Bandangabe und/oder Auflagenbezeichnung	Grundschrift	ggf. Abkürzungspunkte nach Bd., Aufl.	
8	weiter in demselben Absatz	erstgenannter Erscheinungsort, die anderen werden weggelassen	Grundschrift	Doppelpunkt	
9	weiter in demselben Absatz	Verlagsname in Kurzform	Grundschrift		ggf. folgt Gesamt titelangabe = Reihentitel und -nummer in Klammern
10	weiter in demselben Absatz	(Reihenangabe, Ziffer des Bandes)	Grundschrift	In Klammern	

Abb. 10.5 Bestandteile von mustergültigen Literaturangaben für Verfasserwerke (= 1–3 Autoren)/Herausgeberwerke (= 1–3 Personen als Herausgeber)

Beispiel mit zwei Verfassern:

MATURANA, Humberto R. und Francisco J. VARELA, 2003: *Der Baum der Erkenntnis*. 11. Aufl. München: Goldmann. (Goldmann 11460)

Beachten Sie das „und" sowie die Stellung der Vornamen beim Ko-Autor, den Reihentitel und die Bandzählung.

Beispiel mit drei Verfassern:

WATZLAWICK, P, J.H. BEAVIN & D.D. JACKSON, 1985. *Menschliche Kommunikation. Formen, Störungen, Paradoxien*. 7. Aufl. Bern: Hans Huber

Bei der Abkürzung mehrerer Vornamen einer Person kommen nach Norm DIN ISO 690 zwar Abkürzungspunkte, aber keine Leerzeichen!

Beispiel mit mehr als drei Verfassern:

TILLMANN, Klaus-Jürgen und andere, 2008. *PISA als bildungspolitisches Ereignis. Fallstudien in vier Bundesländern*. Wiesbaden: VS Verlag für Sozialwissenschaften (Schule und Gesellschaft 43)

Herausgeberwerke

Entweder einheitlich in der oben für Verfasser dargestellten Form, nur dass hinter dem Vornamen jeder Person ihre Funktion – z. B. „(Hrsg.)" – folgt: So möchte es die Norm ISO 690:2013-10 (= *Form A*)

Beispiel zur Form A:

KLIEME, Eckhard (Hrsg.), Cordula ARTELT (Hrsg.), Johannes HARTIG (Hrsg.), Nina JUDE (Hrsg.), Olaf KÖLLER (Hrsg.), Manfred PRENZEL

(Hrsg.), Wolfgang SCHNEIDER (Hrsg.), Petra STANAT (Hrsg.), 2010. *PISA 2009. Bilanz nach einem Jahrzehnt.* Münster: Waxmann. ISBN 978-3-8309-2450-0

Die ISBN anzugeben, hat sich schon mit der Norm DIN 1505 nicht durchgesetzt. Da viele Verlage verbesserte Auflagen nicht mit neuer ISBN ausstatten, ist die Angabe der ISBN m. E. obsolet.

Variante 1 = Form B:

Klieme, E.; Artelt, C.; Hartig, J.; Jude, N.; Köller, O.; Prenzel, M.; Schneider, W.; Stanat, P. (Hrsg.) (2010). *PISA 2009: Bilanz nach einem Jahrzehnt.* Münster: Waxmann

Wenngleich die Norm DIN ISO 690 vorschlägt, ab dem 2. Namen die Vornamen(sabkürzungen) voranzustellen, soll hier darauf hingewiesen werden, dass die abgebildete Variante in der Praxis oft vorkommt.

Variante 2 = Form C:

KLIEME, E., C. ARTELT, J. HARTIG [u. a.] (Hrsg.), 2010. *PISA 2009. Bilanz nach einem Jahrzehnt.* Münster: Waxmann

oder Variante 3 = Form D:

KLIEME, Eckhard und andere (Hrsg.), 2010. *PISA 2009. Bilanz nach einem Jahrzehnt.* Münster: Waxmann (so die Norm DIN ISO 690, ISBN habe ich aber weggelassen)

Die Varianten C und D sind durchaus akzeptable (gekürzte) Literaturangaben. Solche Reduzierungen sind bei acht Herausgebernamen schon hilfreich, aber die Empfehlungen vieler Fachgesellschaften sehen vor, dass zumindest an einer Stelle einer rezipierenden wissenschaftlichen Arbeit alle Wissenschaftler(innen) namentlich genannt werden sollen.

Sonderfälle

Hochschulschriften

Es gibt noch einige selbstständige Dokumenttypen, die Sonderfälle darstellen. Zu ihnen gehören z. B. die sog. *Hochschulschriften*. Damit sind Dissertationen (= Doktorarbeiten) und Habilitationsschriften gemeint, nicht aber Bachelor-, Master-, Magister-, Diplom-, Haus- oder Staatsexamensarbeiten. Die letzten sechs gelten – sofern sie nicht als Buch veröffentlicht werden, als *nicht zitierbar*, und zwar aus folgenden Gründen: Studienabschlussarbeiten

- unterliegen dem Datenschutz, solange die geprüfte Person nicht ihr Einverständnis zur Offenlegung der Arbeit erklärt,
- werden i. d. R. nicht veröffentlicht und deshalb nach der Prüfung nicht noch einmal überarbeitet, können demnach von hoher Qualität sein, aber auch Fehler enthalten,
- existieren in ganz wenigen Exemplaren, sodass diese als Quellen für andere schwer erreichbar sind.

Für Dissertationen (nicht aber für Habilitationen) besteht dagegen eine Veröffentlichungs*pflicht*. Doktorarbeiten dürfen jedoch nicht ohne die Druckgenehmigung der Fakultät bzw. des Fachbereichs publiziert werden (was mit Auflagen zur Textänderung verbunden sein kann). Da jedoch auch Dissertationen und Habilitationsschriften teils im Internet, teils gedruckt in geringen Auflagen, seltener: auf Mikrofilm veröffentlicht und unter den Hochschulen getauscht werden, ist es für die Leser(innen) Ihrer Arbeit eine u. U. wichtige Information, dass es sich um eine sog. Hochschulschrift handelt. Diese wird folgendermaßen in eine Literaturangabe gebracht:

Beispiel für eine Dissertation zum Dr. phil., die im Jahre 1994 an der Freien Universität Berlin angenommen und im gleichen Jahr als Mikrofiche-Ausgabe veröffentlicht wurde:

GEHRMANN, Axel, 1994. *Schule in der Transformation. Eine empirisch-vergleichende Untersuchung an vier Gesamtschulen im Berliner Bezirk Treptow (1991–1993) vor dem Hintergrund von 30 Jahren Bildungsforschung in der Bundesrepublik Deutschland.* [Dissertation] Freie Universität Berlin [7 Mikrofiches]

Da kein Verlagsname angegeben ist (hier erweist sich, wie sinnvoll die Verlagsangabe in den anderen Fällen sein kann), wird man diese Dissertation nur in Universitätsbibliotheken einsehen können bzw. über Fernleihe (s. Abschn. 8.4.4) zum eigenen Bibliotheksstandort bestellen müssen. Aus Gründen der besseren Zugänglichkeit veröffentlichen deshalb viele Wissenschaftler(innen) mittlerweile ihre Arbeit ausschließlich elektronisch, weil dieser Weg für sie kostengünstiger ist und ihre Arbeit größeres Interesse findet.

Hier ein Beispiel für die Zitation einer elektronisch vorliegenden Dissertation:

HUPKA, Sandra, 2003. *Individuation und soziale Identität türkischer Jugendlicher in Berlin im Kontext von Freundschaftsbeziehungen. Zur Integration türkischer Jugendlicher* [Dissertation]. Freie Universität Berlin. Verfügbar unter: http://www.diss.fu-berlin.de/2003/101 (Zugriff am: 6. Feb. 2017)

Statt des „Uniform Resource Locators (URL)“ könnten Sie auch den „Uniform Resource Name (URN)“ angeben. Er würde in diesem Fall lauten: „urn:nbn:de:kobv:188-2003001017“ und wäre sicherer als die Angabe der URL, weil die URN wie ein Digital Object Identifier (DOI) auch bei einem Umzug des Dokuments im Internet erhalten bleibt. Nach Runkehl und Siever (2010, S. 136) sieht die *Identifikatorhierarchie* folgendermaßen aus: URN/DOI/PURL sind besser als eine ISBN. Die ist wiederum besser als eine ISSN und die URL steht am Ende der Hierarchie. PURL ist ein „Persistent Uniform Resource Locator“, diese werden vom OCLC verwaltet.

Viele Doktorandinnen und Habilitierte wollen ihre Arbeit als Buch erscheinen sehen und publizieren ihre Arbeit in einem (Dissertations-)Verlag.

Beispiel für eine Hochschulschrift, die in einem Verlag veröffentlicht wurde. Die Informationen in der Klammer sind nicht zwingend erforderlich, weil die Arbeit in einem Verlag publiziert wurde:

BERKING, Helmuth, 1996. *Schenken. Zur Anthropologie des Gebens* [Habilitationsschrift Freie Univ. Berlin 1993]. Frankfurt am Main: Campus

„**Graue Literatur**" ist eine Sammelbezeichnung für Schriften, die z. B. Ergebnisse von Forschungsprojekten oder von Tagungen und Kongressen dokumentieren, und *nicht über den Buchhandel zu beziehen sind.* Auch bei diesem Dokumenttyp muss man sich fragen, ob er zitiert werden sollte, denn die Erreichbarkeit dieser Dokumente kann durch die oft kleinen Auflagen erschwert oder gar nicht gegeben sein (z. B. bei einer Aktenanalyse). Die Dokumentation von Tagungsvorträgen oder Kongressberichten sind auch nicht unbedingt seriöse Quellen. Das muss mitbedacht werden; andererseits werden ja gerade in Forschungsprojekten neue Ergebnisse erzielt und dann mit Fachpublikum diskutiert, sodass man nicht immer auf dieses Material verzichten kann oder will. Klar sollte Ihnen sein, dass bei dem Dokumenttyp „Graue Literatur", weil nicht über den Buchhandel lieferbar, in besonderer Weise *die Bezugsquelle* interessiert, zumal viele Bibliotheken solche Materialien nicht sammeln.

Zwei Beispiele für nicht über den Buchhandel lieferbare, sog. „Graue Literatur":

LENHART, Volker, Alamara KARIMI und Tobias SCHÄFER, 2011. *Feldevaluation friedensbauender Bildungsprojekte.* Osnabrück: Deutsche Stiftung Friedensforschung (Forschung DSF 30)

STERN, Elsbeth, Roland GRABNER, Ralph SCHUMACHER, Christa NEUPER (Mitarb.), Henrik SAALBACH (Mitarb.), 2005. *Lehr-Lern-Forschung und Neurowissenschaften. Erwartungen, Befunde und Forschungsperspektiven.* Korr. und erg. Aufl. Bonn: Bundesministerium für Bildung und Forschung (Bildungsreform 13)

Die Namen von Körperschaften (Institutionen) sollten ausgeschrieben werden, weil es eine Menge identischer Akronyme gibt, wodurch Verwechslungsgefahr bestehen kann. Die Bezugs*anschrift* wird nicht angegeben, weil sie über das Internet ermittelbar ist.

Festschriften sind Sammelwerke, die zu einem Jubiläum oder einem anderen besonderen Anlass für eine Institution oder eine angesehene Person herausgegeben werden. Oftmals enthält der Sammelband biografische Angaben zu der geehrten Person und wird mit einer Bibliografie seiner Schriften abgeschlossen. Deshalb ist der besondere Hinweis darauf, dass es sich um eine Festschrift für XYZ handelt, u. U. hilfreich. Ein solcher Hinweis wird i. d. R. wie ein Untertitel behandelt.

Beispiel für eine Festschrift mit fünf Herausgebern:

BAECKER, Dirk, Jürgen MARKOWITZ, Rudolf STICHWEH, Hartmut TYRELL, Helmut WILLKE (Hrsg.), (1987). *Theorie als Passion. Festschrift für Niklas Luhmann zum 60. Geburtstag.* Frankfurt am Main: Suhrkamp

Loseblattsammlungen sind Publikationen, die regelmäßig fortgeschrieben werden. Titelangaben zu Gesetzessammlungen, -kommentaren und anderen Loseblattsammlungen, deren Aktualität durch einzuordnende Ergänzungslieferungen und auszutauschende Textteile erhalten wird, müssen immer eine *Angabe zum Aktualitätsstand* erhalten (Nummer und Jahr der aktuellsten Ergänzungslieferung).

Beispiel für eine Loseblattsammlung:

BERENDT, Brigitte und andere (Hrsg.), 2006/2013. *Neues Handbuch Hochschullehre. Lehren und lernen effizient gestalten* [Grundwerk und 1 CD, 2006]. Stuttgart: Raabe (51. Ergänzungslieferung: 2013)

Audio- bzw. audiovisuelle Materialien spielen auch in wissenschaftlichen Veröffentlichungen eine immer größer werdende Rolle. Solche Materialien können in analoger (VHS-Videos) oder digitaler Form (CD, DVD) aufgezeichnet sein. Die Norm DIN ISO 690 schlägt folgende Bestandteile und Reihenfolge in der Quellenangabe vor:

1. Verfasser- und Sachtitelangabe
2. Bezeichnung des Mediums
3. Auflage
4. Produktionsinformationen (Ort, Hrsg., Verlag, Medienproduzent)
5. Datum
6. ggf. Reihentitel mit Nummerierung
7. Standardkennung
8. Verfügbarkeit
9. Ergänzende Angaben (wie Begleitmaterialien)

Beispiel für ein E-Book:

BAADE, Jussi, Antje SCHLOTTMANN, Holger GERTEL, 2014. *Wissenschaftlich arbeiten. Ein Leitfaden für Studierende der Geographie.* 3., aktual. Aufl. [E-Book-Version]. Bern: Haupt, 2014 (UTB 2630) – Verfügbar über: https://www.utb-studi-e-book.de [Zugriff am: 20. Feb. 2017]

Die Datumsangabe kann nach Norm DIN ISO 690 wie oben erfolgen oder in der Form „JJJJ-MM-TT".

Beispiel für eine Lernsoftware auf CD-ROM:

Anonym (2000): *Survivors of the Shoah. Erinnern für Gegenwart und Zukunft. Überlebende des Holocaust berichten.* [1 CD-ROM. Sonderedition mind. 64 MB Arbeitsspeicher]. Berlin: Cornelsen (mit Begleitheft)

Beispiel für eine Klassik-CD:

ROSSINI, Gioacchino [Komponist], Juan D. FLÓREZ [Tenor], Riccardo CHAILLY [Dirigent], CORO SINFONICO DI MILANO GIUSEPPE VERDI, ORCHESTRA SINFONICA DI MILANO GIUSEPPE VERDI, 2002. *Arias Rossini* [1 Compact Disc]. London: Decca

Beispiel für eine TV-Sendung auf DVD:

PANZER, Volker (Moderator), 2010. *„Ich schenk' dir was"*. ZDF-nachtstudio, 5. Dez. 2010, 0:20–1:20 h [60'06''] DVD 555/00384

Beispiel für einen Film:

WEDEL, Dieter [Drehbuch, Regie], Günther HANDKE [Drehbuch, Mitarb.], Fritz LICHTENHAHN [Darst.] Antje HAGEN [Darst.], Franz RUDNICK [Darst.], 1988. *Einmal im Leben. Geschichte eines Eigenheims* [TV-Spielfilm PAL Farbe 92 min]. München: Bavaria

Beispiel für ein Foto:

FREUND, Gisèle, 1938. *Die Hände von Joyce* [Foto]. Paris. – Originalabzug s/w 20 × 30 cm

Unselbstständig erschienene Schriften (Aufsätze)

► **Tipp** *Grundsatzentscheidung*:
Entweder alle beteiligten Personen in ihren jeweiligen Funktionen aufnehmen (so die DFG) *oder* 1–3 Aufsatzautor(inn)en angeben. Ab vier und mehr Verfasser(innen) wird nur die 1. angegeben und die weiteren durch „und andere" ersetzt.

Für die „In-Angabe" zu einem Sammelwerk sollte eine der oben dargestellten Varianten (Form B bis D) gewählt und für das gesamte Literaturverzeichnis beibehalten werden. In manchen Zitierstilen wird nach dem „in:" mit den Vornamen der Herausgeberinnen bzw. Herausgeber insofern anders verfahren, indem die Vornamen *nicht* nachgestellt werden. Auch eine solche Variante muss dann einheitlich in Ihrem Literaturverzeichnis durchgehalten werden.

Varianten für einen Sammelwerksbeitrag (= Aufsatz in einem Buch) mit einem Verfasser:

WINKLER, Michael, 2010. Erziehung. In: Heinz-Hermann KRÜGER und Werner HELSPER (Hrsg.): *Einführung in Grundbegriffe und Grundfragen der Erziehungswissenschaft.* 9. Aufl. Opladen: Barbara Budrich, S. 57–78. (UTB 8092)

oder mit jeweils abgekürzten Vornamen und ohne „S." bei den Seitenangaben:

WINKLER, M., 2010. Erziehung. In: H.-H. KRÜGER und W. HELSPER (Hrsg.): *Einführung in Grundbegriffe und Grundfragen der Erziehungswissenschaft.* 9. Aufl. Opladen: Barbara Budrich, 57–78

Beispiel für einen Zeitschriftenaufsatz in der Formatierung nach Norm DIN ISO 690:

KÖRNER, Jürgen, 1995. Das Psychoanalytische einer psychoanalytisch-pädagogischen Fallgeschichte. *Zeitschrift für Pädagogik,* **41**(5), S. 709–717

Beachten Sie bitte, dass der Zeitschriftenname *kursiv* formatiert wird. Es folgt – so vorhanden – die Jahrgangszählung **fett** formatiert (in der Quelle mit Jahrgang, Volume oder Band bezeichnet), bevor – in runden Klammern – die Heftnummer angegeben wird. – Bei Zeitschriftenaufsätzen wird *kein* Erscheinungsort und auch *kein* Verlagsname angegeben (*Ausnahme*: Bei Zeitschriften, die an mehreren Orten in unterschiedlichen Ausgaben produziert werden wie die Zeitschrift „Science" [New York bzw. Paris], oder bei Sonder- oder Beiheften, die nicht regelmäßig erscheinen und eher den Charakter eines in sich abgeschlossenen Sammelwerks haben). Zu Letzterem ein Beispiel zu einem Aufsatz mit zwei Autoren und zwei Herausgebern:

DEWE, Bernd und Frank-Olaf RADTKE, 1991. Was wissen Pädagogen über ihr Können? Professionstheoretische Überlegungen zum Theorie-Praxis-Problem in der Pädagogik. In: Jürgen OELKERS und H.-Elmar TENORTH (Hrsg.). *Pädagogisches Wissen.* Weinheim: Beltz (Zeitschrift für Pädagogik, 27. Beiheft), S. 143–162

Beispiel englischsprachiger Zeitschriftenaufsatz:

GLASER, Robert and Miriam BASSOK (1989). Learning theory and the study of instruction. *Annual Review of Psychology,* **40**, pp. 631–666.

Es handelt sich um eine jahrgangsweise durchpaginierte Zeitschrift. Da ist die Angabe der Heftnummer nicht erforderlich. Bei den Titelangaben eines Aufsatzes in englischer Sprache werden das erste Wort und Eigennamen groß geschrieben, alles andere klein, selbst wenn der Originaltitel des Aufsatzes in der Vorlage auch andere Wörter groß schreibt. Der Name der *Zeitschrift* besteht aus großgeschriebenen Substantiven, Verben und Adjektiven; Artikel, Pronomen und Konjunktionen werden klein geschrieben (Ausnahme: als erstes Wort auch groß).

Verfassernamen mit abgekürzten Vornamen Insbesondere in naturwissenschaftlichen und angloamerikanischen Zeitschriften kommt es immer wieder vor, dass nirgends ausgeschriebene Vornamen zu finden sind. Als Beispiel dient mir eine Vorlage mit fünf Verfassernamen: „B. Blanz, B. Geisel, M. Laucht, G. Esser und M. H. Schmidt". Die Vornamen sind im ganzen Heft nicht ermittelbar. Obwohl M. H. Schmidt als Ärztlicher Direktor benannt wird, ist die Reihung der Namen nicht alphabetisch. Insofern kann davon ausgegangen werden, dass B. Blanz mit Absicht als Erstautor(in) genannt wird. Die Vermutung bestätigt sich indirekt, weil nur B. Blanz am Ende des Beitrags mit Adresse als Kontaktperson angegeben wird. Ein Zitatbeleg im Text könnte lauten „(Blanz u. a. 1986, S. 25)".

Die dazugehörige Literaturangabe in Form C:

BLANZ, B. und andere, 1986. Zur Rolle des Vaters in der Entwicklung von Kindern im Schulalter. Ergebnisse einer epidemiologischen Studie. *Zeitschrift für Kinder- und Jugendpsychiatrie,* **14** (1), 5–31.

Zeitungsartikel gelten nur dann als zitationsgeeignet, wenn sie in Zeitungen mit überregionaler Bedeutung veröffentlicht und von namentlich genannten Personen mit Expertenstatus verfasst wurden. Deren Ruf sowie die Qualität der Redaktion müssen allgemein anerkannt sein, wie dies für Beiträge auf den Wissenschaftsseiten von „ZEIT" oder „FAZ" gilt. Bei Meldungen und Berichten mit den Kürzeln von Presseagenturen ist wegen möglicher Bearbeitungen und Kürzungen durch die Redaktion wirklich Vorsicht geboten (s. Abschn. 8.1.3). Recherchieren Sie besser die Quellen, auf die sich solche Pressemeldungen beziehen.

Beispiel für eine Titelangabe zu einem Zeitungsartikel, wie es die Norm DIN ISO 690 vorschlägt. Die Datumsangabe erfolgt dabei in Klammern in der standardisierten Folge „JJJJ-MM-TT" (Jahr-Monat-Tag):

> FRANCK, G. (2017). Lasst uns alle Feinde sein. Warum die Zahl der Wütenden und Empörten wächst – Anmerkungen zum emotionalen Klimawandel. *Der Tagesspiegel,* Nr. 23026 (2017-02-12), S. 7.

Web-Dokumente

Auch im World Wide Web publizierte Materialien (Texte, Interviews, Abbildungen, Software, Datenbanken, Audiodateien, Videos, Social-Media-Beiträge usw.) müssen korrekt zitiert werden, wobei Sie in Bezug auf die Quelle *vorher* deren Relevanz, Zitierwürdigkeit und –fähigkeit reflektiert haben sollten – s. Abschn. 8.1.3.

Sieben Beispiele für zitierbare Internetquellen in der Form der Norm DIN ISO 690:

> BUNDESVERBAND DEUTSCHER PSYCHOLOGINNEN UND PSYCHOLOGEN e. V. & DEUTSCHE GESELLSCHAFT FÜR PSYCHOLOGIE e. V., 2016. *Berufsethische Richtlinien des Berufsverbandes Deutscher Psychologinnen und Psychologen e. V. und der Deutschen Gesellschaft für Psychologie e. V. zugleich Berufsordnung des Berufsverbandes Deutscher Psychologinnen und Psychologen e. V. in der von der Delegiertenkonferenz des BDP am 4.6.2016 und von der Mitgliederversammlung der DGPs am 21.9.2016 beschlossenen Fassung.* Verfügbar unter: http://www.bdp-verband.org/bdp/verband/ethik.shtml – Zugriff am: 8. Feb. 2017
>
> HALBACH, Marleen, 2017. *Wie Übermüdung die Leistung sinken lässt: DLR-Studie zum Schlafmangel.* Deutschlandfunk : Forschung aktuell. 3.2.2017, 16:35 Uhr [4:17 min] Verfügbar unter: http://www.deutschlandfunk.de/dlr-studie-zum-schlafmangel-wie-uebermuedung-die-leistung.676.de.html?dram:article_id=377852 – Zugriff am: 6. Feb. 2017
>
> PASEKA, Angelika, 2009. Sammelrezension zum Thema: Schule – Pädagogik – Geschlecht. *Erziehungswissenschaftliche Revue* [Online-Zeitschrift],

8(4) (Veröffentlicht am 31. Juli 2009), Verfügbar unter: http://www.klinkhardt.de/ewr/978378151603.html – Zugriff am: 8. Feb. 2017

ROHWER, Götz und Ulrich PÖTTER, 2003. *Methoden der Sozialstrukturforschung – II: Soziale und ökonomische Beziehungen.* Verfügbar unter: www.stat.ruhr-uni-bochum.de/pub/eha/dnet3.ps – Zugriff am: 8. Feb. 2017

TAEGER, Angela, 2002. Aktenanalyse in der kriminologisch-geschichtswissenschaftlichen Forschung zum Strafrecht. Polizeiliche Aufzeichnungen über männliche Homosexuelle im Paris des 18. Jahrhunderts [19 Absätze]. *Forum Qualitative Sozialforschung/Forum: Qualitative Social Research* [Online-Zeitschrift], **3**(1), Art. 19. Verfügbar unter: http://nbn-resolving.de/urn:nbn:de:0114-fqs0201190 – Zugriff am: 8. Feb. 2017

TOCHTERMANN, Klaus und andere, 2017. *Auffinden – Zitieren – Dokumentieren. Forschungsdaten in Sozial- und Wirtschaftswissenschaften.* Verfügbar unter: http://auffinden-zitieren-dokumentieren.de/ – Zugriff am: 8. Feb. 2017

Abgesehen von der Fragwürdigkeit vieler Internet-Dokumente besteht das grundsätzliche Problem bei Internet-Publikationen in der Versionskontrolle und der möglichen *Unbeständigkeit ihres Fundortes.* Ein konventionell gedruckter Zeitschriftenartikel wird immer unverändert in der Zeitschrift zu finden sein, in der er veröffentlicht wurde. Bei einem Beitrag im Internet sieht die Sache anders aus. Die WWW-Adresse, die Sie am Tag Ihrer Online-Recherche besuchten, kann schon am nächsten Tag zur Fehlermeldung führen: „Die Seite kann nicht angezeigt werden." Ihre Quellenangabe vom 8. Feb. 2017 ist an genau diesem Tag korrekt und kann schon einen Tag später verändert, umgezogen oder gelöscht worden sein, sodass das von Ihnen verwendete Internet-Zitat oder -Argument nicht mehr belegt werden kann. Deshalb sollten Sie aus Beweisgründen, Ihre Quelle wirklich downloaden oder ausdrucken und *aufheben.* Für wichtige Arbeiten sollten Sie nicht zu viele Internet-Quellen verwenden; der Wert Ihrer Arbeit könnte nach einigen Wochen geschmälert sein.

Zusammenfassung

Schwierigkeiten beim Schreiben, die Studierende, aber auch wissenschaftlich Tätige haben, lassen sich nur überwinden, indem Sie immer wieder schreiben. Falls Sie an Schreibhemmungen leiden, verzichten Sie erst einmal auf zu hohe Selbstansprüche, die wie eine „Schere im Kopf" wirken, aber beginnen Sie mit dem Schreiben, z. B. in das Ihnen vorgeschlagene (Lern-)Journal.

Neben Hinweisen zur Verständlichkeit und differenziertem, präzisen Sprachstil und Satzbau wurden in diesem Kapitel zahlreiche Grundformen des wissenschaftlichen Schreibens sowie das Belegen bzw. Begründen von Behauptungen vermittelt. Diese Tätigkeiten können in den Formen schriftlicher Leistungsnachweise eingeübt werden, die Studierende zu erbringen haben und die als Vorstufen für größere Schreibprojekte wie die Prüfungsarbeit gelten. Insbesondere die Technik des Zitierens und die verschiedenen Zitierstile im Text, in Anmerkungen und die Formen der bibliografischen Angaben im Literaturverzeichnis müssen Ihnen nach einer gewissen Anlaufzeit vertraut sein.

Literatur

Literatur zur Vertiefung

Kruse, O. (2007). *Keine Angst vor dem leeren Blatt. Ohne Schreibblockaden durchs Studium* (12. Aufl.). Campus concret. Frankfurt am Main: Campus. Otto Kruse unterrichtete viele Jahre als Hochschullehrer „academic writing". Wer Schwierigkeiten, gar Schreibblockaden hat, greife zu diesem Buch

Becker, H. S. (2000). *Die Kunst des professionellen Schreibens. Ein Leitfaden für die Geistes- und Sozialwissenschaften* (2. Aufl.). Campus Studium, Bd. 1085. Frankfurt am Main: Campus. Wer sich mit dem professionellen Schreiben in den Geistes- und Sozialwissenschaften näher auseinandersetzen will, dem sei das Buch des anerkannten amerikanischen Soziologen Howard S. Becker ans Herz gelegt

Standop, E., & Meyer, M. (2008). *Die Form der wissenschaftlichen Arbeit* (18. Aufl.). Wiebelsheim: Quelle & Meyer. Der „Standop" ist seit Jahren ein Standardwerk in Bezug auf die Formalia wissenschaftlicher Arbeit mit zahlreichen Musterseiten. Allerdings favorisiert die 18. Auflage bei den Zitierregeln noch die Norm DIN 1505, die 2013 durch die Norm DIN ISO 690 ersetzt wurde

Literaturverzeichnis

Bänsch, A., & Alewell, D. (2009). *Wissenschaftliches Arbeiten* (10. Aufl.). München: Oldenbourg.

Baumgartner, P. (2008). *Zitieren – eine Geheimwissenschaft? Initiationsrituale: Quellenangabe, Zitierschema und Zitierstil*. Gedankensplitter. http://www.peter.baumgartner.name/2008/08/29/zitieren-eine-geheimwissenschaft/. Zugegriffen: 02.08.2017.

Becker, H. S. (2000). *Die Kunst des professionellen Schreibens. Ein Leitfaden für die Geistes- und Sozialwissenschaften* (2. Aufl.). Campus Studium, Bd. 1085. Frankfurt am Main: Campus.

Böhmann, M., & Schäfer-Munro, R. (2008). *Kursbuch Schulpraktikum. Unterrichtspraxis und didaktisches Grundwissen* (2. Aufl.). Weinheim: Beltz. Unterricht Pädagogik

Bohl, T. (2008). *Wissenschaftliches Arbeiten im Studium der Pädagogik. Arbeitsprozesse, Referate, Hausarbeiten, mündliche Prüfungen und mehr* (3. Aufl.). Beltz Pädagogik, Bd. 17. Weinheim: Beltz. Mit Kopiervorlagen für Studierende und Lehrende

Diekmann, A. (1995). *Empirische Sozialforschung. Grundlagen, Methoden, Anwendungen*. Rowohlts Enzyklopädie, 55551. Reinbek: Rowohlt TB.

Duden (1990). *Fremdwörterbuch* (5. Aufl.). Mannheim: Dudenverl. Bibliograph. Inst.

Dudenredaktion (Hrsg.). (2013). *Duden – die deutsche Rechtschreibung. Auf der Grundlage der aktuellen amtlichen Rechtschreibregeln* (26. Aufl.). Mannheim: Dudenverlag.

Eco, U. (2010). *Wie man eine wissenschaftliche Abschlußarbeit schreibt. Doktor-, Diplom- und Magisterarbeit in den Geistes- und Sozialwissenschaften* (13. Aufl.). UTB Interdisziplinär, 1512. Wien: Facultas.

Ellermann, W. (2013). *Das sozialpädagogische Praktikum* (4. Aufl.). Sozialpädagogische Praxis, Bd. 3. Berlin: Cornelsen.

Hoffmann, M. (2015). *Deutsch fürs Studium. Grammatik und Rechtschreibung* (3. Aufl.). UTB Arbeitshilfen, 2644. Paderborn: Schöningh.

Hollmann, D., Frank, A., & Ruhmann, G. (1995). Wenn die Worte fehlen ... Juni 1995. In B. Berendt (Hrsg.), *Handbuch Hochschullehre. Informationen und Handreichungen aus der Praxis für die Hochschullehre*. Loseblatt-Sammlung (S. 1–16). Bonn: Raabe. (Raabe – nachschlagen, finden). A 3.5.

Hübner, S., Nückles, M., & Renkl, A. (2010). Writing learning journals: Instructional support to overcome learning-strategy deficits. *Learning & Instruction*, *20*, 18–29.

Kiel, E. (2001). Grundstrukturen wissenschaftlicher Diskurstätigkeit. Beschreiben, Interpretieren, Bewerten, Erklären, Begründen, Beweisen, Rechtfertigen, Bestreiten. In T. Hug (Hrsg.), *Einführung in das wissenschaftliche Arbeiten*. Wie kommt Wissenschaft zu Wissen?, Bd. 1 (S. 56–68). Baltmannsweiler: Schneider Hohengehren.

Kruse, O. (1995). *Keine Angst vor dem leeren Blatt. Ohne Schreibblockaden durchs Studium* (4. Aufl.). Campus Studium, 1074. Frankfurt am Main: Campus.

Kruse, O. (2007). *Keine Angst vor dem leeren Blatt. Ohne Schreibblockaden durchs Studium* (12. Aufl.). Campus concret. Frankfurt am Main: Campus.

Kruse, O. (2010). *Lesen und Schreiben. Der richtige Umgang mit Texten im Studium*. UTB, Studieren, aber richtig, Bd. 3355. Konstanz: UVK.

Kuhlen, R. (1997). B 3 Abstracts – Abstracting – Intellektuelle und maschinelle Verfahren. In M. Buder, W. Rehfeld, T. Seeger & D. Strauch (Hrsg.), *Grundlagen der praktischen Information und Dokumentation. Ein Handbuch zur Einführung in die fachliche Informationsarbeit* (4. Aufl., Bd. 1, S. 88–119). München: Saur. 2 Bde.

Langer, I., Schulz-von Thun, F., & Tausch, R. (2015). *Sich verständlich ausdrücken. [Anleitungstexte, Unterrichtstexte, Vertragstexte, Gesetzestexte, Versicherungstexte, Wissenschaftstexte, weitere Textarten]* (10. Aufl.). München: Reinhardt.

Luhmann, N., & Schorr, K.-E. (1988). *Reflexionsprobleme im Erziehungssystem*. Frankfurt am Main: Suhrkamp.

Norm DIN ISO 690:2013-10 (2015). In: *Bibliotheks- und Dokumentationswesen. Bibliotheks- und Archivbau, Zitierregeln, Umschriften, Digitale Langzeitarchivierung,*

Codierungen (3. Aufl., S. 229–275). Stand der abgedruckten Normen: Mai 2015. DIN-Taschenbuch, 343. Berlin: Beuth.

Popper, K. (1992). Falsifizierbarkeit, zwei Bedeutungen von. In H. Seifert & G. Radnitzky (Hrsg.), *Handlexikon zur Wissenschaftstheorie*. dtv Wissenschaft, 4586 (S. 82–86). München: Deutscher Taschenbuch-Verl.

Porombka, S. (2006). *Kritiken schreiben. Ein Trainingsbuch*. UTB, 2776. Konstanz: UVK.

Prexl, L. (2015). *Mit digitalen Quellen arbeiten. Richtig zitieren aus Datenbanken, E-Books, YouTube und Co*. UTB, 4420. Paderborn: Schöningh.

Redman, P., & Maples, W. (2011). *Good essay writing. A social sciences guide* (4. Aufl.). Los Angeles: SAGE.

Ripfel, M. (1998). Fachtextsorten der Wissenschaftssprachen II. Die wissenschaftliche Rezension. In L. Hoffmann, H. Kalverkämper & H. E. Wiegand (Hrsg.), *Fachsprachen – Languages for special purposes. Ein internationales Handbuch zur Fachsprachenforschung und Terminologiewissenschaft* (Bd. 1, S. 488–493). New York, Berlin: de Gruyter. 1. Halbbd.

Runkehl, J., & Siever, T. (2010). Zitieren und Belegen. In M. Gasteiner & P. Haber (Hrsg.), *Digitale Arbeitstechniken für die Geistes- und Kulturwissenschaften*. UTB, 3157 (S. 131–142). Köln: Böhlau.

Schenk, H. O. (2005). *Die Examensarbeit. Ein Leitfaden für Wirtschafts- und Sozialwissenschaftler*. UTB Arbeitshilfen Wirtschaftswissenschaften, 2657. Göttingen: Vandenhoeck & Ruprecht.

Schindler, K. (2011). *Klausur, Protokoll, Essay. Kleine Texte optimal verfassen*. UTB, Uni-Tipps, 3476. Paderborn: Schöningh.

Schneider, W. (2011). *Deutsch für Kenner. Die neue Stilkunde* (7. Aufl.). Serie Piper, 2216. München: Piper.

Seidenspinner, G. (1994). *Wissenschaftliches Arbeiten. Techniken, Methoden, Hilfsmittel, Aufbau, Gliederung, Gestaltung, richtiges Zitieren* (9. Aufl.). München: mvg. Schriften der Deutschen Studentenschaft

Standop, E., & Meyer, M. (2008). *Die Form der wissenschaftlichen Arbeit* (18. Aufl.). Wiebelsheim: Quelle & Meyer.

Stangl, W. (o. J. [nach 2004]). *Portfolio*. http://arbeitsblaetter.stangl-taller.at/PRAESENTATION/portfolio.shtml. Zugegriffen: 02.08.2017.

Stary, J., & Kretschmer, H. (1999). *Umgang mit wissenschaftlicher Literatur. Eine Arbeitshilfe für das sozial- und geisteswissenschaftliche Studium* (3. Aufl.). Darmstadt: Wiss. Buchgesell.

Stickel-Wolf, C., & Wolf, J. (2016). *Wissenschaftliches Arbeiten und Lerntechniken. Erfolgreich studieren – gewusst wie!* (8. Aufl.). Wiesbaden: Springer Gabler.

Theisen, M. R. (2002). *Wissenschaftliches Arbeiten. Technik, Methodik, Form* (11. Aufl.). WiSt-Taschenbücher Wirtschaftswissenschaftliches Studium. München: Vahlen.

Thiel, F., & Rost, F. (2001). Wissenschaftssprache und Wissenschaftsstil. In T. Hug (Hrsg.), *Einführung in die Wissenschaftstheorie und Wissenschaftsforschung*. Wie kommt Wissenschaft zu Wissen?, Bd. 4 (S. 117–134). Baltmannsweiler: Schneider-Verl. Hohengehren.

Turabian, K. L., Colomb, G. G., & Williams, J. M. (2010). *Student's guide to writing college papers* (4. Aufl.). Chicago guides to writing, editing, and publishing. Chicago: University of Chicago Press.

Wahrig-Redaktion (2011). *Deutsches Wörterbuch. Mit Lexikon der Sprachlehre* (8. Aufl.). Gütersloh: Wissenmedia-Verl.

Weber-Wulff, D. (2010). Copy + Paste = Plagiat? In M. Gasteiner & P. Haber (Hrsg.), *Digitale Arbeitstechniken für die Geistes- und Kulturwissenschaften*. UTB, 3157 (S. 111–122). Köln: Böhlau.

Weiß, C. (2000). *Professionell dokumentieren. Notizen, Protokolle, Berichte, Produktbeschreibungen, Web-Seiten texten und gestalten*. Beltz Weiterbildung. Weinheim: Beltz.

Werder, L. von (1993). *Lehrbuch des wissenschaftlichen Schreibens. Ein Übungsbuch für die Praxis*. Berlin: Schibri-Verl.

Werder, L. von (1995). *Grundkurs des wissenschaftlichen Schreibens*. Innovative Hochschuldidaktik, Bd. 10. Berlin: Schibri-Verl.

11 Die Vorbereitung und Durchführung eines größeren schriftlichen Projekts

► In diesem Kapitel soll ein größeres schriftliches Projekt, wie es beispielsweise eine Prüfungsarbeit darstellt, in allen Teilschritten von der Planung, über Recherche und Exposé bis hin zur Endkorrektur erläutert werden. Dazu werden die im Kap. 10 erläuterten Grundlagenkenntnisse in der Darstellung vertieft und weitere Probleme angesprochen, die auftreten können: Manchmal geht die Schreibarbeit nicht wie gewünscht voran, deshalb finden Sie auch Tipps zur Vermeidung von „Arbeitsfallen". Aber auch Fragen zu der Betreuerwahl oder zu formalen Dingen wie zur Anlage von Literatur- und Inhaltsverzeichnissen werden beantwortet.

11.1 Ohne Planung geht es nicht!

Zu Beginn des 10. Kap. habe ich dargestellt, dass Studierende die Vielzahl der Arbeitsgänge nicht kennen, die sich in der schriftlichen Bearbeitung eines Themas verbergen. Kruse gibt in der älteren Fassung seines Buches dazu einen hilfreichen Überblick (vgl. Abb. 11.1).

Es muss allerdings an dieser Stelle ausdrücklich dem Irrtum vorgebeugt werden, dass diese analytische Strukturierung in der Praxis unbedingt in dieser Reihenfolge abzulaufen hätte! Nicht einmal idealtypisch kann diese Abfolge eingehalten werden, *weil viele Entscheidungsprozesse und Arbeitsschritte Anpassungen oder gar Revisionen vorheriger Arbeitsergebnisse erfordern.* Die Abfolge macht zwar analytisch Sinn, doch wer weiß schon zu Beginn seiner Arbeit, „wie ergiebig das Thema sein wird, wie viel Forschung schon vorhanden ist, welche Ziele man sinnvollerweise avisieren kann, mit wie vielen Problemen man konfrontiert werden wird und ob man sie wird lösen können" (Kruse 1995, S. 156).

F. Rost, *Lern- und Arbeitstechniken für das Studium*,
DOI 10.1007/978-3-658-17626-6_11

Orientierungs- und Planungsphase
1. Themensuche und erste Planung
2. Thema erkunden: eigenes Wissen aktivieren, Befragungen, weitere Informationsquellen
3. Erste Literatursuche
4. Thema eingrenzen
5. Projektart festlegen
6. Festlegen von Fragestellung/Methodik und Vorgehensweise
7. Exposé

Recherche und Materialbearbeitung
8. Systematische Literatursuche: [Recherchieren und] Bibliografieren
9. Beschaffen der Literatur in verschiedenen Bibliotheken, Buchläden oder Archiven (Fernleihe)
10. Quellen- oder Datensammlung
11. Lesen und Exzerpieren/Auswerten der Literatur/Quellen entsprechend Methodik und Fragestellung

Strukturieren des Materials
12. Strukturieren des Materials: ordnen, klären, differenzieren, belegen
13. Erarbeiten einer Gliederung

Rohfassung
14. Formulieren der Rohfassung
15. Rückwirkende Veränderung der Struktur

Überarbeitung
16. Edieren nach rotem Faden: Vollständigkeit, Überleitungen, Konsistenz, „Tempo des Textes"
17. Edieren nach wissenschaftlichen Standards: Logik, Begrifflichkeit, Anmerkungsapparat, Quellen- und Literaturverzeichnisse
18. Edieren nach sprachlichen Gesichtspunkten: Satzstruktur, Ausdruck, Adjektive, Metaphern

Korrektur
19. Korrekturlesen (evtl. durch Dritte): Eliminieren grammatikalischer und orthografischer Fehler, Überprüfen von Verweisen, Zitaten, Quellen
20. Reinschrift
21. Endkorrektur

Abb. 11.1 Überblick über notwendige Arbeitsschritte in umfangreicheren wissenschaftlichen Schreibprojekten. (Quelle: Kruse 1995, S. 157 f.; Einfügung: F. R.)

Umberto Eco (2010, S. 140 f.) beschreibt dieses Paradox augenzwinkernd, indem er ausführt, dass am Anfang jeder schriftlichen Arbeit der Titel – also das Thema – festgelegt wird, dann die Einleitung und das Inhaltsverzeichnis geschrieben werden müssen; dennoch mache dies jeder Wissenschaftler zu guter Letzt! Doch wie bei den Vorbereitungen für eine längere Reise, *müsse* man ein Ziel auswählen und ansteuern wollen, sich einen Überblick verschaffen und sich informieren, Etappen festlegen usw., auch wenn man sich dann verfährt und hinterher woanders ankommt. Wenn die Examensarbeit keine „Reise ins Blaue" werden soll, bei der man sein blaues Wunder erleben kann, sei es notwendig, einen klar umrissenen *Arbeitsplan* bestehend aus Titel, Inhaltsverzeichnis und Einleitung zu entwickeln, bevor man die anderen Teile bearbeitet (und zu guter Letzt den Titel revidiert, das Inhaltsverzeichnis anpasst sowie die Einleitung neu schreibt).

Ja, mach' nur einen Plan,
sei nur ein großes Licht
und mach dann noch 'nen zweiten Plan
gehn tun sie beide nicht . . . ,

heißt es bei Bertolt Brecht im „Lied von der Unzulänglichkeit menschlichen Strebens". Dieses Gefühl kennen auch viele Studierende, die trotz ernsthafter Planungsanstrengungen schon bei kleineren Projekten gescheitert und nun der irrigen Auffassung sind, dass Planung überflüssig sei. Wie in Kap. 6 ausgeführt, hängt dies zum einen mit *mangelnder Erfahrung* zusammen, den individuellen Zeitaufwand für einzelne Arbeitsschritte richtig einzuschätzen und zum anderen mit *unrealistischen Planungen*, bei Schreibprojekten meistens mit einem zu breit angelegten Thema oder einer unpräzisen Themenstellung. Werkeln Sie bitte nicht einfach vor sich hin in der vagen Hoffnung, dass aus dem Quellenmaterial schon eine Fragestellung aufscheine und sich Ihr Thema bei der Bearbeitung einstelle. Angesichts der Materialfülle in den Bibliotheken und im Internet kann man endlos recherchieren und lesen oder am eigenen Text feilen. Ohne Plan werden Sie viel mehr Zeit aufwenden müssen, wobei Ihr Arbeitsergebnis durch den größeren Zeitaufwand nicht unbedingt besser sein wird, als wenn Sie sachlich und zeitlich ein Ziel ansteuern.

11.2 Die Orientierungs- und Planungsphase

11.2.1 Die Themenwahl und das Exposé

Sich selbst ein Thema für eine wissenschaftliche Arbeit zu stellen, fällt vielen schwer, besonders wenn es daran geht, das Thema für eine notenrelevante Examensarbeit auszuwählen. Denken Sie möglichst frühzeitig, d. h. schon etwa ein Jahr vorher, über mögliche Themen nach und beachten Sie dabei Ihre (methodischen) Kenntnisse sowie Ihre (eher theoretisch oder praktisch ausgerichteten) Interessen. *„Das Thema soll den Interessen des Kandidaten entsprechen"*, lautet die erste von vier Faustregeln Ecos (2010, S. 14) zur Themenwahl. Wenn Sie Ihren Gegenstand frei wählen dürfen, so sollten Sie auf Ihre bisherigen Studieninhalte achten und das Thema aus einem Bereich aussuchen, in dem Sie einige Vorkenntnisse mitbringen. Dürfen Sie Ihr Thema selbst bestimmen, sollten Sie diese Freiheit auch wahrnehmen, denn so können Sie Ihre bisherigen Interessengebiete kontinuierlich ausbauen und müssen sich nicht – noch dazu unter Zeitdruck –

in eine andere Thematik einarbeiten. Fragen, die Ihnen bei der Themenwahl behilflich sein können, finden Sie in Abschn. 10.3.

Ob Sie nun Ihre Themenstellung frei wählen können oder sie Ihnen vorgegeben wird: In beiden Fällen geht es erst einmal darum, *das Thema zu analysieren und in Bestandteile zu zerlegen.* Dieser Reflexionsprozess der Themenanalyse muss weiter intensiviert werden, indem eine erste Literatursuche erfolgt, bei der Sie einen *Überblick* zur Struktur des Gegenstands und zur Materiallage zu gewinnen trachten. Diese Ausgangsrecherche, die Sie am besten auf dem PC als eigene Textdatei bzw. in ihrem Literaturverwaltungssystem dokumentieren sollten (s. Abschn. 5.3.1), ist erst einmal wichtiger als die sofortige Lektüre der gefundenen Texte. Finden Sie wenig oder gar nichts, beherrschen Sie entweder die Recherchetechniken nicht ausreichend (s. Kap. 8), haben nicht mit den adäquaten Fachtermini bzw. in den falschen Datenbanken/OPACs gesucht – oder Sie haben eine Forschungslücke entdeckt. Für eine Examensarbeit würde ich allerdings davon abraten, ein Thema zu wählen, für das die Materiallage allzu „dünn" ist, weil zur Bearbeitung eines bisher kaum bearbeiteten Themas echte Forschungsarbeit vonnöten wäre und die braucht mehr Zeit als einem gewöhnlich für eine Examensarbeit zugestanden wird.

Auf der anderen Seite gibt es auch ganz praktische Dinge zu überlegen. So hat es beispielsweise keinen Zweck, über Schülerbeurteilungen anhand von Schülerakten eine Arbeit schreiben zu wollen, wenn man von der zuständigen Behörde keine Erlaubnis zur Akteneinsicht erhält. Ob Sie nun eine Aktenanalyse durchführen, Interviews auswerten oder eine reine Literaturarbeit schreiben wollen, hat nicht nur methodische Konsequenzen, sondern beinhaltet eben auch praktisch zu lösende Herausforderungen („Wie erhalte ich die Erlaubnis, an die gewünschten Akten heranzukommen?", „Wie ist der Datenschutz in meiner Arbeit zu gewährleisten?", „Wie finde ich geeignete Interviewpartner?", „Wieviel Zeit braucht die Transkription von offenen Interview?" etc.). Faustregel zwei lautet deshalb bei Eco (2010, S. 15): *„Die Quellen, die herangezogen werden müssen, sollen für den Kandidaten auffindbar sein,* d. h. sie müssen ihm tatsächlich zugänglich sein."

Manche Studierende wollen gern ein „exotisches" Thema bearbeiten. Hierzu stellt sich die Frage, die auch viele Wissenschaftler(innen) angeht: Kann z. B. jemand, der kein „Latein" beherrscht, verlässlich mit mittelalterlichen Handschriften als Quellen arbeiten, können europäische Ethnografen ohne Kenntnis der Landessprache über einen Stamm in Neuguinea zuverlässige Informationen sammeln? – Eco (2010, S. 70) geht sogar so weit, dass er z. B. übersetzte Literatur nur als *Hilfsmittel* gelten lässt, als Prothesen „wie das künstliche Gebiß oder eine Brille", somit s. E. entsprechende *Sprachkenntnisse* erforderlich sind, um die Quellen *im Original* lesen zu können. Dementsprechend lautet seine dritte Faustregel: *„Der*

Kandidat soll mit den Quellen umgehen können, d. h. sie müssen seinem kulturellen Horizont entsprechen" (Eco 2010, S. 15).

Wenn Sie eine ungefähre Vorstellung von Ihrem Thema gewonnen haben, sollten Sie sich Gedanken machen

- zu einer präzisen Themeneingrenzung, die später meist durch den Untertitel ihrer Arbeit deutlich wird,
- zu Ihrer Fragestellung und – damit zusammenhängend –
- zur Methodik und dem Typ der Arbeit, die Sie vorhaben.

Kruse (1995, S. 170) unterscheidet, je nach dem Schwerpunkt der Tätigkeit, theoretische/logische Projekte von solchen, die auf Lesen, auf selbst erhobenen empirischen Daten, auf einer Quellenauswertung, auf eigener Erfahrung bzw. auf praktischer Anwendung beruhen.

Bleibt es bei dem ins Auge gefassten Thema, ergeben sich meist schon Fragen, die auch über die W-Fragen (Wer? Was? Wie? ...) systematisch generiert werden können (s. Abschn. 7.4). Genieren Sie sich dabei bitte nicht: Es gibt keine „dummen" Fragen; nur wer Fragen stellt, kann Forschungsfragen erzeugen. Ausgangspunkte sind beispielsweise folgende Fragen:

- Was ist der Gegenstand meines Themas?
- Aus welchen Teilen setzt sich mein Thema zusammen und wie sind diese miteinander verbunden?
- Inwieweit ähnelt mein Thema anderen und worin unterscheidet es sich von den anderen Themen?
- Ließe sich mein Thema ändern, und wenn ja, in welche Richtung?
- Welchen Stellenwert hat mein Thema und in Bezug worauf (Wissenschaft/Praxis)? (vgl. von Werder 1998, S. 43).

Aus diesen erzeugten bzw. sich daraus ableitenden Fragestellungen suchen Sie diejenigen heraus, die Sie für wesentlich und interessant halten oder die Sie – trotz Ihrer Vorkenntnisse – *nicht* sofort beantworten können. Diese könnten die „Forschungs"-Fragen darstellen, denen Sie weiter nachgehen.

Wichtig ist die Berücksichtigung des Zeitrahmens und der gestellten Anforderungen, die sehr verschieden sein können. Da der geforderte Seitenumfang und die vorgesehene Bearbeitungszeit für Prüfungsarbeiten stark variieren (für Bachelor-Arbeiten von maximal 25 bis maximal 100 Seiten – bei einem Mittelwert von 30–60 Seiten, je nachdem, ob eine oder zwei Arbeiten in der Studienordnung vorgeschrieben sind – und 6–12 Wochen, je nachdem, wie viele Leistungspunkte für diese Arbeit[en] vorgesehen sind – im Mittel 10 *credit points* – vgl. Samac et al. 2009, S. 21), müssen Sie auch sehr genau überlegen, wie das Thema einzugrenzen ist und ob die gewählte Fragestellung in der Kürze der Zeit seriös bearbeitbar ist.

Eine *Themeneingrenzung* lässt sich erreichen, indem man beispielsweise

- einen Aspekt auswählt (die motorische Entwicklung im dritten Lebensjahr),
- eine räumliche/zeitliche Eingrenzung vornimmt (in Deutschland von 1900–1914),
- die Quellen einschränkt (im Spiegel der amerikanischen Forschungsliteratur),
- eine Spezialisierung in Bezug auf die Betrachtungsebene vornimmt (aus ethnomethodologischer Sicht),
- einen Schwerpunkt setzt (unter besonderer Berücksichtigung des Frühwerks von Goethe) oder
- ein Beispiel bzw. Anwendungsfeld in den Vordergrund rückt (vgl. Kruse 1995, S. 167 ff., 2007, S. 126; Frank et al. 2007, S. 30 f.).

Zur Themeneingrenzung sollten Sie aber schon – dank Ihrer Vorarbeiten und Vorkenntnisse – einen hinreichenden Überblick über die Materiallage haben (z. B.: „Was für einschlägige Literatur zum Thema gibt es?“).

Mit der Fragestellung und der Materiallage verbunden ist auch die *Reflexion der Projektart* und der *methodischen Vorgehensweise*. Wer meint, mit einer empirischen Arbeit der Literaturrecherche und vor allem dem Lesen von Texten entgehen zu können, um ausschließlich seinen Interview-Leitfaden zu entwickeln, seine Probanden zu befragen und die Interviews anschließend darzustellen, der hat sich geirrt, weil der bisherige Forschungsstand darzustellen, das methodische Vorgehen zu begründen und die eigenen Untersuchungsergebnisse mit denen ähnlicher Untersuchungen zu vergleichen sind. Dazu müssen Sie theoretische Literatur und vergleichbare empirische Untersuchungen recherchiert und gelesen haben sowie kurz und prägnant interpretieren können. Für empirische Projekte sollen Sie sich zudem während des Studiums fundierte Methodenkenntnisse angeeignet haben. Wer kein Interesse an Empirie hat, noch nie mit einem Datenanalyse-Programmpaket (z. B. PSPP) oder einer Software für qualitative Daten- und Text-Analyse (z. B. MAXQDA) gearbeitet hat, sollte (zu diesem Zeitpunkt) keine empirische Arbeit beginnen. Insofern gilt Ecos Faustregel vier: „*Die methodischen Ansprüche des Forschungsvorhabens müssen dem Erfahrungsbereich des Kandidaten entsprechen*“ (Eco 2010, S. 15).

Haben Sie

- Ihr Thema gefunden und so eingegrenzt, dass es in der Ihnen zur Verfügung stehenden Zeit bearbeitbar erscheint,
- die Material- und Forschungslage recherchiert,
- über die Art der Arbeit entschieden (z. B. Literaturarbeit oder empirisches Projekt),
- Ihre Fragestellung entwickelt und das dazu notwendige methodische Vorgehen reflektiert,

dann sollten Sie Ihre Ideenskizze zu einem *Exposé* erweitern (vgl. Abb. 11.2), das bestehen sollte aus

- dem Arbeitstitel,
- einer provisorischen Einleitung, in der der Ausgangspunkt, die eingegrenzte Fragestellung, die Materiallage und die Zielsetzung der Arbeit erläutert werden,
- der vorläufigen Gliederung (= Inhaltsverzeichnis ohne Seitenzahlen) und
- einem realistischen Zeitplan, der auch Zeitpuffer für Unvorhergesehenes einkalkuliert.

- *Problem:* Welches theoretische, praktische, empirische, soziale, politische Problem ist Ausgangspunkt der Arbeit?
- *Stand der Forschung:* Welche Erkenntnisse liegen bisher vor und wie soll sich der eigene Beitrag auf diese Erkenntnisse beziehen?
- *Wissenslücke:* Welches Wissen fehlt?
- *Erkenntnisinteresse:* Was motiviert Sie zu dieser Arbeit? Welche Relevanz hat die Beschäftigung mit dem Problem? Warum sollte die Wissenslücke geschlossen werden?
- *Fragestellung:* Wie lautet die Forschungsfrage, auf die die Arbeit eine Antwort liefern soll?
- *Zielsetzung:* Zu welchem Ziel soll die Arbeit führen?
- *Eigene theoretische Position:* Auf der Basis welcher Theorie wollen Sie die Fragestellung bearbeiten?
- *Methodisches Vorgehen:* Welche Arbeitsschritte und welche Vorgehensweisen sollen zu einer Lösung führen? Welche Methoden sollen eingesetzt werden? Wie werden die Daten ausgewertet?
- *Vorarbeiten:* Welche bisher geleisteten Arbeiten können in die neue Arbeit eingehen? Was haben Sie alles bereits untersucht, geschrieben, ausprobiert? Wie ist die Arbeit dadurch vorstrukturiert?
- *Quellenlage:* Welche Quellen gibt es und welche davon sollen bearbeitet werden?
- *Umfang der Material- oder Literaturrecherchen:* Welche Grenzen sollen in der Literatur- oder Quellenarbeit eingehalten werden?
- *Vorläufige Gliederung:* Wie könnte das Material in einer Gliederung strukturiert werden?
- *Zeitplan:* Bis wann sollen die wichtigsten Etappen der Arbeit getan sein? Wann wird sie vollendet sein? Welche äußeren Faktoren können dabei eine Rolle spielen?
- *Benötigte Mittel:* Welche Unterstützung brauchen Sie für die Arbeit?Welche Sachkosten, Personalkosten, Reisemittel und Anforderungen an Beratung und Anleitung werden anfallen?

Abb. 11.2 Analytischer Leitfaden für mögliche Bestandteile eines Exposés. (Quelle: Kruse 2007, S. 135 f.)

Schreiben Sie Ihr Exposé in der festen Absicht, dass es lediglich der Orientierung und Planung dient. Diesen „Aufriss der Arbeit" sollten Sie dem Ihnen zugewiesenen Betreuer (= Erstgutachter) bzw. der von Ihnen gewählten Betreuerin (= Erstgutachterin) *schriftlich* zur Kenntnis bringen.

11.2.2 Betreuung und Beratung

Völlig ungeschminkt berichtet Krämer (1995, S. 2 f.) von den Zuständen in den Massenfächern an unseren Hochschulen. Diese sind mit der Umstellung auf Bachelor und Master nicht besser geworden. Für Examensarbeiten benötigen Sie Erst- und Zweitgutachter(in), wobei die Erstgutachterin bzw. der Erstgutachter die Arbeit zu betreuen hat. An einigen Hochschulen werden Thema und Betreuer zugelost, da hat man keine Wahl. Haben Sie die freie Wahl, so sollten Sie sich Ihre Entscheidung reiflich überlegen, eventuell Absolvent(inn)en befragen, wie diese die Betreuung empfunden haben.

> Kein Hochschullehrer ist wie der andere, einige kümmern sich um ihre Schützlinge wie um ihre Kinder, andere kennen deren Namen nicht. Einige halten Fußnoten für den Inbegriff der Wissenschaft, anderen sind dergleichen Formalien egal. Einige bestehen auf einer erschöpfenden Würdigung der Literatur, andere schätzen eher Kreativität. Wie unter den Studierenden gibt es auch unter Hochschullehre[r]n Pedanten und Chaoten, es gibt Professoren, die freche und aufmüpfige Studenten schätzen, während andere großen Wert auf Hierarchie und äußerliche Achtung legen; die Charaktere sind hier wie überall im Leben sehr verschieden. Deshalb kann es durchaus wichtig werden, ob man selbst vom Typ her zu seinem Betreuer passt (Krämer 2009, S. 20 f.).

Insofern sollten Sie sich jemanden suchen, den Sie schon aus Lehrveranstaltungen kennen und für Ihre Arbeit förderlich finden. Die Entscheidung zur Betreuerwahl ist immer ein Risiko, denn angesichts der Relevanz der Examensarbeit und der Kürze der Zeit kann man sich Konflikte kaum leisten.

Vor der Abgabe und Bewertung der Arbeit ist die Besprechung des Arbeitsvorhabens mithilfe des Exposés ein wichtiger Schritt zur Bewältigung der Schreibaufgabe. Hat sie bzw. er das vorher schriftlich zugesandte Exposé gelesen, so sollten Sie in einem Beratungsgespräch um Stellungnahme zum Thema, zur Themeneingrenzung, zur Fragestellung, zur Materiallage und zum methodischen Vorgehen einholen. Kruse (2007, S. 250 ff.) weist darauf hin, dass es *Pflicht* der Betreuenden ist (und kein Gnadenakt!), angenommene Arbeiten auch tatsächlich zu betreuen, wenngleich manche Lehrende durch die Vielzahl der Arbeiten überlastet sind. Lassen Sie sich nicht abwimmeln („Sie kriegen das schon hin!"), auch nicht mit Lob!

Stellen Sie fest, ob „Ihre" Betreuerin oder „Ihr" Betreuer Ihr Exposé wirklich gelesen und sich Gedanken zu ihm gemacht hat. Überlegen Sie sich *vor* dem Termin Fragen zu all den inhaltlichen Punkten Ihres Arbeitsplans, zu denen Sie selbst noch unsicher sind, und schreiben Sie sich diese auf. Haken Sie nach, wenn Sie vage Rückmeldungen erhalten oder Antworten nicht verstanden haben! Machen Sie sich während und gleich nach dem Gespräch Notizen zu den Rückmeldungen.

Sollten Sie später feststellen, dass Sie noch weiteren Beratungsbedarf haben, so lässt sich vielleicht manches in einer E-Mail klären; dennoch sollten Sie sich auch einmal in die Lage der Lehrenden versetzen, die manchmal auch zu Recht genervt sind von Anfragen, die einen Service erwarten, der über Beratung hinausgeht („Hallo, könnten Sie mir mal Ihren Aufsatz in Kopie schicken."). Bei allen „Macken" von Prüfern und Kandidaten hilft i. d. R. höflicher, respektvoller Umgang und die Orientierung an der wissenschaftlichen Arbeit.

11.2.3 Die Gliederung einer schriftlichen Arbeit

Ganz grob gliedert sich eine schriftliche Arbeit in drei Teile: *Einleitung, Hauptteil und Schluss.* An den Anfang gehört eine *Einleitung,* in der

- das Thema oft mithilfe eines sogenannten „Aufhängers" (Motto, Zitat zum Kernthema der Arbeit) in einen wissenschaftlichen Kontext eingebettet und vorgestellt wird
- der Titel der Arbeit und die Fragestellung erläutert und präzisiert werden
- das Erkenntnisinteresse und die Ziele der Arbeit beschrieben werden
- Eingrenzungen begründet und der Aufbau der Arbeit in den einzelnen Kapiteln skizziert werden (vgl. Sommer 2013, S. 49).

Die Funktion der Einleitung ist eine Einführung der Leser in die Arbeit. Das Einleitungskapitel muss am Ende des Schreibprozesses noch einmal gründlich überarbeitet werden (s. Abschn. 11.6). In der Einleitung sollen die Ergebnisse der Arbeit auf keinen Fall vorweggenommen werden, aber es muss sehr gründlich darauf geachtet werden, dass in der Einleitung nur Fragestellungen auftauchen, die auch wirklich bearbeitet wurden, und dass nicht mehr angekündigt wird, als am Ende herauskommt.

Einleitung und Schlusskapitel bilden einen Rahmen um den Hauptteil, weswegen hier die Ausführungen zum Schlusskapitel zuerst dargestellt werden. Auch das letzte Kapitel erfordert besondere Sorgfalt. Gerade unter dem Zeitdruck einer Examensarbeit sind viele am Ende mit ihren Kräften und ihrer Konzentration. In der Folge schreiben sie ein Schlusskapitel, das die Gutachter(innen) enttäuscht; teilweise auch, weil die Funktion und die Elemente jenes Kapitels unklar bleiben.

Aufgabe des *Schlusskapitels* (auch mit Zusammenfassung, Fazit oder Resümee betitelt) ist es, die Teilergebnisse des Hauptteils noch einmal stringent zusammenzufassen und zu diskutieren (*Ergebnispräsentation und -diskussion*): Was hat die Untersuchung der Fragestellung denn nun letztlich ergeben? – Dabei sollten die Vorannahmen, theoretischen und methodischen Entscheidungen aus der Einleitung kurz aufgegriffen werden, Bezüge zwischen den Teilergebnissen der einzelnen Hauptkapitel hergestellt und die Ergebnisse argumentativ gegen denkbare Einwände verteidigt werden. „[D]ie Feststellung, dass die Ergebnisse der Materialanalysen und [I]nterpretationen den theoretischen Annahmen komplett widersprechen und diese vielleicht sogar ad absurdum führen, ist natürlich kein zufrieden stellendes Fazit einer wissenschaftlichen Arbeit." (Sommer 2013, S. 69; Anpassungen: F. R.) Abgesehen von dem argumentativen Vertreten der eigenen Position können die Grenzen der Arbeit durchaus angesprochen werden und in einem Ausblick Forschungsfragen benannt werden, die Möglichkeiten der Weiterarbeit an diesem Gegenstand eröffnen.

Wie eingangs beschrieben, besteht eine wissenschaftliche Arbeit darüber hinaus aus einem mehr oder minder breiten und differenzierten *Hauptteil*, in dem z. B. der bisherige Forschungsstand dargestellt und kritisiert wird, die theoretischen Annahmen und methodischen Entscheidungen genauer ausgeführt sowie einzelne Aspekte Ihres Gegenstands in gesonderten Kapiteln abgehandelt werden. Für die Gliederung des Hauptteils einer schriftlichen Arbeit gibt es zahlreiche Möglichkeiten (vgl. dazu 1.–11. bei Eggeling 2000, S. 106 f.), etwa

1. vom Allgemeinen zum Besonderen (*deduktives* Vorgehen)
2. vom Besonderen zum Allgemeinen (*induktives* Vorgehen)
3. von einem Problem ausgehend über Hypothesen, Methodenwahl und -begründung, Datenerhebung und -interpretation zur Überprüfung der Theorie (*empirisch*)
4. vom zeitlich Älteren zum Neueren (*chronologisch*)
5. von heutigen Trends zu künftigen Problemlagen (*prognostisch*)
6. von einem Vergleich zweier oder mehrerer Fälle zu einer kritischen Wertung (*kritisch-vergleichendes* Vorgehen)
7. von den Wirkungen zu den Ursachen (*theoretisch erklärendes* Vorgehen)
8. von den Ursachen zu den Wirkungen (*wirkungsanalytisches* Vorgehen)
9. von Positionen über Argumente zu neuen Positionen (*diskursiv*)
10. von einem gleichwertigen Punkt zum nächsten (*reihendes* Vorgehen)

11. von einem Problem über Lösungsideen zu Entscheidungen und kritischen Auswertungen (*lern- und entscheidungsorientiertes* Vorgehen)

In der Praxis handelt es sich – mit Ausnahme von empirischen Arbeiten – oft um Mischformen aus mehr als einer der o. g. idealtypischen Gliederungsstrategien. Die Gliederung von empirisch-experimentellen Arbeiten folgt üblicherweise dem nachstehenden Textbauplan (vgl. D. H. Rost 2013, S. 29):

- Titel und Untertitel in deutscher und englischer Sprache
- Name der Verfasserin oder des Verfassers bzw. des Autorenteams
- Abstract (s. Abschn. 10.4.4) in deutscher und englischer Sprache
- *Theorieteil* mit
  - Darstellung der Ausgangslage (mit Herstellung der theoretischen Anschlussfähigkeit an den bisherigen Stand der Forschung und allgemeiner Problembeschreibung)
  - daraus abgeleiteter Forschungsfrage bzw. entsprechender Hypothesen
- *Methodenteil* mit Informationen zu
  - den Untersuchungsobjekten (z. B. Stichprobe, Kontrollgruppe)
  - den Variablen und der Operationalisierung des theoretischen Konzepts
  - dem Untersuchungsplan/-design der Studie
  - der Datenerhebung/Durchführung des Experiments
  - der Auswertung der Daten bzw. des Experiments
- *Ergebnisteil* mit wahrheitsgetreuer Darstellung der Resultate in Form von Tabellen und/oder Abbildungen nebst deren Erläuterung
- *Diskussionsteil* mit
  - einer zusammenfassenden Beantwortung der Forschungsfrage bzw. der Hypothesen
  - der Interpretation der Resultate und ihrer Einordnung in den im Theorieteil entwickelten Kontext
  - einer persönlichen Einschätzung der Ergebnisse und ihrer praktischen Implikationen
  - einem *Ausblick*, in dem ggf. Grenzen und kritische Punkte der eigenen Untersuchung angesprochen sowie weiterführende inhaltliche wie methodische Anregungen gegeben werden können.

Daran schließt sich das Literaturverzeichnis an sowie eventuell ein Anhang.

Wie nun kommt man zu einer sinnvollen Gliederung im Rahmen eines Schreibprojektes?

Dazu braucht es eine kreative *Ideenskizze* mit den Punkten

- Begriffsklärung,
- Strukturbildung mithilfe von Vermutungen (Hypothesen),
- der Sortierung und Verknüpfung von Ideen,
- dem Herstellen von Kohärenz durch die Sichtung, aber auch durch die Eliminierung von Ideen,
- Erzeugen einer Ordnung, um dem Schreibprozess eine Richtung zu geben und in einen wissenschaftlichen Kontext einzubetten (vgl. Murray 2009, S. 119).

Bringen Sie dazu die stichwortartig analysierten Bestandteile des Themas bzw. Ihre Fragen in eine geordnete Reihenfolge oder visualisieren Sie zentrale Merkmale am besten in einer Mindmap. Dies ergibt eine erste Ideenskizze. Wenn Sie diese Ordnung dann in Überschriften umformulieren (vgl. Abb. 11.3), haben Sie schon eine *erste Gliederung*.

Mit dieser sollten Sie auf jeden Fall noch *einmal* in die Sprechstunde der betreuenden Person gehen. Da es terminlich nicht immer einfach ist, die stark belasteten

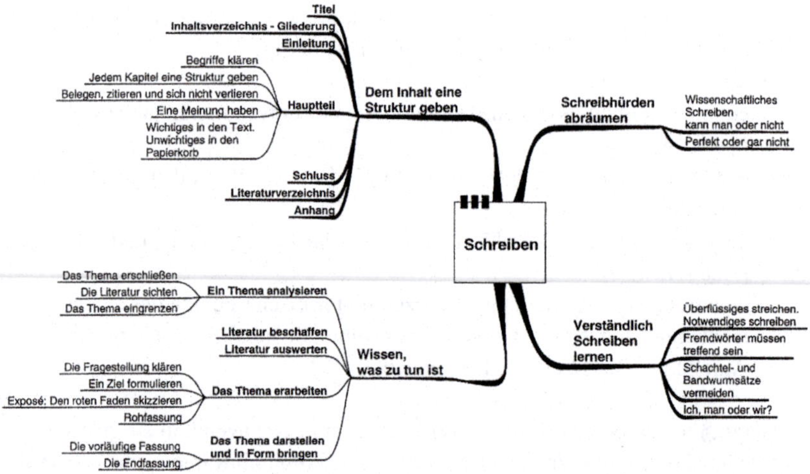

Abb. 11.3 Gliederung eines Textes mithilfe einer Mindmap. (Quelle: Franck 2013, S. 232)

Dozent(inn)en zu erreichen, können Sie die Arbeit in der Zwischenzeit natürlich nicht ruhen lassen, insbesondere wenn die Bearbeitungszeit schon läuft. Dennoch ist dieses Gespräch sinnvoll, da vor Abgabe der Arbeit noch gegengesteuert werden kann, z. B. wenn das Thema erkennbar zu breit angelegt ist. Nach dieser Beratung (s. a. Abschn. 11.2.2) sollten Sie die Ihnen schlüssigen Änderungen Ihres Konzepts vornehmen und die Gliederung überarbeiten.

Hilfreich ist es, wenn Sie die Gliederung beim Schreiben in der Nähe des Arbeitsplatzes aufhängen können: an einer Pinnwand oder an der Zimmertür. Es motiviert ungemein, wenn man die in Rohfassung geschriebenen Kapitel abhaken oder durchstreichen kann. Wenn der ganze Text „steht" und die Überschriften der einzelnen Kapitel formuliert sind, wird die Gliederung zu einem Inhaltsverzeichnis umgestaltet (s. Abschn. 11.8).

11.3 Die gründliche Recherche und Materialbearbeitung

Parallel zur Orientierungs- und Planungsphase ist eine weitere, gründliche Literatursuche im Internet erforderlich, und zwar vor allem in den Fachdatenbanken und OPACs, wie diese in Kap. 8 dargestellt ist. Selbstverständlich sollen Sie auch die Ressourcen „Ihrer" Hochschul-Bibliothek nutzen, aber zumindest für eine Examensarbeit müssen Sie trotz der Kürze der Bearbeitungszeit auch Quellen aus anderen Bibliotheken nutzen. Die Titel der gefundenen Literaturhinweise, die Schlagwortvergabe und eine möglicherweise vorhandene Zusammenfassung (Autorenreferat, Abstract) sind Anhaltspunkte für die Entscheidung, ob es sich lohnt, die im Internet nachgewiesene Quelle tatsächlich in einer Bibliothek zu bestellen, zu kopieren oder auszuleihen. Auch in dieser Phase ist es wichtig, Ihre *Arbeitsbibliografie* (am besten mithilfe eines Literaturverwaltungssystems wie Citavi oder Endnote) zu vervollständigen und Standorthinweise zur Quelle (Bibliothekssigel, Signaturen) zu notieren bzw. abzuspeichern. Wollen Sie die gefundene Literatur näher prüfen, dann kann per Internet (über KVK bzw. ZDB) festgestellt werden, welche Bibliothek die Monografie, das Sammelwerk bzw. den Jahrgang der entsprechenden Zeitschrift besitzt und wann das Exemplar dort entleihbar ist (Zeitschriftenhefte und -jahrgänge sind i. d. R. nicht ausleihbar, sodass die Aufsätze vor Ort in den Bibliotheken kopiert werden müssen.). Notfalls müssen Sie wichtige Aufsatzkopien bzw. Bücher über *Fernleihe* bestellen (s. Abschn. 8.4.4).

Können Sie die Literatur direkt vor Ort prüfen, sollten Sie den Aufsatz nur kopieren bzw. das Buch nur dann ausleihen oder im Lesesaal auswerten, wenn Sie nach der Relevanzprüfung (s. Abschn. 8.5) *in Bezug auf Ihr Thema* sicher sind, dass es sich um eine für Ihre Arbeit wichtige Quelle handelt. Unverzichtbare, noch liefer- und bezahlbare Bücher zu Ihrem Thema sollten Sie notfalls kaufen, da Ihnen das Bibliotheksexemplar nur für die Ausleihzeit zur Verfügung steht. Zudem müssen bei eigenen Büchern und Kopien nicht unbedingt Exzerpte angefertigt werden, sondern Sie können mit Markierungen, Randnotizen, Buchstreifen oder Haftnotizzetteln arbeiten, auf denen Sie Aspekte oder Stichworte zu bedeutsamen Textstellen notieren (s. Abschn. 9.4 und 9.5). Im Übrigen ist die für relevant erachtete Literatur *nicht etwa komplett durchzulesen* – dafür haben Sie gar keine Zeit –, sondern *auszugsweise in Bezug auf Ihre Fragestellung*. Für *empirische Arbeiten* müssen zu diesem Zeitpunkt ähnliche veröffentlichte Untersuchungen und Literatur zum methodischen Vorgehen gefunden und verarbeitet werden.

Das gelesene und *ausgewertete* Material wird nach den Aspekten der einzelnen geplanten Kapitel eben diesen zugeordnet. Einige Ratgeberautoren schlagen dazu vor, eine nach Schlagworten geordnete *Fundstellenkartei* zu führen, in der Sie die Belegangaben in Kurzform zu bestimmten Stich- bzw. Schlagworten notieren, um sich selbst das Wiederauffinden der Textstellen zu erleichtern. Hat man einen Computer zur Verfügung, kann man Fundstellen auch in der Literaturdatenbank eintragen und später danach suchen. Citavi, aber auch der elektronische Zettelkasten CUEcards, leisten hier gute Dienste (s. Abschn. 5.4 und Abb. 5.8). Abb. 11.4 zeigt eine Fundstellenkarteikarte, auch Schlagwort- oder Quellenkartei genannt, für ein konventionelles Verweissystem. Ohne Verweissystem fällt es schwer, den Überblick zu bewahren.

Fundstellenkartei (s. a. Materialsammlung)
Badry/Knapp/Stockinger 1993, S. 110
Schraeder-Naef 1994, S. 131–135
Rückriem/Stary/Franck 1997, S. 150 f.
Theisen 2002, S. 117–118 !! (Schlagwortkartei)
Pukas 2003, S. 185
Dahinden/Sturzenegger/Neuroni 2006, S. 105 ff.
Sesink 2010, S. 56f., 158, 173
weitere Einträge s. Rückseite!

Abb. 11.4 Konventionelle Fundstellenkarteikarte als Verweissystem

Wenn Sie die entsprechenden Bücher nicht selbst besitzen, sollte es zu jedem Kurzbeleg aus der Abb. 11.4 eine entsprechende *Literaturkarteikarte* geben, die die komplette bibliografische Angabe festhält (s. Abb. 5.5) oder einen entsprechenden Eintrag im Literaturverwaltungssystem. Jürg Niederhauser (2006, S. 12) empfiehlt eine „dynamische Projektablage" mithilfe eines Pultordners, in dem Notizen, Definitionskarten, Fundstellenhinweise, Exzerpte den einzelnen geplanten Kapiteln zugeordnet werden. Gleiches könnte mit Hängemappen realisiert werden. Sobald Sie die Gliederung Ihrer Arbeit ändern, sollten Sie auch Ihre Projektablage daran anpassen.

11.4 Die Rohfassung

„Aller Anfang ist schwer." Walter Krämer (1995, S. 4 f.) wählt den Vergleich mit dem Automotor, der erst einmal auf Betriebstemperatur kommen muss, um Höchstleistungen zu bringen. Aus diesem Grund rät er, Anlaufzeiten zu minimieren und *täglich* an der Arbeit weiterzuschreiben. Es sei für die Kreativität des Schreibprozesses besser, eine Woche kontinuierlich zu arbeiten und dann vielleicht eine Pause einzulegen, als jeden zweiten Tag zu pausieren (um Geld zu verdienen oder Lehrveranstaltungen zu besuchen). Nehmen Sie für die Zeit der Rohfassung „Urlaub" von anderen Verpflichtungen und setzen Sie sich an Ihren Schreibtisch. Wer beständig an seinem Thema arbeitet, spannt zudem sein Unterbewusstsein ein, denn die Hirnzellen und Synapsen lösen manchmal Probleme sogar im Schlaf. Das bekannte Beispiel von der geträumten Schlange, die die Entdeckung des Benzolrings bei Kekulé von Stradonitz beförderte, ist kein Einzelfall! Doch muss man mit seiner Arbeit und deren Fragestellungen schon eng verbunden sein, bis das funktioniert. Dieses „Warten auf eine Eingebung" kann quälend sein, wie es beispielsweise Albert Schweitzer schildert:

> In seiner Autobiografie „Aus meinem Leben und Denken" sowie später in seinem Bericht über „Die Entstehung der Lehre der Ehrfurcht vor dem Leben" gibt er sogar ein genaues Datum an. Er schreibt hier, wie ihm im September 1915 bei einer Fahrt auf dem Ogowe-Fluß nach einer Zeit langen vergeblichen Nachdenkens über die Möglichkeit einer Erneuerung der Kultur zum ersten Mal, ganz plötzlich, „wie ein Traum", die Idee der Ehrfurcht vor dem Leben gekommen sei: „Auf einer Sandbank, zur linken, wanderten vier Nilpferde mit ihren Jungen in derselben Richtung wie wir. Da kam ich, in meiner großen Müdigkeit und Verzagtheit plötzlich auf das Wort ‚Ehrfurcht vor dem Leben', das ich, soviel ich weiß, nie gehört und nie gelesen hatte. Alsbald begriff ich, daß es die Lösung des Problems, mit dem ich mich abquälte, in sich trug" [...] „Das eiserne Tor hatte nachgegeben; der Pfad im Dickicht war sichtbar geworden" (Bollnow 1988, S. 92; Auslassung: F. R.).

Als weitere wichtige Produktionsfaktoren neben dem Unbewussten nennt Krämer (1995, S. 5) „Elan und Begeisterung“ für die eigene wissenschaftliche Arbeit. Beides kommt vielleicht erst mit der Zeit, zumal dann, wenn man Thema und betreuende Person nicht frei wählen konnte. Doch auch Auftragsarbeiten können einen fesseln, wenn ein Zugang zum Thema gefunden ist, beispielsweise durch die Generierung von W-Fragen in Kombination mit problemstrukturierenden Begriffen: Worin besteht das *Problem* dieses Ansatzes? Welche *Voraussetzungen* sind in die Untersuchung einzubeziehen? usw. (s. Abschn. 7.4). – Auf der anderen Seite kommt es während des Schreibens an der Rohfassung immer wieder zu mehr oder minder schweren „Krisen“, in denen man an sich und seinem Thema zweifelt und nicht weiterkommt. Im Abschn. 11.5 sind einige typische „Arbeitsfallen“ dargestellt, die auch Wissenschaftler(innen) für diese Arbeitsphase kennen.

Fangen Sie mit der *Einleitung* an, mit dem festen und ernst gemeinten Vorsatz, diese zuletzt noch einmal zu schreiben. Zum Schluss sind Sie so eingearbeitet und haben auch einen besseren Überblick, wo Sie wirklich auf Ihrem Arbeitsweg angekommen sind, dass die zweite Fassung der Einleitung schnell neu geschrieben ist. Das Wissen um die Vorläufigkeit der ersten Fassung soll Ihnen einerseits die „Angst vor dem leeren Blatt“ (Kruse 2007) nehmen. Andererseits lässt Sie dieser Vorsatz hoffentlich ohne allzu große „innere Zensur“ Ihr Werk beginnen. In diesem Arbeitsstadium sollten Sie mithilfe Ihrer Gliederung als „rotem Faden“ Ihren Text möglichst kontinuierlich herunterschreiben, ohne Tippfehlern und Stil größere Beachtung zu schenken (vgl. auch Eco 2010, S. 190). Das (Wieder-)Lesen der passenden Fundstellen und das Schreiben sollten Sie miteinander verbinden, d. h. gelesene Passagen, die in die Thematik und Argumentation Ihrer Arbeit passen, an geeigneter Stelle als Paraphrase bzw. Zitat in Ihren Text einbauen (s. Abschn. 10.5), so lange das Gelesene noch frisch im Kopf ist. Außerdem verhindert die Abwechslung verhindert Monotonie. Ihre Arbeit muss *nicht* chronologisch von vorne nach hinten entstehen. Wenn Sie mit einem Kapitel Ihrer Arbeit nicht weiterkommen, weil Ihnen z. B. ein bestimmtes vorbestelltes Buch noch fehlt, so schreiben Sie an dem Kapitel weiter, das Ihnen zz. am meisten Freude bereitet bzw. an demjenigen, zu dem Ihnen ergiebiges Material vorliegt. Solch ein Arbeitsvorgehen lässt sich mit einem PC einfacher bewerkstelligen, weil die Rohfassung jederzeit überarbeitet werden kann, z B. Umstellungen vorgenommen oder redaktionelle Anmerkungen als sog. „verborgene Texte“ eingebaut werden können (die in der Tat durch Zeichenformatierung auf dem Bildschirm bzw. beim Ausdruck unterdrückt werden können – z. B.: ###zu undifferenziert! Noch mal mit Franck 2013 vergleichen!### oder: ###Zitat überprüfen, Seitenzahl fehlt!###), und nach denen gezielt gesucht werden kann (Suche: „###“). Natürlich ergeben sich mit der weiteren Bearbeitung immer wieder Abweichungen von den ersten Entwürfen.

Konzentrieren Sie sich auf Ihre Fragestellung bzw. Ihr Thema in seiner Eingrenzung, damit Sie nicht vom „Pfad“ abkommen. Um den Überblick zu bewahren, ist es hilfreich, Visualisierungstechniken (s. Abschn. 9.8.2) einzusetzen oder mithilfe von (Haft-)Notizzetteln an einer Tür oder (Pinn-)Wand die Gliederung der Abschnitte, die dazu wesentlichen Fragen bzw. Thesen der Arbeit zu veranschaulichen und bei Änderungen in der Reihenfolge die Zettel entsprechend umzugruppieren.

11.5 Arbeitsfallen

Neben den Störungen durch andere und eigenen Arbeitsvermeidungsstrategien gibt es jedoch noch „Arbeitsfallen“, die auch etlichen Wissenschaftler(inne)n vertraut sind. Ich habe ja schon in Kap. 1 darauf hingewiesen, dass für das Studieren und wissenschaftliche Arbeiten ein hohes Maß an Durchhaltevermögen und Frustrationstoleranz aufzubringen ist, weil viele wissenschaftliche Wege *Irrwege* sind. Heidegger verglich den Denk- und Forschungsprozess mit Holzwegen: Neues wird nur derjenige erkunden, der die breiten Wanderwege meidet und andere Pfade sucht, manchen Weg auch mehrfach geht. Dass es ein „Holzweg“ war, stellt sich erst im Nachhinein heraus. Keiner gerät absichtlich auf einen solchen. Hinterher ist man um einen Irrtum oder positiver: um eine Erfahrung reicher.

Oft hemmen auch ein zu hoher Selbstanspruch, mangelndes Selbstvertrauen oder überzogene Selbstkritik sowie übertriebener Perfektionismus (vgl. Sommer 2013, S. 110 ff.). Moser und Mickler (1994, S. 125–129) beschreiben drei typische „Arbeitsfallen“, die bei Schreibprojekten immer wieder auftreten:

- den „Toten Punkt“,
- das „Verlaufen“ und
- das „Festrennen“.

Beim „Toten Punkt“ einer Arbeit hat man den Eindruck des „rien ne va plus“: Man glaubt nicht mehr an seinen Forschungsgegenstand, an die Qualität und den Sinn dieser Arbeit. Vor allem zweifelt man an sich selbst, an den eigenen Fähigkeiten. Neben der nicht empfehlenswerten Radikallösung des Abbruchs der Arbeit gibt es eine Palette von Möglichkeiten, etwa den Kontakt zum Betreuer der Arbeit oder zu anderen Fachleuten zu suchen bzw. einen Termin bei der Studienberatung wahrzunehmen. Oft hilft es schon, wenn man sich den Frust von der Seele spricht. Dazu braucht es jemanden, der gut zuhören und dem man vertrauen kann. Häufig kommen einem bei solchen Monologen neue Ideen. Zumindest sollte die Zuhörerin oder der Zuhörer Sie emotional stärken. Manchmal hilft es auch, dieses Kapitel nicht zu Ende zu schreiben und ein anderes Kapitel zu beginnen. Eine gute Planung des Arbeitsvorhabens (s. Abschn. 11.1) und der Einsatz von Visualisierungen (s. Abschn. 9.8.2) bieten einige Gewähr dafür, dass sich solche toten Punkte nicht häufen bzw. sogar vermieden werden. Manchmal liegt durch zu übereiltes Starten noch keine ausgereifte Ideenskizze vor oder das Konzept enthält in sich erhebliche Widersprüche. Es fehlt noch die sog. „gute Gestalt“ (vgl. Keseling 2013, S. 208).

Beim „Verlaufen“ hat man den (Über-)Blick für das eigene Thema verloren. Es scheint auszuufern, die Arbeit scheint einen zu überfordern und so „wurstelt“ man an Nebenthemen herum, die einen vom eigenen (thematischen) Weg abbringen. Oft erlebt man die eigene Fragestellung als unbedeutender als die der Randthemen, die eigentlich ausgegrenzt werden sollten. Wenn Sie sich „verlaufen“ haben, ist es sinnvoll, sich auf den Ausgangspunkt Ihrer Arbeit zu besinnen sowie Ihren Arbeitsplan mit Fragestellung und Zielsetzung der Arbeit hervorzuholen, um zu sehen, was schon erledigt ist und wo man genau steht. Zudem sind auch hier Kontakte zu Fachleuten und emotional stärkenden Menschen eine wichtige Hilfe.

Beim „Festrennen“ lässt Sie ein Problem oder ein eher unwichtiger Teilbereich nicht mehr los. Das Problem bzw. der besagte Teilaspekt nimmt Ihre ganze Aufmerksamkeit ein, obwohl Ihnen selbst klar ist, dass es sich um einen „Nebenkriegsschauplatz“ handelt. Dennoch beißt man sich fest und grübelt und liest und grübelt und liest ... Manchmal steigert man den Aufwand bis zur Erschöpfung. – Hier helfen nur noch der Abbruch dieses Teils der Arbeit und das Fortfahren an anderer Stelle.

Gisbert Keseling (2013, S. 200–215) nennt noch Probleme mit dem Adressaten als eine weitere Ursache für Schreibblockaden: Schreiben ist für viele ein Monolog, obwohl wissenschaftliche Texte dialogischen Charakter haben: Sie sind *intertextuell dialogisch* in der Auseinandersetzung mit anderen Texten und *intratextuell dialogisch* mit dem Leser der Arbeit, indem mögliche Einwände gegen das Vorgehen oder die Argumentation von Schreibenden antizipiert werden (vgl. Thiel und Rost 2001, S. 122). Manche Studierende haben Probleme mit dem inneren Adressaten (was habe *ich* schon zu sagen, das haben andere doch schon viel besser gesagt) oder dem tatsächlichen Adressaten; damit, dass sie ihre Examensarbeit für gerade mal zwei Gutachter(innen) schreiben. Hat jemand Probleme mit dem inneren Adressaten, ist es erst einmal wichtig, die Hemmung zu überwinden und in Schreibfluss zu kommen, beispielsweise ohne Unterbrechung alles aufzuschreiben, was einem in den Sinn kommt. Bei diesem sogenannten „Free-Writing“ ist der Schreibprozess das Ziel, nicht der Text (vgl. Wolfsberger 2016).

Sicherlich ist es nicht motivierend, nur für zwei (evtl. gefürchtete) Personen zu schreiben; dieses Faktum sollten Sie allerdings ausblenden und sich stattdessen vornehmen, dass Sie Ihre Arbeit für eine konkrete Person Ihres Nahbereichs schreiben, die Ihre Fragestellung interessieren könnte. Treten Sie gedanklich in Verbindung mit ihr: Was würde sie Sie wohl fragen, wie können Sie ihr das Thema näherbringen? Bedenken Sie zudem: Diese Haus- oder Examensarbeit mag zwar eine schwere Belastung darstellen, ist jedoch auch eine Etappe auf Ihrem beharrlichen Weg, Ihrem angestrebten Ziel näherzukommen.

► **Tipp** Sollten Sie immer wiederkehrende *Schreibblockaden* bei sich selbst bemerken, so sollten Sie das Buch „Keine Angst vor dem leeren Blatt" (Kruse 2007), die hilfreichen Passagen bei Frank et al. (2007, S. 88–98) oder den Aufsatz von Keseling (2013) lesen sowie entsprechende Angebote der Studienberatung oder Schreibwerkstätten nutzen. Ungewöhnlich, kreativ und ermutigend ist das Buch „Frei geschrieben" von Judith Wolfsberger (2016).

11.6 Die Überarbeitung

Steht die Rohfassung, sollten Sie *auf jeden Fall* Ihr Manuskript überarbeiten. Wichtig ist, dass auch für Dritte in der Arbeit ein „roter Faden" erkennbar wird. Wechseln Sie also die Perspektive und fragen Sie sich, ob die Arbeit *aus der Sicht der Adressaten* (vor allem der späteren gutachtenden Personen!) verständlich ist. Dabei kommt es erst einmal auf Transparenz und Nachvollziehbarkeit an, also

- ein systematisches und für andere nachvollziehbares Vorgehen,
- das Schließen von etwaigen Argumentationslücken,
- das Schreiben von überblicksartigen Einleitungen für die einzelnen Kapitel,
- das Zusammenfassen von Ergebnissen am Ende eines jeden Hauptkapitels sowie
- das Schreiben von Überleitungen zum folgenden Abschnitt Ihrer Arbeit.

Sollten einige Textteile in Ihrem Manuskript wie Fremdkörper wirken, sollten Sie ernsthaft erwägen, diese Passagen völlig zu streichen. Wenn sie Ihnen aus sachlichen Gründen unverzichtbar erscheinen, passen sie vielleicht an anderer Stelle besser. Solches Ausschneiden und an anderer Stelle wieder Einfügen ist mit einem Textverarbeitungsprogramm kein Problem. Zudem gibt es die Möglichkeit, Abschnitte aus dem Text herauszunehmen und als längeren *Paratext* in einer Fuß- bzw. Endnote zu verwenden. Danach sollten Sie, wie es Ihnen eingangs geraten wurde, noch einmal den *Titel* Ihrer Arbeit überdenken und eventuell im *Untertitel* Differenzierungen vornehmen. Nun ist es an der Zeit, die *Einleitung* neu zu schreiben.

In einem weiteren Schritt ist es wichtig, die Arbeit *in wissenschaftlicher Hinsicht* zu überprüfen, ob beispielsweise zentrale Begriffe eingangs definiert und relevante Behauptungen mit Quellenangaben und schlüssigen Argumenten belegt wurden. Da viele Wissenschaftler(innen) immer noch auf totaler Widerspruchsfreiheit wissenschaftlich gemachter Aussagen beharren, wäre eventuell auch dieses logische Problem zu reflektieren (vgl. dazu Brun und Hirsch Hadorn 2009, S. 193–295). Ob Sie das mit Wittgensteins Tractatus logico-philosophicus (§ 5.43: „Alle Sätze der Logik sagen daßelbe. Nämlich nichts.") pauschal erledigen oder es mit einer mehrwertigen Logik versuchen, hängt von Ihrem Problem ab. Darüber hinaus müssen sämtliche Zitate noch einmal auf ihre Zweckmäßigkeit und Richtigkeit geprüft werden. Die wissenschaftlichen Standards des Quellenbelegs und dazugehöriger bibliografischer Angabe (s. Abschn. 10.5), des Literaturverzeichnisses wie anderer Aufstellungen sollten jetzt angewendet und einheitlich gestaltet werden, wobei Vorgaben der Prüfer(innen) bzw. der Hochschule beachtet werden sollten. Fehlende Belege, die mit Blockaden (■) im Text kenntlich gemacht wurden, müssen nun aufgelöst werden. Dazu ist vielleicht auch noch Nacharbeit mithilfe des Internets bzw. an den Quellen erforderlich (s. Abschn. 8.1.3).

Stimmt die Arbeit nun im wissenschaftlichen Sinne, so sollte eine weitere Überarbeitung *in sprachlicher Hinsicht* erfolgen. Sätze sollten auf ihre grammatische Vollständigkeit und Richtigkeit geprüft werden. Überladene Sätze sind durch Kürzungen zu entrümpeln und Bandwurm-Sätze in mehrere zu teilen.

Wichtig ist nun, dass

- die Begriffe und Metaphern stimmen,
- Holprigkeiten, die durch lautes Lesen auffallen, geglättet werden,
- Sie Vollverben verwenden und
- Sie einige „anregende Zusätze" in Ihren Text einbauen (s. Abschn. 10.1.1).

Ein weiteres Problem kann im Umfang der Arbeit liegen. Wegen der Menge zu begutachtender Arbeiten lehnen manche Prüfer(innen) zu lang geratene Arbeiten ab. Fast jedem fällt es schwer, den Text, den man sich mühsam abgerungen hat, zu straffen und vielleicht ganze Teile davon in den „Papierkorb" zu werfen. Dennoch ist dieser Vorgang bei fast jeder Arbeit erforderlich, weil der Text dadurch meistens an Struktur gewinnt. Wesentliches Kriterium ist daher, den eigenen Text mit den Augen eines Fremden (z. B. einer gutachtenden Person) zu lesen und von den Zielen der Arbeit und den Überschriften ausgehend, die eigene Arbeit auf Fragen hin zu lesen (z. B.: Was ist die Kernaussage in diesem Abschnitt? Ist diese funktional für die Arbeit? Passen die Aussage des Abschnitts und die Überschrift zueinander?) und Abschweifungen für Kürzungen vorzumerken, indem solche Textteile (evtl. farblich) markiert oder als verborgener Text formatiert werden. Bei der Formatierung als verborgener Text werden diese Teile bei entsprechender Druckereinstellung nicht mitgedruckt. – Eventuelle Lücken oder fehlende Übergänge sind mithilfe von Sonderzeichen oder mit der WORD-Funktion „Neuer Kommentar" zu kennzeichnen („hier muss der Übergang nach der Kürzung überarbeitet werden!"). Je nachdem, wie viele Seiten gekürzt werden müssen, werden dann die verzichtbaren Teile abgeschätzt und wird beim Löschen mit *den* Textstellen begonnen, die am überflüssigsten erscheinen. Hierbei ist der PC wieder eine große Arbeitshilfe, weil zum einen diese Textteile in anderen Dateien aufbewahrt werden können, zum anderen, weil der aktuelle Umfang über die erweiterten Dokumenteigenschaften bei WORD präzise berechnet werden kann.

11.7 Das Literaturverzeichnis

Wenn Sie mit einem Anmerkungssystem (Fuß- *oder* Endnoten, s. Abschn. 10.5.4) arbeiten, in dem die von Ihnen verwendeten Quellen bei der ersten Verwendung in bibliografisch korrekter Vollbelegform genannt werden, so brauchen Sie eigentlich *kein* Literaturverzeichnis. (Es sei denn, es wird eines gefordert oder Sie wollen unbedingt eines erstellen.) – Zur amerikanischen Zitierweise „(Autor Jahr)" im Text gehört ein vollständiges Literaturverzeichnis, in dem – *alphanumerisch geordnet* – alle verwendeten Quellen stehen sollten, die von Ihnen zur Verfertigung Ihrer Arbeit herangezogen wurden. Wenn Sie die Literaturangaben maschinell mit dem PC sortieren wollen, empfiehlt es sich, die Literatur beginnend mit den *Verfassernamen* und nachgestellt deren Vornamen(sabkürzungen) zu tippen bzw. aus ihrem Literaturverwaltungsprogramm auszuwählen und in die Textdatei einzufügen. Bei der Arbeit mit einem Textverarbeitungsprogramm kann man entweder das Literaturverzeichnis in einer Extra-Datei speichern, also mit einer Textdatei (Text) *und* einer zweiten Textdatei (Literaturangaben) arbeiten oder aber mit einer Textdatei und zwei Ausschnitten bzw. „Fenstern" auf dem Monitor. Bei der Verwendung von *zwei* Dateien kann man schneller mit der Suchfunktion (Suche: XYZ) feststellen, ob eine Titelangabe schon für das Literaturverzeichnis erfasst wurde oder nicht. Der Vorteil *einer* Datei besteht dagegen darin, dass die Länge des Gesamtmanuskripts besser abgeschätzt werden kann, was wichtig ist, wenn der Umfang der Arbeit begrenzt ist.

► **Tipp** Beim Verfassen Ihres Textes sollten Sie auf jeden Fall immer dann, wenn eine neue Quelle in Ihrem Text Berücksichtigung findet, in die ebenfalls geladene Literatur-Datei oder in das andere Fenster wechseln und die Titelangabe dort *sofort* eingeben bzw. aus Ihrer Literaturdatenbank einfügen. So gehen Sie sicher, dass später keine bibliografische Angabe in Ihrem Literaturverzeichnis fehlt.

11.7.1 Zur Form und Reihung im Literaturverzeichnis

Jede Literaturangabe beginnt auf einer neuen Zeile. Ratsam ist eine „hängende" Formatierung, bei der die zweite und alle folgenden Zeilen zu dieser Titelangabe um einen halben Zentimeter (oder mehr) nach rechts eingerückt sind. (Wenn dadurch zu viel Platz verloren gehen sollte, kann man diese Formatierung jederzeit wieder ändern.) Diese Gestaltung des Literaturverzeichnisses erleichtert die Nachprüfung, ob alle Angaben vorhanden sind sowie die der Sortierfolge, welche sich in erster Linie nach den Nachnamen der angegebenen Verfasser bzw. Herausgeber samt ihren nachgestellten Vornamen(sabkürzungen) richtet.

BOTTE, Alexander (2008). … steht vor
BRACHMANN, Jens (2003). … steht vor
FRÖHLICH, Gerhard (o. J., ca. 2002). … steht vor
GOGOLIN, Ingrid (Hrsg.) (2011). … steht vor
HARVEY, Lee und Diana GREEN (2000). … steht vor
ZYMEK, Bernd (2011). …

Verwenden Sie zwei Veröffentlichungen eines Verfassers, die *beide im gleichen Jahr erschienen* sind, so müssen Sie im Text *und* im Literaturverzeichnis eine eindeutige Zuordnung zu der Titelangabe vornehmen, indem Sie an die Jahreszahl ein kleines „a" bzw. „b" usf. anhängen. Die im Text zuerst auftauchende Quelle erhält das „a", die zweite das „b" usf., siehe dazu den folgenden Ausschnitt für die Reihung nach Norm DIN ISO 690.

Beispiel für die Feinreihung in der Formatierung nach der Norm DIN ISO 690:

LUHMANN, Niklas (Hrsg.), 1981. … steht *vor*
LUHMANN, Niklas (Interviewter), 1985. … steht *vor*
LUHMANN, Niklas, 1995a. … steht *vor*
LUHMANN, Niklas (Hrsg.), 1995b. … steht *vor*
LUHMANN, Niklas, 1997. …

Solches Anhängen von klein a, b, c ist auch bei mehrbändigen Werken üblich, deren Bände alle in demselben Jahr erschienen sind. Im Text würde der erste auftretende Bezug also lauten: „… (vgl. LUHMANN 1995a, S. 23)".

In der Formatierung der DIN ISO 690 ginge die Feinreihung beispielsweise folgendermaßen weiter:

LUHMANN, Niklas und Peter FUCHS, 1989. Titel usw. …
LUHMANN, Niklas und Karl-Eberhard SCHORR (Hrsg), 1986. Titel usw. …
LUHMANN, Niklas und Karl-Eberhard SCHORR, 1988. Titel usw. …
LUHMANN, Niklas und Karl-Eberhard SCHORR (Hrsg.), 1990. Titel usw. …
LUHMANN, Niklas und andere, 1985. Titel usw. …

Gibt es Ko-Autoren oder Mitherausgeber, so folgen diese nach den Schriften, die der Soziologe Luhmann allein verantwortet (s. oben). Und zwar zuerst die mit nur *einer* weiteren beteiligten Person, *dann* die mit zwei Ko-Autoren bzw. Mitherausgebern und zuletzt die mit drei und mehr Beteiligten, wobei Letztere durch „und andere" (so die Norm DIN ISO 690) oder „[u. a.]" bzw. „et al." ersetzt werden *können* (s. Abschn. 10.5.6).

Verwenden Sie Schriften von zwei völlig gleichnamigen Verfassern (Vor- und Nachname), wie es im Abschn. 10.5.5 an dem Beispiel „Schulz, Wolfgang" aufgezeigt wurde, so müssen beide im Text und im Literaturverzeichnis mit zusätzlichen römischen Ziffern ausgewiesen werden: „Schulz [I] 1999" und „Schulz [II] 1995". Liegt nur beim Familiennamen Namensgleichheit vor, unterscheidet man bei der amerikanischen Zitierweise „Autor Jahr" auch im Text solche Personen durch die Angabe der Vornamensabkürzung:

… im Text (vgl. S. Freud 1971, S. 52) … weiterer Text … (vgl. A. Freud 1985, S. 7) …

Wenn Sie bei der Eingabe für das Literaturverzeichnis mit dem Nachnamen des Verfassers beginnen, müssen Sie die Titelangaben für die Rohfassung nicht ständig in die vorgeschriebene Feinordnung bringen. Für die Endfassung werden Sie ihre Titelangaben nach den unten erläuterten Kriterien wahrscheinlich noch einmal von Hand nachsortieren müssen, wenn Sie zu bestimmten Autorennamen mehr als ein Werk verwendet haben.

Sind *keine* Verfasser- oder Herausgebernamen ermittelbar, handelt es sich um sog. *anonyme Werke*. In solchen Fällen schreibt die Norm DIN ISO 690 von 2013 das Wort „Anonym" statt Namen vor. Nach anderen Zitierregelwerken werden die Sachtitel als Quellenbeleg im Text angegeben und im Literaturverzeichnis an der entsprechenden Stelle in die Reihung der Verfassernamen alphabetisch einbezogen, wobei „der, die, das" und unbestimmte Artikel (ebenfalls in allen Sprachen) zu Beginn des Sachtitels unberücksichtigt bleiben:

„… Text (vgl. Bundesbericht Forschung 2000, S. 284) … Text …"

und im Literaturverzeichnis:

BUNDESBERICHT FORSCHUNG 2000. Unterrichtung durch die Bundesregierung. Deutscher Bundestag, 14. Wahlperiode, Drucksache 14/4229 vom 04.10.2000.

► **Tipp** Achten Sie bei den Titelangaben auf eine einheitliche Form der Ansetzung, der Reihenfolge der Angaben und der Interpunktion zwischen den einzelnen Bestandteilen! Die Formatierung mit GROSSBUCHSTABEN und kursiv macht Arbeit und verbessert nicht wirklich die Qualität der Quellenangaben. Bedenken Sie schon bei der Titelaufnahme in Ihre Literaturkartei oder in Ihr Literaturverwaltungsprogramm, dass jede fehlende Angabe möglicherweise zusätzliche Recherchearbeit erfordert, indem Sie die bibliografischen Angaben noch einmal überprüfen und ergänzen müssen.

11.8 Das Inhaltsverzeichnis, weitere Verzeichnisse und das Erstellen eines Anhangs

Nachdem nun die schriftliche Arbeit steht, ist es sinnvoll, sich z. B. noch einmal die *Gliederung der Arbeit* anzuschauen sowie die Überschriften daraufhin zu prüfen, ob die darunter folgenden Ausführungen auch tatsächlich durch die Überschrift repräsentiert werden. Je nach Umfang der Arbeit müssen Sie sich spätestens jetzt darüber Gedanken machen, welche Abschnitte eher Unterkapitel darstellen und welches Ihre Hauptkapitelüberschriften sein sollen. Nachdem Sie die Kapiteltitel überarbeitet haben, gibt es bei der Arbeit mit einem der üblichen Textverarbeitungsprogramme, z. B. Microsoft-WORD, die Möglichkeit, die Kapiteltitel – ihrer hierarchischen Ebene (s. Abb. 11.5) entsprechend – zu formatieren, sodass beispielsweise jedes Hauptkapitel auf einer neuen Seite anfängt und eine 14-Punkt-Überschrift in VERSALIEN und KAPITÄLCHEN bekommt, während die Unterkapitelüberschriften (nach 24 Punkt Abstand) in halbfetter 12-Punkt-Schriftgröße formatiert werden. Vielleicht brauchen Sie noch eine dritte Ebene für Überschriften Ihrer Arbeit, die dann nach 12-Punkt-Abstand in kursiver 12-Punkt-Schrift formatiert werden könnten.

Viele handelsübliche Textverarbeitungsprogramme beinhalten eine Programmfunktion, mit der ein Inhaltsverzeichnis *automatisch* erstellt und auch aktualisiert

1 EINLEITUNG 3
2 PROBLEMSTELLUNG 7
  2.1 Bisherige Forschungslage 9
    2.1.1 Exkurs zur Untersuchung von XYZ 11
    2.1.2 ...
  2.2 Eingrenzung des Problems 13
...
  2.4 Forschungslücke 20
3 HYPOTHESEN UND MODELLBILDUNG 25
...
4 METHODE 30
...
5 DURCHGEFÜHRTE UNTERSUCHUNG 41
...
6 AUSWERTUNG UND ERGEBNISSE 66
...
7 DISKUSSION UND AUSBLICK 87
  7.1 Methode 89
  7.2 Ergebnisse 93

ANHANG
Literaturverzeichnis 99
Verzeichnis der Abbildungen 107
Verzeichnis der verwendeten Abkürzungen 115

Abb. 11.5 Inhaltsverzeichnis mit drei Gliederungsebenen

werden kann. Wenn Sie bei der Formatierung der Überschriften unter Formatvorlagen die verschiedenen Gliederungsebenen (Überschrift 1, Überschrift 2, Überschrift 3) berücksichtigt haben, können vom Programm außer den Seitenzahlen auch die entsprechenden Dezimalziffern der Gliederung errechnet und hinzugefügt werden (vgl. Abb. 11.5).

Darüber hinaus kann es erforderlich sein, dass Sie im Anhang z. B. den von Ihnen erstellten Fragebogen oder Ihre Tabellen und Abbildungen dokumentieren oder ein Abkürzungsverzeichnis erstellen müssen, z. B., wenn Sie die Zeitschriftentitel abgekürzt haben (s. Abschn. 10.5.5). Allgemein bekannte Abkürzungen wie „bzw.", „m. E." „z. B.", „Sp." (für „Spalte") müssen Sie aber nicht auflisten. Für studentische Arbeiten sind auch keine Register erforderlich. Doch für Prüfungsarbeiten fordern die Prüfungsordnungen i. d. R. eine eidesstattliche Erklärung, dass die Arbeit von einem selbst ohne Hilfe Dritter verfertigt wurde und keine anderen als die angegebenen Quellen Verwendung fanden. Den Wortlaut dieses Textes bekommen Sie im Prüfungsbüro Ihrer Hochschule. Manchmal ist auch ein tabellarischer Lebenslauf beizufügen. Solche Unterlagen gehören in den Anhang.

11.9 Die Endkorrektur

Als Nächstes ist ein *gründliches* Korrekturlesen erforderlich, das nicht nur der Beseitigung von Rechtschreib-, Zeichensetzungs- und anderen Tippfehlern (z. B. zwei Leerzeichen hintereinander) gilt. Hierbei kann die Rechtschreibkontrolle durch Textverarbeitungsprogramme eine Hilfe sein, doch *Vorsicht! Niemals die vollautomatische Rechtschreibkontrolle verwenden,* weil Sie sich dadurch sinnentstellende Fehler einhandeln können. Hilfreicher, aber auch noch nicht perfekt, ist der jeweils aktuelle „DUDEN-Korrektor PLUS". Im *halbautomatischen* Verfahren fährt der Computer die ihm unbekannten Wörter nacheinander an und fragt, ob das Wort so bleiben oder geändert werden soll. Schauen Sie sich dazu auf jeden Fall den jeweiligen Kontext an. Wenn Sie eine *falsche* Orthografie bei der Rechtschreibkontrolle in dem Textverarbeitungs-Wörterbuch abspeichern, bringen Sie Fehler in die Rechtschreibprüfung und diese fehlerhaften Worte werden gar nicht mehr angezeigt. Auf jeden Fall ist *zusätzlich* ein konventionelles Korrekturlesen erforderlich, um auch grammatische Fehler auszuräumen. Da man in eigenen Texten jedoch etliches übersieht, weil einem alles schon so vertraut ist und beim Lesen eine unbewusste Fehlerkorrektur abläuft, ist es am besten, wenn *zusätzlich* eine andere Person, die des Deutschen mächtig ist, die Endfassung sorgfältig Korrektur liest. Die von dieser Person gefundenen „Fehlerstellen" sollten Sie aber selbst noch einmal anschauen, bevor Sie Ihre Arbeit korrigieren, damit Sie sich nicht neue Fehler einhandeln.

Besondere Vorsicht ist bei Zitaten geboten! – Zitate sind von der Änderung der Rechtschreibung auszunehmen, denn sie sollen originalgetreu bleiben (s. Abschn. 10.5.1). Es kommt immer wieder vor, dass man selbst und Korrekturlesende die Anführungszeichen übersehen (z. B. bei Blockzitaten) und in Zitaten Verfälschungen vornehmen, so auch mit der automatischen Rechtschreibkontrolle. Deshalb sollten zum Schluss Zitate noch einmal überprüft werden und vor allem das Vorhandensein sowie die Richtigkeit aller Quellenangaben im Text, in den Fuß- bzw. Endnoten und im Literaturverzeichnis.

Ein weiterer Korrekturgang ist erforderlich, wenn die Schreib- und Gestaltungsregeln für die Textverarbeitung nach der Norm DIN 5008 (in der Fassung von 2011) nicht bekannt sind. Hierzu gehört beispielsweise, dass man nach einem Punkt ein Leerzeichen tippt, bevor sich der nächste Satz in einem Absatz anschließt. Zur DIN 5008 gibt es teilweise brauchbare Kurzfassungen im Internet. Genaue Informationen sind auch im neuesten DUDEN *Die deutsche Rechtschreibung* (2013, S. 97–118) zu finden (für Formelsatz, Abbildungen und Tabellen s. a. Krämer 2009, S. 73–97).

Schreibregeln und andere wichtige formale Hinweise

Das erste Wort einer Überschrift fängt immer mit einem Großbuchstaben an. Überschriften enden *nicht* mit einem Punkt, manchmal aber mit einem Ausrufe- oder Fragezeichen.

Interpunktionszeichen (, ; . : ! ?) werden in einem Text direkt an den ihnen vorausgehenden Buchstaben getippt. Nach dem Interpunktionszeichen folgt *ein* Leerzeichen.

Doppelte und einfache Anführungszeichen („...“, ‚...‘, »...«, ›...‹) und Klammern schließen Textteile direkt ein, d. h. *ohne* Leerzeichen, z. B.: „Zitat“ (Autor Jahr).

Trenn-, Binde- und Gedankenstrich sowie das Minuszeichen sind zu unterscheiden: Wenn Sie in einem Wort Silben trennen wollen, immer den *optionalen Trennstrich* (Strg-Taste + Bindestrichtaste) oder die Silbentrennfunktion des Textverarbeitungsprogramms verwenden! Dann sind nach Textergänzungen oder Formatierungsänderungen nur dort Trennstriche, wo sie auch wirklich sein sollen: an den Zeilenenden. – Bindestriche sind sparsam zu verwenden und werden mit der Bindestrichtaste *ohne* Leerzeichen zwischen die Wörter getippt (ADHS-Kind). Möchte man, dass an dieser Stelle keine Trennung erfolgt, setze man einen geschützten Bindestrich (Strg- + Shift- + Bindestrich-Taste). – Ein Gedankenstrich (Halbgeviertstrich) ist länger als ein Bindestrich und wird mit der Strg-Taste und dem Minuszeichen im Ziffernblock erzeugt. Vor und nach einem Gedankenstrich ist ein Leerzeichen einzugeben. Der Halbgeviertstrich wird auch dazu eingesetzt, um „gegen" bzw. „bis" zu ersetzen, z. B.: „In der Kontroverse Habermas – Luhmann …". Bei Von-bis-Angaben kommen dagegen *keine* Leerzeichen zum Einsatz, z. B.: „John Locke (1632–1704)", „S. 123–156", „§§ 34–37", „25,–€". – Für das Minuszeichen ist das Minuszeichen aus dem Ziffernblock zu verwenden: „5 − 3 = 2". Zwischen dem Minus (und Plus) als Vorzeichen kommt *kein* Leerzeichen: −15 °C.

Vor *und* nach einem Schrägstrich kommt im Allgemeinen *kein* Leerzeichen.

Vor Anmerkungsziffern steht *kein* Leerzeichen. Das Anmerkungszeichen steht, wenn sich die Anmerkung auf den vorangegangenen Halbsatz oder Satz bezieht, *hinter* dem Satzzeichen. Bezieht sich die Anmerkung auf ein bestimmtes Wort bzw. eine Wortgruppe steht das Anmerkungszeichen direkt hinter dem Wort oder der Wortgruppe (und damit evtl. *vor* einem Satzzeichen).

Anmerkungen enden mit einem Satzschlusszeichen, also in der Regel einem Punkt, manchmal einem Ausrufe- oder Fragezeichen. Dementsprechend beginnen sie auch mit einem Großbuchstaben: [3] Siehe DUDEN Deutsche Rechtschreibung, 24. Aufl., Fußnoten- und Anmerkungszeichen, S. 108.

Initialwörter (Akronyme, wie z. B. BGB, PC, LED) und Abkürzungen (z. B. „Sp." für Spalte) sind zu unterscheiden. Abkürzungen enden meist mit einem Punkt. Bei mehrgliedrigen Abkürzungen mit Punkten wird zwischen den Teilen eigentlich jeweils ein geschütztes Leerzeichen (Strg-Taste + Leertaste) gesetzt: „i. d. R.", „m. E.". Viele handhaben dies allerdings anders und lassen das *Leerzeichen* zwischen den Abkürzungsteilen weg: „z.B.", „u.U.", aber „usw.", „zz.". Nach der Abkürzung „S." für Seite kommt auf jeden Fall ein Leerzeichen: „S. 15"!

Nach Auslassungen, die mit drei Punkten kenntlich gemacht werden, oder einem Abkürzungspunkt kommt kein weiterer (Schluss-)Punkt.

Zwischen Zahl und Maßeinheit steht ein geschütztes Leerzeichen: 20 m², 98 %, 2 1/2 kg, 30 €, +3 °C. Zahl und Maßeinheit sollten ebenso wie Formeln in einer Zeile stehen.

Achten Sie darauf, dass Sie nicht nach jedem Satz mit der Enter-Taste einen neuen Absatz herstellen.

Bevorzugen Sie einen normalen Satzbau und bilden Sie vollständige Sätze. Beginnen Sie Sätze nicht mit „Und …“, „Denn …“ oder anderen Konjunktionen. Abkürzungen zu Beginn eines Satzes werden ausgeschrieben: „Zur Zeit läuft die Auswertung der Daten.“

Groß- bzw. Kleinschreibung nach einem Doppelpunkt: Folgt nach dem Doppelpunkt ein vollständiger Satz, wird der erste Buchstabe nach dem Doppelpunkt (und dem folgenden Leerzeichen) groß geschrieben.

Walter Krämer (2009, S. 181) empfiehlt dringlich, jede Arbeit zuletzt noch einmal daraufhin zu prüfen, ob

- die Nummerierung von Kapiteln, Abbildungen, Tabellen konsistent erfolgte,
- Kapitelüberschriften und solche zu kleineren Abschnitten identisch sind mit den im Inhaltsverzeichnis genannten (was gegeben ist, wenn Sie mit der automatischen Verzeichniserstellung eines Textverarbeitungsprogramms arbeiten),
- keine Kapitelüberschriften einsam und ohne Textzeilen unten auf der Seite stehen (sonst ist manueller Seitenwechsel erforderlich, der wiederum Textverschiebungen auf anderen Seiten nach sich ziehen kann, weshalb eine erneute Layout-Kontrolle mit Seitenansicht am Monitor durchgeführt werden sollte),
- zudem die Seitenangaben im Inhaltsverzeichnis und die internen Querverweise in der Arbeit stimmen,
- die verwendeten Quellen komplett, einheitlich aufgenommen und in richtiger Sortierfolge im Literaturverzeichnis zu finden sind.

Wenn die Endfassung nun steht, ist die Zielgerade erreicht: Der gespeicherte *Text* wird mit entsprechend breitem rechten Korrekturrand formatiert. Beachten Sie hierzu die Vorgaben des Prüfungsbüros bzw. die Wünsche der Gutachtenden. Mit der Trennhilfe wird nun erst die Silbentrennung manuell nach den neuen Rechtschreibregeln durchgeführt, und wenn die Seiten noch einmal mit dem Seitenlayout überprüft und eventuell von Hand noch einige Stellen nachgetrennt wurden, dann kann die Formatierung für den *Blocksatz* erfolgen. Nun sieht Ihre Arbeit schon fast wie ein gesetzter Text aus, wenn Sie Postscript-Schriften für den Satz verwendet haben. Nachdem der Satz über die Funktion „Ansicht 100 %“ noch einmal geprüft wurde, kann aus Microsoft-WORD heraus auch ein PDF erzeugt werden, damit auf jedem Drucker das Dokument sein gleiches Aussehen behält.

Danach kann die endgültige Fassung ausgedruckt werden. Die ausgedruckten Seiten sind noch einmal auf Vollständigkeit, insbesondere der Seitenübergänge und ein gutes Druckbild zu kontrollieren. Muss die wissenschaftliche Arbeit als Examensarbeit in mehrfacher Ausfertigung im Prüfungsbüro eingereicht werden, wird das „Typoskript“ in einem Copyshop in entsprechender Zahl vervielfältigt. Die meisten Gutachter(innen) wollen für Examensarbeiten ein einseitig bedrucktes Exemplar, um die Rückseiten der vorigen Seite für größere Notizen zu nutzen; manche wollen außerdem die Arbeit als Datei.

Bevor die Arbeit gebunden wird, vergewissern Sie sich persönlich – und das in jedem Exemplar –, ob alle Seiten lagerichtig und lückenlos vorhanden sowie keine Blätter doppelt sind oder vertauscht wurden. Jetzt noch entdeckte Fehler sollten Sie handschriftlich korrigieren, von Hand einzutragende Sonderzeichen und Formeln in die Exemplare schreiben, mögliche Abbildungen in die Exemplare einkleben und vor allem die am Schluss einzubindende, eidesstattliche, besser: ehrenwörtliche Erklärung persönlich unterschreiben. Dann können die Exemplare gebunden und beim Prüfungsbüro eingereicht werden.

Zusammenfassung

Sie haben gesehen, wie viele Arbeitsschritte erforderlich sind, bis eine wissenschaftliche Arbeit abgeschlossen ist. Wichtig ist eine sorgfältige Planung und thematische Eingrenzung der Arbeit, damit Sie sich nicht „verrennen“. Von der Vorbereitung bis zum Abschluss Ihres Projekts sollten Sie möglichst systematisch vorgehen. Andererseits sollten Sie auch bedenken, dass sich im Laufe des Arbeitsprozesses Überraschungen ergeben können, die Änderungen des Konzepts notwendig werden lassen. Deshalb sind der rechtzeitige Beginn sowie eingeplante Zeitpuffer enorm wichtig, damit Sie nicht zu sehr unter Druck geraten, wenn die Arbeit termingerecht abgegeben werden muss. Vor allem ist eine kontinuierliche, tägliche Weiterarbeit erforderlich, weil Sie sonst immer wieder neue Anwärmphasen brauchen. Doch auch ohne Druck kann es passieren, dass die Arbeit nicht so voranschreitet, wie Sie sich das wünschen. Dann sollten Sie ggf. den Abschn. 11.5 noch einmal lesen sowie die dort angegebene weiterführende Literatur.

Literatur

Literatur zur Vertiefung

Krämer, W. (2009). *Wie schreibe ich eine Seminar- oder Examensarbeit?* (3. Aufl.). Frankfurt am Main: Campus. Dies ist ein besonders empfehlenswertes Buch, das insbesondere empirisch Arbeitenden noch weiterführende Tipps für die Darstellung von Formeln, Schaubildern und Tabellen gibt

Sommer, R. (2013). *Schreibkompetenzen. Erfolgreich wissenschaftlich schreiben; [Klausuren, Seminararbeiten, Examensarbeiten, Bachelor-/Masterarbeiten]* (4. Aufl.). Stuttgart: Klett Lernen und Wissen. Dieses klar strukturierte Buch mit zahlreichen Checklisten und Tipps sowie Marginalien, die der schnellen Orientierung dienen, motiviert dazu, die eigene Schreibkompetenz weiterzuentwickeln

Literaturverzeichnis

Bollnow, O. F. (1988). VII. Die Ehrfurcht vor dem Leben als ethisches Grundprinzip. In O. F. Bollnow (Hrsg.), *Zwischen Philosophie und Pädagogik* (S. 92–114). Aachen: Shaker.

Brun, G., & Hirsch Hadorn, G. (2009). *Textanalyse in den Wissenschaften. Inhalte und Argumente analysieren und verstehen.* UTB Schlüsselkompetenzen, Arbeitshilfen, 3139. Zürich: vdf Hochschulverl.

DUDEN (2013). *Die deutsche Rechtschreibung* (26. Aufl.). Berlin: Bibliographisches Inst.

Eco, U. (2010). *Wie man eine wissenschaftliche Abschlußarbeit schreibt. Doktor-, Diplom- und Magisterarbeit in den Geistes- und Sozialwissenschaften* (13. Aufl.). UTB Interdisziplinär, 1512. Wien: Facultas Univ.-Verl.

Eggeling, V. T. (2000). Gliederungsstrategien. In U. Horst & K. P. Ohly (Hrsg.), *Lernbox: Lernmethoden – Arbeitstechniken* (S. 105–107). Seelze-Velber: Friedrich.

Franck, N. (2013). Lust statt Last (2): Referat, Vortrag. In N. Franck & J. Stary (Hrsg.), *Die Technik wissenschaftlichen Arbeitens. Eine praktische Anleitung* (17. Aufl., S. 217–248). UTB, 724. Paderborn: Schöningh.

Frank, A., Haacke, S., & Lahm, S. (2007). *Schlüsselkompetenzen: Schreiben in Studium und Beruf*. Stuttgart: J. B. Metzler.

Keseling, G. (2013). Schreibblockaden überwinden. In N. Franck & J. Stary (Hrsg.), *Die Technik wissenschaftlichen Arbeitens. Eine praktische Anleitung* (17. Aufl., S. 191–216). UTB, 724. Paderborn: Schöningh.

Krämer, W. (1995). *Wie schreibe ich eine Seminar-, Examens- und Diplomarbeit. Eine Anleitung zum wissenschaftlichen Arbeiten für Studierende aller Fächer an Universitäten, Fachhochschulen und Berufsakademien* (4. Aufl.). Stuttgart: G. Fischer.

Krämer, W. (2009). *Wie schreibe ich eine Seminar- oder Examensarbeit?* (3. Aufl.). Campus concret. Frankfurt am Main: Campus.

Kruse, O. (1995). *Keine Angst vor dem leeren Blatt. Ohne Schreibblockaden durchs Studium* (4. Aufl.). Campus Studium, 1074. Frankfurt am Main: Campus.

Kruse, O. (2007). *Keine Angst vor dem leeren Blatt. Ohne Schreibblockaden durchs Studium* (12. Aufl.). Campus concret. Frankfurt am Main: Campus.

Moser, T., & Mickler, W. (1994). Der Teufel steckt oft im Detail. Arbeitsorganisation. In R. Nitsch, H. G. Hoff, W. Mickler, T. Moser, R. Seiler & D. Teipel (Hrsg.), *Der rote Faden. Eine Einführung in die Technik wissenschaftlichen Arbeitens* (S. 119–132). Köln: bps.

Murray, R. (2009). *Writing for academic journals* (2. Aufl.). Maidenhead: Open University Press.

Niederhauser, J. (2006). *Die schriftliche Arbeit – kurz gefasst* (4. Aufl.). Mannheim: Dudenverl.

Rost, D. H. (2013). *Interpretation und Bewertung pädagogisch-psychologischer Studien. Eine Einführung* (3. Aufl.). UTB, 8518. Bad Heilbrunn: Klinkhardt.

Samac, K., Prenner, M., & Schwetz, H. (2009). *Die Bachelorarbeit an Universität und Fachhochschule. Ein Lehr- und Lernbuch zur Gestaltung wissenschaftlicher Arbeiten.* utb.de-Bachelor-Bibliothek, 3241. Wien: Facultas.wuv.

Sommer, R. (2013). *Schreibkompetenzen. Erfolgreich wissenschaftlich schreiben; [Klausuren, Seminararbeiten, Examensarbeiten, Bachelor-/Masterarbeiten]* (4. Aufl.). Lernen und Wissen. Uni-Wissen Kernkompetenzen. Stuttgart: Klett.

Thiel, F., & Rost, F. (2001). Wissenschaftssprache und Wissenschaftsstil. In T. Hug (Hrsg.), *Einführung in die Wissenschaftstheorie und Wissenschaftsforschung*. Wie kommt Wissenschaft zu Wissen?, Bd. 4 (S. 117–134). Baltmannsweiler: Schneider-Verl. Hohengehren.

Werder, L. von (1998). *Kreatives Schreiben von Diplom- und Doktorarbeiten* (2. Aufl.). Berlin: Schibri.

Wolfsberger, J. (2016). *Frei geschrieben. Mut, Freiheit & Strategie für wissenschaftliche Abschlussarbeiten* (4. Aufl.). UTB Schlüsselkompetenzen, 3218. Wien: Böhlau.

Die mündliche Prüfung 12

► In diesem Kapitel geht es um die verschiedenen Funktionen von Prüfungen und wie man sich speziell auf mündliche Prüfungen vorbereiten sollte. (Über die schriftlichen Prüfungsteile steht einiges in den Abschn. 10.4 und im Kap. 11.) Darüber hinaus finden Sie Hinweise, wann und welche Informationen Sie zu „Ihrem" Prüfer bzw. „Ihrer" Prüferin sammeln sollten. Der eigene Eindruck ist hierbei sicherlich entscheidender als Schauergeschichten, die Ihnen möglicherweise zu Ohren kommen. Am wichtigsten ist nach der Abstimmung und Festlegung der Themenkreise jedoch die rechtzeitige, gründliche Vorbereitung. Hierzu kommen die Lerntechniken aus Kap. 3 sowie die Lese- und Verarbeitungsstrategien aus Kap. 9 zur Anwendung. Darüber hinaus ist ein gutes Zeitmanagement erforderlich (s. Kap. 6). Eine gründliche Vorbereitung mindert das Risiko, das in jeder Prüfung steckt, denn eine gute Beherrschung des „Stoffs" erhöht auch die Selbstsicherheit. Außerdem weist Sie dieses Kapitel darauf hin, dass neben dem Inhaltlichen auch das äußere Erscheinungsbild und das eigene Auftreten eine erhebliche Rolle bei der Notengebung spielen, die alles andere als „objektiv" ausfallen kann.

12.1 Die Funktionen von Prüfungen

Prüfungen sollen die Funktion haben, festzustellen, ob die Kandidat(inn)en

- sich die in der Ausbildungszeit vermittelten Inhalte angeeignet und die dazugehörigen Kompetenzen erworben haben und in welcher Qualität sie die Inhalte wiedergeben und die Kompetenzen anwenden können *(Lernkontrollfunktion),*

F. Rost, *Lern- und Arbeitstechniken für das Studium*,
DOI 10.1007/978-3-658-17626-6_12

- über bestimmte Fähig- und Fertigkeiten verfügen, um nun in den für erfolgreiche Absolvent(inn)en vorgesehenen Ausbildungs- bzw. Aufgabenbereich aufzurücken resp. zu bestimmten Ämtern und Handlungen berechtigt zu sein *(Prognose- sowie Berechtigungsfunktion).*

Wer beispielsweise die Führerscheinprüfung nicht bestanden hat, darf kein Auto steuern, obwohl er vielleicht besser Auto fahren kann als ein anderer Führerscheininhaber. Somit hat jede Prüfung auch eine *Auslesefunktion,* zumal die prüfenden Personen die Anforderungen unterschiedlich hoch ansetzen und damit steuern können, ob viele oder wenige die Prüfung bestehen (sollen) *(Selektions- und Steuerungsfunktion).* Insofern haben Prüfer(innen) *Macht.*

Prüflinge belastet i. d. R. die Unsicherheit,

- ob sie genügend gut vorbereitet sind,
- wie die Prüfung verlaufen wird,
- was inhaltlich „drankommt" und
- wie ihre Leistung bewertet wird.

Ist sie vorüber, haben die Kandidat(inn)en hoffentlich auch eine realistische Rückmeldung über ihre Performanz erhalten *(Feedbackfunktion).* Leider werden Prüfungen auch als Druckmittel gegen Schüler und Studierende eingesetzt *(Disziplinierungsfunktion).*

Wenngleich empirische Untersuchungen aufzeigen, dass es um die „objektive" und „gerechte" Beurteilung sowie um die prognostische Gültigkeit von Prüfungsurteilen für den späteren Berufserfolg der Absolvent(inn)en nicht gut bestellt ist, ist bisher kein besseres Verfahren zur Erteilung von Berechtigungen vorhanden. In der Sichtweise der Ethnologen kann man Prüfungen auch eine *Initiationsfunktion* zuschreiben, mit denen eine Gesellschaft versucht, Übergänge von einer Lebensphase in eine neue zu markieren. Prüfungen wären somit vergleichbar mit Mutproben wie es die Mannbarkeitsriten bei Stammesvölkern sind. Flaue Gefühle, Unsicherheit, Lampenfieber, auch Angst und Angstüberwindung gehören somit zu Prüfungen (vgl. Knigge-Illner 2010).

Ein Viertel aller Prüflinge leidet nach eigenen Angaben vor und in den Prüfungen unter *Prüfungsangst*, doch hinterher hörte ich oft, dass die Prüfung selbst gar nicht so schlimm war, sondern die Ungewissheit! Doch nicht nur Kandidat(inn)en haben eventuell Angst. Auch für viele Prüfer(innen) ist die Prüfungssituation keine angenehme, denn sie stehen nicht nur unter der Beobachtung der anwesenden Personen, sondern befinden sich ebenfalls auf dem Prüfstand: mit ihrem Wissen, ihrer Vorbereitung und Durchführung der Prüfung ebenso wie mit ihren Lehrveranstaltungen und ihren Fähigkeiten zur Stoff- und Kompetenzvermittlung, wenn sie ihre eigenen Studierenden prüfen.

Mündliche Prüfungen haben außerdem vieles gemeinsam mit einer Theateraufführung: Neben dem obligaten „Lampenfieber“ gibt es „Rollen“ wie die des Prüflings und des Prüfers bzw. der Prüferin. Wenngleich die Protokollführung durch den Beisitzer bzw. die Beisitzerin eine Nebenrolle in dem Frage-und-Antwort-Spiel einnimmt, ist diese Person zugleich Publikum *und* Kritiker(in) der Inszenierung wie möglicherweise weitere anwesende Personen, wenn die Prüfung „(hochschul-)öffentlich“ stattfindet. Bei einigen Prüfungen mit zwei Prüfungsberechtigten wird ein Thema von der einen Person geprüft, während die andere Protokoll führt. Dann wechseln die Rollen. Beim Staatsexamen (das es nach wie vor in einigen Fächern gibt und zu dem beispielsweise der Freistaat Sachsen in der Lehrerausbildung wieder zurückgekehrt ist) ist der Kreis der Prüfenden größer, wobei jedoch nicht der oder die Vorsitzende, sondern i. d. R. Fachprüfer das Prüfungsgespräch führen.

12.2 Informationen sammeln zu Prüfungsberechtigten und Prüfungsablauf

In den neuen Bachelor- und Master-Studiengängen wird studienbegleitend geprüft, sodass Sie meist *keine* große Prüferwahl haben: Sie werden schriftlich und/oder mündlich von denjenigen Personen geprüft, die ein Modul bzw. eine dazugehörige Veranstaltung durchgeführt haben. Egal, ob Sie eine Wahlmöglichkeit haben oder nicht: Damit die Aufführung nicht zur Tragödie gerät, sollten sich über die (zur Wahl stehenden) Prüfungsberechtigten informieren und auch über deren Vorstellungen hinsichtlich des Inhalts und der Gestaltung der Prüfung. Solche wird meist im Kurs allgemein thematisiert. Teilweise finden Sie auch Hinweise auf der Homepage der Prüfungsberechtigten (vgl. auch Metzig und Schuster 2009, S. 127).

► **Tipp** In manchen Studiengängen gibt es die Chance, an mündlichen Prüfungen als Beobachter(in) teilzunehmen, sofern die Kandidatin bzw. der Kandidat nicht widerspricht. Solche Gelegenheiten sollten Sie *ein Semester vorher* unbedingt nutzen! Sie kennen dann den Ablauf und das Anspruchsniveau. Wenn Sie selbst die Möglichkeit haben, an einer Prüfung als Beobachter(in) teilzunehmen, so konzentrieren Sie Ihre Wahrnehmung auf die prüfende Person. Stellt sie für mich verständliche Fragen, ist sie positiv zugewandt? – Wer selbst durch die Möglichkeit einer

Teilnahme profitiert hat, sollte diese Chance wiederum anderen einräumen.

Obwohl die mündliche Prüfung eine asymmetrische Rollenverteilung darstellt, wünschen sich viele Prüferinnen und Prüfer ein (quasi-)gleichberechtigtes Gespräch in Form des gemeinsamen Nachdenkens über einen Themenkomplex, seine theoretische und begriffliche Fassung und Ausdifferenzierung, eventuell vorhandene Konkurrenzmodelle, die Reichweite des zu erörternden Ansatzes, mögliche Kritikpunkte und offene Fragen. Andere Prüfer wiederum bevorzugen Wissensabfragen zu einem oder mehreren Themen; wieder andere wählen Gedankenexperimente von der Art: „Gesetzt den Fall, Sie seien mit folgender Situation konfrontiert, wie würden Sie handeln?“ und testen im Dialog die Problemwahrnehmungs- und -lösefähigkeit der Kandidatin bzw. des Kandidaten; wieder andere lassen den Prüfling das Gelernte herunterbeten und schalten sich selten in den Monolog ein, aus welchen Gründen auch immer. Manchmal monologisieren auch Prüfer(innen) und die Kandidat(inn)en kommen kaum zu Wort.

Wenn eine Teilnahme nicht möglich ist, können Sie durch Befragung von ehemaligen Prüflingen Informationen sammeln:

- Wirkt der Prüfer/die Prüferin unsicher, chaotisch, aufgeregt oder ungeduldig?
- Ist sie/er freundlich-aufmerksam und der Kandidatin bzw. dem Kandidaten wohlwollend zugewandt?
- Stellt er seine bzw. sie ihre Fragen klar und verständlich?
- Wie reagiert er/sie, wenn die Kandidatin/der Kandidat nicht weiter weiß?
- Worauf kommt es dem Prüfer/der Prüferin in der Prüfung offenbar besonders an und wie geht er resp. sie vor?
- Hat er/sie Lieblingsthemen und -ansichten und wenn ja, welche sind das?
- Zensiert er/sie streng oder eher milde? ...

Solches sollten Sie am besten selbst durch Beobachtung herausfinden oder aber gleich nach den Prüfungen erfragen, wenn sich die Geprüften noch sehr genau erinnern. Lassen Sie sich jedoch nicht direkt vor Ihrer Prüfung durch mögliche Horror-Geschichten verrückt machen!

Im Übrigen werden in der Prüfung nicht nur Wissensbestände und ihr Können getestet, sondern Problemlösefähigkeiten, sprachliches Differenzierungsvermögen, Selbstsicherheit, Stressbelastbarkeit u. a. m. Deshalb sollten Sie nicht nur den Prüfungs„stoff“ beherrschen, sondern sich vorher – durch Perspektivenwechsel – in die Person der Prüferin bzw. des Prüfers hineinversetzen und sich Gedanken zu den „Essentials“ der gewählten Themenkreise machen:

- Welches sind die Fragen, die *Sie,* wenn Sie Prüfer(in) wären, zu „Ihren" Prüfungsthemen stellen würden?
- Was sind die Hauptfragen des Fachs, was sind die üblichen, anerkannten Erklärungsansätze (die sog. „herrschende Lehre")?
- *Erst danach*: Welche Außenseiterpositionen gibt es dazu? Wie sind die üblichen paradigmatischen Ansätze vom Standpunkt der abweichenden Argumentation zu beurteilen?
- Welchen Nutzen kann man aus den einzelnen Theoremen für die Praxis ziehen und welche nicht?

Prüfungen sind auch Verwaltungsakte, d. h., die formalen Dinge sind in *Prüfungsordnungen* geregelt (vgl. Wex 2011). So ist die Dauer von mündlichen Prüfungen höchst unterschiedlich bemessen, meist 15–30 min für ein Thema und eine Stunde bei zwei Wahlgebieten. Lesen Sie sich nicht nur zu Beginn Ihres Studiums, sondern auch ca. ein Jahr sowie ein Semester vor Ihrer Prüfung die für Sie geltende Studien- und Prüfungsordnung genau durch; und nur wenn Sie dann noch Fragen haben, suchen Sie sich kompetente Personen (Ihre Prüferin, Ihren Prüfer selbst, Sachbearbeiter[innen] in den Prüfungsbüros, Mitglieder des Prüfungsausschusses), die Ihnen wirklich korrekte und präzise Auskünfte geben können.

▶ **Tipp** Viele Hochschulen veröffentlichen die Studien- und Prüfungsordnungen als Dateien zum Ausdrucken und Nachlesen im Internet. Darüber hinaus veröffentlichen Prüfungsberechtigte auf ihrer Homepage ihre Sprechstundenzeiten, ihre Forschungsschwerpunkte und Publikationsthemen. Manche stellen auf ihrer Homepage sogar spezielle Merkblätter für mündliche und schriftliche Prüfungen zum Herunterladen bereit, in denen die persönlichen Grundsätze, mögliche Themenbereiche, Standards und Bewertungskriterien genannt werden.

12.3 Die Anmeldung zur Prüfung und die Vorbereitungsphase

Wer alle Voraussetzungen zur Prüfungsanmeldung, wie sie aus der Studien- und Prüfungsordnung hervorgehen, erfüllt hat, meldet sich zur (Zwischen-)Prüfung an. Wenn Sie zwischen verschiedenen Prüfungsberechtigen wählen dürfen, sollten Sie sich, nachdem Sie Erkundigungen eingezogen haben, für die Person entscheiden, bei der Sie schon Lehrveranstaltungen besucht haben, die Ihnen sympathisch ist und von der Sie annehmen, dass Sie ihnen „gewogen“ ist; *denn für die Notengebung ist Sympathie leider nicht unerheblich*: Diejenigen, die einem sympathisch sind, sieht man unkritischer und bewertet sie besser. Natürlich muss die Prüferwahl auch mit der der Themen einhergehen, weil nicht jeder Prüfer/jede Prüferin alle Lerngebiete prüfen darf oder will. Sie bzw. er muss sachlich fachkundig sein, selbst als Beisitzer(in). Mit Ihren Themenvorstellungen, die sich nach Ihren Studienschwerpunkten und den von Ihnen besuchten Modulen richten sollten, melden Sie sich zur Sprechstunde der bzw. des dafür in Frage kommenden Prüfungsberechtigten an, um sich mit ihm bzw. ihr über die vorzubereitenden Themen sowie die dazu heranzuziehende Literatur zu verständigen. Bei diesem Gespräch sollten Sie auch fragen, worauf es ihm bzw. ihr in den Prüfungen besonders ankommt. Ist er/sie einverstanden, Ihre Prüfung durchzuführen, wird er bzw. sie dieses durch die Unterschrift auf dem Prüfungsanmeldeformular quittieren. Die abgesprochenen Themen und die zugrunde gelegte Literatur sollten Sie schriftlich festhalten und dem Prüfer/der Prüferin als eine erste schriftliche Information zuschicken. Manche Prüfer(innen) erwarten zur mündlichen Prüfung auch die Vorlage der Literaturliste und/oder ein Thesenpapier (s. Abschn. 10.4.3). Abschn. Durch die kurze Vorbereitungszeit bei den schriftlichen wie mündlichen Prüfungen ist es ratsam, schon vor der Meldung zur Prüfung auf die systematische Vorbereitung aller Studienunterlagen allergrößten Wert zu legen.

Etliche Professor(inn)en veranstalten für ihre Kandidat(inn)en ein *Prüfungskolloquium,* an dem Sie aktiv teilnehmen sollten. Darüber hinaus sollten Sie rechtzeitig mit dem verteilten Lernen beginnen, d. h. die vereinbarte Literatur (wieder) zu beschaffen, vom Umfang her in kleinere Portionen aufzuteilen und das Wichtigste zuerst anzugehen. Besonders wichtig ist es, nicht nur rechtzeitig zu beginnen, sondern Zeitpuffer für Unvorhergesehenes einzuplanen. Meist ebenso positiv wie die Teilnahme an einem Prüfungskolloquium ist die gemeinsame Vorbereitung mit anderen, die gleiche oder sehr ähnliche Themengebiete gewählt haben (s. Zusammenarbeit mit anderen – Kap. 4). Christine Stickel-Wolf und Joachim Wolf (2016, S. 317) raten Ihnen, regelmäßig und in kleinen Zeitabständen Ihre Lernfortschritte zu testen. Damit geben Sie sich selbst Rückmeldungen über Ihre Lernerfolge, insbesondere, wenn Sie diese mit kleinen Belohnungen verstärken (s. Abschn. 3.7). Sollten Sie das Lernen immer wieder aufschieben wollen, so analysieren Sie die Gründe für Ihr Verhalten. Eine zeitweise gemeinsame Vorbereitung, um sich motivational zu unterstützen, und später das Sich-gegenseitig-Abfragen und Simulieren von Prüfungssituationen zu einer Zeit, zu der die Prüfungsvorbereitung in ein Festigen und Wiederholen der Gelernten übergeht, sind weitere Möglichkeiten, den Stress vor einer Prüfung erfolgreich zu bewältigen.

In manchen Prüfungsordnungen sind auch *Gruppenprüfungen* möglich oder gar vorgeschrieben, in der zwei oder mehr Studierende zugleich und zu denselben Themen geprüft werden. Allerdings verlängert sich die Prüfungszeit dadurch, was nicht nur eine längere Anspannung für alle Beteiligten bedeutet: Mancher Prüfungsstoff gibt zeitlich gar nicht so viel her, sodass zwangsläufig andere Themen geprüft werden müssen. Weiß jemand nicht weiter, wird meist der nächste Kommilitone bzw. die nächste Kommilitonin befragt. Daraus kann eine Konkurrenzsituation entstehen, manchmal profiliert sich tatsächlich jemand auf Kosten der oder des anderen.

Egal, ob Sie nun als Einzelkämpfer(in) oder zu mehreren die Arena betreten, ein bisschen innere Unruhe, Lampenfieber, Unsicherheit und Anspannung vor einer Prüfung gehören dazu, sollten Sie aber nicht lähmen, sondern dazu antreiben, sich optimal vorzubereiten. Sie minimieren nicht nur das Risiko, das in jeder Prüfung steckt, sondern eine durchdachte systematische Vorbereitung gibt Ihnen die nötige Selbstsicherheit und steigert die Selbstwirksamkeit. Sie haben außerdem ein reines Gewissen, weil Sie alles getan haben, was Ihnen möglich war. Insofern haben Sie sich nichts vorzuwerfen, falls doch etwas „schief"laufen sollte. Und träumen Sie vor der Prüfung auch einmal davon, wie Sie sich nach den Strapazen belohnen werden.

12.4 Kurz vor der Prüfung und in der mündlichen Prüfungssituation

Ihre inhaltlichen Vorbereitungen sollten etwa *drei Tage vor dem Prüfungstermin* abgeschlossen sein. Dann sind *nur noch Wiederholungen und Prüfungssimulationen* angebracht, die allerletzten am frühen Abend vor der Prüfung. Danach sollten Sie sich noch etwas entspannen und ablenken, damit Sie gut und ausreichend schlafen. Verzichten Sie auf Coffein, Alkohol und Schlaftabletten, weil diese die natürliche Schlafkurve beeinträchtigen. Je nachdem, ob Sie Probleme mit dem Aufstehen haben, sollten Sie sichergehen, dass Sie rechtzeitig geweckt werden und nicht verschlafen.

„Was soll ich anziehen?", ist eine nicht nur von Studentinnen gestellte Frage. Ihre Kleidung sollte sauber, bequem und nicht zu auffällig sein. Bedenken Sie, dass der äußere Eindruck Prüfer(innen) unbewusst beeinflusst (dazu gehören auch Frisur, Fingernägel, Tattoos, Piercings, Körperhaltung u. a.). Vermeiden Sie Körpergeruch ebenso wie aufdringliche Parfümierung. Inwieweit Prüfer(innen) auf Äußeres Wert legen und wie stark sie sich davon beeinflussen lassen, ist leider aus deren eigenem Äußeren nicht direkt ableitbar. Da Prüfungen und damit zu vergebende spätere Berufschancen eine Errungenschaft des Bürgertums sind, orientieren Sie sich eher an bürgerlichen Normalvorstellungen als am „Dernier cri" einer Subkultur.

Nach Möglichkeit sollten Sie einige Zeit vor der Prüfung leichte und bekömmliche Nahrung zu sich genommen haben, und das in Ruhe. Bedenken Sie, dass Ihr Gehirn einer erhöhten Flüssigkeits- und Energiezufuhr bedarf, um Höchstleistungen zu erbringen (s. Abschn. 3.6). Machen Sie sich so rechtzeitig auf den Weg, dass ein verpasstes öffentliches Verkehrsmittel Sie nicht aus der Ruhe bringt. Falls Sie keine genaue Ortskenntnis besitzen, sind Sie gut beraten, diesen Weg vorher einmal zur gleichen Zeit zurückzulegen und schon zu wissen, hinter welcher Tür die Prüfung stattfinden wird und wo sich eine Toilette befindet. Gut ist, wenn Sie so rechtzeitig am Prüfungsort ankommen, dass Sie noch einige Zeit vor dem Gebäude auf- und abgehen und frische Luft schöpfen können. Vermeiden Sie dabei Flachatmung und beruhigen Sie sich mit der Bauchatmung: Legen Sie eine Hand auf Ihren Unterbauch und atmen Sie ruhig bis zu Ihrer Hand ein. Nach einer kurzen Pause atmen Sie lang und ruhig wieder aus. Diesen Vorgang wiederholen Sie etliche Male, bis Sie sich ruhiger fühlen. Lampenfieber gehört dazu und zeigt, dass Ihr Körper auf Hochtouren arbeitet.

► **Tipp** Vermeiden Sie hochgradigen Stress, der der Konzentration schadet und Ihr Denken blockieren könnte. Bedenken Sie stattdessen, dass Sie in Ihrem Leben schon Prüfungen bestanden haben und gut vorbereitet sind.

Wenn Sie dann in den Prüfungsraum hereingerufen werden, treten Sie ein und begrüßen mit leichtem Händedruck und freundlich lächelndem Blickkontakt Prüfer(in) und Beisitzer(in) (nicht aber das Publikum). Ihr Handy sollte ausgeschaltet sein. Versuchen Sie durch Ihre Körperhaltung und verbindliche Umgangsformen einen sympathischen Eindruck zu erwecken. Freundlich auftretende Menschen sind hier klar im Vorteil. Halten Sie auch während der Prüfung immer wieder festen, ruhigen Blickkontakt mit Prüfer(in) bzw. Beisitzer(in).

Prüfende werden Ihnen meistens erst einmal Gelegenheit geben, Ihr Lampenfieber zu überwinden, indem sie Sie dazu auffordern, einführend einen kleinen Überblick über das zur Prüfung ausgewählte Themengebiet zu geben oder indem sie leichtere Fragen stellen. Sie als Prüfling konzentrieren sich auf die Aufforderungen und Fragen. Wenn Sie in der Aufregung eine Frage nicht verstanden haben, bitten Sie um deren Wiederholung. (Manche tun dies auch, um Zeit zu gewinnen, weil sie noch keine Antwort wissen. Das kann man einmal machen, aber nicht nach jeder Frage.) Wenn Sie zu einem Statement aufgefordert werden, nutzen Sie die Gelegenheit, sich und Ihr Wissen überlegt zu präsentieren und dies in Hochdeutsch, in vollständigen Sätzen und mithilfe der zum Thema gehörigen Fachbegriffe. Vermeiden Sie abgedroschene Phrasen (diese provozieren unangenehme Nachfragen), argumentieren Sie stattdessen mit Hypothesen, belegbaren Behauptungen und Schlussfolgerungen. Besonders gut bewertet wird nicht nur der Transfer von theoretischen Konzepten auf Praxiskontexte, sondern auch eine detaillierte Kenntnis von Theorien, ihres Entstehungszusammenhangs, von Alternativkonzepten, deren Vor- und Nachteile im Vergleich. Wenn Sie „gar keine Ahnung“ haben zu einer gestellten Frage, sei es, weil Sie diesen Bereich in den Vorbereitungen nicht berücksichtigt oder einen „Blackout“ haben, reden Sie nicht herum, sondern sagen Sie das offen. So kann das Prüfungsgespräch thematisch in einem anderen Bereich fortgeführt werden und die Prüfung gerät nicht in eine für beide Seiten stockende und qualvolle Phase, in der wertvolle Zeit verstreicht.

Wichtig ist, dass Sie sich eine Uhr so bereitlegen, um die begrenzte Zeit im Auge behalten können. Manche Kandidat(inn)en verschießen in ihrer Aufgeregtheit ihr Pulver zu schnell, andere verzögern die Situation aus Angst vor unangenehmen Fragen. Nutzen Sie die Ihnen zur Verfügung stehende Zeit, Ihr Wissen und Können zu präsentieren, damit es nicht am Ende heißt: „Was hat die Kandidatin/der Kandidat eigentlich gesagt?“ – Seien Sie also initiativ und nicht nur passiv antwortend!

Nach Dorothee Meer (1998), die reale Prüfungsverläufe in verschiedenen Fächern untersucht hat, laufen Prüfungen dann am besten, wenn

- ein eher konventioneller thematischer Einstieg gewählt wird,
- der Kandidat/die Kandidatin im Aufmerksamkeitszentrum der Prüfungssituation steht,
- er/sie sich und sein/ihr thematisches Wissen *aktiv* in angemessener Sprache präsentiert,
- dabei beide Seiten dialogisch kohärente Anschlussmöglichkeiten realisieren,
- Themenwechsel unproblematisch verlaufen,
- Konflikte und Machtkämpfe gemieden bzw. nicht auf die Spitze getrieben werden und
- im Idealfall ein gleichberechtigter wissenschaftlicher Dialog zustande kommt.

„In der mündlichen Prüfung kommt es vor allem darauf an, das eigene Wissen flexibel, strukturiert und zielgenau einzusetzen und die Prüfung aktiv mit zu gestalten“ (Esselborn-Krumbiegel 2007, S. 13). Nutzen Sie die Ihnen zur Verfügung stehende Zeit, um Ihr Wissen und Können nachzuweisen! Wenn Sie dieses mit Klugheit, Freude und Engagement tun, werden Sie überzeugen.

12.5 Nach der mündlichen Prüfung

Nach der mündlichen Prüfung werden Sie (und das „hochschulöffentliche“ Publikum) gebeten, den Raum zu verlassen, damit die Bewertung der Prüfung anhand des Protokolls besprochen werden kann. Wenngleich Sie sicherlich jetzt abgespannt sind, sollten Sie dennoch selbst noch einmal den Prüfungsverlauf reflektieren und sich selbst und Ihre Leistung einschätzen; zumal manche Prüfer(innen), nachdem Sie wieder in das Prüfungszimmer gerufen wurden, Sie gemeinerweise vor Nennung der Note nach Ihrer Selbsteinschätzung fragen („Na, was würden Sie sich denn für eine Note geben?“). Hierauf sollten Sie vorsichtig reagieren („Das kann ich nicht so richtig einschätzen, ich war viel zu … aufgeregt, … sehr auf Ihre Fragen konzentriert, …“).

Das Feedback von Prüfer(in) und Beisitzer(in) sollte ausführlicher sein als die Nennung der Ziffernnote. Sie haben einen Anspruch auf eine Begründung, insbesondere dann, wenn die Note nicht ihren Erwartungen entspricht. Wenn Sie sich ungerecht behandelt fühlen, dann sollten Sie Ihre Ansicht sachlich vortragen. Kein(e) Prüfungsberechtigte(r) wird sich auf eine Feilscherei um die Note einlassen, aber es stehen Ihnen rechtliche Möglichkeiten offen, einen Prüfungsverlauf kontrollieren zu lassen (vgl. Wex 2011). Diesen Weg, der zwei bis drei Jahre (!) in Anspruch nehmen kann, sollten Sie aber nur bei für Sie schwerwiegenden Nachteilen einschlagen und nicht bei einer halben Note Differenz zwischen Fremd- und Selbsteinschätzung. Recht bekommen Sie vor Gericht schneller, wenn eindeutig grobe Formfehler vorliegen, Sie beispielsweise vor Beginn der Prüfung nicht gefragt wurden, ob Sie sich gesund und prüfungsfähig fühlten oder *Beisitzer* Prüfungsfragen gestellt haben. Dann dürfen Sie die Prüfung wahrscheinlich noch einmal wiederholen. Ob eine unter solchen Umständen erzwungene Wiederholung erfreulicher verläuft, ist eine andere Frage.

Zusammenfassung

Eine mündliche Prüfung will strategisch gut vorbereitet sein. Wenn Sie freie Prüferwahl haben, sollten Sie sich nach Ihren Interessen und Studiengebieten entsprechende Prüfungsberechtigte suchen, bei denen Sie schon Module besucht haben, die Ihnen nicht unsympathisch sind und denen Sie es offenbar auch nicht sind. Da Sie Ihre Unterlagen auf mögliche Prüfungsthemen immer wieder überarbeitet haben, kennen Sie sich inhaltlich schon so gut aus, dass Sie dem Prüfer/der Prüferin Vorschläge unterbreiten können, die er bzw. sie vielleicht noch – auch hinsichtlich vertiefender Literatur – eingrenzt oder ausweitet. Sofort nach diesem Vorbereitungsgespräch sollten Sie sich einen Überblick über den Arbeitsaufwand verschaffen, sich die zu lesende Literatur besorgen und rechtzeitig und systematisch mit Ihren Vorbereitungen beginnen. Tägliches, verteiltes sowie stressfreies Lernen (s. Kap. 3) ist eine wesentliche Voraussetzung dafür, dass Sie dieses Pensum schaffen und Zeit für Wiederholungen und Prüfungssimulationen haben. Schön und motivierend wäre es, wenn Sie sich thematisch gemeinsam mit anderen auf die Prüfungen vorbereiten könnten.

Für Ihr Studium, dessen erfolgreichen Abschluss und Ihren weiteren Lebensweg wünsche ich Ihnen Glück und Erfolg!

Literatur

Literatur zur Vertiefung

Knigge-Illner, H. (2010). *Prüfungsangst besiegen. Wie Sie Herausforderungen souverän meistern*. Campus concret. Frankfurt am Main: Campus. Dieser bewährte Ratgeber enthält zahlreiche Verhaltenstipps für Prüfungssituationen, insbesondere in Bezug auf Angstbewältigung

Wex, P. (2011). Prüfungen unter den Bedingungen des Bolognaprozesses. Rechtliche, bildungspolitische und verwaltungspraktische Aspekte. In B. Berendt, H. P. Voss & J. Wildt (Hrsg.), *Neues Handbuch Hochschullehre. Lehren und Lernen effizient gestalten*. Loseblattsammlung (H 1.3). Stuttgart: Raabe. Der Jurist Peter Wex ist ein Experte in Sachen Prüfungsrecht und stellt dieses sowie die Prüfungsverfahren informativ und zuverlässig dar

Literaturverzeichnis

Esselborn-Krumbiegel, H. (2007). *Leichter lernen. Strategien für Prüfung und Examen* (2. Aufl.). UTB für Wissenschaft, Wissenschaftliche Arbeitshilfen, 2755. Paderborn: Schöningh.

Knigge-Illner, H. (2010). *Prüfungsangst besiegen. Wie Sie Herausforderungen souverän meistern*. Campus concret. Frankfurt am Main: Campus.

Meer, D. (1998). *Der Prüfer ist nicht der König. Mündliche Abschlußprüfungen in der Hochschule*. Germanistische Linguistik. Tübingen: Niemeyer.

Metzig, W., & Schuster, M. (2009). *Prüfungsangst und Lampenfieber. Bewertungssituationen vorbereiten und meistern; [Verhaltenstipps für Prüfungssituationen, fundiert und leicht anwendbar, weniger Prüfungsangst – bessere Ergebnisse!]* (4. Aufl.). Berlin: Springer.

Stickel-Wolf, C., & Wolf, J. (2016). *Wissenschaftliches Arbeiten und Lerntechniken. Erfolgreich studieren – gewusst wie!* (8. Aufl.). Wiesbaden: Gabler.

Wex, P. (2011). Prüfungen unter den Bedingungen des Bolognaprozesses. Rechtliche, bildungspolitische und verwaltungspraktische Aspekte. In B. Berendt, H. P. Voss & J. Wildt (Hrsg.), *Neues Handbuch Hochschullehre. Lehren und Lernen effizient gestalten*. Loseblattsammlung (H 1.3). Stuttgart: Raabe.

Printed by Printforce, the Netherlands